普通高校人文素质教育通用教材

实用写作 第二版

SHIYONG XIEZUO

张耀辉 主编

北京大学出版社
PEKING UNIVERSITY PRESS

图书在版编目(CIP)数据

实用写作/张耀辉主编. —2版. —北京:北京大学出版社,2013.2
(普通高校人文素质教育通用教材)
ISBN 978-7-301-22099-3

Ⅰ.①实… Ⅱ.①张… Ⅲ.①汉语-写作-高等学校-教材 Ⅳ.①H15

中国版本图书馆 CIP 数据核字(2013)第 026387 号

书　　　名：实用写作(第二版)
著作责任者：张耀辉　主编
策　划　编　辑：杨书澜
责　任　编　辑：杨书澜
标　准　书　号：ISBN 978-7-301-22099-3/I·2586
出　版　发　行：北京大学出版社
地　　　址：北京市海淀区成府路 205 号　100871
网　　　址：http://www.pup.cn
新　浪　微　博：@北京大学出版社
电　子　信　箱：zpup@pup.cn
电　　　话：邮购部 62752015　发行部 62750672　编辑部 62750673
　　　　　　出版部 62754962
印　刷　者：三河市博文印刷有限公司
经　销　者：新华书店
　　　　　　890 毫米×1240 毫米　A5　14 印张　389 千字
　　　　　　2004 年 6 月第 1 版
　　　　　　2013 年 2 月第 2 版　2022 年 8 月第 9 次印刷
定　　　价：35.00 元

未经许可,不得以任何方式复制或抄袭本书之部分或全部内容。
版权所有,侵权必究
举报电话:010-62752024　电子信箱:fd@pup.pku.edu.cn

普通高校人文素质教育通用教材

编委会主任：季羡林 北京大学东方学系教授，博士生导师，中国科学院哲学社会学部学部委员，原北京大学副校长。

委　　　员：戴　逸 中国人民大学清史研究所教授，博士生导师，国家清史编纂委员会主任，北京文史研究馆馆长。

徐中玉 华东师范大学中文系教授，系名誉主任，《文艺理论研究》、《古代文学理论研究》主编，中国文艺理论学会、中国古代文学理论学会、全国大学语文研究会、上海炎黄文化研究会名誉会长。教育部推荐《大学语文》教材主编。

汤一介 北京大学哲学系教授，博士生导师，中国文化书院创院院长，北京大学哲学系文化研究所名誉所长。

乐黛云 北京大学中文系教授，博士生导师，中国比较文学学会会长，北京大学跨文化研究中心主任。

执 行 主 编：张耀辉 上海交通大学教授，中国写作学会顾问。

质 量 总 监：乔征胜、江溶 北京大学出版社编审。

要求知识面广，大概没有人反对。因为不管你探究的范围多么窄狭，多么专门，只有在知识广博的基础上，你的眼光才能放远，你的研究才能深入。

——季羡林

人类必须学会和谐友好地共处。不同国家、不同民族、不同宗教的人民要通过相互交往,相互帮助,寻求理解、宽容与尊重,共同建设和平民主、平等繁荣的新世界。
——戴 逸

大学生需要吸取全人类文化中于我们有益的成分,对我们民族悠久灿烂的历史文化积累,则更应有广泛的理解,并加以发扬光大。具有宽厚的人文根底,肯定能为大学生们提供无限广阔的发展前景。
——徐中玉

我们的人文精神是什么?我想:就是要讲道德,讲学习,要使自己的行为符合道义,要勇于改正自己的错误。
——汤一介

亚里士多德曾把人的生活解析为:外物诸善(指物质生活);躯体诸善(指健康、精力)和灵魂诸善(包括知识、信仰、友谊、荣誉、自尊、爱和被爱等)。当我们致力于把自己培养成一个有能力的生产者和一个快乐的消费者时,往往忽略了对于灵魂诸善的追求,那样的人生显然有很大的缺陷。愿这套丛书能将读者引向对灵魂诸善的关怀。
——乐黛云

只用专业知识教育人是不够的。通过专业教育,他可以成为一种有用的机器,但是不能成为一个和谐发展的人。要使学生对价值有所理解并且产生热烈的感情,那是最基本的。他必须获得对美和道德的善恶鲜明的辨别力。否则,他——连同他的专业知识——就更像一只受过很好训练的狗,而不像一个和谐发展的人。

——爱因斯坦

目 录

第一章 实用写作概述 …………………………………… （1）
  第一节 实用写作的特征 ………………………………… （1）
  第二节 实用写作的作用 ………………………………… （4）
  第三节 实用写作的表达方式 …………………………… （6）
  第四节 实用写作的语言要求 …………………………… （15）
  第五节 实用写作作者的修养 …………………………… （20）

第二章 公文文体 ………………………………………… （23）
  第一节 公文概述 ………………………………………… （23）
  第二节 命令(令)、决定、决议、意见 …………………… （38）
  第三节 通知、通报、通告 ………………………………… （55）
  第四节 公告、公报、函、纪要 …………………………… （73）
  第五节 议案、报告、请示、批复 ………………………… （95）

第三章 事务文体 ………………………………………… （112）
  第一节 计划 ……………………………………………… （112）
  第二节 总结 ……………………………………………… （122）
  第三节 调查报告 ………………………………………… （128）
  第四节 规章制度 ………………………………………… （138）
  第五节 简报 ……………………………………………… （161）

第四章　财经文体 (170)
　　第一节　合同 (170)
　　第二节　商业广告 (179)
　　第三节　市场调查报告与预测报告 (189)
　　第四节　经济活动分析报告 (201)
　　第五节　招标书和投标书 (209)
　　第六节　审计报告 (218)

第五章　法律文体 (230)
　　第一节　诉状 (230)
　　第二节　辩护词 (238)
　　第三节　调解书 (243)
　　第四节　判决书 (251)

第六章　科技文体 (262)
　　第一节　科技报告 (262)
　　第二节　科技情报 (277)
　　第三节　科学小品 (288)
　　第四节　科技论文 (297)

第七章　新闻文体 (317)
　　第一节　消息 (317)
　　第二节　通讯与特写 (336)
　　第三节　广播电视新闻 (357)
　　第四节　网络新闻 (376)

第八章　公关礼仪文体 (397)
　　第一节　演说辞 (397)
　　第二节　求职信 (408)
　　第三节　贺信、祝辞 (412)
　　第四节　请柬、聘书 (419)
　　第五节　欢迎词、欢送词 (423)
　　第六节　祭悼文 (429)

后　记 (440)

第一章
实用写作概述

第一节 实用写作的特征

一、文体的实用性

实用写作是作者运用书面语言和图表符号为制作有实用价值的文字或文章而进行的一种写作活动。

如果我们要对所有的文章进行最粗略的分类的话,那么可以把它分为文学创作与实用写作两大类。文学创作是作者为了抒发自己情感而写的,读者阅读文学作品,可以陶冶自己的情操,获得审美的享受。法国著名作家莫泊桑这样描绘过公众对文学写作的祈求:

安慰安慰我吧。
娱乐娱乐我吧。
使我忧愁吧。
让我做做梦吧。
让我欢笑吧。
让我恐惧吧。
让我流泪吧。
使我思想吧。

这些呼喊，尽管各不相同，但都表现了对文学共同的审美需求。读者阅读文学作品，不可能指望立刻解决现实生活中的什么问题，文学作品的社会功能与认识功能是通过读者的审美体验来实现的。

实用写作是作者为了解决个人或社会的实际问题而写的。一封书信，沟通了彼此的信息；一份起诉状，向法院提出诉讼的请求；一份会议纪要，传达了会议的情况与要求；一篇学术论文，表达了自己的科研成果。

讲究文体的实用性，可以说是我国实用文写作的一个传统。1899年，在河南安阳小屯村殷墟遗址出土的甲骨文，主要是用来占卦的，故也称卜辞。这些卜辞，都可视作殷代王室的档案，都是公务文书，也是我国有实物可考的最早的应用文。我国现存最早、保存最完整的文献总集是《尚书》，全书记载了上起尧、舜，下至秦穆公约1300年间的事件，是一部以实用文为主体的文集。南北朝时期出现的刘勰的著作《文心雕龙》，是一部体系完整的文章学论著，全书共50篇，评论了34种文体，其中有四分之三是实用文，对每一种文体的名称、功用、源流、构成要素、写作要求及注意事项，都作了全面的论述，可以说是我国第一部实用写作的理论总汇。

二、体式的规范性

实用文体都有一定的格式，这些格式，是由于社会交际的需要，或约定俗成，或由行政机构作出统一规定，为大家所共同遵守。如中共中央办公厅、国务院办公厅在2012年4月16日联合发布的《党政机关公文处理工作条例》，就对公文的格式作出如下规定："公文一般由份号、密级和保密期限、紧急程度、发文机关标志、发文字号、签发人、标题、主送机关、正文、附件说明、发文机关署名、成文日期、印章、附注、附件、抄送机关、印发机关和印发时间、页码等部分组成。"国家质量监督检验检疫总局、国家标准化管理委员会在2012年6月29日发布的《党政机关公文格式》（GB/T9704-2012）对公文制作格式作了详细规定，任何个人或机关不得随意改变，以体现其权威性和法规性。公文之外的其他应用文,其格式则是人们在长期的使用过程中约定俗成的,如写一封书信,其格式由称谓、问候语、正文、祝语、尾签、日期等部分组成,信封上要写明收信人的邮政编码、地址、姓名,写明寄信人的地址、姓名和邮政编码。草拟一份合同,其格式要有标题、合同当事人名称或姓名、引言、标的、数量和质量要求、价款或报酬、合同履行的期限、地点和方式、违约责任及其他条款等部分组成。

三、表述的简洁性

实用文体写作崇尚简洁,要求用最精练的文字准确地说明事由、解说事理、陈述办法,最忌含蓄浮华、委婉曲折地表达主旨。在这一点上,实用文体与文学文体有很大的区别。

文学文体讲究语言的形象含蓄,要求达到"言有尽而意无穷"的境地,如唐代诗人李颀的《古从军行》,表现了作者反战的情绪,但作者并不直接指责统治者远征政策的失误,而只是说:"年年战骨埋荒外,空见葡萄入汉家。"唐代另一位诗人金昌绪的反战思想,却又借妇女的"春怨"婉转地表现了出来:"打起黄莺儿,莫教枝上啼,啼时惊妾梦,不得到辽西。"通过这种含蓄的形象语言来表现,虽不明言战争之苦而苦自见,虽不直言反战而反战之情毕露。在文学写作中,还经常运用夸张的语言,如"白发三千丈,缘愁似个长"(李白《秋浦歌》)。白发决不会有三千丈长,诗人也并不要求读者相信白发真有三千丈长。这是为了渲染主观感受,表达强烈的感情,强调愁的深沉。在文学写作中,还经常用到借代、反语、双关等手法,"老夫聊发少年狂,左牵黄、右擎苍,锦帽貂裘,千里卷平冈。"(苏轼《江城子》)这里以"黄"代替"犬","苍"代替"鹰"。"中国军人的屠戮妇婴的伟绩,八国联军的惩创学生的武功,不幸全被这几缕血痕抹杀了。"(鲁迅《记念刘和珍君》)这句中的"伟绩"、"武功"显然都是反语,实际上是指制造"三一八"惨案的北洋军阀的滔天罪行。用反语"伟绩"、"武功",既是对他们的辛辣的讽刺,也是血泪的控诉。"春蚕到死丝方尽,蜡炬成灰泪始干"(李商隐《无题》),"东边日出西边雨,道是无晴却有晴"(刘禹锡《竹枝词》)。"丝"是"思"的双关语,"晴"是"情"的双关语,取其读音相同,在特定的语言环境中运用,可以表达在这种语言环境中不便或不能直白说出的话,起到了双关的作用。

上述含蓄、夸张、借代、反语、双关等手法,在实用文体写作中一般是用不着的。

四、写作的时效性

实用文体是为了解决实际问题而写的,因此对时效性的要求非常高,否则就会贻误时机,影响事情的处理,给工作造成重大的损失。公文中的"加急件","特急件",对时效性的要求就更严格,有些公文要做到随到随办,千万不能耽误;有些公文,在标题中也体现了对时间性的要求,如《××市政府关于防汛抗洪的紧急通知》,"紧急"两字,就表明了事件的紧迫性。

相对而言,文学作品对时效性的要求就不那么紧迫。曹雪芹写《红楼梦》,"看来字字皆是血,十年辛苦不寻常"。一部长篇小说写个三年、五年、十年,这是常有的事情。文学创作讲究"琢磨",讲究"慢工出细活",一篇(部)作品,可以修改10次、20次、30次,时间过程可以拉得很长,这在实用写作中就不允许了。

第二节 实用写作的作用

一、领导和管理的作用

实用写作从它诞生的时候起,就为社会、为国家的管理与领导起了很大的作用。应用文中的公文,是统治阶级维护统治、管理国家的工具,是政府和执政党方针政策具体化的书面形式。在我国,执政党与国家行政机关单独或联合下发的命令(令)、决定、决议、通知、通报、条例、规定等公文,对下属机关、地区、单位有着权威性的领导和管理作用。这些公文,一经成文签发后,下级机关必须认真贯彻执行,一点也不能打折扣。再如简报、计划、总结、调查报告等应用文,在机关的日常管理工作中也是不可缺少的。

二、宣传和教育的作用

不管是什么性质的应用文,大多具有宣传教育的作用。例如,奖励性决定与表扬性通报,就有号召人们向先进模范人物学习的作用;而惩戒性的决定与批评性的通报,则有着警示的作用,可以教育广大群众从中吸取教训,避免重犯类似的错误。至于决议、公报等文种,则可以宣传会议精神、阐述有关政策,使大家从中受到教育。

三、沟通和交流信息的作用

当今社会是一个信息社会,在经济全球化、信息网络化的今天,及时地捕捉信息,及时地沟通、交流信息显得相当重要。

每一种应用文体一经发布,就有沟通和交流信息的作用。譬如,在中央政府与地方政府之间,在下级政府与上级政府之间,在政府与人民群众之间,在生产者与消费者之间,通过应用文进行交流、沟通,就可以达到相互了解、相互信任,实现相互合作和共同发展的目的。

四、依据和凭证的作用

实用文体是管理国家、处理政务、交流信息的一种文字载体,它还起着依据和凭证的作用。

上级机关在制定方针、政策或作出规定、决定时,除了领导人要深入基层亲自作调查研究外,一个重要的方面,他们在决策时要参考下级机关送上来的报告、总结、纪要、简报、调查报告等材料。这类实用文体成了上级机关决策的依据和凭证。

下级机关在开展工作、处理问题、解决矛盾时,一方面要依据各地的实际情况,一切从实际出发;另一方面,他们也要依据上级机关制定的条例、规定、办法、意见、通知、批复等文件,把这些文件中的有关规定或意见作为解决问题的依据。

实用文体中的公文,在经过使用以后,经过整理、立卷、归入档案,就成了有重大价值的档案材料,可供各级机关工作人员研究工作、解决问题时参考,也是后代研究某一时期历史的可靠凭证。

第三节　实用写作的表达方式

一、叙述

(一)叙述的含义与作用

叙述是一种把人物的经历或事件发生、发展、变化的过程表述出来的一种表达方式。实用文体写作中的叙述也应具备六要素:时间、地点、人物、事件、原因、结果。如果叙述的要素残缺,就会造成表达不清。

叙述在实用文体中的作用是:介绍事件的基本情况,或介绍事件发生、发展与变化的过程;介绍人物的经历和事迹;介绍问题的来龙去脉,说明原委。

(二)实用文体中叙述的人称与方式

文章中叙述的人称,是作者在叙述时的立足点、观察点问题。应用写作中叙述的人称,主要有第一人称和第三人称两种。

第一人称的叙述,是站在"我"、"我们"的立足点上来进行的。作者或者是从自我出发,立足在所叙的一切都仿佛是"我"的亲身经历和亲眼观察上,或者是从"我"("我们")与叙述对象"你"("你们")的平行地位出发,立足于所叙述的一切都是双方共同的经历和感受。第一人称的叙述是偏重于主观性的叙述,其优点是使读者感到真实、亲切、可信,其缺点是囿于作者的所见所闻,不能叙述作者经历、见闻以外的事情。

第三人称的叙述,使站在"他"、"他们"的立足点上来进行的。作者是从第三者的角度来客观地陈述事宜,偏重于叙述他人的经历与事迹,所以显得理智、冷静而深沉,也不受时间、空间的限制,叙述时比第一人称更加自由。

实用文体的撰写,一般是从本单位的立足点上叙述事情的,因此多数用第一人称。为简要起见,常使用无主句。但会议纪要、调查报告、消息、通讯等文体,一般都采用第三人称来叙述,客观地把事实讲述出来。

实用文体中叙述的方式,有顺叙、倒叙、插叙、分叙等。

顺叙是按照事件发生、发展和结束的顺序来叙述。这是一种最基本的叙述方法,实用文体写作中用到的叙述,绝大多数是用顺叙来进行的。顺叙的优点是有头有尾,来龙去脉清楚,文章的段落、层次与事件的发展过程相一致,符合人们的阅读习惯。其缺点是在文学性较强的一些文体中(如通讯),如果只用顺叙,搞得不好,容易平板、乏味,缺少文章的波澜。

倒叙就是倒过来叙述,先交代事情的结果,再回过来叙述事情的由来。倒叙可以先叙结局,也可以先叙情节中最动人、最紧张的片断,然后再以顺叙的方法,写事情的开头与经过。

倒叙容易造成悬念,能一下子抓住读者。在实用文体的写作中,倒叙用得较少,一般只在通讯、调查报告的写作中才用得上。在运用倒叙这种方式的时候,在倒叙与顺叙的衔接处,一定要有过渡,否则会显得过于突兀,有脱节之感。

插叙是循着主线叙述的同时,插进去一段叙述,或追忆过去情节的片断,或对上文进行补充、解释。插叙可使文章内容更加充实,更加曲折有致。实用文体写作中对插叙用得也较少,一般也只在消息、通讯等文体中才运用。

分叙也叫平叙,是指叙述两件(或两件以上)同时发生的事情。可以先叙一件,再叙另一件,也可以两件事情相互交叉平行地叙述。这种叙述方式,正如古人所说的,是"花开两朵,各表一枝"。平叙在实用写作中用得也较少,一般也只用于通讯写作中,如中国青年报记者采写的通讯《为了六十一个阶级兄弟》,所用的叙述方法就是平叙。

(三) 实用写作对叙述的要求

实用写作中的叙述,与一般文章(尤其是文学作品)有较大的区别。文学作品中叙述,要求具体、详尽,而且往往与描写结合在一起,能给读者具体感受。文学作品中的叙述,为了能够感染读者,还可以运用虚构、夸张等手法。实用写作中的叙述,则要求简明扼要,绝对真实。

实用写作中的叙述是概括的叙述，轮廓性的叙述，它不求所述的人和事的详尽、具体、完整，不必要把人物叙述得活灵活现，把环境叙述得细腻逼真，它所要求的，是简要地叙述事实本身。有的时候，出于写作目的的需要，实用写作的叙述还可以分散涉及多件事、多个人，所叙述的只是人和事的某一方面，只求就事论事，不求面面俱到，更无须近乎描绘的铺陈。

二、议论

（一）议论的含义与作用

议论就是说理和评断，就是作者通过事实材料及逻辑推理来明辨是非、阐发道理、表明见解的一种文字表述。一段完整的议论，是由论点、论据和论证三个要素构成的。论点就是作者对某个问题的看法与主张，论据是作者为了证明论点的正确性或者反驳反面论点而选择的事实或理论的根据，论证是作者运用论据证明论点的过程或方式方法。在一个完整的议论过程中，论点要解决证明什么的问题，论据要解决用什么来证明的问题，论证则是要解决怎样来证明的问题。

议论的作用是可以对客观事物进行分析和评论，表明作者的观点或态度。在应用写作中，议论运用得相当普遍。调查报告、简报、通报、嘉奖令、总结等文体，经常要在叙述、说明的基础上，表明对人物、事件、问题的评价，以便更鲜明、正确地表达观点。意见、决议、会议纪要等公文，也经常要用议论来阐明道理，贯彻上级的意图，更好地教育群众。

（二）实用写作中议论的特点

实用写作的议论，与一般议论文中的议论有明显的区别。在一般议论文中，议论是最主要的表现方法，是贯穿全文始终的。但在实用写作中，一般来说，最主要的表现方法是叙述和说明，议论处于从属地位，一般只是在叙述、说明的基础上进行。另外，实用写作中的议论，一般也不需作长篇大论，不需作复杂的多层次的逻辑推理，也不一定要具备论点、论据、论证这样一个完整的议论过程，而只是在需要分析论证的地方，采取夹叙夹议的方法，或采取三言两语的方式议论一下,点到即止,不作深入论证。

(三) 实用写作中议论的方法

1. 直接论证

(1) 用真实典型的事例证明观点。这种方法,也叫事实论证或举例论证。如有一篇介绍上海交大昂立股份有限公司可持续发展的调查报告《"长命"之源在于创新》(载 2000 年 11 月 1 日《文汇报》)在论述昂立的营销方式独树一帜时,用了这样的典型事例:"昂立的营销活动从一系列大众科普活动开始,如举办科普讲座、大型义诊、科普竞赛等。以上海地区为例,昂立与上海市红十字会、健康教育所联系,常年在社区组织科普讲座,以健康、保健、卫生为主题举办'健康家庭评比'、'预防保健传万家'等活动,并组织专家编制了一系列科学保健书籍,将昂立提出的'清除体内垃圾、维护人体生态平衡'等全新的保健观念传递给千家万户。"

(2) 引用党和国家有关方针、政策的条文来证明论点。例如有一份关于李××的辩护词是这样写的:

审判长、陪审员:

  根据我国宪法第三十三条规定:"任何公民享有宪法和法律规定的权利。"我受法律顾问处主任律师的指派,为被告李××担任辩护人,出席今天的刑事审判庭进行辩护。

  在开庭前,我查阅了本案侦查、预审材料,并进行了必要查访,根据调查核实的结果,对××区人民检察院就本案的起诉书进行了认真的分析和研究。今天又听了法庭的调查,我认为:××区人民检察院对被告李××指控的事实是不正确的。根据我的调查和我国刑法第十三条的规定,李××的行为属于情节显著轻微,危害不大的斗殴,不能认为是犯罪。因此,应宣告李××无罪。

这里作者的论点是:李××的斗殴,情节轻微,不是犯罪行为。为了证明这一论点,他引用的是我国刑法第十三条的规定。

(3) 运用对比的方法,直接证明论点。如有一篇《听"喜"和听"忧"》的短评,文中作了这样的对比:

现实生活中,有些干部爱报喜不报忧,固然是由于私心作怪;但是,从领导这一头来看,好听"喜"而不愿听"忧",也是一个原因。所谓上有所好,下必甚焉。你只喜欢听"喜",甚至把弄虚作假的报喜者当成"功臣"提升,没有人踏进你的门槛来报"喜"才怪哩!有个乡明明虚报产值产量,县委不但把这个乡树为"先进典型",而且还把乡里几个主要领导分别加以提升。这难道不是鼓励下面不择手段地报"喜"吗?

听"喜"当然要比听"忧"舒服。然而对于一个领导者来说,听"忧"实在要比听"喜"重要得多。"忧"者,问题也;听"忧"即听问题。高明的领导,特别需要了解的正是各种各样的问题。只有对存在的问题胸中有数,才能有针对性地开展工作。

"喜",人人喜欢听;"忧",却不是个个听得进的。对于那些还不善于听"忧"的领导来说,应当学一点听"忧"的气度和本领。只有善于听"忧",才能耳聪目明,也才能杜绝下级报喜不报忧的毛病。

在这段文字中,作者先引出对比:有些干部爱报喜不报忧,在于有的领导好听"喜"而不愿听"忧"。然后作分析对比:好听"喜"则鼓励下级弄虚作假;善听"忧"能针对性地解决存在问题。最后作总结对比:领导善于听"忧",才能耳聪目明,杜绝下级报喜不报忧的毛病。由于作者处处作了对比论述,使文章的观点得到了强化。

2. 间接论证

间接论证,就是不用论据去直接证明论点,而是假设一个与自己论点相排斥的观点,证明这个观点是假的,错误的,从而就从反面来证明自己的论点是真的、正确的了。例如在一篇辩护词中有这样一段话:

2011年中秋节,魏××在南京,这是确定无疑的。试想,他如果不在南京,怎么会参加在南京举行的他表弟的婚礼呢?而他参加表弟的婚礼的事,是许多人亲眼见到的呀!我认为,说魏××这一天在重庆,那是误传。

这个论证的论题是要证明"魏××2011年中秋节在南京",为了确立这个论题的真实性,辩护人先设想魏××不在南京的情况,然后用许多人亲眼见到的事实予以否定,从而从反面证明"魏××2011年中秋节在南京"这个论点。

反证法的逻辑结构是这样的:

论题:A 真

论证:假设非 A 真,那么 B 真

已知 B 假

所以非 A 假

所以 A 真

三、说明

(一)说明的含义与作用

说明是用言简意明的文字,把事物的形状、性质、特征、成因、关系、功用等解说清楚,把人物的经历、特点等表述明白的一种表达方法。

说明在实用写作中有着广泛的用途,如解说词、说明书等文体,主要是用说明的方法来写的。其他如规章文体、司法文体、公文文体等在写作的时候,也要广泛用到说明的方法。就是议论文体,在交代论据的时候,有时也要用到说明的方法。

(二)实用写作中说明的方法

1. 定义说明

定义说明,就是通常说的下定义。有的实用文,为了说明提出的问题,往往用简短的话,把事物包含的意义概括起来,使读者有一个比较明确的概念,这就是下定义。例如对实用文体中的公文,在《党政机关公文工作处理条例》(中发〔2012〕14号文件)中下了这样的定义:"党政机关公文是党政机关实施领导、履行职能、处理公务的具有特定效力和规范体式的文书,是传达贯彻党和国家方针政策,公布法规和规章,指导、布置和商洽工作,请示和答复问题,报告、通报和交流情况等的重要工具。"这一定义,不仅指出了公文的性质,而且指出了公文的作用与特点,根据比较准确,易于被读者所接受。

2. 分类说明

将被说明的对象,按照一定的标准划分成不同的类型,一类一类地加以说明,这就叫分类说明。如有一篇介绍我国城市类型的实用文是这样来分类的:

> 人口在100万以上的特大城市;
>
> 人口在50万以上的大城市;
>
> 人口在20万以上的中等城市;
>
> 人口在20万以下的小城市;
>
> 人口在几千以上的镇——最小的城市。

这样分类以后,再逐类介绍,读者就能大致了解各类城市的特点了。

3. 举例说明

举例说明,就是举出实例来说明事物事理。运用举例说明,能把比较抽象、复杂、深奥的事物或事理说得具体、明晰和浅显,容易使人理解。如在一篇《奇妙的黏合剂》的说明文中,为了说明黏合剂的黏接力,作者就用了举例说明:

> 黏合剂的黏接力很大,一颗铜币那么粗的铆钉,能经得起四五千公斤的力,焊接的强度也与此差不多,而黏合剂的黏接力却要大得多。例如用氰基丙烯酸酯树脂黏合剂,只要用一滴加到钢管上,30分钟后它能吊起两吨半重的载重汽车。

这样举例说明,能使读者对黏合剂的黏接力,有具体清晰的印象。

4. 比较说明

把两种或两种以上的事物,通过比较,说明事物的本质特点,就叫比较说明。

比较说明可以分为两种。一是横比,就是用互相关照的两个事物进行比较。譬如有一篇文章对蚕丝与园蛛的丝的粗细作了比较:"蚕丝有一英寸的二千分之一粗,园蛛的丝细到只有一英寸的一万五千到二万分之一的光景,比蚕丝细得多了。"二是纵比,就是以同一事物的不同发展阶段的情况作比较。如有一篇文章对英国产业革命前后的劳动生产率作了比较:"在1770—1840年期间,英国工人的劳动生产率平均提高了20倍,棉花加工量增加了58倍,占世界总产量的50%。英国的铁产量,在1720年只有2.5万吨,到1850年,猛增到228.5万吨。由于铁的产量激增,使英国从一个输入国一跃而为输出国。1820年,英国的采煤量约占世界总产量的75%,生铁产量也占到世界总产量的40%。"

在运用比较说明时,必须要在可比事物之间进行,而且要找出彼此间可以相比的相似点,否则就可能不伦不类,起不到说明的作用。

5. 引用说明

引用说明就是在说明的时候,引用文献资料、名人述说、文艺作品、谚语俗话、民间传说来说明对象的性质、特点与状况。如《死海不死》一文,配合说明"死海海水的浮力是很大的"这一特点,巧妙地引用了一个民间传说:

> 传说大约两千年前,罗马统帅狄杜进兵耶路撒冷,攻到死海岸边,下令处决俘虏来的奴隶。奴隶们被投入死海,并没有沉到水里淹死,却被波浪送回岸边。狄杜勃然大怒,再次下令将俘虏扔进海里,但是奴隶们依旧安然无恙。狄杜大惊失色,以为奴隶们受神灵保佑,屡淹不死,只好下令将他们全部释放。

读者读了这样一个民间传说以后,对死海海水的浮力的理解就很具体了。

6. 数字说明

数字说明,就是用精确的、具体的数字来说明事物特征。如上海南浦大桥在1991年年底刚开通时,报纸上有一篇文章这样来介绍南浦大桥:"南浦大桥是上海市区第一座跨越黄浦江的自行设计、建造的新颖的双塔双索迭合梁斜拉桥。全长8346米,主跨

423米,在世界上已建成的同类型斜拉桥中名列第二。主塔高150米,主桥面设六条车行道,宽30.35米,还配备交通监控、收费等管理设施,经过三年顽强拼搏,于1991年12月1日胜利通车。"这里的数字非常准确,也很能说明问题。在运用数字说明时,确定的数字就应该这样准确无误,每个数据都要有来源,作者要调查研究,反复核实。如果粗心大意,数字不实,就不能达到说明的效果。

7. 比喻说明

比喻说明就是通过打比方的手法,把抽象的事理或复杂的事物说得浅显易懂、具体形象、简洁生动。例如《地震与地震考古》一书中有这样一段文字:

> 地球内部大致分为地壳、地幔和地核三大部分。整个地球,打个比方,它就像一个鸡蛋,地壳好比是鸡蛋壳,地幔好比是蛋白,地核好比是蛋黄。地震大多数发生在地下5—30公里的地壳中。

这里用的比喻非常浅显通俗,通过比喻说明,一个形象化的地球构造就在读者脑子中出现了。用作说明的比喻,与文学作品中的比喻有所不同,它不追求新奇、含蓄,不允许夸张,而只是要求形象地说明事物性状、特征,要保证内容的科学性。

8. 图表说明

图表说明,就是用图画和表格来说明事物的特征,这种方法能节约文字,便于比较,读者看了也一目了然。如有一篇谈血型与遗传关系的文章中就列了如下的图表:

各种血型配偶所生子女的血型

父母血型	可能遗传给子女的血型
O×O	O
O×A	A,O
O×B	B,O
O×AB	A,B
A×A	A,O

(续表)

父母血型	可能遗传给子女的血型
A×B	A,B,AB,O
A×AB	A,B,AB
B×B	B,O
B×AB	A,B,AB
AB×AB	A,B,AB

有时候,在说明中还可以配上照片与图画,使读者对被说明的事物更容易理解与掌握。

四、描写

在实用写作中,除通讯、特写等文体外,一般很少使用描写的方法,但在调查报告与议论文体中,有时偶尔也会用到描写。如毛泽东的《湖南农民运动考察报告》中有这样一段文字:

"我出十块钱,请你们准我进农民协会。"小劣绅说。

"嘻!谁要你的臭钱!"农民这样回答。

这是对话描写。用在这里是恰当的,它表现了农民组织起农民协会以后在农村里势力强大起来了,也增强了文章的生动性。

第四节 实用写作的语言要求

一、准确

实用写作是为了解决社会生活中的各种实际问题而写的,因此对语言准确性的要求特别高。

实用写作中使用的语言概念,要求十分准确,其词语的意义要求相对专一与稳定。如《中华人民共和国刑法》中对"过失犯罪"这一概念的阐释:"应当预见自己的行为可能发生危害社会的结果,因为疏忽大意而没有预见,或者已经预见而轻信能够避免,以致发生这种结果的,是过失犯罪。""过失犯罪"这个概念,经过修饰、限制,其内涵就非常具体、清晰,不大可能有歧义产生。

再如,在实用写作的法律文书中,"犯罪嫌疑人"、"被告人"、"罪犯"这三个概念是不容混淆的。"犯罪嫌疑人",是指公诉案件,受刑事追诉者在从公安机关开始着手侦查到检察机关向人民法院提起控诉之前这段时间,被称为"犯罪嫌疑人"。"被告人",公诉案件,受刑事追诉者在检察机关提起控诉开始,直到法院判决发生法律效力前的称谓。刑事自诉案件中被控告的人则一开始即直接被称为被告人。"罪犯",人民法院审理认定受刑事追诉者犯罪事实成立,依法判处其刑罚后,法律制裁即开始,此时的受法律追究的人在法律上才被称为罪犯。

实用写作语言下的判断,十分讲究分寸感。比如在写总结时,一个单位在某段时间内取得的成绩,是"很大"、"较大"还是"一些",都要再三斟酌,力求准确反映实际情况。

实用写作语言中运用推理,要合乎事物与事物之间的内在联系,合乎事物的发展规律,也就是要合乎逻辑。有一篇介绍茅台酒的产品说明书中有这样一段文字:

> 茅台酒最独特的地方是香味成分协调。香味成分是由各种微生物代谢产生的,而微生物又是来源于环境之中。茅台酒有一个适合各种微生物生长的特殊环境,离开茅台镇,不可能找到一个完全相同的特殊环境,因此也就不可能有一个完全相同的微生物群,就不可能生产出和茅台酒完全相同的酒。

这段说明,是一个推理的过程,包含着一系列演绎推理,因此语言显得准确而严密。

二、简洁

实用文体的语言,要求文字简短,节约用字,简洁明了。

列宁在给苏维埃最高国民经济委员会供给总局局长的信中要求"给中央委员会委员或全俄中央执行委员会主席团委员写简短的'电报式的'、明白而确切的报告"。他强调:"请写得简短些,采用电报文体,如果必要的话,可以另加附件。写长了我根本不看,一定不看。""如果有确实可行的建议,可以写在另一张纸上,要像电报那样写得极其简短,并附一份副本给秘书。"(《列宁全集》第35卷,人民出版社1960年版,第523页)毛泽东1948年为中共中央起草的《关于建立报告制度》的指示,要求"综合报告内容的扼要,文字要简练",还规定"报告文字每次一千字左右为限,除特殊情况外,至多不要超过二千字"(《毛泽东选集》一卷本,人民出版社1964年版,第1263页)。中共中央在1951年2月发出的《关于纠正电报、报告、指示、决定等文字缺点的指示》中也指出:"必须注意文字的简明扼要","必须以负责的精神,至再至三地分清条理,压缩文字,然后发出,否则应受批评"。2012年4月16日中共中央办公厅、国务院办公厅联合发布的《党政机关公文处理工作条例》也明确要求公文"内容简洁"、"文字精练"。

实用文体为了使语言简洁,经常使用一些专用词语与固定的习惯用语,如"此复"、"函告"、"经报"、"可行"、"如期"、"尚需"等。

实用文体为了精练地概括事实或分析认定问题的性质,还常常使用富有概括力的成语或俗语,如2004年1月13日中国共产党中央纪律检查委员会第三次全体会议通过的《中纪委第三次全会公报》中所用的四字格词就有数十个,如反腐倡廉、从严治标、与时俱进、开拓创新、玩忽职守、独断专行、务实为民、与民争利等。

有些实用文体,还普遍大量地运用成分共用句,这也有利于语言的简约。如2003年11月24日国务院颁发的《建设工程安全生产管理条例》第七章"法律责任"中的第五十三条:

    违反本条例的规定,县级以上人民政府建设行政主管部门或者其他有关行政管理部门的工作人员,有下列行为之一的,给予降级或者撤职的行政处分;构成犯罪的,依照刑法有关规定追究刑事责任:
    (一)对不具备安全生产条件的施工单位颁发资质证书的;
    (二)对没有安全施工措施的建设工程颁发施工许可证的;

（三）发现违法行为不予查发的；

（四）不依法履行监督管理职责的其他行为。

这里运用了成分共用句，把若干个相关的意思凝聚在一个句子里，使句子的结构紧凑，语言简洁。

简洁要以明白为前提，如果只是为了简洁而压缩字句，将应该说的话不说，应该用的词不用，弄得语气不连贯，意思不好懂，那是不可取的。

三、质朴

实用文体是为了解决实际问题而写的，内容必须真实可靠，语言必须平实质朴，一般不需要运用"文学笔法"，不必运用描写、抒情的表现方法，不用深奥古僻的词语，力求用人人易懂的普通话词语。质朴的语言应该达到"三易"的要求，那就是易看、易读、易懂。

如上海市市长韩正的2012年《元旦献辞》：

市民们，同志们，朋友们：

雄宏的钟声敲开了新年的大门，我代表上海市人民政府，向全市人民，向所有关心支持上海发展的海内外朋友，致以诚挚的问候！

刚刚过去的2011年，我们共同奋斗，收获了丰硕成果。面对海内外经济环境复杂变化的考验，全市人民振奋精神，心无旁骛，坚定不移走科学发展道路，充分发挥上海世博会后续效应，全面打响了创新驱动、转型发展的攻坚战，实现了"十二五"规划的良好开局。

2012年，人们满怀豪情，充满着新的期待。新的一年，我们将牢牢抓好创新驱动、转型发展，坚持稳中求进，奋力开拓，加快转变发展方式，深入推进改革开放，不断实现科学发展和社会和谐的新进步。我们将注重改善民生，把更多人力物力财力用到解决市民关心、社会关注的生产生活问题上，使改革发展的成果均衡惠及更多家庭，让人民在这座城市中生活得更幸福。

市民们,同志们,朋友们,上海的发展,凝聚着大家无尽的智慧和辛劳,呼唤着我们更多的努力与奉献。让我们紧密团结在以胡锦涛同志为总书记的党中央周围,抢抓机遇,改革创新,加快建设"四个中心"和社会主义现代化国际大都市,共同创造美好未来。

最后,衷心祝愿大家在新的一年里身体健康,家庭幸福,万事如意!

这里使用的语言,都是明明白白的,一点也没有华丽的辞藻,一切都显得非常质朴通俗。实用文体所需要的,就是这种语言。

但是,实用文体的语言也并不全是干巴巴的枯燥无味的语言,有些文体的语言,还有着感人的一面。比如有些书信,写得情意真挚,意味深长,感人至深。南北朝时期梁朝丘迟写的《与陈伯之书》,是以个人的名义写给陈伯之的劝降书。虽然陈伯之叛梁投降北魏,但他在信中并不过多地在大义上责难他,而是体察他的苦衷,分析他的处境,解除他的疑惑,指出他的前途,用循循善诱的语言,引导他冲出思想的迷谷。这封信中促膝谈心式的说理,正是其最动人的地方。

四、得体

实用文体一般都有特定的读者对象,其语言还要讲究得体。如给上级的公文,用词要谦恭诚挚;给下级的公文,用词要肯定平和;给平级单位的公文,用词要谦敬温和。公告、通告一类公文,需登报或张贴,语言要深入浅出。如在电台广播或当众宣读的公告、命令、指示等,语言应庄重流畅,便于朗读。总之,实用文体的语言讲什么和怎样讲,往往受到对象、场合的制约,必须准确把握,这就是所谓得体。

第五节　实用写作作者的修养

一、加强政治思想修养

要学好实用写作,最重要的是加强政治思想修养,努力学习马列主义、毛泽东思想、邓小平理论与"三个代表"、科学发展观等重要思想,努力学习党和国家的方针政策。

实践证明,实用文体作者认识和反映事物能力的深浅,对国家的路线、方针、政策理解能力的强弱,在很大程度上取决于他们的马克思主义理论水平的高低。很难设想,一个缺乏应有的马克思主义的基本理念修养的撰稿人员会写出既能反映事物的本质,又能较好体现国家的方针政策的文稿来。马克思主义是关于世界观的理论,是揭示事物本质的基本规律的科学,是人们正确认识世界和改造世界的强大思想武器。马克思主义的基本理论是我们国家制定路线、方针、政策的指导思想和理论基础。因此,掌握了马克思主义的基本理论,就可以比较深刻地理解和掌握国家的路线、方针和政策,有利于提高实用文体写作的质量。

实用文体作者政策水平高低,直接关系到所写出的文稿能否执行上级指示以至中央的路线、方针、政策,而这正是文稿质量高低的决定性因素。所以,实用文体作者还应该认真地而不是敷衍地、全面地而不是片面地、深刻地而不是肤浅地学习和理解党的方针、政策,不断提高自己的政策水平,杜绝在自己撰写的文稿中出现政策性方面的差错。

二、深入实际,调查研究

调查研究是实用文体作者的一项重要的基本功,是他们不断观察、认识客观世界,获取信息的一条重要途径。实用文体作者在动笔撰稿以前,必须围绕要说明的问题,充分掌握情况,深入实际,进行周密的调查研究。

调查研究是马克思主义认识论在实际工作中的具体运用,坚持调查研究,就是坚持唯物主义的认识论。因为调查研究的过程,就是对具体事物在深入调查的基础上进行具体分析的过程。我们党的思想路线是"实事求是",调查研究的过程,就是实事求是的思想路线的实践过程。所以,实用文体作者要坚持马克思主义的认识论,要坚持党的思想路线,就必须坚持调查研究。

调查研究是实用文体作者认识世界、掌握客观事物规律的基本手段和途径。客观世界是极其复杂的,要认识客观世界的真相,必须进行深入调查,并在此基础上进行科学的分析,才能进行正确的认识,掌握客观事物的规律。实用文体是使各级机关的工作协调一致、运转自如的一种重要工具,调查研究工作做得是否充分,决定了实用写作的成败。

三、加强语文基础训练,反复练笔

实用写作同其他文章的写作一样,要具备一定的语言基础和写作水平。要提高实用写作能力,必须综合运用语文知识中的语法、逻辑、修辞知识和写作知识,严格地进行立意、选材、布局、谋篇、遣词造句和修改的基本技能训练,不断提高运用文字的水平。

要学好实用写作,还必须联系实际,反复练笔,通过练习,使知识转化为能力。

练习写实用文,学习一些写作基础知识与各种文体的写作格式是完全必要的,但学习一定要联系实际,自己要多多练笔。鲁迅说:"文章应该怎样做,我说不出来,因为自己的作文,是由于多看和练习,此外并无心得或方法的。"(鲁迅《致赖少麒信》,见《鲁迅论文学与艺术》下册,人民文学出版社 1980 年版,第 873 页)这的确是他的经验之谈。要学好实用写作,一定要多做练习。在练习中,要着重培养朴实的文风,准确、简明的语言,练得多了,就会熟能生巧,写出各种符合要求的实用文来。

【思考与练习】

一、实用写作有哪些特征？实用写作与文学写作相比较，有哪些区别？

二、什么叫叙述？叙述有哪些人称与方式？实用写作中的叙述与文学写作中的叙述有何不同？

三、实用文体有哪些语言特点？

第二章
公文文体

第一节　公文概述

一、公文的概念

公文是公务文书的简称。党政机关公文是党政机关实施领导、履行职能、处理公务的具有特定效力和规范体式的文书,是传达贯彻党和国家方针政策,公布法规和规章,指导、布置和商洽工作,请示和答复问题,报告、通报和交流情况等的重要工具。

对公文这一概念,有广义与狭义两种理解。广义的公文涵盖的面很广,它包括在处理各种公务中形成的文书材料。它既包括党政机关公文,还包括其他机关、社会团体、企事业单位在处理公务的各种问题,反映各方面的情况,或联系各项工作时所形成的文书材料。狭义的公文,主要就是指党政机关的公文。

公文与文书、文件,这三个概念既有联系,又有区别。

文书是一个外延很宽的概念,包括公务文书和私人文书两大类。公务文书的简称就是公文。私人文书又称个人文书,是个人在从事政治、经济、科学、文化等活动及其他来往联系中所产生的文书,例如手稿、传记、证书、回忆录、书信、日记、札记等。

"文件"一词是外来词。在我国,文件的概念有广义和狭义之分。广义的"文件"所指的范围比"公文"大,凡是在工作和政治学习上可以用作依据或参考的书面材料,都可以称之为"文件"。狭义的"文件",指的是具有法规性并印有固定版头的公文。

二、公文的种类

在公文中,最常见的是党政公文。根据 2012 年 4 月 16 日中共中央办公厅、国务院办公厅联合发布的《党政机关公文处理工作条例》规定,我国党政机关的公文种类有决议、决定、命令(令)、公报、公告、通告、意见、通知、通报、报告、请示、批复、议案、函、纪要 15 种。

依据不同的标准,可以将公文分为不同的类别。

根据行文关系,可以将公文分为上行文、平行文、下行文三类。

上行文是下级机关向上级机关报送的公文,包括请示、报告等文种。

平行文是同级机关或不相隶属的机关之间来往联系的公文,主要是函。

下行文是上级机关向下级机关下达的公文,如命令(令)、决定、决议、公告、公报、通告、通知、通报、批复等。

根据公文的机密情况,可以将公文分为秘密公文与非秘密公文两类。

秘密公文是指那些内容涉及党和国家安全,需要限制阅读范围的重要公文。

非秘密公文是向全社会公开发布的公文,如公告、公报、通告以及其他一些周知性的公文。

根据公文的使用范围,可以将公文分为通用公文与专用公文两类。

通用公文是在各系统、各个机关都可以使用的公文,如通知、报告、请示、函等。专用公文是在一些特定的系统与部门使用的公文,如司法公文、军事公文、财经金融公文等。

根据公文的内容,还可以把公文分为指令性公文、知照性公文、报请性公文、议决性公文、商洽性公文等类别。

三、公文的特点

（一）作者的法定性

公文不是随便什么人都可以制发的，公文是由法定的作者制成和发布的。这是公文与一般文章作者的一个显著区别。

公文所谓的法定作者，是指那些依法成立，并能以自己的名义行使并承担义务的机关、组织或法人代表。在多数情况下，公文是以机关的名义或机关的某一部门的名义制发的。这些能在自己的职权范围内制发文件的机关、部门或单位，称为行文单位。公文的发文有时也用国家领导人或机关首长的名义，如中华人民共和国主席令、国务院总理令以及机关首长对所属工作人员的任免令等。这是领导人行使自己职权的一种表现。以领导人个人的名义发文，在名字前都要署上机关的名称与职务，一旦这些人不再担任这一职务，也就失去了这一法定作者的地位。

（二）极大的权威性

公文是党政机关、社会团体、企事业单位为了传达领导意图、办理公务、记载工作活动等而制发的，公文是在代表机关发言，代表了制发机关的法定权威。例如中共中央的文件，就代表了中国共产党中央委员会这一党的最高领导机关的权威，传达的是党中央的意见，全国各个部门都要执行。又如国务院的文件，代表了全国最高行政机关的意见，体现了中央人民政府的领导权威，全国各地各级行政机关都要执行。我国过去所谓的"军令如山"的说法，所指也是军队中的公文的极大权威性。

（三）很强的时效性

公文都是为了解决实际问题而制发的。因此时效性特别强，它不能像文学创作或撰写学术著作那样，"十年磨一剑"，慢慢琢磨，精益求精。公文的效用是与时间性联系在一起的。可以说，没有一份公文是永远有效的。随着形势的发展，情况的变化，旧的公文就会被新的公文所替代。尤其是一些处理紧急情况的"急件"与"特急件"，对时间性的要求更高，决不能拖拖拉拉，贻误时机。

（四）格式的规范性

公文都有规范的格式，这是公文同其他一般性文章的又一个重要区别。2012年6月29日，国家质量监督检验检疫总局、国家标准化管理委员会发布了国家标准《党政机关公文格式》（GB/T 9704-2012），对党政公文的格式做出了非常具体、详细的规定。

标准化的公文格式，有助于体现公文的法定性、严肃性和权威性，使公文更好地起到领导和管理国家政务工具的作用。

（五）处理程序的规定性

公文的制发和办理都必须经过规定的处理程序。公文的发文办理包括草拟、审核、签发、复核、缮印、用印、登记、分发等程序。草拟公文要符合国家的法律、法规及其他有关规定。如提出新的政策、规定等，要切实可行并加以说明。拟制公文，对涉及其他部门职权范围内的事项，主办部门应当主动与有关部门协商，取得一致意见后方可行文；如有分歧，主办部门的主要负责人应当出面协商，仍不能取得一致时，主办部门可以列明各方理由，提出建设性意见，并与有关部门会签后报请上级机关协调或裁定。公文的收文办理包括签收、登记、审核、拟办、批办、承办、催办等程序。公文办理完毕后，应当根据《中华人民共和国档案法》和其他有关规定，及时整理(立卷)、归档。

四、公文的格式

党政公文版心内的格式由版头、主体、版记三部分组成。

（一）版头部分

1. 份号。涉密公文需标注份号，一般用6位三号阿拉伯数字，顶格标注在版心左上角第一行。

2. 密级和保密期限。涉及国家秘密的公文应当标明密级和保密期限，密级分"绝密"、"机密"、"秘密"三个等级。如需标注密级，用三号黑体字，顶格编排在版心左上角第2行；如需同时标识秘密等级和保密期限，用三号黑体字，顶格编排在版心左上角第2行，秘密等级和保密期限之间用"★"隔开。保密期限中的数字用阿拉伯数字标注。

3. 紧急程度。紧急公文应当根据紧急程度分别标明"特急"、"加急"。如需标识紧急程度，用三号黑体字，顶格标注在版心左上角。如需同时标注份号、密级和保密期限、紧急程度，按照份号、密级和保密期限、紧急程度的顺序自上而下分行排列。

4. 发文机关标志。由发文机关全称或规范化简称加"文件"二字组成，也可以使用发文机关全称或规范化简称。发文机关标志居中排布，上边缘至版心上边缘35 mm，推荐使用小标宋体字，颜色为红色，以醒目、美观、庄重为原则。联合行文时，应使主办机关名称在前，"文件"二字置于发文机关名称右侧，上下居中排布；如联合行文机关过多，必须保证公文首页显示正文。

5. 发文字号。发文字号由发文机关代字、年份和发文顺序号组成，在发文机关标志下空二行，居中排布。年份、发文序号用阿拉伯数字标注，年份应标全称，用六角括号"〔〕"括入；发文顺序号不编虚位（即1不编为001），不加"第"字。联合行文，只表明主办机关发文字号。发文字号之下4 mm处印一条与版心等宽的红色分隔线。上行文的发文字号居左空一字编排，与最后一个签发人姓名处在同一行。

6. 签发人。上报的公文需标识签发人姓名，标识在红色分隔线的右上方，居右空一字；发文字号则要对称排列在左侧，居左空一字。"签发人"三字用三号仿宋字体，签发人姓名用三号楷体字。如有多个签发人，签发人姓名按照发文机关的排列顺序从左到右、自上而下依次均匀编排，一般每行排两个姓名，回行时与上一行第一个签发人姓名对齐。

7. 分隔线。在发文字号之下4 mm居中处印一条与版心等宽的红色分隔线。

(二) 主体部分

1. 标题。一般用二号小标宋体字，编排于红色分隔线下空两行位置，分一行或多行居中排布；回行时，要做到词意完整，排列对称，长短适宜，间距恰当，标题排列应当使用梯形或菱形。

2. 主送机关。编排于标题下空一行位置，居左顶格，回行时仍顶格,最后一个机关名称后标全角冒号。如主送机关名称过多导致公文首页不能显示正文时,应当将主送机关名称移至版记。

3. 正文。公文首页必须显示正文。一般用三号仿宋体字,编排于主送机关名称下一行,每个自然段左空两字,回行顶格。文中结构层次序数依次可以用"一、""(一)""1.""(1)"标注;一般第一层用黑体字、第二层用楷体字、第三层和第四层用仿宋体字标注。

4. 附件说明。公文如有附件,在正文下空一行左空2字编排"附件"二字,后标全角冒号和附件名称。如有多个附件,使用阿拉伯数字标注附件顺序号(如"附件:1.××××××");附件名称后不加标点符号。附件名称较长需回行时,应当与上一行附件名称的首字对齐。

5. 发文机关署名、成文日期和印章

(1) 加盖印章的公文

成文日期一般右空四字编排,印章用红色,不得出现空白印章。

单一机关行文时,一般在成文日期之上、以成文日期为准居中编排发文机关署名,印章端正、居中下压发文机关署名和成文日期,使发文机关署名和成文日期居印章中心偏下位置,印章顶端应当上距正文(或附件说明)一行之内。

联合行文时,一般将各发文机关署名按照发文机关顺序整齐排列在相应位置,并将印章一一对应、端正、居中下压发文机关署名,最后一个印章端正、居中下压发文机关署名和成文日期,印章之间排列整齐、互不相交或相切,每排印章两端不得超出版心,首排印章顶端应当上距正文(或附件说明)一行之内。

(2) 不加盖印章的公文

单一机关行文时,在正文(或附件说明)下空一行右空两字编排发文机关署名,在发文机关署名下一行编排成文日期,首字比发文机关署名首字右移二字,如成文日期长于发文机关署名,应当使成文日期右空两字编排,并相应增加发文机关署名右空字数。

联合行文时,应当先编排主办机关署名,其余发文机关署名依次向下编排。

(3) 加盖签发人签名章的公文

单一机关制发的公文加盖签发人签名章时,在正文(或附件说明)下空二行右空四字加盖签发人签名章,签名章左空两字标注签发人职务,以签名章为准上下居中排布。在签发人签名章下空一行右空四字编排成文日期。

联合行文时,应当先编排主办机关签发人职务、签名章,其余机关签发人职务、签名章依次向下编排,与主办机关签发人职务、签名章上下对齐;每行只编排一个机关的签发人职务、签名章;签发人职务应当标注全称。

签名章一般用红色。

(4) 成文日期中的数字

用阿拉伯数字将年、月、日标全,年份应标全称,月、日不编虚位(即1不编为01)。

(5) 特殊情况说明

当公文排版后所剩空白处不能容下印章或签发人签名章、成文日期时,可以采取调整行距、字距的措施解决。

6. 附注。如有附注,居左空两字加圆括号编排在成文日期下一行。

7. 附件。附件应当另面编排,并在版记之前,与公文正文一起装订。"附件"二字及附件顺序号用三号黑体字顶格编排在版心左上角第一行。附件标题居中编排在版心第三行。附件顺序号和附件标题应当与附件说明的表述一致。附件格式要求同正文。

如附件与正文不能一起装订,应当在附件左上角第一行顶格编排公文的发文字号并在其后标注"附件"二字及附件顺序号。

(三) 版记部分

1. 分隔线。版记中的分隔线与版心等宽,首条分隔线和末条分隔线用粗线(推荐高度为 0.35 mm),中间的分隔线用细线(推荐高度为 0.25 mm)。首条分隔线位于版记中第一个要素之上,末条分隔线与公文最后一面的版心下边缘重合。

2. 抄送机关。如有抄送机关，标注在公文末页下端两条黑色分隔线之间，一般用四号仿宋体字，在印发机关和印发日期之上一行、左右各空一字编排。"抄送"二字后加全角冒号和抄送机关名称，回行时与冒号后的首字对齐，最后一个抄送机关名称后标句号。

3. 印发机关和印发时间。印发机关和印发日期一般用四号仿宋体字，编排在末条分隔线之上，印发机关左空一字，印发日期右空一字，用阿拉伯数字将年、月、日标全，年份应标全称，月、日不编虚位（即 1 不编为 01），后加"印发"二字。

版记中如有其他要素，应当将其与印发机关和印发日期用一条细分隔线隔开。

公文格式中还有一个处于版心外的要素是页码。一般用四号半角宋体阿拉伯数字，编排在公文版心下边缘之下，数字左右各放一条一字线；一字线上距版心下边缘 7 mm。单页码居右空一字，双页码居左空一字。公文的版记页前有空白页的，空白页和版记页均不编排页码。公文的附件与正文一起装订时，页码应当连续编排。

公文用纸采用 A4 型纸，其成品幅面尺寸为：210 mm × 297 mm。

公文用纸天头（上白边）为 37 mm ± 1 mm，公文用纸订口（左白边）为 28 mm ± 1 mm，版心尺寸为 156 mm × 225 mm。

如无特殊说明，公文格式各要素一般用三号仿宋体字。特定情况可以作适当调整。

公文一般每面排 22 行，每行排 28 个字，并撑满版心。特定情况可以作适当调整。

公文版式的排列可参阅图 2-1—图 2-3。

```
┌─────────────────────────────────────┐
│ 000001                              │
│                                     │
│ 机密★1 年                            │
│ 特急                                 │
│                                     │
│            ×××文件                   │
│           ××〔2012〕10 号             │
├─────────────────────────────────────┤
│                                     │
│        ××××关于×××××的通知            │
│                                     │
│ ×××××：                              │
│     ×××××××××××××××××××××××××       │
│ ×××××××××××××××××××××××××××××       │
│ ×××××××××××××××××××××××××××××       │
│ ××××××××××××××××××。                 │
│     ×××××××××××××××××××××××××       │
│ ×××××××××××××××××××××××××××××       │
│ ×××××××××××××××××××××××××××××       │
│ ××××××××××××××××××××××。             │
│                                     │
│                              —1—    │
└─────────────────────────────────────┘
```

图 2-1　公文首页版式

```
┌─────────────────────────────────────────────────────┐
│  000001                                             │
│                                                     │
│  机密★1年                                           │
│                                                     │
│  特急                                               │
│                                                     │
│              ×××文件                              │
│                                                     │
│  ×××〔2012〕10号              签发人：×××      │
├─────────────────────────────────────────────────────┤
│                                                     │
│                                                     │
│             ××××关于××××的请示                │
│                                                     │
│                                                     │
│  ×××××：                                        │
│      ××××××××××××××××××××××    │
│  ××××××××××××××××××××××××××    │
│  ××××××××××××××××××××。           │
│      ××××××××××××××××××××××    │
│  ××××××××××××××××××××××××××    │
│  ×××××××××××××××，××××××××××  │
│  ××××××××××××××。××××××××××    │
│  ××××××××××××××××××××××××××    │
│  ×××××××××××××。                             │
│                                                     │
│                                                     │
│                                              —1—   │
└─────────────────────────────────────────────────────┘
```

图2-2 上报公文首页版式

×××××××××××××××××××××××××××××
×××××××××××××××××××××××××××
×××××××××××××××××××××××××
××××××××××××××××××。

　　附件:1.××××××××
　　　　2.××××××××

(此处加盖机关印章)

×××部

2012年7月5日

(×××××××××)

抄送:×××,×××,×××,×××,×××,×××,×××,
××,×××,××××,×××。

×××××××××××　　　　2012年7月6日印发

图 2-3　公文末页版式

五、公文的语言

(一) 公文语言的基本要求

1. 准确

公文的政策性很强,因此语言首先要求准确。

公文作者所选用的词语,要能够如实地反映客观事物,确切地表达作者的意图,概念准确,判断正确,褒贬分明,轻重适度,不产生歧义。公文的作者在起草公文的时候,要字斟句酌,精心辨析词语,特别要注意辨析同义词、近义词,辨析它们的细微差别。例如"边疆"与"边境"、"天气"与"气候",词义的范围就有大小的不同;"处罚"与"惩罚"、"显著"与"卓著"、"优异",词义的范围就有轻重的不同;"果断"与"武断"、"团结"与"勾结"、"含蓄"与"含糊",词义的感情色彩就有褒贬的不同;"见面"与"会见"、"收下"与"笑纳",词的风格色彩则有口语与书面语的区别。在起草公文时,如果不掌握好语言文字的分寸,不予以认真的辨析,不但会造成表意不清,甚至还会出现政治性的错误。

2. 简洁

公文的语言,要求文字精练,节约用字,简洁明了。

公文要用尽可能少的语言表达尽可能丰富的内容。刘勰在《文心雕龙·书记篇》中指出:"随事立体,贵乎精要,意少一字则义阙,句长一言则辞伤。"既强调了文贵精要,同时又强调了文字的多与少要服从于表意的需要。

公文的语言要做到简洁,很重要的一点就是要学会删繁就简。鲁迅在《答北斗杂志社问》一文中说:"写完后至少看两遍,竭力将可有可无的字、句、段删去,毫不可惜。"这的确是他的经验之谈,不但文学创作适用,公文写作也应该有这样的要求。

公文语言的简洁,与作者精辟的思想认识关系十分密切。公文的作者,只有对社会生活有深刻的理解,才能对语言进行准确的选择,写出简洁的文字。

3. 庄重

公文是代表一级机关讲话的,因此语言还要求庄重。公文不宜以口语入文,而应较多地运用书面语言来写作。

公文都有特定的读者对象,对不同行文关系的公文,在语言的庄重性方面还有些不同的要求,如给上级单位的公文,用词要肯定平和;给平级单位的公文,用词要谦敬温和。

公文为了体现出语言庄重的特色,在长期的使用过程中,逐渐形成了自身所独具的固定性语言,办某一类事,必须使用某一种文种,说某一类型的话,不得随意变动。这些固定性的语言,有的是约定俗成的,有的是国家明文规定的。这种语言特点,在其他文体中是很少见到的。

(二)公文词语的特点

公文的词语,多数是规范化的书面词语,不用一般的口语词、方言词、土俗俚语。词语要有确切含义,以双音节词为主,有一些常用的公文专用词语,如:

称谓用语:本(局)、你(公司)、该(处)、我(部)。

经办用语:经、业经、兹经。

引叙用语:前接、近接、悉。

期请用词:即请查照、希即遵照、请、拟、希。

表态用语:照办、同意、不同意、可行、不可。

征询用语:当否、是否可行、可否、是否同意。

期复用语:请批示、请核示、请回复、请指示。

综述过渡用语:为要、为盼、为荷、特此通知(通报、函复、函达)。

(三)公文语句的特点

公文的语句含义完整确切,在文章中具有较强的独立性,关键性文句脱离上下文之后仍不会产生歧义。陈述句较多,祈使句次之,疑问句、感叹句再次之。一般都有专门表达公文主题的主题句,使主题鲜明地显露出来。

在公文语句中,大量使用介词结构。在现代汉语中,介词属于虚词的范围,其本身没有具体的意义,但它和实词结合起来,能使词语表达的意义更加明确化、严密化。公文中常用的介词,主要有:

(1) 为、为了、由于——表目的、原因。
(2) 对、对于、关于、将、除了——表对象、范围。
(3) 根据、依据、遵照、通过、在、随着——表根据、方式。

如以下各句：

△ 为了保障消费者的权益，根据国家有关政策、法令，特通告如下：……

△ 对于上述问题，各级科研部门的领导机关必须高度重视，认真解决。

△ 关于禁止各类学校乱收费的问题，教育部及有关部门曾三令五申，并多次发出通知。

△ 根据《中华人民共和国行政强制法》的有关规定，对《上海市零星建设工程规划管理办法》等三件市政府规范性文件作如下修改：

上述例句中的介词结构，第一句表目的，第二、三句表对象，第四句表根据。

在公文语句中，还有一种由"将"字结构所构成的第二宾语提前的句式。在一些转发性的文件中，这种句式几乎成了一种较为固定的表达模式，如：

现将民政部《关于撤销城市收容遣送站的通知》转发给你们，请遵照执行。

这句话如果不这样说，也可写成：

现转发给你们民政部《关于撤销城市收容遣送站的通知》，请遵照执行。

将以上两段比较一下，我们不难发现，前一段文字要比后一段文字显得清晰、明朗、重点突出，其原因就是因为使用了第二宾语提前的句式。

六、公文的行文规则

根据中共中央办公厅、国务院办公厅于 2012 年 4 月 16 日联合发布的《党政机关公文处理工作条例》，公文有以下的行文规则：

1. 行文应当确有必要，讲求实效，注重针对性和可操作性。
2. 行文关系根据隶属关系和职权范围确定。一般不得越级行文，特殊情况需要越级行文的，应当同时抄送被越过的机关。
3. 向上级机关行文，应当遵循以下规则：

（1）原则上主送一个上级机关，根据需要同时抄送相关上级机关和同级机关，不抄送下级机关。

（2）党委、政府的部门向上级主管部门请示、报告重大事项，应当经本级党委、政府同意或者授权；属于部门职权范围内的事项应当直接报送上级主管部门。

（3）下级机关的请示事项，如需以本机关名义向上级机关请示，应当提出倾向性意见后上报，不得原文转报上级机关。

（4）请示应当一文一事。不得在报告等非请示性公文中夹带请示事项。

（5）除上级机关负责人直接交办事项外，不得以本机关名义向上级机关负责人报送公文，不得以本机关负责人名义向上级机关报送公文。

（6）受双重领导的机关向一个上级机关行文，必要时抄送另一个上级机关。

4. 向下级机关行文，应当遵循以下规则：

（1）主送受理机关，根据需要抄送相关机关。重要行文应当同时抄送发文机关的直接上级机关。

（2）党委、政府的办公厅（室）根据本级党委、政府授权，可以向下级党委、政府行文，其他部门和单位不得向下级党委、政府发布指令性公文或者在公文中向下级党委、政府提出指令性要求。需经政府审批的具体事项，经政府同意后可以由政府职能部门行文，文中须注明已经政府同意。

（3）党委、政府的部门在各自职权范围内可以向下级党委、政府的相关部门行文。

（4）涉及多个部门职权范围内的事务，部门之间未协商一致的，不得向下行文;擅自行文的,上级机关应当责令其纠正或者撤销。

(5) 上级机关向受双重领导的下级机关行文,必要时抄送该下级机关的另一个上级机关。

5. 同级党政机关、党政机关与其他同级机关必要时可以联合行文。属于党委、政府各自职权范围内的工作,不得联合行文。

党委、政府的部门依据职权可以相互行文。

部门内设机构除办公厅(室)外不得对外正式行文。

第二节　命令(令)、决定、决议、意见

一、命令(令)

(一) 概述

命令(令)是一种适用于公布行政法规和规章、宣布施行重大强制性措施、批准授予和晋升衔级、嘉奖有关单位和人员的公文。

命令(令)作为一种指挥性的公文,其发文机构有严格的限制,根据《中华人民共和国宪法》规定,全国人大常委会委员长、国家主席、国务院总理、各部部长、各委员会主任和县以上地方人民政府以及其他法定机关的负责人有权发布命令(令),其他机关不得随意发布。

(二) 特点

1. 权威性

命令(令)虽然其本身不是法律、法规,但是它们可以作为颁布法律、法规的形式。有些规定重大行政措施的命令(令)和发布行政法规的命令(令),都具有法律的效力,并具有法规的约束作用。

2. 强制性

命令(令)一经发布,有关的下级机关或人员都必须无条件地服从和执行,违抗命令(令)或延误执行,都将受到严肃处理甚至严重惩罚。

3. 严肃性

命令(令)的文句简洁而准确,语气坚定而严肃,结构严谨而

完整,风格质朴而庄重。

(三) 分类

从形式分,命令(令)可以分为带附件和不带附件的两类。

从用途分,命令(令)可以分为发布令、行政令、任免令、嘉奖令等。

1. 发布令

发布令用于发布行政法规与规章,赋予所发布的法规、规章以立即生效并予以施行的法定效力。

2. 行政令

行政令用于采取重大强制性行政措施,实施行政领导与指挥。如《国务院关于在我国统一实行法定计量单位的命令》、《国务院关于进行第四次全国人口普查登记的命令》。

3. 任免令

任免令用于任免事项,是任命或免除政府官员时所颁发的一种命令。

4. 嘉奖令

嘉奖令是为嘉奖有功人员而颁发的命令。

(四) 格式与写法

命令(令)的格式比较特殊。发文机关标志由发文机关全称加"命令"或"令"字组成,居中排布,用红色小标宋体字。发文机关标志下空两行居中编排令号,令号下空两行编排正文。

1. 标题

命令(令)的标题,一般由发布机关名称、事由、文种三个要素组成,但发布令与任免令的标题,可省略事由,只由发布机关名称(或首长职务)与文种两要素组成。

2. 发文字号

写令号,标在发文机关标志下空两行居中处。

3. 正文

命令(令)的正文,一般由两部分即"原由"和"使命指挥"组成。"原由"部分写明发布本命令的原因、理由或依据,"使命指挥"部分写明要求下级机关或有关人员必须遵照执行的使命事项。

上面所讲的,是一般的命令(令)的正文结构,有些特殊的命令(令),其正文结构不尽相同。如公布法律、法规的命令(令),其令文所强调的是"使命指挥",而"原由"只是说明发布"使命指挥"的原因、理由和根据。任免令是调整机关人事关系的公文,其正文通常比较简短,有时只需一两句话,就是在"原由"部分交代清楚发布该令的根据,在"使命指挥"部分写明任命某人为某职,或免除某人某职务就可以了。嘉奖令的正文结构,除了有"原由"和"使命指挥"之外,还有一个结尾。在结尾部分,一般要号召大家向被嘉奖的英雄模范人物学习。

4. 签署发令人的职务、姓名及发令日期

撰写命令(令),是一件非常严肃的事情,措词要求十分准确,文句要求非常简明,语气要坚定,言辞要庄严。

[例文 1]

中华人民共和国国务院令

第 616 号

依照《中华人民共和国香港特别行政区基本法》的有关规定,根据香港特别行政区行政长官选举委员会选举产生的人选,任命梁振英为中华人民共和国香港特别行政区第四任行政长官,于 2012 年 7 月 1 日就职。

总理 温家宝

二〇一二年三月二十八日

(注:本书例文中,按照国家有关规定,2012 年 7 月 1 日以前发出的行政公文,成文日期用汉字标注;2012 年 7 月 1 日以后发出的党政公文,成文日期用阿拉伯数字标注。下同)

[例文2]

国家体育总局
中华人民共和国教育部 令

第 15 号

《少年儿童体育学校管理办法》已于 2011 年 5 月 5 日经国家体育总局第 10 次局长办公会议审议通过,并经教育部同意,现予以公布,自 2011 年 10 月 1 日起施行。

体育总局局长　刘鹏
教育部部长　袁贵仁
二〇一一年九月二日

二、决定

(一) 概述

决定是一种适用于对重要事项作出决策和部署、奖惩有关单位和人员、变更或者撤销下级机关不适当的决定事项的公文。

决定是议决性的下行公文,具有指示性,上级的决定一经传达,下级就要贯彻执行。决定还具有明确性,决定中作出的安排在时间、目的、要求上必须明确,不能模棱两可。决定又具有一定的说理性,有的决定是上级提出的主张,它要告诉有关单位和人员应该怎样做,不应该怎样做,并说明原因。

(二) 分类

1. 处置性决定

处置性决定就是处理、布置并告知具体事项的决定,其内容如表彰先进、处理问题、设置机构、安排人事等。这些决定有的是由机关发出的,有的是由会议发出的。

2. 公布性决定

公布性决定就是由会议直接公布某个议案的具体内容的决定

或直接公布某一机构对某一问题的处理决定。

3. 部署性决定

部署性决定就是对重大行动作出安排的决定。这些决定,有的是由机关直接发出的,有些特别重大的行动是由机关制文并要经会议讨论通过方可发出。

(三) 格式与写法

1. 标题及题下标示

决定的标题,一般应包括发文机关、事由、文种三要素,并在题下标明成文时间。如:

中共上海市委关于表彰上海市先进基层
党组织和优秀共产党员的决定

(二〇一二年六月三十日)

有些表彰先进或处理问题的决定,也可以把成文时间标在正文后面,而不是标在题下。有些决定,其标题还可由事由与文种两要素组成,如教育部发出的《关于批准2001年普通高等学校国家级优秀教学成果获奖项目的决定》。

由会议发出的决定,其标题应写"会议全称、事由和文种"三个要素,并在题下标明"什么时间什么会议(全称)通过"。

2. 主送机关

如果该决定是在一定范围内发送的,要写主送机关。如该决定属普发性公文,一般可不写主送机关。

3. 正文

决定的正文,一般由原因与事项两部分组成。原因部分要简明扼要地写明作出这一决定的依据与理由。事项部分要直截了当地写明所决定的具体事项。有些表彰先进、处理问题的决定,其正文在事项写完之后,还要加一段号召,如《国务院关于2011年度国家科学技术奖励的决定》最后一段就是号召:"全国科学技术工作者要向谢家麟院士、吴良镛院士及全体获奖者学习,自觉弘扬求真务实、勇于创新的精神,以科教兴国为己任,坚持科学技术为经济社会发展服务、为人民服务,切实增强自主创新能力,为建设创新型国家、推动经济社会又好又快发展作出新的更大贡献。"

　　撰写决定时,对所决定的事项,根据要充分。所决定的事项要完整周密,表述要简明扼要,用语要十分准确,以便贯彻执行。表彰、处分等决定对人和事的评价要实事求是,恰如其分。

[例文1]

国务院关于2011年度国家科学技术奖励的决定

各省、自治区、直辖市人民政府,国务院各部委、各直属机构:

　　为全面贯彻党的十七大和十七届六中全会精神,深入贯彻落实科学发展观,大力实施科教兴国战略和人才强国战略,促进科学技术事业发展和综合国力提升,国务院决定,对为我国科学技术进步、经济社会发展、国防现代化建设作出突出贡献的科学技术人员和组织给予奖励。

　　根据《国家科学技术奖励条例》的规定,经国家科学技术奖励评审委员会评审、国家科学技术奖励委员会审定和科技部审核,国务院批准并报请国家主席胡锦涛签署,授予谢家麟院士、吴良镛院士2011年度国家最高科学技术奖;国务院批准,授予"流体力学与量子力学方程组的若干研究"等36项成果国家自然科学奖二等奖,授予"有机发光显示材料、器件与工艺集成技术和应用"等2项成果国家技术发明奖一等奖,授予"后期功能型超级杂交稻育种技术及应用"等53项成果国家技术发明奖二等奖,授予"青藏高原地质理论创新与找矿重大突破"国家科学技术进步奖特等奖,授予"玉米单交种浚单20选育及配套技术研究与应用"等20项成果国家科学技术进步奖一等奖,授予"高性能移动分组核心网智能化技术创新及应用"等262项成果国家科学技术进步奖二等奖,授予德国数学家德乐思等8名外国专家中华人民共和国国际科学技术合作奖。

全国科学技术工作者要向谢家麟院士、吴良镛院士及全体获奖者学习,自觉弘扬求真务实、勇于创新的精神,以科教兴国为己任,坚持科学技术为经济社会发展服务、为人民服务,切实增强自主创新能力,为建设创新型国家、推动经济社会又好又快发展作出新的更大贡献。

中华人民共和国国务院
二〇一二年一月二十七日

[例文2]

教育部关于授予张丽莉同志"全国优秀教师"荣誉称号的决定

2012年5月8日晚,在黑龙江省佳木斯市,正当佳木斯市第十九中学一群学生准备过马路时,一辆客车突然失控冲了过来,与前方停在路边的另一辆客车追尾相撞,被撞客车猛力冲向正要过马路的学生。危险瞬间,本可以躲开逃生的女教师张丽莉,奋不顾身去救学生,自己被卷入车轮下,双腿粉碎性骨折,高位截肢。

张丽莉同志是黑龙江省佳木斯市第十九中学教师,毕业于哈尔滨师范大学,2007年参加工作。她爱岗敬业,教书育人,关爱学生,无私奉献,钻研业务,勤奋向上,得到了师生和家长的高度评价,多次被评为青年骨干教师、教师新秀、最受学生喜爱的教师。她生死关头舍己救人,用无私大爱谱写了一曲生命的赞歌,塑造了新时期人民教师的光辉形象,诠释了高尚师德和社会主义核心价值观。为彰显张丽莉同志的先进模范事迹,进一步推动教师队伍建设,我部决定授予张丽莉同志"全国优秀教师"荣誉称号。

全国广大教师和教育工作者要以张丽莉同志为榜样,忠诚于党和人民的教育事业,爱岗敬业,关爱学生,严谨笃学,勇于创新,为人师表,无私奉献,以人格魅力和学识魅力教育感染学生,以实际行动弘扬社会主义核心价值观,为全面建设小康社会、实现中华民族的伟大复兴而努力奋斗。

中华人民共和国教育部
二〇一二年五月十四日

三、决议

(一) 概述

决议适用于会议讨论通过的重大决策事项。

决议是会议的产物,要由会议参加者半数或三分之二以上举手或表决、投票赞成才能形成。如果不履行表决的手续,决议就不能产生。

决议具有权威性与约束力。决议是经过一定的会议手续产生的,对与会者和有关人员具有权威性与约束力。任何人不能违抗决议所定的事项或意见。如果个人有不同意见,只能通过合法的手续向上反映。在决议改变之前,也必须执行。

(二) 分类

按照内容的不同,决议可分为以下几类:

1. 方针政策性决议

这类决议,着眼于从路线、方针、政策上统一人们的思想认识,如《中国共产党中央委员会关于建国以来若干历史问题的决议》。

2. 专门问题性决议

这类决议,是就某些有关问题作出决定后而发布的决议,如《中共中央关于增强党的团结的决议》。

3. 公布号召性决议

这类决议,主要用来宣布某一重要会议的精神及所取得的成果,号召有关人员贯彻会议的精神,做好有关的工作,如例文。

(三) 格式与写法

1. 标题及题下标注

决议的标题,是由发文单位(或会议名称)、事由、文种三要素组成的,如《中国共产党第十七次代表大会关于十六届中央委员会报告的决议》。

在标题之下,写上通过决议的会议名称与日期,并用括号括起来。

2. 正文

决议的正文,一般包括两项内容,即前言部分与主体部分。前言要写明决策的依据,即这个决议是根据什么政策、法规、议案或事实情况而作出的。主体是决议的事项,具体写法有以下四种:

(1) 篇段合一式。这类决议,内容比较单一,可不分段落,整个正文一气呵成。

(2) 分条列述式。这类决议,内容比较复杂,决议事项要用分条列述的方式,一条一条地叙述清楚。

(3) 分段式。这类决议,把决议事项分为若干段落,一个层次一个层次地将决议事项表述出来。

(4) 小标题式。这类决议,在正文的每一段前要加上小标题,显得条理清楚,眉目清晰。

决议是会议的产物,写作决议,一定要把握住会议的中心,了解会议的议题与过程,知晓会议的决策方案,这样才有可能写出一个符合会议精神的决议。

一般公文的行文主体是机关团体,而决议的行文主体基本上是"会议",因此,在决议正文的每一段落的开头,经常用"会议认为"、"会议同意"、"会议通过了"、"会议号召"这样的词句。

在决议的最后一段,一般都要写鼓舞号召性的文字。写好这段文字,可以起到鼓舞士气的作用。

[例文]

四川省第十次党代会关于
第九届省委报告的决议

(2012年5月19日中国共产党四川省第十次代表大会通过)

中国共产党四川省第十次代表大会批准了刘奇葆同志代表中

共四川省第九届委员会所作的报告。

大会认为,报告确定的"高举中国特色社会主义伟大旗帜,以邓小平理论和'三个代表'重要思想为指导,深入贯彻落实科学发展观,把握新形势新任务,科学发展,执政为民,大力推进改革开放和现代化事业,加快全面建设小康社会进程,为建设西部经济发展高地而奋斗"这一主题,贯彻中央要求,符合四川实际,反映了全省广大党员和干部群众的共同愿望。报告总结了过去五年的发展成就和基本经验,分析了面临的发展形势,提出了未来五年全省工作的指导思想和奋斗目标,部署了经济建设、政治建设、文化建设、社会建设以及生态文明建设的主要任务,明确了全面提高党的建设科学化水平的新要求,是指导今后一个时期四川改革开放和现代化事业的纲领性文件。

大会充分肯定了中共四川省第九届委员会的工作。大会指出,省第九次党代会以来的五年,四川走过了极为特殊而艰难的不平凡历程,遭受了"5·12"汶川特大地震、低温雨雪冰冻灾害和特大山洪泥石流等重大自然灾害的严重冲击,经历了国际金融危机等重大事件的严峻考验。在以胡锦涛同志为总书记的党中央坚强领导下,九届省委紧紧依靠和组织带领全省各族人民,万众一心、共克时艰,加快建设灾后美好新家园、加快建设西部经济发展高地,创造了抗震救灾、灾后恢复重建和大灾之后加快发展的伟大奇迹,四川正由西部经济大省向全国经济强省迈进。全省综合实力显著增强,发展条件不断改善,人民生活水平明显提高,社会保持和谐稳定,在西部的发展优势和全国竞相发展大格局中的地位日益凸显,全面开创了在科学发展观指导下加快发展、又好又快发展的新局面,必将以创造人类抗御巨灾的伟大奇迹、克难奋进的巨大发展成就、奠定长远发展的坚实基础、惠民富民的显著成效、共克时艰的突出贡献和经受特殊考验为党增光添彩而载入四川史册。

大会同意报告对过去五年基本经验的总结。大会认为,九届省委始终坚持把中央精神和四川实际结合起来,把科学发展具体化,创造性地开展工作,不断加深了对做好新时期四川工作的认识。发展始终是四川第一位的任务,谋划四川发展重在坚持和把握加快发展的基本取向;着眼全局和长远才能赢得主动,确立战略定位重在找准四川在西部和全国的位置;内陆盆地更需要开放和创新精神,打开工作局面重在思想理念的解放和突破;应对复杂艰难局面取决于态度和工作,变被动为主动重在爬坡实干化危为机;一切工作首先要以群众满意为出发点和落脚点,保障和改善民生重在解决群众的现实利益问题;党的建设必须紧紧围绕中心工作,干部队伍建设重在形成专注发展、风清气正的导向和氛围。这些基本经验是四川在推进"两个加快"实践中积累的宝贵精神财富,一定要在今后工作中倍加珍惜、长期坚持。

大会同意报告提出的未来五年全省工作的指导思想。大会指出,四川正迎来大有可为的重大机遇期。全省各级党组织要高举中国特色社会主义伟大旗帜,以邓小平理论和"三个代表"重要思想为指导,深入贯彻落实科学发展观,把握新形势新任务,抓住国家新一轮西部大开发、实施扩大内需战略、建设成渝经济区和天府新区等重大机遇,突出科学发展主题和加快转变经济发展方式主线,深入实施"两化"互动、统筹城乡发展战略,深入推进改革开放和自主创新,全面加强经济建设、政治建设、文化建设、社会建设以及生态文明建设,不断提升党的建设科学化水平,为建设西部经济发展高地和全面小康社会打下具有决定性意义的基础,加快建设富裕民主文明和谐的新四川。

大会指出,今后五年,要集中力量解决一些事关发展全局和长远的重大问题,着力把基础做牢、把产业做强、把城市做大、把科教做优、把民生做实,努力实现全省生产总值、地方公共财政收入、城乡居民收入翻番,显著提升产业实力、城镇化水平、开放水平、发展保障能力、社会建设和管理水平。要坚定不移走跨越提升的发展之路,努力走在科学发展前列;坚定不移走改革开放的发展之路,努力打造区域发展竞争新优势;坚定不移走"两化"互动的发展之路,努力构建四川现代化的基本框架;坚定不移走统筹城乡的发展之路,努力形成城乡一体化发展新格局;坚定不移走富民和谐的发展之路,努力提高社会文明程度和社会管理水平。

大会同意报告对未来五年推进四川科学发展主要任务的部署。大会指出,实现未来五年发展奋斗目标,必须深入贯彻落实科学发展观,始终坚持以经济建设为中心,紧紧抓住发展这个第一要务,深入实施"两化"互动、统筹城乡发展战略,以改革开放和科技创新增强发展动力活力,着力保障和改善民生促进社会和谐,建设与西部经济发展高地相适应的文化强省,开启四川改革开放和现代化建设的新征程,奋力夺取全面建设小康社会新胜利。

大会强调,要在新的历史条件下提高党的建设科学化水平。推进四川改革开放和现代化事业,关键要把全省各级党组织和党员干部队伍建设好。要坚持以坚定理想信念为重点加强思想建设,着力提高党员干部思想政治素质;坚持以鲜明用人导向为重点深化干部人事制度改革,着力建设高素质的领导班子和干部队伍;坚持以抓基层打基础为重点筑牢为民执政的基石,着力增强基层党组织的创造力凝聚力战斗力;坚持以联系服务群众为重点加强和改进群众工作,着力形成优良作风凝聚党心民心;坚持以完善惩防体系为重点加强反腐倡廉建设,着力保持良好执政形象。

大会强调,今后五年将是击鼓奋进的五年、攻坚克难的五年、大踏步发展的五年。大会号召,全省各级党组织、广大共产党员和各族人民群众要高举中国特色社会主义伟大旗帜,紧密团结在以胡锦涛同志为总书记的党中央周围,励精图治,开拓进取,坚持改革开放,推动科学发展,促进社会和谐,为建设西部经济发展高地和全面小康社会而努力奋斗!

四、意见

(一) 概述

意见是一种适用于对重要问题提出见解和处理办法的公文。

意见由领导机关或主管部门就某一问题提出观点和处理办法,有关部门必须认真贯彻执行,不能当作一般参考来对待。意见的内容偏重于原则的阐述,具有普遍的指导意义。意见在提出处理问题的办法时,为使下级机关有所遵循,一般规定得比较具体,具有可操作性。

(二) 分类

按行文方式来分,意见可分为转发的和直发的两种。

主管部门就自己主管的工作提出了指导性的意见,但由于与执行单位没有隶属关系,不能直接行文,于是先呈报给予执行单位共同的上级机关,再由上级机关批转给有关单位执行。这一类意见就叫转发意见。上级机关对下属机关的工作提出指导意见,由于是领导与被领导关系,可以直接下达。这一类意见就叫直发意见。

按性质、内容来分,意见可分为指示性意见和计划性意见两种。

指示性意见用于上级机关或有关主管部门阐述和说明开展某项工作的基本思想、原则、要求等,以工作进行原则性指导。计划性意见用于上级机关或业务主管部门制定开展某项工作的部署、要求、安排和具体措施等,带有工作计划的一些特点。

(三) 格式与写法

1. 标题

意见的标题常由发文机关、事由、文种三要素组成,如例文的标题《教育部关于切实加强和改进高等学校学风建设的实施意见》。有时也可省略发文机关,如《关于本市宣传贯彻〈国家通用语言文字法〉的意见》。

2. 主送机关

经上级批转下发的意见,因主送机关已标注在批转通知中,故无须再标注主送机关。

直接下发的意见,需要标注主送机关,因下属的单位较多,主送机关也可能是多个的。

3. 正文

（1）前言

意见的正文，一般先写前言，前言可有选择地写明以下一些内容：

① 说明提出意见的目的。

② 交代提出意见的依据。

③ 阐述所布置工作的意义和重要性。

（2）主体

前言写完以后，接下来要写主体部分。如是指示性意见，主体部分要写出意见的具体内容，包括明确工作任务，阐明对此项工作应有的基本认识，提出原则性的要求、政策性的措施、处理的办法等。为了使表达有条理性，一般采用分层、分段、分条前加序号与小标题的写法。如是计划性意见，主体部分要写明目标、措施、步骤三项内容。

（3）结尾

局部性意见大多没有专设的结尾段落，最后一个条款写完了就不再写下去，自然结束。内容多、篇幅长的意见也可有结尾段落，提出号召、希望和督查要求，也可以有些必要的补充。

（4）发文机关署名印章与发文日期

直接下发的意见，一般都在文后署名并盖上发文机关印章与写上发文日期。由上级机关用通知等公文批转（或印发）的意见，发文机关和成文日期均见于通知，意见本身不需要再在正文之后盖上发文机关印章与写上成文日期了。

撰写意见，要以有关政策为依据，因此在执笔成文之前，撰稿者要认真学习研究有关方针、政策、法令、法规，避免写出的意见与有关文件精神相违背。意见内容，要针对实际工作中的问题与现实需要，有的放矢地提出具有可行性和预见性的政策。另外，意见的提出要实事求是，切实可行。提出的措施、办法要合理，符合下情，制定的计划指标要留有余地，要允许下级机关或有关部门结合本单位的实际，在不违背原则的前提下因地制宜地灵活执行。

[例文]

教育部关于切实加强和改进高等学校学风建设的实施意见

各省、自治区、直辖市教育厅(教委),新疆生产建设兵团教育局,有关部门(单位)教育司(局),部属各高等学校:

为贯彻党的十七届六中全会"深化政风、行风建设,开展道德领域突出问题专项教育和治理"的精神,落实《国家中长期教育改革和发展规划纲要(2010—2020年)》的要求,坚决反对不良学风,有效遏制学术不端行为,营造风清气正的育人环境和求真务实的学术氛围,教育部决定在"十二五"期间开展高校学风建设专项教育和治理行动,并提出如下实施意见。

一、充分认识高校学风建设的重要性和紧迫性。学风是大学精神的集中体现,是教书育人的本质要求,是高等学校的立校之本、发展之魂。优良学风是提高教育教学质量的根本保证。能否营造一个优良学风环境,关系到高等教育的科学发展和教育事业的兴衰成败。当前,高校的学风总体上是好的。但近一个时期来,在高校教师及学生的教学与科研活动中,急功近利、浮躁浮夸、抄袭剽窃、伪造篡改、买卖论文、考试舞弊等不良现象和不端行为时有发生,严重破坏了教书育人的学术风气,也造成了极其负面的社会影响。切实加强和改进高校学风建设工作已经刻不容缓。

二、坚持标本兼治综合治理的原则。加强高校学风建设,要坚持教育和治理相结合,坚持教育引导、制度规范、监督约束、查处警示,建立并完善弘扬优良学风的长效机制。通过专项教育治理行动,迅速建立学风建设工作体系,明确各地、各部门和高校的责任义务,力争"十二五"期间高校学风和科研诚信整体状况得到明显改观,为保证人才培养质量、提升科学研究水平、增强社会服务能力奠定良好的学风基础。

三、构建学风建设工作体系。教育部设立学风建设办公室,负责制定高校学风建设相关政策,指导检查高校学风建设工作,接受对学术不端行为的举报,指导协调和督促调查处理。各地、各部门要健全学风建设机构,负责所属高校学风建设工作。各高校要建立相应的工作机构和工作机制,负责本校学风建设工作和学术不端行为查处。

四、强化高校的主体责任。高校主要领导是本校学风建设和学术不端行为查处的第一责任人,应有专门领导分工负责学风建设。各地教育部门要将学风建设纳入高校领导班子的考核,完善目标责任制,落实问责机制。高校要将学风建设工作常规化,摆在更加突出的位置,建立健全教育宣传、制度建设、不端行为查处等完整的工作体系,实现学风建设机构、学术规范制度和不端行为查处机制三落实、三公开。高校要按年度发布学风建设工作报告。

五、建立学术规范教育制度。坚持把教育作为加强学风和学术道德建设的基础。在师生中加强科学精神教育,注重发挥楷模的教育作用,强调学者的自律意识和自我道德养成。教育部和中国科协共同组织对全国研究生的科学道德和学风建设宣讲教育。教育部科技委组织专家赴各地讲解《科学技术学术规范指南》。各地教育部门要组织实施本地区的宣讲教育。高校要为本专科生开设科学伦理讲座,在研究生中进行学术规范宣讲教育;要把科学道德教育纳入教师岗位培训范畴和职业培训体系,纳入行政管理人员学习范畴。

六、加强教师的科研诚信教育。要把教师队伍学风建设作为高校学风建设专项教育和治理行动实施重点。教师学风建设的重点任务是加强科研诚信。高校要对教师进行每年一轮的科研诚信教育,在教师年度考核中增加科研诚信的内容,建立科研诚信档案。教育引导教师热爱科学、追求真理,抵制投机取巧、粗制滥造、盲目追求数量不顾质量的浮躁风气和行为,把优良学风内化为自觉行动。教师要加强对学生的教育和监督,认真审阅他们的实验记录和论文手稿,以严谨治学的精神和认真负责的作风感染教化学生,力争成为言传身教的榜样和教书育人的楷模。

七、切实改进评价考核导向。尊重人才成长和学术发展规律,避免急功近利和短期行为。各地教育部门在考核评估中,要防止片面量化的倾向,加大质量和贡献指标的权重。正确引导社会的各类高校排行榜更加重视创新质量和贡献。高校在专业技术职务评聘中要体现重创新质量和贡献的导向,全面考察师德、教风、创新和贡献。要防止片面将学术成果、学术奖励和物质报酬、职务晋升挂钩的倾向。

八、发挥专家咨询委员会和学术委员会的作用。教育部社科委、科技委分别成立学风建设委员会,以更加有效地加强高校学风建设。高校要充分发挥学术委员会在学风建设、学术评价、学术发展中的重要作用。学术委员会应积极承担学术规范教育和科研诚信宣传,负责本校学术不端行为调查取证。

九、加强科学研究的过程管理。高校要建立实验原始记录和检查制度、学术成果公示制度、论文答辩前实验数据审查制度、毕业和离职研究材料上缴制度、论文投稿作者签名留存制度等科学严谨的管理制度。进一步完善科研项目评审、学术成果鉴定程序,强化申报信息公开、异议材料复核、网上公示和接受投诉等制度,增加科研管理的公开性和透明度。

十、强化全方位监督和约束。坚持把监督作为加强学风和科研诚信的最好防腐剂。提倡同行监督,科研人员和科研管理人员发现或有正当理由怀疑他人有学术不端行为的,有责任进行投诉。强化行政监督,各地、各部门要切实履行行政监督职责,指导所属高校开展学风教育,完善学术规范,每年进行学风建设工作检查,对于社会影响较大的学术不端投诉,要加强督察督办和具体指导,促使其得到公正公平有效的处理。正确发挥社会监督作用,已经认定的学术不端行为,应该公开事实和处理结果,接受社会力量和新闻媒体的监督。

十一、规范学术不端行为调查程序。各类学术不端行为的举报统一由当事人所在高校组织调查。高校接到举报材料后,由校学术委员会(或学风委员会)组织不少于5人的专家组,从学术角度开展独立调查取证,客观公正地提出调查意见,并向当事人公开。如有异议,当事人可向上级主管部门提出异议投诉。调查期间,举报人、被举报人有义务配合调查。调查过程应严格保密。

十二、严肃处理学术不端行为。对于学术不端行为的处理,要遵循实事求是、严肃认真的原则,同时,注意维护当事人的合法权益。学校根据专家组调查意见和有关政策规范作出处理决定,并报上级主管部门。处理方式包括取消申报项目资格、延缓职称或职务晋升、停止招研究生、解除职务聘任、撤销学位,触犯法律的追究法律责任。经查实的学生学术不端行为,按有关学位、学籍规定处理。如果有证据表明举报人进行了恶意的或不负责任的举报,应对举报人进行相应的教育、警示、处罚,直至追究法律责任。

十三、建立定期检查制度。各地教育部门和高校要在本单位网站上开辟学风建设专栏,公布学风建设年度报告,公开学术不端行为调查处理结果。其中处理结果必须保留3个月以上。教育部每年选择若干单位和高校进行学风建设工作专项巡视。

本意见自发布之日起施行。各主管部门和部属高校要按照本意见精神,结合本单位实际制定实施细则,并报教育部备案。

教育部
二〇一一年十二月二日

第三节　通知、通报、通告

一、通知

(一) 概述

通知这一种公文,适用于发布、传达要求下级机关执行和有关单位周知或者执行的事项,批转、转发公文。

在国家行政机关、人民团体、企业和事业单位的公务活动中,通知起着承接上下、联系内外的多方面的作用。它可以用于传达上级机关的指示,可以用于要求下级机关办理某一事项,也可以用于告知下级机关需要知道的事项,因此,它具有"传达"和"领导"的作用。它又可以用于批转下级机关的公文,因而它又具有"记载"和"凭证"作用。但是,在这么多用途中,它主要是用于"传达"和"告知",因此,它应该属于传达性或者告晓性公文。

(二) 特点

1. 应用广泛,使用频率高

在所有公文中通知的数量居首位,其原因有二:其一,通知不受内容轻重繁简的限制,以用于布置工作,传达重要指示,也可以用于交流信息、知照一般事项,或用于转发、批转公文,任免与聘用干部,比较灵活、实用。其二,通知的作用广泛,一切机关与社会组织均可制发通知,不受机关或组织性质、级别的限制。

2. 内容单纯,行文简便

一件通知一般只布置或通报一项工作事项,对写作的格式无严格要求,与其他指令性公文相比较,显得灵活简便。

3. 具有执行性

通知多用于下行文,其内容是要求下属单位予以执行或办理的事项,如用于布置工作,用于转发或批转公文,要求所属单位予以学习讨论和执行、办理。即使是会议通知或任免干部的通知也同样要求受文者服从通知的安排,执行通知上所述的事项。

(三) 分类

1. 发布性通知

发布性通知是上级机关发布一般行政法规、条例、办法等规章时所用的通知,见例文1。

2. 批示性通知

批示性通知是批转下级机关的公文,或者转发上级机关、同级机关和不相隶属机关的公文时所用的通知,见例文3和例文4。

3. 指示性通知

上级机关对下级机关的某项工作有所指示,要求办理或执行而根据公文内容又不适于用命令时,则用指示性通知,见例文2。

4. 会议通知

上级机关召开比较重要的会议,不宜用电话或其他形式通知,可提前向所属有关单位发会议通知。

5. 任免通知

上级机关在任免下级机关的领导人或上级机关的有关任免事项需要下级机关知道时,要发任免通知,如《××大学关于李××等三位同志担任处长职务通知》。

6. 一般性通知

上级机关的有关事项需要使下级机关知道或办理时,用这种通知,如启用印章,成立、调整或撤销某个机构,催报材料、报表,变更作息时间等等。

(四) 格式与写法

1. 标题

通知的标题一般有两种写法:① "发文机关+事由+文种",如《国务院关于清理检查"小金库"的通知》。② "事由+文种",如某大学教务处发的《关于做好期中教学检查工作的通知》。如果通知的内容紧急,可在标题中"通知"两字前加上"紧急"两字,如《湖北省人民政府关于抗洪救灾的紧急通知》。

发布性通知标题中的"事由"一项,由"关于颁布"、"关于发布"、"关于实施"、"关于印发"等词与原文名称(不省略书名号)组成。

批示性通知的标题,一般也要写"发文机关、事由和文种"三个要素(若被转发或批转的公文文种也是通知,为简明起见,也可以省略文种一项),其中"事由"一项又有两种写法:

(1) 由"转发"或"批转"二字与省略书名号的原文名称组成,如《国务院办公厅关于转发全国妇幼卫生工作会议纪要的通知》。

(2) 由于原文标题较长,可由"关于转发"或"关于批转"四字与原文编号加"文件"二字组成,如《××省人民政府关于转发国发〔2012〕8号文件的通知》。

2. 主送机关

在标题下、正文前顶格书写。

3. 正文

通知的正文,包括通知缘由、通知事项、通知要求三部分。不同种类的通知,其正文的写法有所不同,下面分别作说明。

发布性通知的正文都很简短,只需写明发布的意义和目的,提出执行的要求就可以了。

批示性通知的正文一般包括发文的缘由、对批转、转发文件的评价,执行要求等部分。有的批转、转发文件的通知,不仅要表明本机关的态度,还要结合本地区、本单位、本部门的实际情况作出具体的指示性意见。对下级机关要求的通常用语,有"参照执行"、"遵照执行"、"研究执行"、"认真贯彻执行"等不同的提法。要根据所批转、转发文件的具体情况,仔细推敲,选择合适的词语。

指示性通知的正文,其缘由部分可以写发出本通知的依据或目的,也可写发出本通知的意义,文字应力求简短概括,然后用"特作如下通知"或"特通知如下"转入通知的内容。通知的事项大多采用分条列项法,具体地提出要求和措施、办法。结尾可写可不写,如有结尾,可用"特此通知"这样的惯用词语。

会议通知的正文,一般包括召开会议的机关、会议名称、会议起止时间、地点、会议内容和任务、参加会议人员的条件和人数、报到时间及地点、与会人员所携带的文件材料等内容。

任免通知的正文,要写清决定任免的时间、机关、会议或依据文件,以及任免人员的具体职务。

一般性通知的正文,要交代需办什么事,什么时间完成和要求等。

4. 发文机关署名、印章和发文日期

与其他公文相同。

拟写通知,主题要集中,重点要突出,措施要具体,并且还要讲求时效,以便提高效率,不要贻误时机。

[例文1]

教育部关于印发《"长江学者奖励计划" 实施办法》的通知

教人〔2011〕10号

各省、自治区、直辖市教育厅(教委),新疆生产建设兵团教育局,有关部门(单位)教育司(局),中国人民解放军总政治部干部部,部属各高等学校,驻外使(领)馆教育处(组):

  为贯彻落实《国家中长期教育改革和发展规划纲要(2010—2020年)》和《国家中长期人才发展规划纲要(2010—2020年)》,大力吸引、培养造就一批具有国际影响的学科领军人才,深入推进人才强校,全面提高高等教育质量,经商财政部同意,我部决定启动实施新的"长江学者奖励计划"。现将《"长江学者奖励计划"实施办法》印发给你们,请结合本地区、本部门、本校实际,认真贯彻、密切配合,认真做好"长江学者奖励计划"的组织实施工作。

教育部
二〇一一年十二月十五日

[例文2]

教育部关于规范幼儿园保育教育工作 防止和纠正"小学化"现象的通知

各省、自治区、直辖市教育厅(教委),新疆生产建设兵团教育局:

  近些年来,各地在加快学前教育发展的同时,积极推进幼儿园教育改革,努力更新教育观念,促进了幼儿园保育教育质量的不断提高。但是,由于应试教育和社会上一些不良宣传的影响,当前幼儿园教育"小学化"的现象日益突出,严重干扰了正常的保育教育工作,损害了幼儿的身心健康。为进一步贯彻落实《国务院关于当前发展学前教育的若干意见》(国发〔2010〕41号)和《幼儿园教育指导纲要(试行)》,规范办园行为,防止和纠正"小学化"现象,保障幼儿健康快乐成长,现就有关要求通知如下:

一、遵循幼儿身心发展规律,纠正"小学化"教育内容和方式。幼儿园(含学前班,下同)要遵循幼儿的年龄特点和身心发展规律,科学制定保教工作计划,合理安排和组织幼儿一日生活。要坚持以游戏为基本活动,灵活运用集体、小组和个别活动等多种形式,锻炼幼儿强健的体魄,激发探究欲望与学习兴趣,养成良好的品德与行为习惯,培养积极的交往与合作能力,促进幼儿身心全面和谐发展。严禁幼儿园提前教授小学教育内容。幼儿园不得以举办兴趣班、特长班和实验班为名进行各种提前学习和强化训练活动,不得给幼儿布置家庭作业。

二、创设适宜幼儿发展的良好条件,整治"小学化"教育环境。幼儿园要创设多种区域活动空间,配备丰富的玩具、游戏材料和幼儿读物,为幼儿自主游戏和学习探索提供机会和条件。严禁教育行政部门推荐和组织征订各种幼儿教材和教辅材料,严禁任何单位和个人以各种名义向幼儿园推销幼儿教材和教辅材料。幼儿园不得要求家长统一购买各种幼儿教材、读物和教辅材料。幼儿园要严格控制班额,不得违反国家相关规定超额编班,坚决纠正大班额现象。

三、严格执行义务教育招生政策,严禁一切形式的小学入学考试。规范小学招生程序,依法坚持就近免试入学制度,严禁小学举办各种形式的考核、面试、测试等招生选拔考试,不得将各种竞赛成绩作为招生的依据。严禁小学提前招收不足入学年龄的幼儿接受义务教育。

四、加强业务指导和动态监管,建立长效机制。各地要充实学前教育教研力量,建立并完善学前教育教研制度,依托城市优质幼儿园和农村乡镇中心幼儿园,形成覆盖城乡的学前教育教研指导网络,定期对各类幼儿园进行业务指导。教育行政部门要研究建立幼儿园保育教育质量监测评估机制,切实加强对各类幼儿园保育教育工作的动态监管,定期对"小学化"现象进行专项检查,对违反规定的,责令其限期整改。存在"小学化"现象的幼儿园,举办招生选拔考试的小学一律不得参与评优、评先。设立家长举报电话,加强社会监督。

五、加大社会宣传,营造良好社会氛围。各地教育行政部门要加大力度,开展多种形式的社会宣传。充分利用和引导各种传媒宣传科学的学前教育理念。幼儿园要采取多种形式开展家庭教育指导,实现家园共育,形成全社会共同关心支持的良好社会氛围。

各地接到本通知后,应采取切实可行的措施,对幼儿园教育"小学化"现象和小学违规举行入学考试的现象进行督查和整改,并于2012年3月底前将本省整改情况书面报送我部基础教育二司。

中华人民共和国教育部
二〇一一年十二月二十八日

[例文3]

国务院关于批转促进就业规划
(2011—2015年)的通知

国发[2012]6号

各省、自治区、直辖市人民政府,国务院各部委、各直属机构:

国务院同意人力资源社会保障部、发展改革委、教育部、工业和信息化部、财政部、农业部、商务部制定的《促进就业规划(2011—2015年)》,现转发给你们,请认真贯彻执行。

国务院
二〇一二年一月二十四日

[例文4]

国务院办公厅转发发展改革委法制办监察部
关于做好招标投标法实施条例
贯彻实施工作意见的通知

国办发〔2012〕21号

各省、自治区、直辖市人民政府,国务院各部委、各直属机构:

发展改革委、法制办、监察部《关于做好招标投标法实施条例贯彻实施工作的意见》已经国务院同意,现转发给你们,请认真贯彻执行。

国务院办公厅

二〇一二年四月十四日

二、通报

(一) 概述

通报是一种适用于表彰先进,批评错误,传达重要精神和告知重要情况的公文。

通报和通知都具有传达和告知的作用,从这一点上看,它们都属于传达和告晓性公文。但是,通报又可以用于表扬和批评,因此,它又属于奖励和告诫性公文。

通报对具有代表性的典型事例、新鲜经验以及重要情况予以表扬、批评、倡导与宣传,使所属干部受到教育或引起警觉。在通报中,主要是通过事实与数据来表达作者的观点与意图,重于叙事而不过多地阐发与评论道理。

(二) 分类

根据形式来分类,通报可分"直述式"与"转述式"两种。直述式通报是由发文机关直接发出的内容比较单一的通报,文中直接叙述的情况,连同处分决定带分析,要求一贯到底,一文完成。例如《中共××市委纪律检查委员会关于李××等受贿问题的通报》。转述式通报是发文机关转发已有的成文或内容较多（不大好归纳成一篇）的成文的通报，例如最高人民法院在1963年发出的《关于"贵州省仁怀县人民法院卢德华同志模范事迹"的通报》，就是转述贵州高级人民法院通报的仁怀县人民法院卢德华同志的模范事迹的。

根据内容来分类，通报则可以分为：

1. 批评性通报

这是一种批评严重错误的通报，如对重大责任事故的处理，对违纪案件处分决定的公布等。

2. 表扬性通报

这是一种表扬先进的通报，如表扬先进人物、介绍先进经验等。

3. 情况通报

这是一种用于传达重要精神与重要情况的通报，可以引起人们的警觉与注意，对当前的工作起指导作用。

（三）格式与写法

1. 标题

通报的标题，一般常用"发文机关名称＋事由＋文种"的方式，有时也可以采用"事由＋文种"的方式。

2. 受文机关

除普发性的通报外，其他一般通报都应标明受文对象和范围。其书写格式与一般公文相同。

3. 正文

通报正文的写法，转述式通报与直述式通报有所不同。转述式通报因已带附件，正文中不必直接详细叙述所要通报的事实，在正文的开头，要交代转发的目的，提出要求。直述式通报的正文，一般包括通报事由、事由评析、处理意见三部分，不同内容的通报，其正文在写法上也有所区别。

批评性通报的正文，首先要简明扼要地写清被通报单位或个人的主要问题、情节及错误的性质、原因等，然后陈述对所通报错误、问题或事故的处理意见和决定,并在此基础上提出告诫性要求,指出应从中吸取教训,以防止类似的事件的再次发生。

表扬性通报的正文,要首先简要介绍有关单位或个人的事迹,接着概括评析和指出向先进典型学习的主要内容,最后发出号召、希望,提出要求或作出决定。

情况通报的正文,主要有两种写法:

(1) 分类叙述式。即将各处情况按类划分,每一类或用标题标明,逐项进行叙述、分析和评议。这适用于一些内容较多,情况较复杂的通报。如毛泽东同志写的《关于情况的通报》(《毛泽东选集》第四卷)。

(2) 自然分段式。即按事情的发展过程自然分段。这常见于一些会议通报。它一般按会议概况简述(如会议议题、参加人员、时间等等)、讨论情况、议定事项等顺序写来,有些类似会议纪要,如《中共中央政治局会议通报》(见《三中全会以来重要文献选编》上册)。

4. 发文机关署名、印章与发文日期

与其他公文相同。

撰写通报,要切实做好调查研究,事实要准确,评议要有分寸。还要抓住时机,及时通报,才能发挥应有的作用。

[例文1]

教育部治理办
关于对湖北省京山一中教辅材料
乱收费问题的通报

2012年4月5日晚8时,湖北省京山县第一高级中学部分学生因不满学校收取教辅材料费,将杂志、试卷及学习资料撕毁,抛下教学楼并点火焚烧,引起围观起哄。此事件影响恶劣,产生了不良的社会影响,教育部责成湖北省教育厅严肃查处,现将调查处理结果予以通报。

经查,2012年春季学期,湖北省京山县第一高级中学拟收取高三年级学生复习备考资料、试卷、周练(即周末练习及考试)等费用合计700余元,较2011年提高了近100元。另外,学校还存在私设胶印费、文学期刊费等违规收费项目的问题以及在教辅材料代购过程中牟利的问题。该校上述行为违反了《教育部、新闻出版总署、国家发改委、国务院纠风办关于加强中小学教辅材料使用管理工作的通知》(教基二〔2012〕1号)关于任何单位和个人不得强制或变相强制学校或学生购买任何教辅材料,若学生自愿购买,学校可以统一代购,但不得从中牟利的规定。

目前,京山一中拟收取的教辅资料费已停止收取。湖北省教育厅根据《教育部关于全面实施教育收费治理工作责任制的通知》和湖北省纪委《关于中小学乱收费行为党纪政纪处分的暂行规定》,对此事件进行了严肃处理:

一、对京山一中党委书记兼校长进行立案调查并停止其担任京山一中党委书记兼校长职务。

二、建议京山县人大常委会免去县教育局局长职务,根据调查情况按程序进行处理。对其他相关责任人按规定给予党纪政纪处分。

该事件说明,《教育部、新闻出版总署、国家发改委、国务院纠风办关于加强中小学教辅材料使用管理工作的通知》(教基二〔2012〕1号)在某些地区落实不够到位,监管还存在漏洞。各地各学校要认真贯彻落实上述文件要求,以"一教一辅"为核心,建立完善教辅材料评议推荐实施办法,坚持自愿购买原则,做好教辅材料无偿代购服务,严禁进校推销和强制购买。各有关部门要强化责任落实,加强监督检查,加大对违规违纪行为的查处力度,坚决维护人民群众利益不受侵害。

[例文2]

国家邮政局关于邮政行业统计检查情况的通报

各快递服务企业：

按照国家统计局、监察部、司法部《关于联合开展统计法和统计违法违纪行为处分规定贯彻执行情况大检查的通知》要求，国家邮政局于2010年6月—9月部署开展了全行业的统计检查工作。现将有关情况通报如下：

一、检查工作开展情况

此次检查是修订后的《邮政法》施行后第一次开展全行业的统计检查活动，对行业统计工作的深入开展具有重要意义。国家邮政局成立了邮政行业统计检查领导小组，并于6月份下发了《关于开展邮政行业统计检查的通知》，对检查工作进行了认真部署。

各省(区、市)邮政管理局采取企业自查与邮政管理局抽查相结合的方式，组织开展了省内统计检查工作。河北、辽宁、重庆、新疆、江西、河南、湖北、海南等省(区、市)邮政管理局与当地统计局联合对企业进行了检查。各地检查工作结束后，国家邮政局与国家统计局组成联合检查组，对中国邮政集团公司、北京宅急送快运股份有限公司、联邦快递(中国)有限公司、上海申通快递有限公司等18家企业进行了抽查。

检查工作进展顺利，各被查企业能够积极配合邮政管理部门的工作。通过此次统计检查，邮政管理部门掌握了邮政行业统计工作现状，发现了企业统计工作存在的问题。企业也普遍加强了对统计工作重要性的认识，统计法律意识有所增强。统计检查工作取得了预期成效。

二、企业统计工作的基本情况

《邮政行业统计报表制度》实施三年来，在邮政管理部门和企业的共同努力下，统计工作整体水平比统计制度建立之初有了很大提高。民营快递企业统计工作从无到有，多数企业认识到统计工作对于企业发展的重要性,加大了对统计工作的投入,为统计工作的有效开展奠定了基础。

从总体情况看,规模较大企业的有关统计制度健全规范,对统计工作比较重视,信息系统功能完善,统计工作质量整体较好。例如,中国邮政集团公司所属企业各项统计规章制度健全,有专门的统计机构和专职统计人员,大部分业务数据都可从信息系统直接取数,保证了统计数据质量;DHL、UPS、FedEx、TNT 等企业,信息系统完善,有严格的内部审核机制,保证了统计数据质量;顺丰速运(集团)有限公司统计工作由总部集中管理,并且信息系统完善,数据整体质量较高;北京宅急送快运股份有限公司和上海圆通速递有限公司等企业成立了专门的统计机构,指派专人负责统计工作,企业统计工作比较稳定。虽然统计工作取得了长足进展,但民营快递企业间统计工作的水平差别很大,特别是规模较小的民营快递企业问题较多,亟待加强。

三、统计检查中发现的问题

检查中发现的问题主要有以下几个方面:

(一)统计工作基础薄弱

1. 对统计工作不重视

一些企业内部没有建立统计工作制度和完整的统计工作流程,统计工作流于形式,重经营、轻管理的现象普遍存在。部分企业负责人及统计人员认为统计工作是为了应付邮政管理部门的需要,而不是企业日常管理工作的一部分,与企业发展没有直接关系,没有把统计数据作为企业经营发展决策的依据。

2. 法制意识不强

有的企业负责人统计法制观念较差,不了解统计法律法规的基本要求,统计数据由企业领导说了算,或者不对统计人员报送的数据进行审核,导致随意报送统计数据的情况。例如个别企业报送业务量时多次出现"10000"等整数,明显为随意报送的数据。

3. 原始资料保存不完整

由于缺乏管理,有的企业原始单据、原始记录、统计台账等资料保存不完善。有些规模较大的快递企业虽然建立了信息系统,但数据保存时间短,过后无法查询。还有的纸质运单有的保存时间较短,有的要上交总部,造成在检查时无法进行核查,个别企业甚至没有保存原始记录等资料。检查中发现,重庆申重速递有限公司等企业无原始记录和统计台账,贵阳天天快递有限公司等企业内部系统只可查询到前几个月的数据,历史统计数据无原始资料存档。

(二)数据质量不高

1. 存在故意虚报数据问题

检查中发现,部分企业存在故意虚报统计数据的问题。如北京宅急送快运股份有限公司从 2010 年 6 月份开始出现虚报快递业务量数据的情况,沈阳圆通速递有限公司 2009 年有瞒报统计数据的情况。还有的企业为少缴税款而编制虚假的财务报表,导致报表收入低于实际业务收入。

2. 部分企业存在数据错报、漏报、迟报问题

检查中发现,由于管理水平较差、信息系统功能无法完全满足报表制度要求、原始记录不健全、对统计指标的理解存在偏差等原因,合肥申通快递有限公司、南昌韵达快运有限公司等多家企业存在统计数据错报、漏报的情况。部分企业还存在数据迟报现象,对行业统计工作造成不利影响。

3. 与物流等业务混业经营,统计数据尚未准确区分

有些企业采取混业经营的模式,同时经营快递业务和物流等业务,由于业务比较相似,两项业务的业务数据和财务数据尚未区分,对行业统计造成了一定的困难。

(三)统计人员业务能力亟待提高

相当多的民营企业没有配备专职统计人员,大部分都是由财务或行政人员兼职统计。有的统计人员缺乏统计方面的系统培训,不具备与统计工作相适应的专业知识和业务能力,不熟悉《邮政法》、《统计法》和《邮政行业统计报表制度》有关规定,对统计数据的一些指标定义、范围和规定理解存在偏差。还有的企业统计人员变动频繁,工作交接程序不完善,导致统计工作断档现象经常发生,企业统计质量难以保障。

针对上述问题,检查人员采取了口头批评、发整改通知和进行

必要的行政处罚等多种形式,要求企业认真进行整改。部分省邮政管理局联合统计局对企业进行了处罚,如新疆统计局对新疆元丰速递物流有限公司、新疆圆通物流有限公司、新疆耿林蓝盾速递有限公司、新疆誉捷汇通快运服务公司和新疆天地行物流有限公司5家企业进行了经济处罚。

四、下一步工作要求

企业要高度重视存在问题的整改,切实做好以下几方面工作:

(一)加强对《邮政法》和《统计法》等法律法规的学习,了解法律法规的有关规定,提高依法统计意识。充分认识到真实、准确、及时地向政府报送数据是企业应尽的法律义务,认识到高质量的统计工作对于企业提升管理水平,增强竞争力也是非常必要的。

(二)加强统计工作的基础建设。建立统计工作制度和工作流程,如原始记录、统计台账、统计报表等资料的保存管理制度和统计人员离岗工作交接制度,明确统计部门和统计人员职责,为统计工作创造良好的条件。日常统计工作中,要充分发挥信息系统的作用,保证统计数据质量。

(三)要严格按照《邮政行业统计报表制度》要求,掌握统计指标的指标解释、统计口径、报送时间和报送渠道,有条件的企业可采取多种形式,积极开展企业内部的统计数据质量自查工作,努力提高数据质量。

(四)加盟企业总部负有对各级加盟企业统计工作的管理职责,要建立统一的统计工作制度和工作流程,定期检查加盟企业统计工作,督促加盟企业按时报送统计报表,努力提高数据的准确性和及时性。

下一步,邮政管理部门将进一步完善《邮政行业统计报表制度》,引导、帮助企业建立健全统计工作制度,规范统计行为,加强对企业统计人员的培训,并将行业统计检查工作做为一项长期的任务来抓,切实提高行业整体统计数据质量,促进邮政行业统计工作努力迈上新台阶。

国家邮政总局

二〇一〇年十一月十一日

三、通告

（一）概述

通告是一种适用于在一定范围内公布应当遵守或者周知的事项的公文。

通告既具有告晓性，又具有法规性，在某种情况下具有法律效力与行政约束力。

通告与公告相比较，有共同点，即都属于告晓性公文，但两者也有区别：

（1）宣布的事项不同。通告用于宣布一般性事项，并且还可以宣告应当遵守或遵照办理的事项。公告则只用于宣布重大事件，它是具有特定用途的公文。

（2）公布的范围不同。通告在国内一定范围内公布，而公告则向国内也向国外公布。

（3）发文的机关不同。通告可以由各级政府机关发布，而公告只能由中央最高权力机关和最高管理机关公布。

（二）分类

1. 知照性通告

即告知一些应当知道或需要遵守的简单事项通告，如《中华人民共和国公安部关于在全国实施居民身份证使用和查验制度的通告》。

2. 办理性通告

即办理一些例行事项的通告，其内容如注册、登记、年检等。

3. 行止性通告

即公布一些令行禁止类事项的通告，其内容如查禁淫秽书画、收缴非法枪支、加强交通管理、查处违禁物品等。下面所附的例文即是这类通告。

（三）格式与写法

1. 标题

通告的标题，有三种组成方式：①"发文机关＋事由＋文种"，如例文的标题；②"发文机关＋文种"，如《北京公安交通管理局通告》;③ "事由+文种",如某高校发出的《关于禁止学生酗酒的通告》。

2. 正文

通告正文,一般包括通告缘由、通告事项或通告规定、通告结语这样三部分内容。

(1) 通告缘由。要写明发布本通告的原因、依据和目的,要求说理充分,文字简明,末句用"特通告如下"或"现将有关事项通告如下"等惯用语引起下文。

(2) 通告事项或通告规定。这部分是正文的核心,要具体写明本通告的有关事项或有关规定。如果事项或规定的内容较多,可用分条的办法写出,一条写一个内容,文字表达要准确、严密、通俗,语气要坚定庄严。

(3) 通告结语。要简明扼要地提出执行日期、措施及希望、要求等,或采用"特此通告"之类惯用语作为结尾。有些通告,也可以没有结语。

3. 发文机关署名、印章与发文日期

与其他公文相同。有的通告,发布日期也可以写在标题之下。

[例文]

关于敦促在逃犯罪嫌疑人投案自首的通告

为维护全省治安秩序,进一步推进"平安山东"建设的深入开展,切实贯彻执行宽严相济刑事司法政策,在依法严厉打击各类严重犯罪活动的同时,给自愿悔过的犯罪嫌疑人一个争取宽大处理的机会,根据我国《刑法》和《刑事诉讼法》的有关规定,特通告如下:

一、各类在逃犯罪嫌疑人特别是在逃的黑社会性质组织和恶势力的首要分子或骨干成员,爆炸、杀人、伤害、抢劫、绑架等严重暴力犯罪案件的在逃人员、严重经济犯罪案件的在逃人员,涉嫌法轮功犯罪活动在逃的犯罪嫌疑人员、涉嫌交通肇事逃逸犯罪嫌疑人员，公安机关历年通缉的犯罪嫌疑人及其他严重刑事犯罪案件的在逃人员和贪污贿赂等职务犯罪嫌疑人，必须停止一切违法犯罪活动，并立即向公安司法机关投案自首，争取宽大处理。

二、在逃犯罪嫌疑人自通告发布之日起到公安机关、人民检察院、人民法院主动投案，如实供述自己罪行的，可以从轻或者减轻处罚；其中，犯罪较轻的，可以免除处罚。

三、在逃犯罪嫌疑人自通告发布之日起向其所在单位、城乡基层组织或者其他有关负责人投案的；因病、伤或其他原因委托他人先代为投案或者先以信函、电报、电话等方式投案的，本人随后到案且如实供述自己罪行的，均视为自首。

四、在逃犯罪嫌疑人的家属或亲友应主动配合司法机关开展工作，积极规劝在逃犯罪嫌疑人尽快投案自首。经家属或亲友规劝、陪同投案的，或者家属、亲友主动报案后将在逃犯罪嫌疑人送去投案的，只要到案后如实供述罪行，均视为自首。犯罪嫌疑人被家属或亲友采用捆绑等手段送到司法机关后，只要如实供述自己罪行，可以从轻处罚。

五、自通告发布之日起投案自首的在逃犯罪嫌疑人，如实交代犯罪事实，或者检举揭发他人犯罪有立功表现的，可以从轻、减轻或者免除处罚。其中罪行较轻的或者投案后能积极主动配合司法机关侦办案件，且采取取保候审、监视居住措施不致再发生社会危险性的，可以不予收监羁押。

六、因民间纠纷引发的、情节轻微的轻伤害案件的在逃犯罪嫌疑人，自通告发布之日起投案自首，并能主动向被害人赔礼道歉、赔偿损失、取得被害人谅解，达成刑事和解的，可以撤销案件。

七、自通告发布之日起投案自首的在逃犯罪嫌疑人，公安机关将根据自首情节在案件移送起诉时一并提出从轻、减轻或者免除处罚的建议和意见；犯罪情节轻微、悔罪表现明显、损害赔偿到位，符合不起诉或缓刑条件的，依法作出不起诉决定或宣告缓刑。

八、自通告发布之日起，拒不投案自首，并且顶风作案继续进行违法犯罪活动的，或者到案后拒不坦白交代违法犯罪行为的，一律从严惩处。

九、任何单位、组织和个人均不得包庇、袒护犯罪分子。各类在逃人员的家属或亲友要积极规劝违法犯罪的亲人尽快投案自首。凡在本《通告》公布之后为犯罪分子提供食宿条件、交通工具,故意窝藏、包庇或为犯罪分子通风报信、隐匿销毁罪证、出具或制造伪证、阻碍干扰公安司法机关执行任务的,坚决依法惩处。

十、希望广大人民群众要大胆揭发犯罪,积极提供逃犯线索,并有义务将违法犯罪分子扭送公安司法机关。凡检举揭发犯罪、提供犯罪线索、协助侦破案件、抓获各类逃犯的有功人员,一律给予表彰奖励,凡威胁报复检举揭发人的,公安司法机关将依法从重从严给予打击。

有奖举报电话:0531-85123894 或拨打当地110。

特此通告。

山东省公安厅
二〇一一年八月八日

第四节 公告、公报、函、纪要

一、公告

(一)概述

公告是一种适用于向国内外宣布重要事项或者法定事项的公文。

公告属公开宣布的告晓性公文,主要用于公布国家重要领导人出访、任免、逝世以及其他一些国家重大事项等,通常在报纸、电视台、电台发布。此外,司法机关、税务、海关、新华社等机关也可用公告的形式宣布有关规定或决定的事项。

在公布性文件中,公告公布的范围最为广泛,它可以在世界范围内予以公布,而且行文庄重,态度严肃,其制作者一般为党和国家的领导机关及其领导人,基层单位对一些具体事项不宜使用公告来公布。

（二）分类

公告按其性质、内容和发布机关的不同，一般可以分为国家事项公告和司法公告。

国家事项公告，是宣布关系国家政治、经济、军事等方面的重要事项的文告。司法公告，则是由司法机关依照法律的有关规定发布重要的事项时使用的文告。按《中华人民共和国诉讼法（试行）》规定，人民法院送交诉讼文书，无法送达本人或代收人时，可以发布公告送达；法院强制迁出房屋或者强制退还土地，要发出公告，通知被执行者限期履行；法院公开审理有关案件时，要事先发布公告，说明当事人姓名、案由和开庭时间、地点，等等。

（三）格式与写法

1. 标题

公告的标题，一般多采用"发文机关名称＋公告"的形式，如《中华人民共和国外交部公告》。少数也采用"发文机关名称＋事由＋公告"的形式，如《中国人民银行关于调整储蓄利率的公告》。

2. 正文

公告的正文，一般由"公告缘由"、"公告事项"和"公告结语"三个部分内容组成。

公告缘由也叫公告依据，常常用一、二句话即可交代，即要写出根据什么会议或规定发布本公告的。

公告事项是公告的核心部分，要写明公告的具体内容，如果内容较多，可采用分条列项的形式，文字要求简明、具体、准确，一般不需加分析与评论。

公告结语可写可不写。如需写结语，则用"特此公告"、"现予公告"等规范性的语言。

3. 发文机关署名、印章和发布日期

公告印章和发布日期的格式与其他公文相同。发布日期也可写在标题之下。

[例文1]

中华人民共和国财政部公告

2012 年第 57 号

根据 2012 年地方政府债券发行安排,经与天津、厦门、江西、山东、河南、湖南省(市)人民政府协商,财政部决定代理发行 2012 年地方政府债券(八期)(以下简称本期债券),现将有关事项公告如下:

一、本期债券通过全国银行间债券市场和证券交易所债券市场(以下简称各交易场所)面向社会各类投资者发行。

二、本期债券计划发行面值为 221 亿元,实际发行面值为 221 亿元。其中天津、厦门、江西、山东、河南、湖南省(市)额度分别为 16 亿元、5 亿元、46 亿元、40 亿元、56 亿元、58 亿元。各省(市)额度以 2012 年地方政府债券(八期)名称合并发行、合并托管上市交易。

三、本期债券期限 5 年,经投标确定的票面年利率为 3.38%,2012 年 8 月 20 日开始发行并计息,8 月 22 日发行结束,8 月 24 日起在各交易场所以现券买卖和回购的方式上市交易。

四、本期债券为固定利率附息债,利息按年支付,利息支付日为每年的 8 月 20 日(节假日顺延,下同),2017 年 8 月 20 日偿还本金并支付最后一年利息。本期债券还本付息事宜由财政部代为办理。

五、本期债券在 2012 年 8 月 20 日至 8 月 22 日的发行期内,采取场内挂牌和场外签订分销合同的方式分销,分销对象为在中国证券登记结算有限责任公司开立股票和基金账户及在中央国债登记结算有限责任公司开立债券账户的各类投资者。通过各交易场所分销部分,由承销机构根据市场情况自定价格。

特此公告。

中华人民共和国财政部
2012 年 8 月 17 日

[例文2]

中华人民共和国外交部公告

中华人民共和国将自2011年7月1日启用中华人民共和国因公电子护照。

中华人民共和国外交部已通过外交途径向世界各国政府有关部门提供中华人民共和国因公电子护照样本、说明书、电子证书等说明材料。

持中华人民共和国因公电子护照前往世界各国和地区有效。中华人民共和国外交部请各国军政机关对持照人予以通行便利和必要协助。

中华人民共和国外交部
二〇一一年六月一日

二、公报

（一）概述

公报适用于公布重要决定或者重大事项。

公报的发布机关级别都较高，一般的基层单位无权发布公报。公报的内容，也都是一些重大的事项，因此具有较高的权威性。

公报虽然是公文，但它可以在媒体上发布，不需保密，透明度很高，具有新闻性。

（二）分类

1. 会议公报

用于公布重要会议的基本情况及会议所作的决定，如《中国共产党第十七届中央委员会第六次全体会议公报》。

2. 新闻公报

用于公布重大事件、重大活动消息的公报，多数涉及外交上的一些重大问题，如1972年2月28日中美两国就尼克松总统访华发表了《联合公报》。

3. 统计公报

用于发布国民经济和社会发展各方面情况的统计数字,如《中华人民共和国2010年国民经济和社会发展的统计公报》。

(三) 格式与写法

1. 标题

公报的标题,有三种写法:

(1)"会议名称"加"文种",并在标题之下标明会议的名称及通过的日期,如例文的标题。

(2)"会议性质"加"文种",如《新闻公报》、《联合公报》。

(3)"内容(时间、范围、事项)"加"文种",如《2010年全国教育事业发展统计公报》。

2. 正文

由于公报的类型不同,正文的写法也不尽相同。

会议公报的正文,先写会议的基本情况,包括会议的名称,开会的日期,参加会议的人员,会议的主持人,会议的主要议题等情况。再写会议议定的事项。如事项较多的话,要分条来写。

新闻公报的正文,一般包括导语、主体、结尾三部分内容。导语先扼要地公布最重要的新闻事实,主体部分对新闻的背景、内容、意义再作较具体的阐述,结尾部分再写表示祝贺、发出号召之类的语言。如果是外交方面的新闻公报,在正文部分则要表述双方晤谈声明的内容,具体阐述双方取得的一致意见或各自还有分歧的立场、观点。

统计公报的正文,先要说明数据产生的背景、来源,再公布各方面的具体数据。

3. 发文机关名称与成文日期

会议公报因在标题之下写上了会议名称与通过日期,因此这部分可以省略。新闻公报与统计公报在正文之后,则要写发文机关名称与成文日期。

写作公报,要严把内容关。公报所发布的,是党和国家政治、经济生活中的重大事件、重要会议、重要消息、重要决策,对于一般性的事项,不宜用公报来行文。

公报的写作,还要遵循实事求是的原则,对会议议定的情况以及其他事项、数据作出客观、准确的表述。

公报篇幅长短没有硬性的规定,该长则长,该短则短,但总的来说,公报的文字要求高度概括,用语准确,简明扼要。

[例文]

中国共产党第十七届中央纪律检查委员会第七次全体会议公报

(2012年1月10日中国共产党第十七届中央纪律检查委员会第七次全体会议通过)

中国共产党第十七届中央纪律检查委员会第七次全体会议,于2012年1月8日至10日在北京举行。出席会议的中央纪委委员117人,列席336人。

中央纪委常委会主持了会议。会议全面贯彻党的十七大和十七届三中、四中、五中、六中全会精神,高举中国特色社会主义伟大旗帜,以邓小平理论和"三个代表"重要思想为指导,深入贯彻落实科学发展观,回顾总结了2011年党风廉政建设和反腐败工作,科学分析了当前的反腐倡廉形势,研究部署了2012年任务。全会审议通过了贺国强同志代表中央纪委常委会所作的《统一思想认识,加大工作力度,坚定不移将党风廉政建设和反腐败斗争引向深入》的工作报告。

中共中央总书记、国家主席、中央军委主席胡锦涛出席全会第二次大会并发表了重要讲话。吴邦国、温家宝、贾庆林、李长春、习近平、李克强、贺国强、周永康等党和国家领导人出席了会议。有关方面的负责同志参加了会议。

全会认真学习了胡锦涛同志的重要讲话,一致认为,讲话从党和国家事业发展全局和战略的高度,全面总结了党风廉政建设和反腐败斗争取得的新成效和新经验,科学分析了当前的反腐倡廉形势,明确提出了今年党风廉政建设和反腐败工作的总体要求和主要任务,深刻阐述了保持党的纯洁性的极端重要性、紧迫性以及总体要求、工作重点。强调全党要不断增强党的意识、政治意识、危机意识、责任意识,坚持党要管党、从严治党,坚持强化思想理论武装和严格队伍管理相结合、发扬党的优良作风和加强党性修养与党性锻炼相结合、坚决惩治腐败和有效预防腐败相结合、发挥监督作用和严肃党的纪律相结合,不断增强自我净化、自我完善、自我革新、自我提高能力,始终坚持党的性质和宗旨,永葆共产党人政治本色。要求大力保持党员、干部思想纯洁,大力保持党员、干部队伍纯洁,大力保持党员、干部作风纯洁,大力保持党员、干部清正廉洁,大力加强监督和严明纪律,把党建设成为坚强有力的马克思主义执政党。胡锦涛同志的重要讲话,是对马克思主义党的建设理论的创新和发展,对于指导当前和今后一个时期党风廉政建设和反腐败斗争、全面推进党的建设新的伟大工程、保持党的先进性和纯洁性,对于推动全面做好党和国家各项工作、夺取全面建设小康社会新胜利、开创中国特色社会主义事业新局面,具有重大而深远的意义。全党同志特别是广大纪检监察干部一定要认真学习领会、坚决贯彻落实。

全会认为,过去的一年,在党中央、国务院坚强领导下,各级党委、政府和纪检监察机关认真贯彻落实中央精神,按照十七届中央纪委第六次全会和国务院第四次廉政工作会议的部署,深入开展对中央重大决策部署落实情况的监督检查,进一步加强党的作风建设,认真落实《建立健全惩治和预防腐败体系2008—2012年工作规划》,坚决查办违纪违法案件,加大纠风工作力度,扎实推进专项治理,切实加强领导干部教育、管理、监督和廉洁自律工作,深化改革创新和制度建设,党风廉政建设和反腐败工作取得新进展新成效,为全面做好党和国家各方面工作发挥了重要保障和促进作用。

全会指出,我国现阶段的反腐败斗争,是在严峻复杂的国际环境下,在国内经济体制深刻变革、社会结构深刻变动、利益格局深刻调整、思想观念深刻变化和各种社会矛盾凸显的历史条件下进行的。当前党风廉政建设和反腐败斗争呈现出成效明显和问题突出并存,防治力度加大和腐败现象易发多发并存,群众对反腐败期望值不断上升和腐败现象短期内难以根治并存的总体态势,反腐败斗争形势依然严峻、任务依然艰巨。各级党组织和广大党员干部要认真学习领会胡锦涛同志一系列重要讲话精神,切实把思想统一到中央对反腐败斗争形势的科学判断上来,把力量凝聚到贯彻落实中央关于反腐倡廉的决策部署上来,深刻认识我们党反对腐败的坚强意志和坚定决心,充分肯定党风廉政建设和反腐败斗争取得的明显成效;深刻认识当前反腐败斗争面临的严峻形势,切实增强忧患意识、危机意识和责任意识;深刻认识中国特色社会主义的政治优势,进一步坚定反腐败斗争必胜的信心,不断把党风廉政建设和反腐败斗争引向深入,努力提高反腐倡廉建设科学化水平,为始终保持党的先进性和纯洁性,全面推进党和国家各项事业提供坚强保证。

全会强调,2012年是实施"十二五"规划承上启下的重要一年,也是深入推进惩治和预防腐败体系建设的关键一年。我们党将召开第十八次全国代表大会,党和国家各方面工作任务十分繁重,做好反腐倡廉工作意义重大。今年党风廉政建设和反腐败工作总的要求是:全面贯彻党的十七大和十七届三中、四中、五中、六中全会精神,高举中国特色社会主义伟大旗帜,以邓小平理论和"三个代表"重要思想为指导,深入贯彻落实科学发展观,坚持标本兼治、综合治理、惩防并举、注重预防的方针,严明党的纪律,加强党的作风建设,推进惩治和预防腐败体系建设,着力解决反腐倡廉建设中人民群众反映强烈的突出问题,突出工作重点,狠抓任务落实,以党风廉政建设和反腐败斗争的新成效迎接党的十八大胜利召开。

全会强调,要紧紧围绕党的十八大胜利召开,既扎实抓好党风廉政建设和反腐败斗争各项长期性、基础性工作,又切实解决反腐倡廉建设中人民群众反映强烈的突出问题,全面推进党风廉政建设和反腐败工作。

第一,严明党的纪律,加强对中央重大决策部署落实情况的监督检查。严格执行党的政治纪律,加强政治纪律教育,引导和督促广大党员、干部讲政治、顾大局、守纪律,自觉同以胡锦涛同志为总书记的党中央在思想上政治上行动上保持高度一致。严格执行组织人事工作纪律特别是换届纪律,加强对地方各级领导班子换届、拟提拔干部的廉政考察,加强对干部选拔任用全过程的监督,坚决整治跑官要官、买官卖官、拉票贿选和换届前突击提拔干部等问题,营造风清气正的换届环境。加大转变经济发展方式监督检查力度,重点开展对加强和改善宏观调控、加快经济结构调整、做好"三农"工作、推动文化改革发展、保障和改善民生、促进民族地区经济社会发展等政策措施落实情况的监督检查,确保中央政令畅通。

第二,加强党的作风建设,进一步密切党群干群关系。切实加强领导机关和领导干部作风建设,针对换届后领导班子和干部队伍新情况,通过加强教育、完善制度、强化监督,促使各级领导干部加强党性修养,弘扬良好作风,保持清正廉洁,努力树立新班子的新面貌新形象。各级领导干部特别是新任职干部要树立正确的政绩观,认真贯彻党的群众路线,做到立身不忘做人之本、为政不移公仆之心、用权不谋一己之私。加大作风整顿力度,坚决纠正少数党员干部脱离群众、作风霸道、特权观念严重等不良倾向。继续执行中央有关厉行节约、反对铺张浪费的规定,严格"三公"经费预算管理。坚决纠正损害群众利益的不正之风,继续深入治理征地拆迁、住房保障、土地管理、食品药品安全、环境保护、安全生产等方面的突出问题。扎实推进农村、国有企业、高等学校、公用事业单位、城市社区党风廉政建设。

第三,加强惩治和预防腐败体系建设,深入推进反腐倡廉各项工作。确保《建立健全惩治和预防腐败体系2008—2012年工作规划》各项任务圆满完成,认真总结推进惩治和预防腐败体系建设成功经验,谋划好下一个5年惩治和预防腐败体系建设的总体思路、目标任务和重大举措。继续加大查办案件工作力度,严肃查办发生在领导机关和领导干部中贪污贿赂、失职渎职的案件,严重损害群众经济权益、政治权益、人身权利的案件;严肃查办发生在工程建设、房地产开发、土地管理和矿产资源开发等领域的案件,国有企业和金融机构中内幕交易、关联交易、利益输送的案件;严肃查办违反政治纪律和组织人事纪律的案件,司法领域贪赃枉法、徇私舞弊的案件,为黑恶势力充当"保护伞"的案件;严肃查办商业贿赂案件,加大对行贿行为的惩处力度。加强反腐倡廉教育,紧紧抓住社会主义核心价值体系这个兴国之魂,认真开展理想信念教育、党性党风党纪教育和从政道德教育,大力加强政治品质和道德品行教育;把廉政文化建设纳入社会主义文化建设总体布局,广泛开展廉政文化创建活动;加强反腐倡廉宣传工作,认真梳理和总结党的十七大以来反腐倡廉建设取得的理论成果和实践经验,营造良好舆论环境。健全网上舆论引导机制,发挥互联网等新兴媒体在促进反腐倡廉建设中的积极作用。强化对领导干部的监督,认真执行党内监督条例,深化和拓展巡视工作,强化纪检监察派驻机构对驻在部门及所属系统的监督,深入开展执法监察、廉政监察、效能监察,推行政府绩效管理。深入推进改革创新和制度建设,深化行政审批、干部人事、司法、财税、投资、金融和国有资产监管等方面体制机制制度改革,推进现代市场体系建设,建设统一规范的公共资源交易市场,加强廉政风险防控机制和社会信用体系建设;继续抓好党务公开,深化政务公开、司法公开、厂务公开、村(居)务公开和公共企事业单位办事公开;加大反腐倡廉制度落实力度,提高制度执行力。加强反腐败国际交流合作与对外宣传。

第四,进一步加大专项治理力度,切实解决反腐倡廉建设中人民群众反映强烈的突出问题。深入推进工程建设领域突出问题专项治理,坚决遏制工程建设领域腐败行为易发多发势头;深化庆典、研讨会、论坛过多过滥问题专项治理,将规范博览会、体育运动会举办活动纳入专项治理工作范围;深化公务用车问题专项治理,坚决减少公务用车总量,切实加强日常监管,积极稳妥推进公务用车制度改革。对已经取得阶段性成果的公款出国(境)旅游、"小金库"等专项治理,抓好巩固成果、建章立制等工作。深入治理党员领导干部在廉洁自律方面存在的突出问题,全面落实廉政准则,认真执行领导干部报告个人有关事项等两项制度,继续整治领导干部违规收受礼金、有价证券、支付凭证、商业预付卡以及违规建房或多占住房、买卖和出租保障性住房等问题。着力解决发生在群众身边的腐败问题,坚决防治侵害群众合法权益问题,规范基层执法行为,推进基层便民服务。

全会要求,各级纪检监察机关要进一步加强自身建设,坚持用中国特色社会主义理论体系特别是科学发展观武装头脑、指导实践、推动工作,深入开展社会主义核心价值体系学习教育,加强领导班子和干部队伍建设,加强对纪检监察干部的管理和监督,大力发扬改革创新精神和真抓实干作风,努力建设一支忠诚可靠、服务人民、刚正不阿、秉公执纪的纪检监察干部队伍,为深入推进党风廉政建设和反腐败工作提供坚强组织保证。

全会号召,全党同志要更加紧密地团结在以胡锦涛同志为总书记的党中央周围,振奋精神、开拓进取、团结奋斗、努力工作,不断取得党风廉政建设和反腐败斗争新成效,为推动经济社会又好又快发展、迎接党的十八大胜利召开作出应有贡献!

三、函

(一) 概述

函适用于不相隶属机关之间相互商洽工作、询问和答复问题,请求批准和答复审批事项。

从函的主要作用来看,它应属商洽性公文。函主要在平行机关或不相隶属的机关之间使用,有时上级机关对下级机关询问一般性的问题,下级机关向上级机关询问具体事项,报送统计报表或一些简单物件,答复上级机关询问的一般性问题等,也可用函来进行。在行政机关的公务活动中,函不具有指挥、领导的作用,但它具有桥梁、纽带作用,同时也具有记载和凭证作用。

(二) 分类

1. 公函

公函具有较完整的公文格式,用于商洽、询问、答复工作中比较重要的问题和请求主管部门批准某些事宜。它属于正式公文，要用带有文头的正式公文用纸并编排文号。

2. 便函

便函用于询问、答复、联系、介绍某些一般性的公务事宜。它不属正式公文，不编文号，不列标题，用机关信笺直接书写并盖上公章即可发出。

（三）格式与写法

1. 标题

公函的标题，由"发文机关、事由和文种（函或复函）"三部分组成。有时也可省略发文机关，由"事由和文种（函或复函）"两部分组成。

2. 文号

函的发文字号，一般单独编列，以区别于请示、批复等公文。

3. 主送机关

即接受公函的机关。复函的主送机关与来函的发文机关是一致的。

4. 正文

公函的正文，一般分为开头、中段、结尾三部分。

开头说明出函的原因。如为复函，则以对方来函作为引据，如"××××年×月×日函悉"。中段说明发文单位所联系的事项和意见，或者答复对方提出的问题和要求。结尾部分，如果是要求对方答复的，可用"即请函复"、"请予研究函复"；如果不要对方答复的，则用"特此函达"、"特此函达，即希查照"；如果是答复对方的，可用"此复"、"特此函复"、"特此函复，请查照办理"等语。

5. 发文机关署名、印章和日期

正文结束以后，署上发文机关的名称，盖上发函机关印章和写上发函日期。

拟写函，应简短明快，不用套话。平行函应注意措辞，语气要委婉、恳切，讲究礼貌，不可强人所难，忌用指令性的语言。

[例文1]

关于商借教室的函

××中学：

我市为贯彻国家公务员制度，拟对全市事业单位在职干部进行不脱产培训。因培训人员较多，场地不够，所以想向你校借用教室。时间是今年9、10两个月的所有双休日，每天上午8时至下午6时；教室数目是8间。每次上完课，我局会派人打扫卫生；消耗水电等费用，我局将如数支付。这次培训，关系到提高我市在职干部的素质，希望能得到你们支持。

是否同意，请予研究函复。

××市人事局

2012年8月16日

[例文2]

关于接受××日报社记者进修的复函

××日报社人事处：

你社2012年6月30日关于联系青年记者进修的来函收悉。关于你社拟选送15名青年记者来我校中文系举办的新闻进修班一事，我们收函后立即同中文系领导进行了研究。由于进修人员较多，教室座位有限，只能接受你社10位记者来我校进修。现随复函寄去进修学员登记表10份，请填好后，在7月20日前寄到我校教务处师资培训科。

特此函复。

××大学教务处

2012年7月5日

四、纪要

(一) 概述

纪要是一种适用于记载会议主要情况和议定事项的公文。

纪要是在会议记录的基础上概括、提炼写成的,是择要反映会议精神和情况的纪实性和指导性的公文。它可以向上级单位汇报会议情况和结果;也可以报请上级单位批准后发给平级单位或下级单位,以传达会议精神和议定事项,或要求与会单位共同遵守、执行。纪要有沟通情况、交流经验、统一认识、指导工作的作用。

(二) 分类

1. 议决性会议纪要

议决性会议纪要是与会人员经过商议,对某些事项或问题作出一致决定,需要共同遵守、执行时用会议纪要形式写下的文字依据。在一般的日常办公会议中,经常用这种会议纪要。

2. 周知性会议纪要

周知性会议纪要是通过如实传达会议情况,以达到传递信息、交流经验目的的一种纪实性会议纪要。一些座谈会、经验交流会、学术讨论会经常使用这种会议纪要。

(三) 格式与写法

1. 标题

会议纪要的标题,一般是用"会议名称+纪要"的方式组成,如《全国农村爱国卫生运动现场经验交流会纪要》。在报刊上公开刊登的会议纪要,也可由正、副两行标题组成,正标题阐述会议主要内容精神,副标题交代会议名称、范围和文种。如:

以十七大精神为指导
开创乡镇企业工作新局面
——××地区乡镇企业工作会议纪要

2. 正文

纪要的正文,包括会议的基本情况、会议的主要精神、结尾三部分。

（1）会议的基本情况

在开头部分书写，用简要的文字介绍会议召开的目的、指导思想、会议的时间、地点、会议名称、主持单位、与会代表、主要议程、讨论的主要问题、会议的效果、意义等。

（2）会议的主要精神

这部分是会议纪要的主体，要写会议研究的问题，讨论的意见，作出的决定，提出的任务，确定的措施等，这是与会单位会后贯彻的依据。常见的一般有三种写法：

第一种是归纳法，即将会议讨论、研究的内容归纳出几个问题来写。有的会议规模比较大，讨论的问题比较多，涉及的方面比较广，这就要把许多意见加以分类整理归纳，并列出小标题或标上序号。

第二种是概述法，即将会议的发言内容、讨论的情况综合到一起，概括地叙述出来的，以反映会议的精神。一些小型会议的纪要，多采用这种写法。

第三种是发言记录式的写法，就是按照会上发言的顺序，把每个人发言中的主要意见写出来，一些座谈会的纪要，多采用这种写法。

用归纳法与概述法写的时候，常用"会议讨论了"、"与会者认为"、"会议认为"、"会议强调"、"会议指出"等语言来叙述，把会议的主要精神阐述出来。

（3）结尾

结尾一般提出号召，要求贯彻会议精神，完成会议提出的工作任务。有的会议纪要也可以不要结尾。

3. 日期

日期可写在正文之后，也可以写在标题之下。会议纪要可以不加盖印章。

撰写会议纪要，一定要突出中心，抓住重点，真正写出会议的"要"来。另外，要注意真实地反映出会议的情况和与会者的观点，条理要清晰，语言要准确，简明扼要，防止含糊其辞，产生歧义。

[例文]

全国高等学校文化素质教育工作暨基地建设研讨会纪要

2003年4月13—14日,教育部"全国高等学校文化素质教育工作暨基地建设研讨会"在华中科技大学召开。会议的主题是:认真学习贯彻党的十六大精神,以"三个代表"重要思想为指导,总结八年来开展文化素质教育工作的经验,研究进一步深化文化素质教育的新思路、新举措,以全面推进素质教育,构建中国特色高等教育人才培养体系,培养更多更好的全面建设小康社会、实现中华民族伟大复兴的高级人才。

教育部部长周济同志非常重视这次会议,原本准备出席会议并讲话,后因参加重要会议,不能到会,教育部副部长袁贵仁、教育部原副部长周远清、高教司司长张尧学、副司长刘凤泰、湖北省教育厅厅长路钢,高等学校文化素质教育指导委员会顾问张岂之、主任委员杨叔子、副主任委员王义遒、胡显章、李进才、冉昌光,秘书长刘献君等领导出席会议。与会代表有:文化素质教育指导委员会委员、53所基地学校领导,北京等十个省市教育厅(教委)主管领导、武汉地区部队院校领导,共170余人。会议收到论文和交流材料70余份。

在开幕式上,袁贵仁、周远清、张尧学代表教育部为32个国家大学生文化素质教育基地(53所基地学校)授牌。

一

受周济部长的委托,袁贵仁副部长作了题为"转变教育思想观念,全面推进素质教育,构建中国特色的高等教育人才培养体系"的讲话。

袁贵仁指出,世纪之交,我国高等教育事业取得了令世人瞩目的巨大成就,创造了世界高等教育发展史上的奇迹。党的十六大为新世纪我国高等教育事业的发展指明了方向,高等教育要突出"为人民服务"的宗旨,始终把人才培养作为高等学校的主要任务,大力推进素质教育,全面提高人才的培养质量。

袁贵仁回顾了八年来开展文化素质教育的历史,全面总结了文化素质教育工作取得的巨大成就和经验,指出:通过文化素质教育,提出了许多新的教育思想和教育观念,有力促进了教育思想的转变;在实践上,文化素质教育逐步落实到学校人才培养的全过程和教育教学的诸环节,建立了内容覆盖第一课堂、第二课堂和社会实践三位一体的文化素质教育体系,学生从文化素质教育中普遍受益,综合素质得到提高,教师的文化素养和学校的文化品位与格调也得到进一步的提高。总之,文化素质教育使得高等学校发生了全面而深刻的变化。

在总结文化素质教育工作经验的基础上,结合教育部即将启动的"大学生素质教育工程",袁贵仁重点阐述了"全面推进素质教育,努力构建以提高学生全面素质为核心的中国特色社会主义高等教育人才培养体系"的意义、内容和实施途径。

袁贵仁强调,要从总结历史经验,分析当今世界局势出发,全面领会党中央提出教育"具有先导性全局性作用"以及"全面推进素质教育"的深刻含义,进一步深化对高等教育人才培养规律的认识,努力构建以提高学生全面素质为核心的中国特色的社会主义高等教育人才培养体系。

——文化素质教育是提高大学生基本素质的基础,身心素质教育是提高基本素质的保障。过去对这两个方面的素质教育重视不够,今后要进一步加强文化素质教育和身心素质教育。

——思想道德素质是素质教育的灵魂。要按照素质教育的思想切实改进思想道德素质教育,做到"一个中心,三个结合",即以十六大精神、"三个代表"重要思想的教育为中心,做到思想道德教育与党建工作相结合,与社会实践相结合,与文化素质教育相结合。

——专业素质教育在全面素质教育中处于主干性地位,要按照素质教育思想改进专业教育,在基础性、综合性和创造性三个方面下功夫。

以提高学生全面素质为核心的中国特色高等教育人才培养体系的实施途径,包括课堂教学、校园文化建设和社会实践三个方面,要做到课内课外相结合、学校教育和社会教育相结合。

大学生的素质及其教育都是一个整体。思想道德素质、文化素质、专业素质、身心素质这四个方面的素质教育要紧密结合,相互渗透,相互支撑,相互转化。

对今后深化文化素质教育工作,袁贵仁提出了五点要求:1.加强对党的十六大精神的学习,深刻领会"三个代表"重要思想,牢牢把握先进文化发展的方向,进一步提高对加强大学生文化素质教育重要性的认识。2.要着重研究在文化素质教育工作中,如何做好弘扬和培育民族精神的工作。3.要采取新的举措,深化文化素质教育。4.要根据学校的特色和定位,开展文化素质教育工作。5.推广普及成功的经验和强化精品意识、提高质量,是今后一段时间内文化素质教育工作要做好的两件大事。

二

高教司司长张尧学作了题为《积极推进文化素质教育深入开展》的讲话,他简要回顾了八年来我国大学生文化素质教育的发展历程,总结了文化素质教育取得的成绩。张尧学说,文化素质教育工作的开展,带来高等教育思想观念的深刻变革;进一步促进了高等学校的教学改革和人才培养模式、教学内容和课程体系以及教学方法等方面的改革;促进了学校的整体发展;推动了文化素质教育自身的不断完善和工作的拓展;对于世纪之交我国高等教育的改革与发展作出了积极的贡献,对未来高等教育的影响也必将是深刻和深远的。

在此基础上,张尧学对如何进一步全面推进高等学校的素质教育,特别是如何使文化素质教育工作在普及和提高两个方面都有新的进展,提出了一些具体的措施和设想:1.要认真学习和贯彻党的十六大精神,深刻领会"三个代表"重要思想,牢牢把握先进文化的前进方向,提高对加强大学生文化素质教育重要性的认识。2. 采取措施,深化文化素质教育。3. 促进文化素质教育在学校教学体系中的制度化和规范化。4. 加强学校课余文化素质教育活动的开展和校园文化的建设。5. 将文化素质教育纳入学校教学评价体系。

高等学校文化素质教育指导委员会主任委员杨叔子在开幕式上讲话。杨叔子说,作为我国高校文化素质教育历史的见证人之一,看到我国高校文化素质教育今天的大好形势,内心充满了喜悦与感激之情。杨叔子代表高等学校文化素质教育指导委员会,对各高校、有关专家和领导对文化素质教育的关怀与支持表示感谢。杨叔子强调,深入开展文化素质教育,对于深化教育改革,推进全面素质教育工程,不仅是个切入口,而且有着基础性的作用。

高等学校文化素质教育指导委员会顾问张岂之在开幕式上作了题为《我对文化素质教育的感受》的讲话,讲话中谈了他对文化素质教育的感受和几点建议:第一,大学文化素质教育的起步好。第二,文化素质教育有亮点、有创新、有突破。第三,大学文化素质教育应体现教育先导性和文化融入性,使它更加具有时代性和现实性。第四,文化素质教育应重视弘扬和培育民族精神。张岂之对今后的文化素质教育工作提出几点建议:1. 文化素质教育和其他素质教育的渗透和相互促进,希望有更加深入的理论探讨和扎实的教学实践,并及时得到交流。2. 大学文化素质教育的开展尚不平衡,要发挥现有基地和指导委员会作用,支持没有基地的院校特别是广大西部地区高校。3. 希望再增加若干文化素质教育基地。4. 大学文化素质教育活动需要增加投入。

三

13日下午,北京大学、清华大学、西安交通大学、南京大学、华中科技大学、上海交通大学、东南大学、南开大学、重庆医科大学、西南师范大学等10所高校的有关代表重点介绍了各自开展文化素质教育工作的经验、特色及思考。如北京大学在开设素质教育通选课,打通专业、拓宽基础、沟通文理、促进不同学科的融合方面进行了有力探索和实践;清华大学狠抓人文课程建设在教学中的中心作用，提高课程质量，以此深化文化素质教育；西安交通大学在积极探索并建立全面进行素质教育的人才培养模式过程中，提出大学应成为传统文化的继承者、现代文化的传播者、先进文化的代表者以及未来文化的倡导者；南京大学围绕素质教育，打造精品课程，从而推进教育创新；华中科技大学从全面提高教师文化素养入手，结合专业教学深化文化素质教育；上海交通大学发挥百年老校文化传统，通过文化素质教育，提高大学生的科技活动水平；东南大学围绕开展高层次的人文讲座、建设文化素质教育精品课程以及引导院系开展高品位的文化素质教育活动等三个方面走出一条有自己特色的道路；南开大学充分发挥综合性大学以及和天津大学合作办学的优势，形成课堂教学、校园文化、社会实践的有机结合的"三位一体"的文化素质教育模式，促进文化素质教育的可持续发展和全面上水平；重庆医科大学着眼医学特色，努力探索医科文化素质教育的有效途径；西南师范大学充分利用文、理、艺体多学科的有利条件，把师范教育和文化素质教育有机地结合起来，把绿色教育作为重要内容，进行了积极的探索。

14日上午，与会代表分成华东片、北京片、三北片、中南重庆片四个小组，针对文化素质教育存在的问题以及今后如何进一步深入开展等问题进行讨论，并于当日下午派出四名小组代表在大会上做总结发言。各小组发言人在发言中都一致认为，本次会议开得非常好、非常成功、意义重大，不仅是对高校文化素质教育开展8年来的一次交流总结，更是全面贯彻党的十六大精神、实践"三个代表"的重要思想，将文化素质教育引向深入、全面构筑具有中国特色的高校人才培养体系的历史性会议，它标志着文化素质教育进入一个新的阶段。特别是袁贵仁副部长的讲话使大家深受鼓舞，为大家明确了今后的工作目标与方向，袁副部长提出的关于"人才培养体系"的意义内涵和实施途径引人深思，值得与会代表回去深入研究和探讨。

在讨论中，各与会代表发言踊跃，对当前大学生文化素质教育工作提出了很多新的认识和值得交流的经验。如从理论层面来说，大家都形成了一定的共识，认为开展文化素质教育是社会发展对教育的必然要求,是全面贯彻党的教育方针的丰富和发展,体现了与时俱进的时代精神。八年来,文化素质教育已从过去专家学者的呼吁、各高校自行探索、媒体大幅介入发展到今天已经形成了课堂教学、校园文化和社会实践三位一体的文化素质教育体系,并逐渐将知识学习、实践(内化)到外化三者相结合。在这发展过程中,领导重视是关键,制度管理是保障。从教育部到各省市教育厅有关领导都高度重视文化素质教育工作,都在经费、政策和联合基地的协调方面予以大力支持,各高校均有专门领导负责此工作,并制定了相应制度措施保障此项工作。对今后如何进一步深化文化素质教育工作,代表们认为,应根据各校文化传统,结合自身的条件和优势,构建有自己特色的文化素质教育体系。如上海交大提出要进行"五渗透":渗透到专业教育中,渗透到课余生活中,渗透到学生社团中,渗透到学生社区工作中,渗透到网络中。湖南师范大学提出了"三全原则":面向全体学生,对学生实施全面素质教育,素质教育的思想贯穿教育的全过程等。在实践层面,首先是各高校都加大了硬件的投入,如重庆大学提出建立一个高品位的物态文化理念,近年投入5000多万元,建设和改造学生的文化活动设施。二是各高校文化素质教育课程体系各有特色,如重庆医科大学开设了一系列具有医学特色的人文素质课程。三是联合基地院校实现了资源共享。四是各高校都十分重视现代教育技术和网络传播媒介对文化素质教育的推进作用,如中南大学提出了"网络化、基地化、项目化"的建设方案。五是重视和发挥基地的辐射作用,辐射到本地区的周边高等院校和中小学等。

  在讨论中,各代表也提出了今后进一步深化文化素质教育工作面临的困难、值得探讨的问题和一些建议。如应该对文化素质教育的内涵进一步作出科学的界定;在实施文化素质教育过程中,如何将其转化为一种教育思想,贯穿人才培养的全过程,并由此而带来育人模式的全面变革;文化素质教育进入学生培养计划后,如何以一种科学的态度来设计和定位其在整个培养计划中的比例和地位;如何使知识真正内化为学生的素质,并外化为一种文化形态;如何科学地评价学生和教师的文化素质,检测文化素质教育的实际成果;如何更好地实现地区的资源共享,包括师资、课程,进一步发挥基地的示范和辐射作用等等。

14日下午,会议举行了闭幕式,高教司副司长刘凤泰作了大会总结发言。刘凤泰代表教育部对会议的成功召开表示热烈的祝贺,对各位领导、各位专家、同志们的辛勤工作表示衷心的感谢。他说,这次会议主题明确、准备充分、层次高、气氛热烈。周济部长非常重视文化素质教育、全面推进素质教育工作。我们要下大力气抓好这项工作。对当前如何进一步普及和提高文化素质教育,刘凤泰说,主要从以下几个方面进行:1. 进一步以十六大精神为指导,提高对加强文化素质教育和全面推进素质教育重要性的认识。2. 希望各高校领导、省、直辖市、自治区教育厅(教委)的有关领导都要高度重视,把文化素质教育作为本校、本省的重要工作抓好。3. 推广先进经验。把本次会议领导的讲话、各基地提交的经验交流材料编辑成书,结集出版。4. 通过制度化建设,进一步完善文化素质教育体系,将文化素质教育落实到学校人才培养的全过程。5. 采取新的措施,普及文化素质教育。各片区要积极进行联系交流,不断扩大基地的影响力和辐射范围,教育部今年将以西部高校为重点,新批建20个左右的国家大学生文化素质教育基地,委托文化素质教育指导委员会对近几年出版的文化素质教育教材和教辅读物进行评审,将优秀教材和教辅读物推荐给高校使用。希望各省(自治区、直辖市)要建立文化素质教育指导委员会,以加强大学生文化素质教育和基地建设工作。6. 在文化素质教育工作的提高方面,一是在思想观念上提高认识,二是要充分发挥指导委员会和基地的作用,进一步提高质量。7. 将加强文化素质教育全面推进素质教育工作,列入高等学校教学评估体系当中。8. 教育部大学生文化素质教育指导委员会要进行换届,由各高校进行推荐,把新一届指导委员会尽快成立起来,更好地发挥其作用。

整个会议历时两天,会议期间,与会代表不但准时出席会议,认真听取领导讲话和兄弟院校的经验交流,在会后也积极围绕文化素质教育的一些问题进行热烈探讨和交流,提出了很多有建设性的宝贵意见和建议,为今后进一步普及和深化文化素质教育指明了方向。

第五节　议案、报告、请示、批复

一、议案

(一) 概述

议案是一种适用于各级人民政府按照法律程序向同级人民代表大会或人民代表大会常务委员会提请审议事项的公文。

议案是指向国家权力机关或立法机关提出的议事原案。在我国,议案是向全国人民代表大会和各级人民代表大会提出的议事原案。

议案的内容主要有以下几个方面:

1. 关于本行政区内执行国家宪法、法律、法令、政策以及上级和本级人民代表大会决议的问题。

2. 关于执行本行政区域的国民经济计划和财政预算、决策的问题。

3. 关于本行政区域的政治、经济、文化教育、科技、卫生、体育等方面的重大事项。

4. 关于制定和修改地方性法规的建议。

5. 关于加强本行政区各级政府机关建设的重要建议。

6. 关于广大人民群众迫切需要解决的重大问题以及其他方面的问题。

(二) 特点

1. 制作主体的法定性

议案的制作主体只能是各级人民政府;国务院各部委、各直属机构和省、直辖市、县、市、市辖区人民政府各工作部门无权提出议案,因而也不使用议案这一文种。

2. 内容的特定性

根据宪法、地方各级人民代表大会和地方各级人民政府组织法的规定,各级人民政府提出议案的内容必须是属于人民代表大会或者人民代表大会常务委员会职权范围内的问题,超出其职权范围的不能作为议案提出。

3. 很强的时限性

各级人民政府必须在人民代表大会或者人民代表大会常务委员会举行会议的时候提出议案。会议后提出的,不能列为议案。

4. 语言的简明性

议案一般都要有提请审议事项草案和说明材料,所以议案的正文一般都非常简洁明确,语言高度凝练,只需明确写出要提请审议的事项即可。

(三) 类型

1. 法律、地方性法规案。提请审议法律案的,如《国务院关于提请审议〈中华人民共和国国家安全法(草案)〉的方案》(国函〔1992〕196号);提请审议地方性法规案的,如《××省人民政府关于提请审议〈××省城市规划条例(草案)的方案》》。

2. 重大事项案。如《国务院关于提请审议兴建长江三峡工程的方案》(国函〔1992〕24号)

3. 机构变动案。如国务院《关于提请审议修改后的国务院机构改革方案的议案》和《国务院关于提请设立中华人民共和国监察部的议案》。

4. 批准条约案。如《国务院关于提请审议批准两个国际劳工公约的议案》

5. 人事任免案。如《国务院关于提请候捷等两位同志职务任免的议案》(国函〔1991〕10号)。

6. 其他事项案。

(四) 格式与写法

1. 标题

标题通常有两种形式,一种是"发文机关+事由+文种(议案)",如例文1、例文2的标题;另一种是"事由+文种(议案)",如国务院《关于提请审议修改后的国务院机构改革的议案》。在议案标题中,一般都有"提请审议"的字样。议案的标题不应出现

"发文机关+文种(议案)"或仅用"议案"的现象,这是不规范的。

2. 主送机关

议案的主送机关是固定的,写在标题之下,左起顶格,正文前用全称或规范化简称明确标出同级人民代表大会或者人民代表大会常务委员会的名称。如"全国人民代表大会"、"全国人民代表大会常务委员会"、"省人大"、"市人大"、"县人大"、"省人大常委会"、"市人大常委会"、"县人大常委会"。此外还有两种写法,如"第七届全国人民代表大会第一次会议"、"第七届全国人民代表大会第二次会议主席团",这种写法使受文单位更清楚明确,也是允许的。

3. 正文

这是议案的主体,包括案据、方案和结语三部分。

案据要写明为什么提出议案的事实和道理,要求说明充分的政策依据、法规依据与事实依据。如例文2《国务院关于提请审议〈中华人民共和国教师法(草案)〉的议案》,其案据就是:"为了保障教师的合法权益,建设一支具有良好思想品德修养和业务素质的教师队伍,促进我国社会主义教育事业的发展,国家教育委员会在总结建国四十多年来教师工作经验和充分听取各方面意见和建议的基础上,草拟了《中华人民共和国教师法(草案)》。"

方案要写明对所提问题的解决途径和办法,对所审议的事项,应提出具体的措施、办法或建议。对于一些提请审议批准条约、法规的议案,其方案有时只用一句话表达,如上述例文2,方案就是"这个草案,已经国务院常务会议讨论通过"这么一句话。

结语通常以一句表示祈使的词语结束全文,根据上文内容,可使用"请审议"、"请审议决定"、"现提请审议,并请做出批准的决定"、"现提请审议"、"请予审议"等词句。

4. 签署

中华人民共和国国务院组织法第五条规定,国务院向全国人民代表大会或者全国人民代表大会常务委员会提出的议案由总理签署。由此推论,地方各级人民政府向同级人民代表大会或者人民代表大会常务委员会提出议案时都应由行政首长签署,一般有签署政府机关名称。

首长署名前要冠以职务,如"国务院总理×××"、"省长×××"、"市长×××"、"县长×××"、"乡长×××"、"镇长×××",首长职务和姓名之间要空一格。

5. 成文时间

成文时间以行政首长签发的日期为准。日期必须用汉字写明具体的年、月、日。

[例文1]

国务院关于提请审议设立
海南省的议案

全国人民代表大会常务委员会:

海南岛是我国第二大岛,面积三万四千多平方公里,人口六百零五万。该岛海域广阔,资源丰富,雨量充沛,是一块热带、亚热带宝地。建国三十多年,特别是党的十一届三中全会以来,海南岛的经济、文化和其他各项事业有了很大发展,具备了一定基础。但是,受许多条件限制,海南的优势没有充分发挥出来,与全国其他沿海地区相比,还有较大的差距。

为了加快海南岛的开发建设,建议撤销海南行政区,将海南行政区所辖区域从广东省划出来,单独建立海南省。海南省人民政府驻海口市。

鉴于海南建省的各项筹备工作需要早做安排,建议全国人大常委会在提请全国人民代表大会审议决定以前,授权国务院成立海南建省筹备组,开展筹备工作。

请审议决定。

国务院总理×××

一九八七年八月二十四日

[例文2]

国务院关于提请审议
《中华人民共和国教师法(草案)》的议案

全国人民代表大会常务委员会：

  为了保障教师的合法权益，建设一支具有良好思想品德修养和业务素质的教师队伍，促进我国社会主义教育事业的发展，国家教育委员会在总结建国四十多年来教师工作经验和充分听取各方面意见和建议的基础上，草拟了《中华人民共和国教师法(草案)》。这个草案，已经国务院常务会议讨论通过，现提请审议。

国务院总理　××
一九九三年十月七日

二、报告

(一) 概述

  报告是一种适用于向上级机关汇报工作，反映情况，答复上级机关询问的公文。

  报告属陈述性的上行公文，它是下级机关向上级机关反馈信息、沟通上下级机关纵向联系的一种重要形式。上级机关收到下级机关的报告以后，一般不需批复。在表现方式上，它主要运用叙述的方式，概括地叙述工作的进程与有关动态、建议，即使有时需要论述道理时，也要求在叙述的基础上采用叙议结合的方式进行。

  下级机关利用报告及时向上级机关反映工作情况，可以取得上级机关指导、帮助；同时，上级机关也可通过报告，及时了解下级机关的情况，以便制定正确的方针政策，实行科学的领导，能切实指导下级机关的工作。

(二) 分类

  按照内容来分类，报告可分为：

1. 综合报告

是一个机关反映一定时期内全面工作情况或提出今后工作意见的报告，它可以使上级机关全面了解下级机关的工作情况，以便作全面的工作指导。综合报告大多数是定期性的工作总结报告，如《××县计划生育委员会二二年工作情况综合报告》。

2. 专题报告

是一个机关就某一项工作或某一个问题、某一件事情向上级所写的报告。在机关的日常工作中，这种报告经常使用。如汇报某项工作的进程、经验、问题、建议的工作报告，反映工作中某一具体问题的处理或上级交办工作办理结果的情况报告，回答上级机关查询有关问题的答复报告，向上级机关报送文件或物件的报送报告，检讨工作错误的检查报告等。

按照性质来分类，报告可分为：

1. 呈报性报告

这种报告以汇报工作、反映情况为主要内容，不要求上级机关转发。

2. 呈转性报告

这种报告除了汇报工作、反映情况外，侧重提出建议和意见，请求上级机关批转有关部门参考或执行。

（三）格式与写法

1. 标题

报告的标题，通常有两种组成方式：①"事由+文种"，如团中央书记处与中央山东省委在1983年4月22日联合向党中央书记处写的《关于进一步开展学习宣传张海迪的报告》。②"发文机关+事由+文种"。如《××市爱国卫生运动委员会关于创建国家级卫生城市的报告》。有的报告内容紧急，则在标题中的"报告"两字前加上"紧急"字样。

2. 主送机关

在标题下正文前顶格书写受文对象，一般是上级机关或业务主管部门。

3. 正文

不同种类的报告,其正文的写法不尽一致,但有一些格式是共同的,如开头一般多说明报告的目的。目的写完以后,用"现将有关情况报告如下"之类的惯用语过渡到报告的内容。报告内容包括主要情况、存在问题、经验教训、今后打算等,不同种类的报告,在以上四个方面各有所侧重。报告正文的结束语,呈报性报告用"特此报告"、"以上报告当否,请审核"等,呈转性报告用"以上报告如无不妥,请批转有关部门执行"等。

4. 发文机关署名、印章和日期

与一般公文相同。

撰写报告,必须掌握实际材料,让事实说话。还要及时报告,不失时机。在报告中也不能夹带请示事项。

[例文]

××市人民政府关于治理
××河水质污染问题的报告

××省人民政府:

省政府转来××××××委员会提出的关于××河水质污染状况的报告,经市政府调查研究,对报告中提出的有关问题及解决方案报告如下:

一、解决××河水质污染问题的关键是尽快建成污水处理厂。现在××河的污染主要是××区排放的污水所致。×区的排放量为25万吨,污水比较集中,因污水处理厂未能及时建立,致使污水直接排入××河,造成了××河的污染。

为解决××河的污染,市政府已抓紧×区污水处理厂建设,争取在19××年建成。×区污水处理厂原设计概算为8316万元,按现行价格估算约为1100万元,已于19××年×月开工,建成了

8项附属设施,计完成投资200万元。市政府今年安排的300万元投资已全部落实,×区城环局正在组织实施。

根据××河河道以南人口密集区的地下水污染和环境问题,在污水处理厂未建成之前,利用现有污水管道,把污水引到某区污水处理厂以西,污水直接排入污水处理厂的出口,这就避开了污染区。

二、电热厂的粉煤灰也是污染源之一。对于电热厂储灰厂的选址,必须考虑到对地下水和环境的污染。选址已责成×区电热厂抓紧做工作,争取尽快报市政府有关部门审批。对南储灰厂渗漏对地下水的污染,主要采取截流集中排放的措施,以减少对地下水的污染。

××市人民政府
2012年8月×日

三、请示

(一)概述

请示是一种适用于向上级机关请求指示、批准的公文。

请示属陈请性的上行公文,它的使用范围比较广泛,机关、单位在遇到属于本机关职权范围内无权处理或确实难以处理的问题与事项时,就应向直属的上级领导机关或直属的上级主管业务部门行文请示。上级机关在收到下级机关的请示后,要予以回复,对所请示的事项明确表态,这样可以维护政令的一致性,保证国家各层次的管理工作步调统一并获取高效能。

(二)作用

请示主要用于以下几个方面:

1. 对上级领导机关颁布的方针政策、法规、规章以及决定、指示等,有不理解或难以执行而要求作某些变通处理的问题或事项,请示予以指示与认可。

2. 请求审核批准或批转本机关制度的法规、规章或决定、报告等。

3. 请求批准人员编制、机构设置与调整、干部任免、领导班子组成与调整、经费预算以及对于重大事件(事故)和人员的处理方案与办法。

4. 请求审定本机关对于某些重要问题(事项)所提出的处理方案与办法。

5. 请求协调与帮助解决本机关无法解决的困难与问题。

6. 根据规定必须履行审批程序的事项。

(三) 分类

1. 求示性请示

求示性请示就是请求上级给予指示、裁决的请示,其内容包括工作中遇到的不好解决的关键问题,无章可循的新问题或意见分歧而无法统一执行的问题等。

2. 求助性请示

求助性请示即请求上级予以支持、帮助的请示,其内容如请求增补经费,增加设备,为某项事情拨款、拨指标等。

3. 求准性请示

求准请示即请求上级批准,允许的请求,其内容如超出本机关、本单位处理范围的事项,可情况特殊需要变通处理的事项及按照上级规定应当请示的事项等。

(四) 格式与写法

1. 标题

请示的标题有两种写法:

(1) "发文机关+事由+文种",如《××市高教局关于自费生收费标准的请示》。

(2) "事由+文种",如例文的标题。

请示的标题在使用动词时,不能与文种词语重复,即一个标题中不能出现两个请示。在表述主要内容时,一般只宜使用一个动词,如《关于请求批准购买××的请示》这个标题,其中的"请求批准"两个动词应删去。

2. 主送机关

请示主送机关只能写一个上级机关名称(即主管上级机关的

名称),若还要报给其他上级机关,可用"抄报"的形式在文后注明。

3. 正文

请示的正文,一般由请示缘由、请示的具体事项及意见、要求三个部分组成。

(1) 请示缘由

这一部分是请示全文的导语,应开门见山,直接写明请示什么问题,为什么要请示。文字要简洁。一般用叙议结合的表达方式,或先叙后议,或先议后叙,或夹叙夹议。在叙述情况时,应紧紧围绕所要请示的问题,把有关的历史或现实情况、政策规定等一一写清楚,做到既不空洞抽象,缺少事实,也不堆砌材料,繁琐冗长。在分析议论时,应和情况紧密结合,言简意赅,不讲空洞的大道理。尤其要注意行文语气,不可摆出论辩架势或使用教训口气。

(2) 请示的具体事项及意见

这一部分是全文的重点,在向上级说明缘由之后,要提出请示的具体事项,还要向上级提出自己对解决问题的态度或意见。有时还可以提出几种意见,供上级选择,但是行文者必须表明自己希望上级批准哪种意见,并说明理由。

(3) 要求

这是请示的结语部分,要明确提出请示要求,一般应另起一行书写,有一些常用的请示结语规范用语,如"以上妥否,请批示"、"特此请示,请批复"、"以上意见妥否,请指示"、"以上意见,如无不妥,请批转执行"。

4. 发文机关署名、印章及发文时间

与其他公文相同。

撰写请示,必须注意一文一事,不可一文数事。提出的意见要符合国家的法律、法规,符合党和政府的方针政策,并要能够符合实际,切实可行。

(五) 请示与报告的区别

请示与报告,都属上行公文,其写作的结构格式有点类似,都用叙述为主、叙议结合的表现方法。目前一些基层单位在撰拟公

文时,常将请示与报告混用,该用请示行文的,却写成了报告。其实,请示与报告相比较,还是有明显区别的:

1. 行文的目的不同

报告是下级机关用以向上级机关汇报工作、反映情况或提出建议的公文,为的是下情上达,让上级机关及时掌握情况,更好地指导下级机关正确贯彻执行方针、政策,防止工作失误。请示则是下级机关用以向上级机关请求指示、批准的公文,要求上级机关对反请示的事项给以答复、审批或给予解决。

2. 行文的时间不同

报告的写作时间比较灵活,事前、事后或工作进行中皆可行文;而请示必须事前行文。因为请示的事项必须得到上级机关明确指示或批准后方可付诸行动,"先斩后奏"是违反组织原则的。

3. 内容的含量不同

报告有专题的与综合性的,请示没有综合性的,应坚持"一文一事"的原则,因为一文数事,有时会因其中某一事项被卡住而耽误其他事项的批复,从而影响办事效率。

4. 结尾用语不同

报告的结尾用语不具有期复性,请示则要用期复性、期准性的结尾用语。

[例文]

关于购买员工健身器材的请示

××酒店领导:

我部作为酒店安全工作职能部门,对部门员工的体能素质要求比较高,故我部加强了对部门员工体能素质培训的力度,但目前的培训受到外界因素的影响,不能按计划进行,影响部门整体培训计划,为了不使因环境因素而影响到部门培训的开展,我部特申请购买拉力器、臂力棒、哑铃各三套。

以上请示妥否,请批示。

××酒店保安部
2012 年 8 月 5 日

四、批复

(一) 概述

批复是一种适用于答复下级机关请示事项的公文。

批复属答复性的下行公文,是针对下级机关报来的请示公文被动制发的文件,专指性强,除了回复一些具有共性的问题以外,主送单位通常是单一的,即发给报送请示公文的单位。批复中提出的答复意见,下级机关一定要认真遵守与执行,因此它具有一定的权威性。

(二) 格式与写法

1. 标题

批复的标题,要写明批复机关名称、内容与文种。有些批复,还要在标题中标明作者对所请示问题的态度,如《国务院关于同意在沈阳市进行经济体制综合改革试点的批复》。

批复的标题在形式上有:

(1) 单介词结构,与一般公文标题的主要内容表述形式基本相同,如《国务院关于安徽省宿县城关镇改设宿州市的批复》。

(2) 双介词结构,它的表述形式为:

《××××关于××××××给××××的批复》
　　(上级发文机关)(介词)(答复事项)(介词)(下级受文机关)

2. 主送机关

即请求批示和批准的机关。

3. 正文

批复的正文,大致包括引语、主文、结尾三个部分。

(1) 引语

开头一段(或开头一句)一般是引语,通常引用两个方面的内容:

(A) 引用下级机关来文的日期、公文名称或字号,如例文的引语:"你省《关于审批〈武汉城市总体规划〉(2006—2020年)的请示》收悉。"

(B) 简要引述来文所请示的事项,如国务院1983年4月28日给黑龙江省人民政府的一个批复的引语:"1983年2月24日关于将爱辉县并入黑河市行政体制的请示悉。"

(2) 主文

主文是批复的主体,应针对下级机关请示的事项,表明同意与否的态度,有时还要阐述同意或不同意的理由,如果同意,必要时还可给予一定的指示;如果不同意,则要说明理由,并且作出应该如何处理的指示,使下级机关有所遵循。

(3) 结尾

结尾都用规范性的语言,如"此复"、"特此批复"。也可以没有结尾,主文写完就结束。

(4) 发文机关署名、印章与成文日期

写法与其他公文相同。

撰写批复,用语要简要准确,语气要肯定,不能用模棱两可、含糊不清的词语。

[例文]

国务院关于武汉市城市总体规划的批复

国函〔2010〕24号

湖北省人民政府:

你省《关于审批〈武汉城市总体规划〉(2006—2020年)的请示》收悉。现批复如下:

一、原则同意修订后的《武汉市城市总体规划(2010—2020年)》(以下简称《总体规划》)。

二、武汉市是湖北省省会,国家历史文化名城,我国中部地区的中心城市,全国重要的工业基地、科教基地和综合交通枢纽。《总体规划》实施要以科学发展观为指导,坚持经济、社会、人口、环境和资源相协调的可持续发展战略,统筹做好武汉市城乡规划、建设和管理的各项工作。要按照合理布局、集约发展的原则,推进经济结构调整和发展方式转变,大力发展高新技术产业,不断增强城市综合实力和可持续发展能力,完善公共服务设施和城市功能,逐步把武汉市建设成为经济繁荣、社会和谐、生态良好、特色鲜明的现代化城市。

三、重视城乡统筹发展。在《总体规划》确定的8494平方公里的城市规划区范围内,实行城乡统一规划管理。主城区要依托"两江交汇、三镇鼎立"的自然格局,逐步完善汉口、武昌、汉阳的功能,促进一体化发展。要加快卫星城镇发展,依托主要交通干线,建成以主城区为核心的多轴、多中心、开放式的城市空间布局,防止城市无序蔓延。要按照城乡统筹发展的要求,根据市域内不同地区的条件,有重点地发展基础条件好、发展潜力大的建制镇,优化村镇布局,促进农业产业化和农村经济快速发展。

四、合理控制城市规模。到2020年,主城区城市人口控制在502万人以内,城市建设用地控制在450平方公里以内。根据《总体规划》确定的城市空间布局,积极引导人口的合理分布,避免主城区人口过度集聚。根据武汉市资源、环境的实际条件,坚持集中紧凑的发展模式,切实保护好耕地特别是基本农田。重视节约和集约利用土地,合理开发利用城市地下空间资源。

五、完善城市基础设施体系。要加快公路、铁路、水运和民航等区域性交通基础设施建设,改善交通运输条件,充分发挥武汉市的全国重要交通枢纽功能。进一步加强长江航道港口规划建设和运营管理,切实发挥长江中游航运中心的作用。建立安全畅通的步行与自行车交通系统,坚持公共交通优先原则,大力发展绿色交通,减少交通能耗。加强城市综合交通枢纽的规划和建设,促进城市对内与对外交通系统的协调和衔接。统筹规划建设城市供水水源、给水、排水和污水、垃圾处理等基础设施。重视城市防灾减灾工作,加强重点防灾设施和灾害监测预警系统的建设,建立健全包括消防、人防、防洪和防震等在内的城市综合防灾体系。

六、建设资源节约型和环境友好型城市。城市发展要走节约资源、保护环境的集约化道路,坚持节流、开源、保护并重的原则,节约和集约利用资源,贯彻落实《国务院关于武汉城市圈资源节约型和环境友好型社会建设综合配套改革试验总体方案的批复》(国函〔2008〕84号)精神。依靠科技进步,积极开发新能源,大力发展循环经济,切实做好节能减排工作。坚持经济建设、城乡建设与环境建设同步规划,严格按照规划提出的各类环保标准限期达标。按照节能减排目标,明确责任主体,落实工作措施,严格控制高耗能行业的发展,强化工业、交通和建筑节能,加强城市环境综合治理,严格控制污染物排放总量,提高污水处理率和垃圾无害化处理率。加强水资源保护,严格控制地下水的开采和利用,提高水资源利用效率和效益,建设节水型城市。加强对污染源的控制,保护好长江、汉江、严西湖等水体和沉湖湿地等自然保护区、九峰等森林公园、东湖等风景名胜区。

七、创造良好的人居环境。要坚持以人为本,创建宜居环境。统筹安排关系人民群众切身利益的教育、医疗、市政等公共服务设施的规划布局和建设。将廉租住房、经济适用住房和中低价位、中小套型普通商品住房的建设目标纳入近期建设规划,确保城市保障性住房用地的分期供给规模、区位布局和相关资金投入。根据城市的实际需要,稳步推进城市和国有工矿棚户区改造,提高城市居住和生活质量。

八、重视历史文化和风貌特色保护。要统筹协调发展与保护的关系,按照整体保护的原则,切实加强对城市传统风貌和格局的保护,严格控制建筑的高度、体量、色彩和形式。重点保护好江汉路及中山大道等历史文化街区,加强对武昌起义旧址、周恩来故居等文物保护单位及其周围环境的保护。维护好武汉市"江、湖、山、城"的自然生态格局,突出江河交融、湖泊密布的城市风貌特色。

九、严格实施《总体规划》。城市建设要实现经济社会协调发展，物质文明和精神文明共同进步。城市管理要健全民主法制，坚持依法治市，构建和谐社会。《总体规划》是武汉市城市发展、建设和管理的基本依据，城市规划区内的一切建设活动都必须符合《总体规划》的要求。要结合国民经济和社会发展规划，明确实施《总体规划》的重点和建设时序。城乡规划行政主管部门要依法对城市规划区范围内（包括各类开发区）的一切建设用地与建设活动实行统一、严格的规划管理，切实保障规划的实施，市级城市规划管理权不得下放。要加强公众和社会监督，提高全社会遵守城市规划的意识。驻武汉市各单位都要遵守有关法规及《总体规划》，支持武汉市人民政府的工作，共同努力，把武汉市规划好、建设好、管理好。

武汉市人民政府要根据本批复精神，认真组织实施《总体规划》，任何单位和个人不得随意改变。你省和住房城乡建设部要加强对《总体规划》实施工作的指导、监督和检查。

国务院
二〇一〇年三月八日

【思考与练习】

1. 公文具有哪些特点？其格式是由哪些部分组成的？
2. ××市××区卫生局向××市卫生局送了一份公文，题为《××市××区卫生局关于开展春季爱国卫生运动的报告》，××市卫生局认为这份报告很好，所提到的一些措施其他单位都可借鉴。请你代××市卫生局草拟一份批转性通知。
3. 改写下面这份通知：

关于执行《××大学体育运动场馆管理办法》的通知

各院系：

为适应校园管理的需要，并有利于我校体育运动场馆为社会服务,我校制定了《××大学体育运动场馆管理办法》,从 2012 年 9 月 1 日起正式执行。现将《××大学体育运动场馆管理办法》发给你们,望你们认真学习,认真执行。

××大学
二〇一二年八月十五日

4. ××市交通局财务制度混乱,领导干部以权谋私、贪污受贿现象比较严重。请你代中共××市纪律检查委员会草拟一份批评性的通报。

5. ××市市属朝阳中学在 2012 年暑假拟修缮旧教室,经费缺口较大。请你代朝阳中学起草一份请示,向××市教委要求增拨房屋修缮经费 35 万元。

6. 请你就第 5 题的请示代××市教委写一份批复,同意给朝阳中学增拨房屋修缮经费 35 万元。

第三章
事务文体

第一节 计 划

一、计划的概念、作用和种类

（一）计划的概念

计划是对未来的展望与构思。具体而言，计划是机关、团体或个人，根据党和国家的有关方针政策以及上级的指示精神，依据自己的实际情况，对未来一定时期内的工作、生产、学习等事务的安排。计划是事务文书中的常用文体，应用的范围十分广泛。

计划是个总的名称。在日常实际工作中，"安排"、"打算"、"规划"、"设想"、"意见"、"方案"等，都是人们对未来工作或活动做出的部署和安排，因而也都属于计划这个范畴。一般说来，安排、打算常用于时间较短、内容较具体，并偏重于工作步骤的计划，如《曙光公司关于 2011 年冬季流动资金的安排》；规划是带有全局性、长远性和方向性并且内容概括的计划，如《上海市关于国民经济发展的"十二五"规划》；设想是初步的、提供参考的计划，如《合肥市关于建设大学城的设想》；意见是原则性较强、内容较完整的计划，如《关于整治淮河河流污染、坚决关闭排放超标企业的意见》；方案则是目标明确、任务要求和措施办法具体的计划，如

《安徽省关于推广普通话工作的方案》。

(二) 计划的特点

制订计划是日常工作中不可缺少的一个环节,也是一种科学的工作方法。计划具有以下几个主要的特点:一是目的性,计划是为达到某一目标,完成某一任务而制定的,所以它具有明确的目的性。二是具有预见性,在制订计划时,要对今后可能出现的问题和遇到的困难,进行分析和判断,并提出相应的对策和措施。三是具有约束力,计划一经会议通过和批准,就有了法定的效力,在制定者所管辖的范围内,具有一定的权威性和约束力,因而成为工作、行为的准则,以及工作考核的标准。

(三) 计划的种类

按照不同划分标准,可以将计划分为不同的种类。

1. 按性质分类

(1) 生产计划。是商品社会中最常用的计划种类。人们为进行生产,必须制定各种各样的计划,如"产品产量计划"、"产品质量计划"、"产品品种计划"、"产品成本计划"等。

(2) 工作计划。是为筹划、落实和实施某项工作而制定的计划。工作计划大量运用于政府机关等事业部门及企业单位的行政部门。

(3) 学习计划。是单位、组织或个人为安排学习而制定的计划。学习计划通常包括政治理论学习计划、业务学习计划、技术培养计划等。

2. 按范围分类

(1) 个人计划。是个人为未来的行为而作的设计,一般有个人学习计划、个人进修计划、个人工作计划、个人创业计划等。

(2) 组织计划。是指团体为组织未来的行为设计的计划,它涉及组织方方面面的工作,如思想政治工作、生产业务工作、生活福利工作、公关应急工作等。

3. 按时间分类

(1) 年度计划。整个年内个人或组织的生产、工作、学习等计划。

(2) 季度计划。反映一个季度内个人和组织所要须知的事情的计划。

(3) 月度计划。打算在一个月内所要完成的工作的计划。

此外，按照时间的跨度进行分类，还可以把计划分为：

(1) 短期计划。根据使用者的不同情况，短期计划的时间跨度并不统一，一般而言，年度、季度、月份计划都属于短期计划之列。短期计划一般比较详细具体，具有较强的可操作性。

(2) 长期计划。三年以上的计划叫作长期计划，或叫长期规划，如三年规划、五年规划、七年规划、十年规划、十五年规划等。长期计划涉及的时间跨度大，一般并不针对某项具体工作，而是对某方面的工作作出纲领性的规划。有些长期计划，如我国发展国民经济五年计划，虽然也比较具体，但总没有短期计划那么详细具体。

二、计划的结构和基本内容

（一）计划的结构

计划在实际运用时，可以根据不同的种类和要求，采用适宜的结构，如条款式、表格式或条款表格兼容式等。不论采用哪种形式，计划的结构还是比较相近的，一般由标题、正文、结尾这几个部分组成。无论采用什么结构，计划的主体都围绕着"做什么"、"怎么做"、"什么时候做"这三方面来写。

1. 标题

标题又叫计划名称，一般是：单位名称 + 运用期限 + 计划的种类，有的还表明计划的内容要点。如《清华大学2013年度教学改革计划》，就包括了单位名称、计划期限和计划种类三项。标题中也可以不出现单位名称，只在正文结尾处写上单位名称，如上例就可简化为《2013年度教学改革计划》。如果计划尚未正式确定，是征求意见稿或讨论稿，须在标题后用括号注明"草案"、"初稿"、"未定稿"、"供讨论用"等字样。

2. 正文

正文是计划的主体。制订计划的理由和根据、计划的具体内容、完成计划的具体方法、完成计划的具体时间等内容，必须在主体部分给予表述，做到具体明确，主次分明，条理清晰，言简意明。正文一般包括下列几个方面：

（1）前言。前言的作用是简要地说明制订计划的依据和理由，宏观地概括未来总的工作任务。如果是普通的、简要的计划，前言部分可以省略，直接就写计划的目的和任务。

（2）目的和任务。这部分要明确地写出要达到的目标、指标和要求，包括做哪些事，数量上、质量上和时间上的要求等。

（3）措施和步骤。这部分要详细地说明完成任务的具体措施，行动步骤，时间分配，人力、物力和财力安排等。

（4）其他事项。除上述内容之外，假如还有须注意的问题，如检查、评比、修改计划的办法等，可以放入"其他事项"处加以明确，或以单列条文的形式，或以在末尾专写一段的形式给予表述。

3. 结尾

结尾的内容一般包括在执行计划时应该注意的事项，需要说明的问题，或者提出要求、希望和号召等，以作全文的结束。

结尾的最后是落款，要注明制订计划的单位名称和日期。如果在计划标题上已标明了单位名称，结尾处就不必再重复了。上报或下达的计划，要在落款处加盖公章。

此外，与计划有关的一些材料，如在正文里不宜表达，可以在正文后面附表或附图说明。如果需要抄报、抄送某些单位，在正文之后应分别写明。

（二）计划的基本内容

1. 情况分析

制订计划前，要分析研究工作现状，充分了解下一步工作的基础，制定这个计划的依据等。这些具体情况一般有：

（1）情况评估。必须认真研究上阶段的工作，它已经做到了什么程度，有些什么经验教训。

（2）情况分析。根据制订计划的总要求，对计划涉及的情况作全面的分析研究，分清哪些是实施计划的有利条件，哪些是不利条件，实施计划面临的主要矛盾是什么，次要矛盾又是什么，从而使计划建立在切实可靠的情况基础之上。

2. 明确任务和要求

计划的任务和要求就是"做什么"。提出的计划既要符合实际情况,具有可操作性,又要在可能范围内是最高指标,具有挑战性。如果离开了可能性,计划就不踏实,不但无法实现,而且还会影响执行计划者的情绪和信心;如果计划定得过于保守,虽然留有的余地多了,但在计划执行过程中,也不利于激励执行者充分发挥积极性去争取更好的结果。

3. 确定步骤和措施

在明确了计划任务以后,还需要根据实际条件,确定工作方法和步骤,采取必要的措施,以保证计划任务的完成。应该说,制定出适宜、完善的计划不是最难的事,要实现它才是最不容易的事。因此,在计划的执行中常常会遇到一些原来所没有考虑到的这样或那样的问题和困难,这是正常的现象。为了保证计划的实现,必须采取切实有效的措施。具体的工作方法、步骤和措施的确定,常常是计划得以顺利完成的关键因素。

三、计划的写作要求

(一)符合国家政策、法律

要符合国家的政策、法律,这是计划制作的原则之一。在制订计划之前,必须认真学习、深刻领会党和国家的有关方针政策。必须从整体利益出发,把本单位、本部门的小计划纳入国家、上级机构的大计划之中,正确处理好个人与集体、当前与长远、局部与整体的关系。

(二)实事求是,留有余地

制订计划,一定要从实际出发,目标订得恰当,使之切实可行。计划的写作必须紧紧依据实际情况和发展需要,既要先进,又要稳妥;既要积极,又要留有余地。

(三)具体明确,突出重点

具体明确:是指计划的目的、任务、指标、措施、办法、步骤、负责单位或个人,都应写得具体、明确,切忌含糊不清,职责不明。突出重点：是指计划的内容，要根据每一个时期任务的主次、缓急来安排工作的程序，把其间的中心工作和重点任务突出出来。一般来说，在写作计划时，重要的紧迫的工作应安排在前面，一般的可缓的工作安排在后面。这样写，既使写作行文错落有致，又使计划便于执行。

（四）表达方式以说明叙事为主

计划的表达方式：文风要朴实，以说明、叙述为主；语言要简洁明了，朴实自然，讲求实用。行文中不要夹杂不必要的议论。此外，计划的写作也要体现出一定的预见性，事先进行充分的分析和估计，并对一切可能发生的事情，提出有效的预防措施和方案，只有这样，计划的写作才比较周全，按照这样的计划进行工作，就比较主动，就容易取得成功。

[例文]

上海虹桥商务区"十二五"规划

开发建设虹桥商务区，是上海加快建设"四个中心"、加快实现"四个率先"的重要决策，是上海"创新驱动、转型发展"的重要抓手，也是落实《长江三角洲地区区域规划》明确的"依托虹桥综合交通枢纽，构建面向长三角、服务全国的商务中心"要求的重要举措。为充分发挥虹桥商务区在促进上海经济发展方式转型、调整城市空间布局、助推上海国际贸易中心建设和促进长三角一体化发展等方面的作用，依据《上海市国民经济和社会发展第十二个五年规划纲要》，制定本规划。

一、虹桥商务区涉及范围和发展现状

虹桥商务区地处上海西部，涉及长宁、闵行、嘉定、青浦四个区，规划面积86平方公里，分为27平方公里的主功能区和59平方公里的拓展区，其中主功能区包含4.7平方公里的核心区，核心区是虹桥商务区近阶段重点开发区域。主功能区涉及两个行政区、三个街镇,分别是闵行区新虹街道、长宁区程家桥街道和新泾镇部分区域。到2010年底,虹桥商务区涉及的主要街镇共有常住人口约79万人,区域内常住人口约为45万人。

(一)基础设施配套完善。虹桥综合交通枢纽2011年7月全面投入运营。由京沪高速(G2)、沈海高速(G15)、沪渝高速(G50)、外环高速(S20)组成的外围快速路网,以及虹桥商务区"四横三纵"("四横"指京沪高速、北翟高架、崧泽高架、沪渝高速,"三纵"指外环高速、嘉闵高架、沈海高速)快速路网系统已初具雏形。随着基础设施建设的大规模推进,虹桥商务区对外交通条件明显改善,但区域内部交通尚待进一步规划完善。

(二)经济基础良好。虹桥商务区所在区域是上海经济基础较为雄厚的地区之一,产业结构以第二产业为主,目前正逐步向"退二进三"方向发展,具备较好的现代服务业发展基础条件。根据虹桥商务区规划,闵行区和青浦区已将区域内部分工业园区的土地进行规划控制,为虹桥商务区下一步发展预留空间。

(三)社会事业特色明显。虹桥商务区内各项社会事业配套完整,高端居住、国际教育等特色明显,国际社区文化氛围浓厚。但部分地区如原规划控制区域与各区交界区域的社会事业和公共服务设施发展较为缓慢,需进一步完善各类配套。

二、"十二五"时期虹桥商务区发展指导思想、基本原则、发展思路和目标

"十二五"时期是虹桥商务区开发建设十分关键的时期。从国内外环境来看,全球竞争格局进入重大调整阶段,中国经济发展方式转型发展面临重大突破,长三角一体化加速推进,上海进一步提高国际竞争力和率先实现转型发展。这些因素不仅对虹桥商务区发展产生广泛而深远的影响,而且为虹桥商务区带动上海周边地区的发展、做好"三个服务"提供了难得的机遇。总体来说,未来5年,虹桥商务区的机遇与挑战并存,机遇大于挑战。

(一)指导思想

以邓小平理论和"三个代表"重要思想为指导,全面落实科学发展观,立足于服务长三角、服务长江流域、服务全国,紧紧围绕上

海推进"四个率先"和建设"四个中心"的总体要求,以调结构、转方式,加快发展现代服务业,打造国际贸易中心新平台为发展主线,以打造"贸易平台"、"商务社区"、"智慧虹桥"、"低碳实践区"、"城市综合体"为规划理念,充分发挥虹桥综合交通枢纽和国家大型会展项目功能,为上海产业结构转型、城市布局调整、带动周边地区发展做出应有的贡献。

贸易平台:虹桥商务区要建设成为上海国际贸易中心新平台和核心区。吸引和集聚国内外企业总部、外事机构和国内外贸易机构,营造更好的交通环境、生态环境、数字信息环境,提供为国内外企业和机构服务的商务服务、展览采购、现代物流以及相关的信息服务、专业服务、总部经济、宾馆服务等经济形态。

商务社区:借鉴社区的空间和人文组织形式,通过结构布局设计,使社区内各城市功能板块联系紧密、功能完备、配套完善,让人产生归属感。

智慧虹桥:基于全光网,建设千兆到楼、百兆到户(到桌面)、高速出口的宽带接入网;基于无线网,建设无所不在、百兆极速的无线城市;基于云计算,为入驻机构建设集约、高效、便捷、安全的数据中心和信息应用环境;基于物联网,建设智能楼宇、智能交通、智能能源和智能社区。

低碳实践区:按照生态、环保、可持续发展的要求,以低碳经济发展为核心,以节约能源、优化能源结构、加强生态保护和建设为重点,通过优良的城市规划和绿色建筑设计等多方面筹划,实现虹桥商务区的全面低碳排放,建设上海首个低碳商务实践区,对全市乃至全国低碳经济的发展起到积极推动作用。

城市综合体:虹桥商务区内除了具有商务办公功能,也能满足购物、休闲、文化、娱乐等多方面的需求,避免功能单一、配套缺乏等问题,使之成为宜人、宜商、宜居的商务区。

(二) 基本原则

——引领周边地区科学发展。在上海整体功能框架基本成型的基础上,在功能细化、服务层次、目标市场、服务方式等方面,与全国、长三角地区特别是上海嘉定、青浦、松江等新城适度错位,体现功能互补、协同发展。

——交通商务一体化发展。虹桥商务区具有突出的交通优势,商务功能开发要充分考虑交通因素,在快速疏散虹桥综合交通枢纽客流的同时,充分借助大规模高端客流集聚和其所产生的商流汇聚整合效应,推动商务区产业提升发展。

——坚持先行先试。虹桥商务区作为上海建设国际贸易中心的重要承载平台,要坚持先行先试,大胆改革创新,探索科学发展的新途径、新举措和新机制,为上海、长三角乃至全国发展提供强大动力。

——充分体现土地资源价值。虹桥商务区可供开发的土地资源十分有限,要充分利用商务区的土地资源价值,对其进行差别化管理。核心区要以高强度开发、低碳为特征,充分体现土地价值,拓展区则以生态、配套为特征,进行土地开发。

(三) 发展目标

从做好"三个服务"的高度,将虹桥商务区着力打造成贸易服务便利化改革的新高地、集聚高端贸易机构和组织的新中心、宜人宜商宜居的新社区、带动上海西部经济发展的新引擎、长三角通向亚太地区的新门户。通过"智慧虹桥"建设,全面提升区域综合服务功能,增强核心竞争能力,初步建成国际贸易中心的承载平台。

到2015年,基本完成核心区(包括国家会展区域)建设,开发规模地上建筑面积约为500万平方米,地下建筑面积约为260万平方米,地均投资额380亿元/平方公里,地区生产总值预期达到370亿元(不包括国家会展区域),第三产业增加值在总增加值中所占比率达到95%,引进各类企业总部、功能性投资贸易机构50家左右,其他各类配套企业500—700家,超过50%的建筑达到二星级绿色建筑以上标准,地标建筑达到三星级绿色建筑标准,所有建筑每平方米年二氧化碳排放量比现行节能标准值减少约10千克以上。主功能区(26平方公里范围内)就业人口达到20万人左右。虹桥综合交通枢纽日客流集散量达100万人次左右。

到2020年,依托虹桥综合交通枢纽,将虹桥商务区建成上海现代服务业的集聚区,上海国际贸易中心建设的新平台,面向国内外企业总部和贸易机构的汇集地、服务长三角、服务长江流域、服务全国的高端商务中心,基于新一代信息技术的智慧虹桥,具有示范作用的低碳商务区。

——上海现代服务业的集聚区。充分发挥商务区交通便利的有利条件,加快区域产业结构调整,做大区域服务业规模,提高全市服务业增量,打造大规模、高等级的现代服务业集聚区,进一步完善上海服务业发展格局。

——上海国际贸易中心建设的新平台。在周边已经形成的国际贸易服务集聚的基础上进一步拓展空间和内涵,大力发展国际性的会议展示,并以此为平台,搭建连接国内制造业基地与国际市场的贸易桥梁,为国内制造业融入全球产业体系提供专业化、高层次的贸易服务。

——面向国内外企业总部和贸易机构的汇集地。把握各类总部向上海集聚的市场机遇,依托虹桥综合交通枢纽交通优势和腹地空间优势,高标准、高起点开发建设高档商务楼宇,满足国内外企业在上海设立总部的需求,打造上海又一个新兴的总部经济基地。

——服务长三角地区、服务长江流域、服务全国的高端商务中心。利用地处上海对外通道的区位优势,进一步加强上海与长三角的互动融合,辐射带动杭宁经济带和皖江经济带,全方位连接长江流域各省市和主要城市,为上海更好地服务全国拓展空间。

——基于新一代信息技术的智慧虹桥。发挥商务区的后发优势,构建高效快捷的信息基础构架,使其与基础设施、办公楼宇高度整合,改变政府、企业和市民交互的方式,提高办事效率和响应速度。培育包括互联网企业、电子商务创业企业、第三方电子商务服务提供商等发展,做到更透彻的感知、更全面的互联互通、更深入的智能化。

——具有示范作用的低碳商务区。按照生态、环保、可持续发展的要求,以低碳经济发展为核心,以节约能源、优化能源结构、加强生态保护和建设为重点,通过优良的城市规划和绿色建筑设计等多方面筹划,先期实现虹桥商务区核心区的全面低碳排放,对全市乃至全国低碳经济的发展起到积极推动作用。

三、"十二五"时期虹桥商务区发展的主要任务

（一）加快形成以现代服务业为主的产业结构。（内容略）

（二）打造以虹桥综合交通枢纽为核心的交通体系。（内容略）

（三）促进城乡协调发展与区域一体化发展。（内容略）

（四）打造基于新一代信息技术的智慧虹桥。（内容略）

（五）努力形成有效有序的社会建设和社会管理格局。（内容略）

（六）大力加强区域环境资源管理。（内容略）

（七）全面提升城区建设和管理水平。（内容略）

四、"十二五"时期虹桥商务区发展的保障措施

（一）转变政府职能。（内容略）

（二）创新管理体制。（内容略）

（三）完善协调机制。（内容略）

（四）促进贸易便利化。（内容略）

（五）加速人才开发。（内容略）

第二节　总　　结

一、总结的概念、作用和种类

（一）总结的概念

总结是对过去的回顾与思考。具体而言，总结是对结束了的某一阶段工作进行检查、反思和研究，找出经验教训，以形成理论化、系统化、规律化的书面认识材料，并用以指导未来的实践，是事务文书的常用文体。人们通常所说的小结、体会，也属总结。

（二）总结的作用

1. 获取经验，汲取教训

一个阶段的工作或学习，总蕴含着人们一定的精神劳动和体力消耗。鉴于此，从已成往事的事实中获取宝贵的经验以供今后参照是十分必要的。决策的失误、执行的偏差，都会带来惨痛的教

训，通过总结，可以为后来者辟出一条坦途。

2. 交流信息，加强管理

对集体而言，总结能够沟通上下级之间的联系，信息畅通，才能保证集体这个大系统的有序运作。在更多的领域里，不同国家、地区、民族、组织的人们需要彼此交流信息学习借鉴成功的经验，避免在无知盲目中走弯路。总结，可以使人们尽快步入捷径，使经验得到有效的传播。

通过总结，可以使人们形成理论联系实际的工作作风，避免决策的空洞与苍白。

（三）总结的种类

1. 按时间分：年度总结、季度总结、月份总结。这类总结可写成自始至终的全过程总结，也可写成阶段总结，这要视当时的实际要求而定。除了年、季、月总结外，根据需要有时还可以进行周总结、日总结，目的是常常反思，这对提高工作、学习效率大有裨益。

2. 按范围分：综合性总结和专题性总结。综合性总结也叫全面总结，它是对各项工作的全面回顾，务求重点突出。专题性总结亦称为经验总结，这是对某项任务的单项总结，内容集中而富有针对性，在日常工作生活中运用极为广泛。

二、总结的结构和基本内容

总结的基本内容一般为回顾过去经验教训、存在问题及展望未来等几部分。总结的种类各异，其具体写作方法亦存在差异，但总的结构格式大致如下：

（一）标题

总结的标题有三种写法：第一种是公文式标题，由"单位名称+时间期限+总结种类"构成，这种标题通常用于工作总结，如《文达学院2012年工作总结》；也可以在标题中加上具体内容和范围，如《××市纺织局2012年减员增效工作总结》；如果总结发放明确，可以在标题中省略单位名称，只写时间期限、内容范围、总结种类。第二种标题的写法似一般文章，这类标题多用于经验总结，如《加强管理监督，防范金融风险》。第三种是采用正副标题的写法,即用正题概括总结内容,用副标题标明单位名称、时间期限、总结种类等内容,这类标题多用于专题性总结,如《严肃党纪国法,推进反腐倡廉——外经贸委党委专项整风总结》。

(二) 正文

1. 前言

前言,又称导语,一般应简单概述总结的内容和目的。前言的方式主要有以下几种:

概述式。概括介绍基本情况(工作背景、时间、地点等)。

结论式。提出总结的结论,使读者明白总结的核心所在。

提示式。对工作的主要内容进行提示性的简要概括。

提问式。开头提出问题以引起读者对该文的关注,明确总结的重点。

2. 主体

(1) 基本情况。包括环境背景、具体任务、实施步骤等。

(2) 经验和教训。总结出工作成效和带规律性的、有指导意义的体会,对工作中曾出现的失误也应实事求是地说明,做到既不一味铺陈优点,也不有意回避缺点。

(3) 设想和安排。在总结经验教训的基础上,针对工作中实际存在的问题,提出解决方法。

主体部分的结构形式有:

分部式。可采用"情况—经验—问题—建议"的顺序,这是写总结的传统方法。

阶段式。把整个工作过程按时间顺序划分为若干阶段,适用于对周期长、阶段性显著的工作进行总结。

并列式。以具体的工作项目为顺序,把要总结的内容按性质逐条排列,夹叙夹议,适用于专题性总结。

3. 文尾

文尾的内容。按照上行文或下行文的去向注明报送、抄送、下发单位;重要的总结要编发文件号。落款,以机关名义作的总结一般不在文尾署名,而是写在标题下;个人所作的总结,署名在正文后的右下方,日期写在署名后。

三、总结的写作要求

（一）写作态度诚实、端正，实事求是评价过去

总结的目的是要从对过去的回顾中汲取经验教训以指导今后的工作，因此，写作的态度必须诚实、端正，应当客观、全面、辩证地分析事物，从而得出科学的结论。实事求是就是不可弄虚作假。

（二）占有充足的材料

总结必须建立在事实的基础上，对构成事实的要素如时间进度、空间变迁、人员构成、不可变因素与各种偶发因素等，均需详尽的调查研究之后，才能掌握所谓第一手的数据信息。没有丰富的实际材料作为叙述与评判的基础，总结的内容就很难做到全面、客观、公正。因此，拥有充足的材料是写总结的前提。

（三）找出规律，突出重点

找出规律，这是衡量总结质量高低的标准（尤其是典型经验总结）。总结不能只罗列现象、成绩，叙述工作过程，应找出其中有规律性的东西，才能有更好的指导和借鉴作用。要根据写作目的和总结的不同性质，突出重点内容，切忌主次不分、面面俱到却又处处浮光掠影，不知所云。

（四）层次清晰，文风简洁

总结有上行、平行、下行三种去向，三种阅读对象决定了总结必须层次清晰明了，以便让人在较短时间内抓住要领。文字风格以简洁大方准确为好。

[例文]

2011 年度合肥市精神文明建设
网络信息工作总结

2011 年，在中央文明办和省文明办的指导下，在市委、市政府、市文明委的领导下，市文明办围绕建设社会主义核心价值体系

这一根本,坚持科学发展,服务精神文明,借助中国文明网联盟网站这一重要平台,着力加强合肥文明网建设,重点展示全市宣传思想文化和精神文明建设领域的亮点和特色,有力促进了我市文明城市创建工作,积极营造了文明健康的网络舆论氛围。

一、完成好中央文明办部署的各项网络宣传任务

2011年,合肥文明网按照上级要求,积极配合中国文明网、安徽文明网开展宣传活动,提供内容稿件,制作活动专题,较好地完成了各项网络宣传任务。

合肥文明网参与报道"道德的传承·爱洒江淮 情暖庐州"全国道德模范与身边好人现场交流活动,制作专题页面,播发新闻稿件,进行全程视频、文字直播。按照中央文明办要求,策划制作"红红火火过大年 我们的节日·春节"专题页面,联合全市重点网站和新闻网站,积极宣传我们的节日主题活动,集中展示电子贺卡、QQ楹联和春节摄影作品,营造了欢乐祥和的节日气氛。为庆祝中国共产党成立90周年,在市委宣传部、市文明办的领导下,合肥文明网策划"人文庐州 滨湖新城"网上文明中华合肥篇和"渡江战役网上革命纪念馆"专题,运用网络平台,展示祖国的大好河山和深厚文化,再现革命先辈的英雄伟绩,进一步激发广大网民对伟大祖国的热爱之情。

二、开展好合肥市精神文明建设重点宣传工作

2011年,合肥文明网积极配合全市精神文明建设重点工作,开展新闻报道、网页专题、综述等行之有效的网络宣传活动,营造了文明健康的网络舆论氛围。

合肥文明网参与报道市委、市政府、市文明委召开的各项文明创建工作会议,参与报道由光明日报社、合肥市委联合举办的"思想道德建设合肥论坛"。参与报道由市委宣传部、市文明办组织开展的"县区委书记谈创建"专访活动,制作活动专题;制作"合肥市乡村学校少年宫"活动专题,积极宣传中央和省、市的相关政策,充分展示全市48所乡村学校少年宫的特色活动;组织策划"开学第一课 文明礼仪绽放校园"独家报道活动,选派3路记者,深入各中小学校进行采访;参与报道第二届合肥市道德模范和合

肥市首届"十佳美德少年"评选活动。

2011年初,市文明办以2010年在中国文明网刊发的信息为内容,编印《2010年合肥市精神文明建设成果集锦》。

三、组织好各项网络文明传播志愿者活动

2011年初,市文明委组建了全国第一支网络文明传播志愿者队伍,网上注册人数达1000人。应中央文明办邀请,市文明办就网络文明传播志愿者工作在中央文明办主任会议上进行了两次交流发言。

2011年4月,中央文明办在全国推广网络文明传播工作,以各级文明单位为主体,组建全国骨干网络文明传播志愿者,5月份,中央文明办在扬州召开网络文明传播志愿者培训会议。

合肥市及时传达贯彻会议精神,确定了志愿者的工作职责、工作任务、考评办法等内容,建立市、县区文明单位志愿者队伍,开设QQ群,布置交流工作,积极组织网络文明传播志愿者,参加中央和省、市文明办的各项文明传播活动,每月按时上报网络活动情况。参加中国文明网开展的"庆祝建党九十周年博文征集"活动,志愿者报送的稿件获二等奖、三等奖各1件;参加省文明办组织的"道德之光耀江淮"微访谈活动,参加中国文明网组织的"名博连线道德模范"活动,志愿者积极参与,踊跃发言。

四、做好中国文明网联盟合肥站的网站建设工作

2011年,合肥文明网狠抓内容建设,积极向中国文明网、安徽文明网上报优秀稿件,充分展示了合肥市精神文明建设工作成果。2010年,市文明办获省精神文明建设信息工作全省第一,获"我们的节日"网上活动优秀组织奖。2011年,合肥文明网全年发稿近5000条,其中,被中国文明网采用530条,被安徽文明网采用1019条,10余个专题在中国文明网、安徽文明网重点展示。

为走专业化办网道路,2011年7月,市文明办与合肥在线签署合作协议,委托合肥在线负责合肥文明网整体工作,成立合肥文明网编辑部,编辑部设在合肥在线,市文明办安排人员担任网站总编辑。

2011年,各县(市)区信息报送情况。4个城区蜀山区得6640

分,12个月单月排名第一达7次,排名第一;3个开发区新站区得8230分,排名第一;3个县肥东县得5870分,12个月单月排名第一达6次,排名第一。

市直各单位中市交通运输局(1000分)、市林业和园林局(730分)位次靠前。市文明办内部处室中指导处(1310分),排名第一。文明单位中中铁四局(550分)、供电公司(240分)、燃气集团(210分)位列前三。另外,包河区(8620分)、肥西县(5880分)、经开区(4320分)积极报送稿件,工作扎实有效,总分数在所有报送单位中位次靠前。

2012年工作打算(略)

附件:2011年度各单位发稿情况统计表(略)

(来源:安徽省合肥市文明办)

第三节 调查报告

一、调查报告的概念和作用

(一)调查报告的概念

调查报告是作者根据某种特定需要有计划地对某一问题进行调查研究,将调查所得到的资料进行整理、研究后写出来的反映客观事物情况的书面报告。它要求有事实有分析,有观点有材料,充分反映调查研究的结果。调查报告也就是调查研究的报告,一是调查,二是研究,三是报告。它既是机关事务文书中的重要文体,又是企业单位常用的应用文体,还是新闻媒体上常见的新闻体裁之一。

(二)调查报告的作用

1. 信息传递作用

调查报告所传递的信息是双向的。一方面为政府各部门制定有关的方针、政策提供依据;另一方面可以把基层的要求反馈给上级机关。

2. 指导表彰、通报惩戒的作用

调查报告通过对先进典型事例的发掘，揭示新生事物、先进事例的内在规律，可以起到扶植新生事物、倡导先进方法、表彰先进的作用。调查报告还可以揭露社会生活中的某些丑恶现象、实际工作中的不良做法，起到打击歪风邪气、端正社会风气的作用。

二、调查报告的种类和写作步骤

（一）调查报告的种类

按照不同的标准划分，调查报告可以有不同的分类。通常按反映的内容分类，调查报告可分为以下五种类型：

1. 基本情况调查报告

这类调查报告比较系统、深入反映某一方面、某一地区、某一系统的基本情况，使人对调查对象各个方面的情况、变化发展的过程和应注意的倾向有一个较全面的了解。基本情况调查报告所反映的内容比较广泛，也比较系统、完整。无论是政治、经济、文化、教育、娱乐等各个领域的现状和历史，还是公职人员、股东雇员、农民、学生等各个阶层的基本情况，都可以通过调查研究，提出一些带有政策性、方向性、倾向性的问题，引起全社会的关注，动员社会力量克服、制止某种倾向，同时也可以为领导机关研究问题和制定有关政策提供依据，使社会方方面面的工作更趋向合理。

2. 新生事物调查报告

这类调查报告以反映现实生活中的新事物为主，反映新事物的情况、特点，完整地阐述其产生、发展的过程，揭示它成长的规律及其产生的意义，同时通过调查报告预见性的判断，指出新事物的发展趋势。

3. 典型经验调查报告

这类调查报告以实际工作中成绩突出的单位或个人为对象，把他们所取得的典型经验作为报告的内容，着重介绍他们的具体做法和体会，并把它上升到理论的高度加以概括、提炼。典型经验调查报告不仅可以起到表彰先进、树立典型的作用，而且可以推广典型经验,以点带面,用于指导面上的工作。

4. 事件真相调查报告

这类报告围绕某一事件进行调查,以查明事件真相为己任。它主要是公开披露社会生活中一些重大的、引人关注的事件的真相,通过确凿的事实、原始的材料,还事件的本来面目,达到澄清事实、辨明是非的目的。它的基本内容除了列举事实、分析原因、说明结果以外,还常常从政策和理论上进行归纳概括,从而起到拨乱反正、教育众人的作用。

5. 问题弊端调查报告

这类调查报告主要是揭露社会生活中某些丑恶现象、行径和社会弊端。它针对工作和生活中发生的重大事故或出现的严重失误进行调查,通过全面、深入、细致调查分析,用确凿的事实,说明事故或问题发生的情况、原因和结果,指出其产生的背景及性质,说明其危害性,以引起相关人员的注意。

(二) 调查报告的写作步骤

要写出有水平、有价值的调查报告,必须运用科学的方法,有目的、有计划、有系统地收集、记录、整理和分析有关真实情况和资料。一般说来,应注意以下这些写作步骤:

1. 明确写作任务和目的进行准确、有效的调查

这主要指围绕具体的调查任务、写作目的,去广泛收集资料。调查是写作调查报告必不可少的步骤,不同的写作任务和目的,决定着不同的调查指向、调查方法和取舍材料的尺度。

2. 理解和学习有关政策和知识

调查报告的内容几乎可以涉及社会、工作、生活等所有领域,调查之前,要了解、学习调查项目的专业知识及相关政策。如政府商业机构要在某地区进行一项大型超市开发投资,在调查的前期准备阶段,调研者除了要了解该地区交通、商业、文化、居民层次等情况外,还要熟悉国家的土地管理政策和商业房产开发、销售和管理方面的专业知识。如果不是这样,就无法深入进行调查,对实际已经发生的问题无法发现,或对潜在的机会无法把握。

3. 仔细拟定调查提纲

为了确保调查活动有条不紊地进行,按时完成调查工作,调查正式开始前,应拟定调查提纲,将所有要调查的项目、调查方式、日程、地点、亟须解决的问题,按一定的可操作的顺序,排列组合起来。有了调查提纲,可使调查活动有序地展开,也可避免调查项目的遗漏。

4. 展开收集、分析、研究工作,完成写作任务

收集、分析、研究贯穿于调查报告写作的全过程。首先,调查本身就伴随着分析研究。没有分析研究,就不可能科学地选定调查对象,不可能事先确定调查的内容、方法、提纲,就不能很好地处理调查过程中出现的千变万化的情况。其次,面对调查获取的大量原始材料,必须进行去伪存真、由表及里的分析研究,从感性认识到理性认识的飞跃,以利于确定写作的主旨。

衡量调查报告质量有一个基本的标准:实事求是、科学公正。要出色地完成写作任务,还必须注意要善于选择和运用具体、典型的材料说明观点,其中包括典型事例、综合性材料、对比性材料和数据等等;要善于综合运用叙述、说明、议论的表达方式,把观点和材料紧密地结合起来。

三、调查报告的基本结构和写作要求

(一) 调查报告的基本结构

调查报告的基本结构一般由标题、正文和结语三个部分组成。

1. 标题

调查报告的标题有两种形式:单行标题和双行标题。

(1) 单行标题。单行标题也称为主标题,一般有两种写法:一种是公文式写法,即事由、范围和文种等,其特点是准确、严谨,如《安徽省1997年人口普查情况的报告》;另一种同普通文章的标题写法相同,可以根据不同内容选定不同的标题,如恩格斯的《英国工人阶级状况》、毛泽东的《湖南农民运动考察报告》等。

(2) 双行标题。双行标题也称正副标题,与新闻专访的标题相似,一般正标题揭示调查报告的基本内容,即调查报告的主旨、

价值等,副标题说明调查的对象、事项和范围等,对正标题起补充说明作用,如《成绩应该肯定,问题不容忽视——农民工生活现状的调查报告》。

写作时究竟采用哪种标题,要视具体情况而定,要根据内容的需要来安排,就标题本身而言,只要做到醒目、鲜明、简练就可以了。

2. 正文

(1) 调查报告的正文一般包括前言、主体和结语三个部分。

前言。着重介绍调查报告的基本情况并提出问题。基本情况一般包括三方面内容:一是调查工作本身基本情况,其中包括调查的目的和起因,地点和时间,对象、范围和方法等;二是调查对象的基本情况,其中包括有关背景、成绩和问题、产生的效果及其影响等;三是调查研究结论的提示。在前言部分就提出问题,是调查报告常用的手法,其作用是可以把调查报告的重点、要点开门见山地告诉读者。有的调查报告的一开头,或用设问的方法点出全文的中心内容,或用提问的方法说明调查的目的,对读者阅读下文起到了重要的引导作用。

主体。是调查报告的核心内容,也是对调查研究结果的具体引证、论说部分。这部分内容包括所要报告的主要事实和观点,其结构形式主要有以下三种:

① 叙述式。又称纵式结构,其特点是按事件和问题发生、发展、结局的先后顺序安排材料,把事件和问题的来龙去脉夹叙夹议地叙述清楚。这种结构形式常用于内容较单一的调查报告。

② 并列式。又称横式结构,其特点是按事件、问题的性质,把内容分成几个部分,并列地组织材料和观点。这种结构形式主要用于总结经验做法、反映问题和分析情况的调查报告。

③ 递进式。递进式结构形式在介绍典型经验和揭露问题的调查报告中用得比较普遍,其特点是逻辑性强,结构严密。由于递进式报告是按作者介绍经验和分析问题的思维顺序安排材料,逐步深入,所以报告的主旨非常鲜明和集中。

此外,主体的常用结构形式还有对比式、因果式、交错式等,不论采用何种结构形式,主体的内容都要写得充实具体,中心突出,层次分明,条理清楚。

结语。结语是调查报告的结束语,要求简明扼要,言尽即止。结语可以总结全文,以精辟的议论深化主题;也可以指出不足、或提出新的问题,展示发展趋势;还可以提供有益的建议,或提出发人深思的问题供读者参考。应该注意的是,不论如何结尾,报告的结语都应写得简洁、凝练,有些调查报告主体部分写完后,不需要再写结语。

(二)调查报告的写作要求

1. 深入调查研究,充分占有材料

调查报告是调查研究的产物,因此,深入实际进行客观细致的调查,充分地占有材料,是写好调查报告的前提和基础。调查方式是获取信息的途径,采取什么方式调查,直接影响调查的效果。因此,确定调查方式是调查准备工作中的重要内容。常见的调查方式有以下三种:

(1)普遍调查。是对有关范围内的对象作全面的调查。它的优点是能获得较全面的信息,接近调查对象的真实情况,具有较大的使用价值。但普遍调查要投入大量的人力物力,耗费大量的时间。所以,这种方式往往是由政府机构或大集团组织进行,如我国1953年、1964年、1982年、1990年进行的四次人口普查。相比之下,普遍调查处理一个小的题目,在一个比较小的范围里进行比较容易。

(2)典型调查。是从有关范围内所有对象中选择几个有代表性的对象进行调查。它的优点是工作量小,可从一斑窥视全貌;缺点是难以获得全面的信息。使用这种方式关键是选好典型,通过对几个典型的详细调查,可以获得对问题的普遍了解,得出一般性的结论。以服装公司为例,要了解知识妇女对时装的品牌、款式、价格等要求,可从学校、政府机构、文化系统调查,从中可以得到有一定代表意义和参考价值的信息。

(3)抽样调查。是把调查对象,按照不同类型进行分类,从各种类型对象中任意选取若干对象作样品,然后进行调查和统计。

这种方式,实际上是将普遍调查与典型调查相结合的一种形式,它的优点是既省时省力,又有一定的科学根据,所以,在实际调查工作中,一般都采用抽样调查的方法。如社会经济情况调查、产品质量调查、人口发展与计划生育情况调查、物价和居民生活情况调查等。

调查方式的确定,只是从大的方面决定了调查的途径,具体的操作,还应确定调查方法。调查方法一般有:个别访问、开调查会、问卷调查等。这些方法各有利弊,实际调查中,可单独使用一种方法,也可以根据实际需要,几种方法灵活、混合使用。

2. 认真分析材料,提炼科学观点

调查报告不但要有事实的依据,还要有对观点、结论的陈述。因此,充分占有材料之后,还必须对材料进行认真分析研究,从中提炼出科学的观点。

3. 精心布局谋篇,统一材料观点

调查报告的结构布局,要服从内容的需要,要为报告的中心思想服务,材料运用详略得当,分析论述缜密严谨。具体讲,调查报告要处理好叙述、说明、议论三者的关系。叙述是用来陈述调查经过、调查对象的基本情况;说明是为了强调、突出某些资料,或介绍相关的背景资料;议论是在对情况、事实材料进行剖析、归纳结论时要用。一篇好的调查报告,除了"报告"事实真相以外,还要反映出"调查"的结果,也就是要做到叙议结合,观点与材料的结合和统一。

[例文]

2011年四川外出务工人员就业意向专项调查报告

2011年2月中旬,四川省统计局组织开展了四川外出务工人员就业意向快速调查。

本次调查采用街头拦截面访的方式,在成都市火车北站、金沙车站、新南门汽车站、双流机场以及成都市人才市场等地随机访问了567名外出务工人员(本次调查对外出务工人员的范围设定为离开本县到外地打工的人员),受访者来自四川省21个市(州),以资阳、成都、遂宁、绵阳、内江等地为多。

主要调查结果显示,受访外出务工人员呈现年轻化、学历不高的特点;半数务工人员在私营企业打工;月均收入主要集中在1000—3000元之间;目前部分企业用工需求加大,六成外出务工人员虽就业态度迫切但希望符合自己的要求;外出务工人员期盼得到更高的薪酬及更好的劳动权益保障;受访者认为目前部分地方和企业出现的"用工荒"主要"荒"在缺乏中高级技工;近三分之一的受访者认为回乡发展机会增多。

一、受访外出务工人员的年龄、学历构成及目前就业基本状况。

(一)受访外出务工人员18—40岁的占到近七成,学历主要集中在初中和高中。

受访的外出务工人员中,男性占62.4%,女性占37.6%;农村居民占79.9%,城镇居民占20.1%。受访者年龄在18—30岁的最多,占41.3%;年龄在31—40岁和41—50岁的,分别占28.0%和27.5%。受访外出务工人员的受教育程度主要集中在初中和高中(含职高及中专),分别占37.6%和36.0%,学历为大专及大学本科的占到了16.9%。

(二)受访者打工时间在4—6年的最多,打工地点在省外和省内的基本四六开。

在受访的外出务工人员中,打工时间在4—6年的最多,占25.4%;其次是10年以上,占23.8%;第三是1—3年的,占21.7%。调查了解到外出务工人员主要是通过亲戚朋友介绍和人才市场来了解就业信息的。当问及目前打算去哪里打工时,受访者表示在省内打工的占62.4%,去省外打工的占37.6%;省内主要是选择在成都打工,省外集中在东部地区大中城市。当问及去省外打工的受访者是否有意愿留在省内找工作时,表示"愿意"的占22.5%，表示"不会"的占31.0%，表示"看情况再定"的占46.5%。

（三）受访外出务工人员从事的主要行业是服务业、建筑业和制造业，半数务工人员在私营企业打工。

问及受访者目前从事的行业时，受访者(剔除第一次外出务工人员)的选择排在前三位的是租赁和商务服务业、建筑业和制造业，分别有23.5%、23.3%和22.2%；选择批发和零售业、住宿和餐饮业、交通运输、仓储和邮政业的也较多。当问及目前务工单位的经济类型时，受访者(剔除第一次外出务工人员)表示在私营企业的最多，占50.0%；其次是个体工商户，占19.7%；第三是国有及国有控股企业，占13.1%。

（四）七成受访外出务工人员的月均收入在1000—3000元之间，预计今年薪酬提高的占37.6%。调查了解到受访者目前打工的月均收入，受访者(剔除第一次外出务工人员)的选择主要集中在1000—3000元区间，占到了受访者总数的71.6%；其中月均收入在1001—2000元的占36.9%，月均收入在2001—3000元的占34.7%。当问及受访者务工单位今年是否会提高员工薪酬时，有37.6%的受访者肯定地回答"会"，回答"不会"的占12.7%，有49.7%的受访者表示"不好说"。

二、调查发现企业用工需求有加大趋势，六成受访外出务工人员就业态度迫切但希望符合自己要求。

当问及受访者原来工作单位今年春节后的招聘力度如何时，剔除回答不清楚的受访者后，受访者表示"没有变化"和"加大了招聘力度"的分别占48.7%和47.0%，表示"减小招聘力度"的仅占4.3%。当问及原单位招聘效果时，受访者表示"招聘到需要的员工比较难"的占76.5%，表示"招聘比较顺利"的占23.5%。

本次调查也涉及受访者家庭附近外出务工人员的变化情况，剔除回答不清楚的受访者后，受访者回答"比去年增加"、"比去年减少"和"差不多"的分别占34.4%、29.1%和36.5%，没有明显变化趋势。当问及回答"比去年减少"的受访者减少的原因时，主要是外地生活成本太高、工资待遇低和想回乡创业等。

当问及受访者对于拥有一份工作的态度时,受访者表示"迫切但要符合自己要求"的最多,占60.9%;表示"非常迫切"和"不是很急"的分别占20.1%和19.0%。分年龄来看,年龄越小的态度要迫切一些,年龄大的对就业虽然迫切但同时希望符合自己要求。

三、工资待遇、工作环境和工作稳定是外出务工人员找工作优先考虑的三大要素,不同学历的受访者选择有差异。

当问及受访者找工作时优先考虑的因素时,"工资待遇"是第一要素,有95.8%的受访者选择,远远超过其他因素;其次是"工作环境",占45.5%;第三是工作稳定,占43.9%;选择"用工制度完善"和"个人发展机会"的也较多,分别占33.3%和28.0%。受访者受教育程度不同,在此题的选择上出现一些差异,初中及以下学历的受访者优先考虑的前三位因素是工资待遇、工作稳定和工作环境;高中、中专、职高学历的受访者主要考虑的是工资待遇、工作稳定和用工制度完善;大专、本科及以上学历的受访者主要考虑的是工资待遇、工作环境和个人发展机会。

四、受访者认为部分企业"用工荒"主要是缺乏中高级技工,产生的原因主要是外出务工人员相对收益减少。

调查了解目前出现"用工荒"企业主要缺乏哪类人才时,受访者选择"中级技工"和"高级技工"的远远超出其他选择,分别占57.1%和41.3%;选择"管理人员"、"初级技工"和"服务人员"的分别占28.6%、27.0%和22.8%当问及受访者当前出现"用工荒"现象的主要原因时,受访者回答"工资福利待遇低"的最多,远超过其他回答,占86.8%;其次是"生活成本上升",占41.3%。这两项主要因素直接导致外出务工人员相对收益减少。此外,回答"工作条件差"、"回乡发展机会增多"、"劳动权益得不到保障"和"工作不稳定"的也比较多,分别占36.5%、32.8%、31.7%和31.2%。

五、受访外出务工人员对企业和地方政府表达出不同的期盼

当问及受访者企业要吸引就业应采取的主要措施时,受访者排在前三位的选择依次是"提高工资福利待遇"、"切实保障员

劳动权益"和"改善工作环境",分别有90.5%、60.3%和36.0%的受访者选择。

当问及受访者希望地方政府采取怎样的措施留住外出务工人员时,受访者排在前三位的选择依次是"完善社会保障制度,保障劳动者合法权益"、"提供廉租房、子女受教育机会等,解除后顾之忧"和"加大劳动监察执法力度",分别有73.5%、60.3%和50.8%的受访者选择。此外,选择"加强外出务工人员就业培训"、"改善投资环境,加快产业结构调整"和"深化户籍制度改革,打破城乡界限"的也比较多。

(录自百度文库)

第四节 规章制度

一、规章制度的概念、作用和特点

(一)规章制度的概念

规章制度是章程、条例、规定、办法、细则、规程、制度、守则、公约、须知等的总称,它是指经过一定机关或会议批准、发布、在一定的范围里具有法规性与约束力,要求有关人员必须按章办事,共同遵守的文件。

(二)规章制度的作用

规章制度是一种应用范围十分广泛的应用文体。上至国家最高领导机关,下至普通的企事业单位,乃至社会生活的各个方面,都需要用规章制度规定有关人员应该遵守的事项、职责或应该达到的标准等,以保证公务活动、生产活动、工作、学习、生活的有序、正常、协调地进行。

(三)规章制度的特点

规章制度有以下三个特点:

1. 强制力大

规章制度的内容必须有法律和政策作为依据。任何规章制度,无论是国家机关制定的还是各单位、各部门自行制定的,都必须统一在国家根本大法及党和国家的大政方针之下。规章制度一经发布,在其法定的范围内,任何单位或人员必须遵守或执行,违者将受到批评,或者是行政,经济直至法律的处罚。

2. 规定的内容必须具体

规定性是规章制度的主要特点。所谓规定性,是指规章制度按照所涉及事件的性质、范围,限定人们可以做什么,不可以做什么;可以怎样做,不可以怎样做,用以规范人们的行为。因此,规定的内容必须具体、严密、细致、周全,规章制度的内容要有逻辑性,要前后一致,无漏洞可钻。

3. 表现形式以条款序列

规章制度的主要内容,几乎全部是以条款序列的。这是规章制度的规定性、严密性的形式上的具体体现,也是有别于其他公文的一个显著特点。条例的安排要有层次性,层次应根据具体文种的内容需要而设置,可多可少。多的可以有七级:编、章、节、目、条、款、项;少的只有条(项)一级。常用的多为条、款二级或章、条、款三级。

二、规章制度的种类

规章制度可分为两大类:一是法规。法规是国家机关为加强行政管理工作,依法制定并经一定会议通过的具有极大的强制作用的公文。常见的有条例、规定、办法。二是规章。规章是政党、团体和企事业单位为强化管理而制定的有很强的行政或道德约束力的公文。常用的规章制度有以下几种:

(一) 条例

条例是对某一方面的行政工作作比较全面、系统的规定。一般由主管该方面工作、活动的党和国家的部门根据国家的有关政策、法律精神制定,由党的领导机关(国务院)批准(或通过)颁发。它是具有强制性和约束力的法规性文书。在我国,根据工作、活动的性质和管辖的权限,有全国人大常委会通过发布的条例,如《中华人民共和国学位条例》;有国务院制定发布的条例,如《中华人民共和国失业保险条例》。

（二）规定

规定是对某一方面的行政工作作部分的规定。它是一种具有强制性和约束力的法规文件。规定所规范的对象和范围比较集中，措施和要求也比较具体。与条例相比，规定的现实针对性更强，长期稳定性则相对少一点。从规定的制发机关、单位来看，有政府行政机关制定发布的规定，如《国务院关于严格控制城镇住宅标准的规定》。有社会团体、企事业单位处理本团体、本单位的某种工作和事务所制定的规定，如《合肥市公安局关于国庆期间交通管理的暂行规定》。

（三）办法

办法是对某一项行政工作作比较具体的规定。办法是一种具有强制性和约束力的规定性文件，与条例、规定相比，它所规定的内容更具体。办法提出的是具体的要求和措施，是处理事情和解决问题的办法，有些办法就是根据相关条例、规定中的某些条款制定的。如国务院发布的《产品质量监督施行办法》，就是根据国务院发布的《标准化管理条例》中的有关条文制定的，它比条例更具体、更具有操作性。此外，办法与条例、规定的使用范围也不同。条例、规定多用于某些重大问题、重要事项，而办法除了一些法规的实施办法之外，一般用于具体事务或某一事项，甚至是比较细小的事情上。如财经领域的资金管理、票汇结算、税务管理、信贷手续等工作，一般就是用各种办法来管理、规范、协调的。

（四）章程

章程是政党、社会团体、学术组织等对其性质、宗旨、任务、组织机构、组成人员及其活动规则等作出的规定。一般由该组织、团体制定并经代表大会等形式通过产生。它是一种根本性的规章制度，具有很强的严肃性和法规性。如《中国共产党章程》，就是由中国共产党中央委员会制定，中国共产党全国代表大会通过的党的根本法规。同样，任何一个组织、团体的章程对该组织、团体的所有成员也都具有约束力。

（五）细则

细则是政府机关、社会团体、企事业单位根据上级机关发布的有关条例、规定或办法,结合本地区、本部门、本单位的实际情况,制定的具有一定的补充性、辅助性的详细的实施规则。它也是一种规定性的文件,比条例、规定、办法更具体、更明确。

在实际工作中,细则往往是实施条例、规定、办法之类规章的补充性、辅助性文件,因为细则对原法律、法规的某一重要原则、重要事项或某一关键词语负有诠释的任务,或把上级发布的有关条例、规定、办法中较原则性的规范具体化、细密化,使其表意更加具体、更加明确,以利于贯彻实施。如1982年8月全国人大常委会通过的《中华人民共和国商标法》第二十六条第一款规定:"已经注册的商标,违反本法第八条规定的,或者是以欺骗手段或者其他不正当手段取得注册的,由商标局撤销该注册商标……"这里"以欺骗手段或者其他不正当手段取得注册的行为",涵盖面比较宽泛,执行时显然不好把握。所以,1993年7月15日修订的《中华人民共和国商标法实施细则》第二十五条对它作了诠释:"(1)虚构、隐瞒事实真相或者伪造申请书件及有关文件进行注册的;(2)违反诚实信用原则,以复制、模仿、翻译等方式,将他人已为公众熟知的商标进行注册的;(3)未经授权,代理人以其名义将被代理人的商标进行注册的;(4)侵犯他人合法的在先权利进行注册的;(5)以其他不正当手段取得注册的。"经过这样的诠释,《商标法》的有关规定内容就具体、明确多了,执行起来也就比较容易掌握。

(六) 规则、规程

规则和规程基本相同。它们都是政府机关、社会团体、企事业单位管理具体事务或活动时所使用的规定性文件。通常,规则是指在一定范围内针对某一具体事项或活动制定的要求有关人员共同遵守的准则,规程是指在一定范围内针对某一具体事项、活动或某种情况制定的要求有关人员共同遵守的统一要求和程序。在实际应用中要注意规则、规程与规定、办法等文种的异同。相比而言,规定是法规性文件,多用于重要的工作、问题,所涉及的领域较广泛;规则、规程只是规定性的文件,多用于具体的事务性工作或某种活动、某种操作,所涉及的范围较窄,如《仓库防火安全管理规则》。规则、规程与办法的共同之处是,它们所规范的事情多是具体的事务;不同之点是,它们在规范人们的行动上侧重不同,办法侧重于对问题的处理和解决,重点是提出解决问题的措施和办法,而规则、规程侧重于统一的要求和规格,要点是提出管理事务或活动的章法程序,如《电梯安全操作规程》。

(七) 制度

制度是党政机关、社会团体、企事业单位为加强对某一部门工作的管理和严格组织纪律而制定的要求有关人员共同遵守的规定性公文。制度的制定依据相关的法律、法规,一经颁布,有关人员必须遵守。若有违反,则要受到相应的处罚,包括行政处罚和刑事处罚。所以制度具有很强的强制性和约束力。制度的使用范围十分广泛,凡是要求有关人员共同遵守,并按一定程序办理的事情,不论是生产、经营、管理,还是学习、科研、生活,都可以使用制度规范人们的行为,以确保各项工作正常、有序地进行。

(八) 公约、守则

公约是一定范围或行业的成员或其代表,在自愿的基础上,经过集体讨论制定的共同遵守的道德规范和行为准则。守则是政府机关、社会团体和企事业单位根据上级有关指示精神和实际工作需要制定的,要求所属成员严格遵守的行为准则。公约和守则是具有一定的规定性和约束力的文书,但是,它们的使用范围有所不同。公约多用于公共事业方面的道德、行为规范,尤其是在精神文明建设方面,如《首都人民文明公约》等;而守则除了用于各行各业人们的道德、行为规范之外,还常常用于机器设备、生产工艺的具体操作规范,如《全国人大常委会组成人员守则》等。

三、规章制度的结构和写法

(一) 规章制度的结构

规章制度的种类多,内容广,不可能把各种规章制度归入一种结构模式。但是,种种规章制度的结构却又有许多相同之处,以下是规章制度的常用结构:

1. 首部

(1) 标题

规章制度的标题一般有两种构成形式：一种是"事由＋文种"，如《音像制品管理条例》等；另一种是"制文机构名称（或施行范围等）＋事由＋文种"构成，如《中华人民共和国海关关于进出境旅客通关的规定》等。

(2) 制发时间和依据

一般在标题之下用括号注明规章制度通过的年、月、日，或批准、公布的年、月、日。如《中国共产党机关公文处理条例》（中共中央办公厅1996年5月3日发布）。

2. 正文

(1) 总则。是关于制定各种规章制度的目的、意义、依据、指导思想和适用原则、范围等的说明性文字。特别是规章制度制定的依据，通常总是在正文的开始部分就予以明确。如《中华人民共和国人民币管理条例》的制定依据就出现在第一章（总则）第一条中："为了加强对人民币的管理，维护人民币的信誉，稳定金融秩序，根据《中华人民共和国人民银行法》，制定本条例。"

(2) 分则。是规章制度的本质性规定内容，是要求具体执行的详尽而周密的规定。如《中华人民共和国人民币管理条例》，分则部分就对"设计和印刷"、"发行和回收"、"流通和保护"、"罚则"等事项，分别列专章作了规定。

(3) 附则。是对规范项目的补充说明，其中包括用语的解释和解释权、修改权、公布实施的时间等项内容，一般放在正文的最后。如《社会保险费征缴暂行条例》最后一章（第五章）为附则，共三条："第二十九条省、自治区、直辖市人民政府根据本地实际情况，可以决定本条款例适用于本行政区域内工伤保险费和生育保险费的征收、缴纳。第三十条 税务机关、社会保险经办机构征收社会保险费，不得从社会保险基金中提取任何费用，所需经费列入预算，由财政拨付。第三十一条 本条例自发布之日起施行。"

(二) 规章制度的写法

如上所述，各类规章制度结构略有差异，写法也就有所不同。

限于篇幅,在此仅就一些常用的规章制度的写法作简略介绍。

1. 条例

(1)标题。条例的标题一般有两种构成形式:一种是由"事由+文种"构成,如《广告管理条例》等;另一种是由"施行范围+事由+文种"构成,如《中华人民共和国计算机系统信息安全保护条例》等。如果条例在内容上还不够成熟,尚待进一步修改,可以在标题里标明"暂行"、"试行"等字样,如《中华人民共和国个人收入调节税暂行条例》。

(2)制发时间、依据。一般在标题之下用括号注明该条例通过的年、月、日与会议名称,或条例批准、公布的年、月、日和机关名称。如果条例是随"命令"、"令"等文同时公布的,这项内容可以不写。

(3)正文。条例的正文一般由总则、分则和附则三部分组成。

总则是关于制定条例的目的、意义、依据、指导思想和适用原则、范围等的说明性文字。表述要简洁明了。分则是规范项目,这是条例的实质性规定内容,是要求具体执行的依据。由于这部分内容往往较多,为便于理解和执行,各章又分为若干条款加以陈述。附则是对规范项目的补充说明,其中包括用语的解释、解释权、修改权、公布实施的时间等项内容。

条例的正文基本上采用通篇条文式结构,它有两种表述方法:一种是条款式,全文按序列条,如1993年6月28日国务院修订的《中华人民共和国发明奖励条例》,其正文内容列了十四条进行表述;另一种是章条式,全文分若干章,第一章为总则,最后一章为附则,中间为分则,其中分则各章可以设标题标明该章内容,每章下包含若干条分别写出有关规定事项,条的顺序按整个条例编排,不按章单排,这种表达形式多用于内容复杂的条例,如《中国共产党机关公文处理条例》,就是采用分章设条的形式进行表述的,其纲目清晰,表意明白,便于理解、执行。

[例文]

国有土地上房屋征收与补偿条例

第一章 总　　则

第一条　为了规范国有土地上房屋征收与补偿活动,维护公共利益,保障被征收房屋所有权人的合法权益,制定本条例。

第二条　为了公共利益的需要,征收国有土地上单位、个人的房屋,应当对被征收房屋所有权人(以下称被征收人)给予公平补偿。

第三条　房屋征收与补偿应当遵循决策民主、程序正当、结果公开的原则。

第四条　市、县级人民政府负责本行政区域的房屋征收与补偿工作。

市、县级人民政府确定的房屋征收部门(以下称房屋征收部门)组织实施本行政区域的房屋征收与补偿工作。

市、县级人民政府有关部门应当依照本条例的规定和本级人民政府规定的职责分工,互相配合,保障房屋征收与补偿工作的顺利进行。

第五条　房屋征收部门可以委托房屋征收实施单位,承担房屋征收与补偿的具体工作。房屋征收实施单位不得以营利为目的。

房屋征收部门对房屋征收实施单位在委托范围内实施的房屋征收与补偿行为负责监督,并对其行为后果承担法律责任。

第六条　上级人民政府应当加强对下级人民政府房屋征收与补偿工作的监督。

国务院住房城乡建设主管部门和省、自治区、直辖市人民政府住房城乡建设主管部门应当会同同级财政、国土资源、发展改革等有关部门,加强对房屋征收与补偿实施工作的指导。

第七条　任何组织和个人对违反本条例规定的行为,都有权向有关人民政府、房屋征收部门和其他有关部门举报。接到举报的有关人民政府、房屋征收部门和其他有关部门对举报应当及时核实、处理。

监察机关应当加强对参与房屋征收与补偿工作的政府和有关部门或者单位及其工作人员的监察。

第二章 征收决定

第八条 为了保障国家安全、促进国民经济和社会发展等公共利益的需要,有下列情形之一,确需征收房屋的,由市、县级人民政府作出房屋征收决定:

(一)国防和外交的需要;

(二)由政府组织实施的能源、交通、水利等基础设施建设的需要;

(三)由政府组织实施的科技、教育、文化、卫生、体育、环境和资源保护、防灾减灾、文物保护、社会福利、市政公用等公共事业的需要;

(四)由政府组织实施的保障性安居工程建设的需要;

(五)由政府依照城乡规划法有关规定组织实施的对危房集中、基础设施落后等地段进行旧城区改建的需要;

(六)法律、行政法规规定的其他公共利益的需要。

第九条 依照本条例第八条规定,确需征收房屋的各项建设活动,应当符合国民经济和社会发展规划、土地利用总体规划、城乡规划和专项规划。保障性安居工程建设、旧城区改建,应当纳入市、县级国民经济和社会发展年度计划。

制定国民经济和社会发展规划、土地利用总体规划、城乡规划和专项规划,应当广泛征求社会公众意见,经过科学论证。

第十条 房屋征收部门拟定征收补偿方案,报市、县级人民政府。

市、县级人民政府应当组织有关部门对征收补偿方案进行论证并予以公布,征求公众意见。征求意见期限不得少于30日。

第十一条 市、县级人民政府应当将征求意见情况和根据公众意见修改的情况及时公布。

因旧城区改建需要征收房屋，多数被征收人认为征收补偿方案不符合本条例规定的，市、县级人民政府应当组织由被征收人和公众代表参加的听证会，并根据听证会情况修改方案。

第十二条　市、县级人民政府作出房屋征收决定前，应当按照有关规定进行社会稳定风险评估；房屋征收决定涉及被征收人数量较多的，应当经政府常务会议讨论决定。

作出房屋征收决定前，征收补偿费用应当足额到位、专户存储、专款专用。

第十三条　市、县级人民政府作出房屋征收决定后应当及时公告。公告应当载明征收补偿方案和行政复议、行政诉讼权利等事项。

市、县级人民政府及房屋征收部门应当做好房屋征收与补偿的宣传、解释工作。

房屋被依法征收的，国有土地使用权同时收回。

第十四条　被征收人对市、县级人民政府作出的房屋征收决定不服的，可以依法申请行政复议，也可以依法提起行政诉讼。

第十五条　房屋征收部门应当对房屋征收范围内房屋的权属、区位、用途、建筑面积等情况组织调查登记，被征收人应当予以配合。调查结果应当在房屋征收范围内向被征收人公布。

第十六条　房屋征收范围确定后，不得在房屋征收范围内实施新建、扩建、改建房屋和改变房屋用途等不当增加补偿费用的行为；违反规定实施的，不予补偿。

房屋征收部门应当将前款所列事项书面通知有关部门暂停办理相关手续。暂停办理相关手续的书面通知应当载明暂停期限。暂停期限最长不得超过1年。

第三章　补偿(略)

第四章　法律责任(略)

第五章　附　　则

第三十五条　本条例自公布之日起施行。2001年6月13日国务院公布的《城市房屋拆迁管理条例》同时废止。本条例施行前已依法取得房屋拆迁许可证的项目,继续沿用原有的规定办理,但政府不得责成有关部门强制拆迁。

(录自http://www.ln.gov.cn/zfxx/fggz/gwyfg/201101/t20110122_614542.html)

2．规定

(1) 标题

规定的标题一般有两种构成形式:一种是由"事由＋文种"构成,如《关于文书档案管理期限的规定》;另一种是由"制文机关名称＋事由＋文种"构成,如《中华人民共和国关于进出境旅客通关的规定》。如属短期内适用或尚待进一步修改的规定,在标题的文种前要加上"暂行"、"试行"的字样,如《关于出版物上数字用法的试行规定》。

(2) 制发时间、依据

规定的制发时间、依据写在标题之下,用括号注明规定制发的年、月、日和通过的会议、时间及发布的机关、时间或批准的机关、时间等。如规定是随"命令"、"令"等文种同时发布的,这项内容可以不写。

(3) 正文

规定正文的内容由总则、分则和附则组成。总则交代制定规定的缘由、依据、指导思想、适用原则、范围等。分则说明规范项目,即规定的实质性内容和执行的依据,附则说明有关执行要求等。

规定正文的结构形式基本上是通篇条文式,也有的是绪言加条文式。两者的区别在于总则内容安排的形式。通篇条文式,总则就在第一章或第一条加以表明;而绪言加条文式是在条文前面,加一段绪言,作为总则内容,然后以条文形式说明分则、附则内容。规定的条文部分有三种表述方法:第一种是标序列述式,按序号依次写明规定内容;第二种是章条式,全文分若干章,第一章为总则,中间为分则,最后一章为附则,其中分则各章可以设标题标明该章内容，每章包含若干条，分别写出有关规定事项，这种写法一般多用于内容比较庞杂的规定。

湖北省药品使用质量管理规定

第一章 总 则

第一条 为加强药品使用质量监督管理，保障公众用药安全、有效，依据《中华人民共和国药品管理法》《湖北省药品管理条例》等法律、法规，结合本省实际，制定本规定。

第二条 本规定适用于本省行政区域内药品使用单位药品购进、验收、储存、养护和调配等环节的质量监督管理。

麻醉药品、精神药品、医疗用毒性药品及放射性药品等特殊药品的管理，按照国家有关规定执行。

第三条 本规定所称药品使用单位，是指依法登记成立并使用药品的医疗机构、计划生育技术服务机构和从事疾病预防、康复保健、戒毒等活动的单位。

第四条 县级以上人民政府应当加强对本行政区域内药品使用质量监督管理工作的领导，明确监管责任，完善监管体系，加大公共投入，对农村和贫困地区的药品使用质量监督管理工作给予重点支持。

县级以上人民政府药品监督管理部门负责本行政区域内药品使用质量的监督管理工作。

县级以上人民政府卫生、人口和计划生育、公安、司法、工商、民政等有关部门和单位，应当按照各自职责，做好与药品使用质量相关的监督管理工作。

乡级人民政府应当按要求协助县级以上人民政府有关部门，做好本行政区域内药品使用质量的监督管理工作。

第五条 药品使用单位应当严格遵守有关药品管理的法律、

法规和规章,建立健全药品使用质量管理制度,对所使用药品的质量负责。

第六条 鼓励、支持单位和个人对影响药品使用质量的行为进行举报、投诉。有关部门收到举报、投诉后,应当及时调查处理;对不属于本部门职责的,应当及时移交相关部门处理。

第二章 药事管理机构与人员

第七条 医疗机构应当按照国家有关规定设置药事管理机构,负责本单位的药品质量管理工作。

医疗机构以外的其他药品使用单位药事管理机构的设置参照医疗机构的有关规定执行。

第八条 乡镇卫生院应当由药学专业技术人员负责药事工作;诊所、卫生所、村卫生室、医务室、卫生保健所、卫生站和社区卫生服务站,应当由经县级以上人民政府药品监督管理部门或者卫生主管部门培训的人员负责药事工作;中医诊所、民族医诊所应当分别由中医药、民族医药专业技术人员负责药事工作。

县级以上计划生育技术服务机构药事管理机构负责人应当具有药学专业初级以上专业技术职称;乡级计划生育技术服务机构药事管理机构负责人,应当由经县级以上人民政府药品监督管理部门培训的人员担任。

从事疾病预防、康复保健、戒毒等活动的药品使用单位药事管理机构负责人应当由药学专业技术人员担任。

第九条 药品使用单位应当每年组织直接接触药品的人员进行健康检查,并建立健康档案。

患有传染病或者其他可能污染药品疾病的人员,不得从事直接接触药品的工作。

第十条 药品使用单位应当制订培训计划,对直接从事药品购进、验收、储存、养护和调配工作的人员,进行相关法律、法规和规章以及专业知识培训,并建立培训档案。

第三章 药品购进与验收

第十一条 药品使用单位应当从具有药品生产、经营资质的企业购进药品,并按规定由专门机构统一采购。

药品使用单位需要进口药品的,按照国家有关规定办理。

第十二条 药品使用单位购进药品,应当查验供货单位的《药品生产许可证》或者《药品经营许可证》和《营业执照》、所销售药品的批准证明文件等相关材料,并核实销售人员持有的授权书原件和身份证原件。

药品使用单位应当妥善保存首次购进药品加盖供货单位原印章的前款所述材料的复印件,保存期不得少于五年。

第十三条 药品使用单位购进药品时应当索取、留存供货单位的合法票据,并建立购进记录,做到票据、账目、药品相符。

合法票据包括税票及清单。清单上必须载明供货单位名称、药品通用名称、生产厂商、批号、数量、价格等内容。合法票据的保存期不得少于三年。

第十四条 药品使用单位应当建立药品进货验收制度,购进药品应当逐批验收,药品验收记录应当真实、完整。

医疗机构接受捐赠药品、从其他医疗机构调入急救药品,应当遵守前款规定。

第十五条 药品验收记录应当包括供货单位名称、药品通用名称、生产厂商、规格、剂型、批号、生产日期、有效期、批准文号、数量、价格、购进日期、验收日期和验收结论等内容。

验收记录应当保存至药品有效期满后一年,但保存时间不得少于三年。

第十六条 药品使用单位购进疫苗、生物制品、血液制品等需要保持冷链运输条件的药品时,应当检查运输条件是否符合要求并作好记录;对不符合运输条件要求的,应当拒绝接收。

第十七条 药品使用单位应当根据县级以上人民政府药品监督管理部门的要求,对药品购销记录实行电子化管理。

第四章　药品储存与养护(略)

第五章　药品调配(略)

第六章　监督管理(略)

第七章　法律责任(略)

第八章　附则(略)

(录自 http://gkml.hubei.gov.cn/auto5472/auto5473/201206/t20120614_380321.html)

3. 办法

(1) 标题

办法的标题一般有两种构成形式：一种是由"事由+文种"构成，如《票汇结算办法》；另一种由"发文机关+事由+文种"构成，如《安徽省党的机关公文处理办法》。如属试行或尚待进一步完善的办法，需在标题的文种前加上"暂行"、"试行"等字样，如《合肥工业大学电话管理暂行办法》。

(2) 制发时间、依据

办法的制发时间、依据写在标题之下，用括号注明制发的年、月、日或会议通过的时间及发布的机关、时间或批准的机关、时间等。有的办法随"命令"、"令"等文种同时发布，这一项目内容可不写。

(3) 正文

办法的正文内容由总则、分则和附则组成。总则是关于制定办法的目的、意义、依据、指导思想和适用原则、范围等的说明文字；分则是规范项目，即办法的实质性内容和执行的依据；附则是对规范项目的补充说明，其中包括用语的解释、解释权、修改权、公布实施的时间以及执行要求等。

办法的正文一般是通篇条文式结构，通常有两种表达方法：一种是条款式，全文按序列条，条下有时设款分项，如《医疗用毒性药品管理办法》；另一种是章条式，全文分若干章，第一章为总则，中间为分则。最后一章为附则，其中分则各章可以设标题标明该章内容，每章包括若干条，分别写出有关规范事项，这种写法多用于内容比较丰富的办法，如《经纪人管理办法》。

[例文]

抗菌药物临床应用管理办法

第一章 总 则

第一条 为加强医疗机构抗菌药物临床应用管理，规范抗菌药物临床应用行为，提高抗菌药物临床应用水平，促进临床合理应用抗菌药物，控制细菌耐药，保障医疗质量和医疗安全，根据相关卫生法律法规，制定本办法。

第二条 本办法所称抗菌药物是指治疗细菌、支原体、衣原体、立克次体、螺旋体、真菌等病原微生物所致感染性疾病病原的药物，不包括治疗结核病、寄生虫病和各种病毒所致感染性疾病的药物以及具有抗菌作用的中药制剂。

第三条 卫生部负责全国医疗机构抗菌药物临床应用的监督管理。

县级以上地方卫生行政部门负责本行政区域内医疗机构抗菌药物临床应用的监督管理。

第四条 本办法适用于各级各类医疗机构抗菌药物临床应用管理工作。

第五条 抗菌药物临床应用应当遵循安全、有效、经济的原则。

第六条 抗菌药物临床应用实行分级管理。根据安全性、疗效、细菌耐药性、价格等因素，将抗菌药物分为三级：非限制使用级、限制使用级与特殊使用级。具体划分标准如下：

（一）非限制使用级抗菌药物是指经长期临床应用证明安全、

有效,对细菌耐药性影响较小,价格相对较低的抗菌药物;

(二)限制使用级抗菌药物是指经长期临床应用证明安全、有效,对细菌耐药性影响较大,或者价格相对较高的抗菌药物;

(三)特殊使用级抗菌药物是指具有以下情形之一的抗菌药物:

1. 具有明显或者严重不良反应,不宜随意使用的抗菌药物;
2. 需要严格控制使用,避免细菌过快产生耐药的抗菌药物;
3. 疗效、安全性方面的临床资料较少的抗菌药物;
4. 价格昂贵的抗菌药物。

抗菌药物分级管理目录由各省级卫生行政部门制定,报卫生部备案。

第二章 组织机构和职责

第七条 医疗机构主要负责人是本机构抗菌药物临床应用管理的第一责任人。

第八条 医疗机构应当建立本机构抗菌药物管理工作制度。

第九条 医疗机构应当设立抗菌药物管理工作机构或者配备专(兼)职人员负责本机构的抗菌药物管理工作。

二级以上的医院、妇幼保健院及专科疾病防治机构(以下简称二级以上医院)应当在药事管理与药物治疗学委员会下设立抗菌药物管理工作组。抗菌药物管理工作组由医务、药学、感染性疾病、临床微生物、护理、医院感染管理等部门负责人和具有相关专业高级技术职务任职资格的人员组成,医务、药学等部门共同负责日常管理工作。

其他医疗机构设立抗菌药物管理工作小组或者指定专(兼)职人员,负责具体管理工作。

第十条 医疗机构抗菌药物管理工作机构或者专(兼)职人员的主要职责是:

(一)贯彻执行抗菌药物管理相关的法律、法规、规章,制定本机构抗菌药物管理制度并组织实施;

(二)审议本机构抗菌药物供应目录,制定抗菌药物临床应用

相关技术性文件,并组织实施;

(三)对本机构抗菌药物临床应用与细菌耐药情况进行监测,定期分析、评估、上报监测数据并发布相关信息,提出干预和改进措施;

(四)对医务人员进行抗菌药物管理相关法律、法规、规章制度和技术规范培训,组织对患者合理使用抗菌药物的宣传教育。

第十一条 二级以上医院应当设置感染性疾病科,配备感染性疾病专业医师。

感染性疾病科和感染性疾病专业医师负责对本机构各临床科室抗菌药物临床应用进行技术指导,参与抗菌药物临床应用管理工作。

第十二条 二级以上医院应当配备抗菌药物等相关专业的临床药师。

临床药师负责对本机构抗菌药物临床应用提供技术支持,指导患者合理使用抗菌药物,参与抗菌药物临床应用管理工作。

第十三条 二级以上医院应当根据实际需要,建立符合实验室生物安全要求的临床微生物室。

临床微生物室开展微生物培养、分离、鉴定和药物敏感试验等工作,提供病原学诊断和细菌耐药技术支持,参与抗菌药物临床应用管理工作。

第十四条 卫生行政部门和医疗机构加强涉及抗菌药物临床应用管理的相关学科建设,建立专业人才培养和考核制度,充分发挥相关专业技术人员在抗菌药物临床应用管理工作中的作用。

第三章 抗菌药物临床应用管理(略)

第四章 监督管理(略)

第五章 法律责任(略)

第六章 附则(略)

(录自百度文库)

4. 章程

（1）标题。章程的标题有自己独特的构成形式,其结构一般由"组织名称+文种"构成。组织名称为政党、社会团体、学术组织或企事业单位等的名称；文种即是章程,如《中国写作学会章程》。

（2）发布的时间。章程总是由一定的会议通过的,因此,章程要在标题下,居中写上通过该章程的会议名称和时间,并加上圆括弧。如《玉光公司理事会章程》(2012年2月经本理事会第一次代表大会通过)。

（3）正文。章程的正文都是以条文的形式写成的。正文一般分为总则、分则、附则三个部分。总则(总纲),是正文的序言部分,通常要写明制定章程的意义、目的、根据、章程适用的范围以及总的原则精神等。分则,由若干条款组成,写出章程的具体内容,是正文的主体部分。每一条目陈述一个具体问题,如果所陈述的情况和要求较复杂,可以在这一种目下面再分几款来叙述。为求表述清楚,每章里的条款应按问题之间的联系和逻辑顺序排列。

（4）附则。是主体部分的补充和说明,列于章程的最后。一般用于明确章程的修改权、解释权、具体实施细则的制定权以及其他需要说明的事项等。附则的形式可以单独列为一章,也可以不作一章,只写两三个条款放在最后。

（5）署名。一般企业章程的署名,通常放在尾部,写明制定章程的企业名称、时间、章程通过的年、月、日,如果在标题下已有这两项内容,可以省略不写。若是中外合营企业的章程,署名一般在正文下方,分别写上合营各单位名称、法定代表人(或代理签署人)姓名、职位等,书写位置一般甲方在左,乙方在右,其下写明年、月、日期并应加盖单位印章。

[例文]

中国科学技术协会章程

(2011年5月29日中国科学技术协会第八次全国代表大会通过)

第一章 总 则

第一条 中国科学技术协会是中国科学技术工作者的群众组织,是中国共产党领导下的人民团体,是党和政府联系科学技术工作者的桥梁和纽带,是国家推动科学技术事业发展的重要力量。

第二条 中国科学技术协会的宗旨是:坚持以马克思列宁主义、毛泽东思想、邓小平理论和"三个代表"重要思想为指导,深入贯彻落实科学发展观,团结和动员科学技术工作者以经济建设为中心,坚持科学技术是第一生产力和人才资源是第一资源的思想,推动实施科教兴国战略、人才强国战略和可持续发展战略,建设创新型国家。促进科学技术的繁荣和发展,促进科学技术的普及和推广,促进科学技术人才的成长和提高,促进科学技术与经济的结合。反映科学技术工作者的意见,维护科学技术工作者的合法权益。为经济社会发展服务,为提高全民科学素质服务,为科学技术工作者服务,推动社会主义经济建设、政治建设、文化建设、社会建设以及生态文明建设,构建社会主义和谐社会,为实现中华民族伟大复兴而努力奋斗。

第三条 中国科学技术协会由全国学会、协会、研究会(以下学会、协会、研究会简称学会)和地方科学技术协会组成。

地方科学技术协会由同级学会和下一级科学技术协会及基层组织组成。

第四条 中国科学技术协会贯彻国家科学技术工作自主创新、重点跨越、支撑发展、引领未来的指导方针,弘扬尊重劳动、尊重知识、尊重人才、尊重创造的风尚,倡导献身、创新、求实、协作的精神,坚持独立自主、民主办会的原则和"百花齐放、百家争鸣"的方针。

第五条 中国科学技术协会高举爱国主义旗帜,加强与香港特别行政区、澳门特别行政区和台湾地区的科学技术交流,维护民族团结,促进祖国统一。

第二章 任 务

第六条 开展学术交流,活跃学术思想,促进学科发展,推动自主创新。

第七条 组织科学技术工作者为建立以企业为主体的技术创新体系、全面提升企业的自主创新能力作贡献。

第八条 依照《中华人民共和国科学技术普及法》,弘扬科学精神,普及科学知识,传播科学思想和科学方法。捍卫科学尊严,推广先进技术,开展青少年科学技术教育活动,提高全民科学素质。

第九条 反映科学技术工作者的建议、意见和诉求,维护科学技术工作者的合法权益。

第十条 推动建立和完善科学研究诚信监督机制,促进科学道德建设和学风建设。

第十一条 组织科学技术工作者参与国家科学技术政策、法规制定和国家事务的政治协商、科学决策、民主监督工作。

第十二条 表彰奖励优秀科学技术工作者,举荐科学技术人才。

第十三条 开展科学论证、咨询服务,提出政策建议,促进科学技术成果的转化;接受委托承担项目评估、成果鉴定,参与技术标准制定、专业技术资格评审和认证等任务。

第十四条 开展民间国际科学技术交流活动,促进国际科学技术合作,发展同国外的科学技术团体和科学技术工作者的友好交往。

第十五条 开展继续教育和培训工作。

第十六条 兴办符合中国科学技术协会宗旨的社会公益性事业。

第三章 会 员

第十七条 全国学会是中国科学技术协会的团体会员。各级地方学会是同级地方科学技术协会的团体会员。县级以上科学技术协会发展团体会员。基层组织发展个人会员。

第十八条 团体会员的义务和权利:

团体会员的义务:遵守本章程,执行科学技术协会的决议和决定,开展符合章程规定的各项活动。

团体会员的权利:推选代表参加科学技术协会代表大会,参加科学技术协会的活动,对科学技术协会的工作提出建议和批评并进行监督。

第十九条 基层组织规定个人会员的义务和权利。

第二十条 中国科学技术协会会员日定为每年十二月十五日。

第四章 全国领导机构

第二十一条 全国代表大会和它选举产生的全国委员会是中国科学技术协会全国领导机构。

第二十二条 全国代表大会每五年举行一次,由全国委员会召集。特殊情况下,可以提前或延期举行。

第二十三条 全国代表大会的代表名额和选举办法由常务委员会决定,其代表经全国学会和省、自治区、直辖市科学技术协会及有关方面民主协商,选举产生。代表大会代表实行任期制。

第二十四条 全国代表大会行使下列职权:

一、决定中国科学技术协会的工作方针和任务;

二、审议和批准全国委员会的工作报告;

三、制定和修改中国科学技术协会章程;

四、选举产生全国委员会;

五、决定其他重大事项。

第二十五条 全国委员会会议每年举行一次,由常务委员会召集。

第二十六条 全国委员会行使下列职权：

一、执行全国代表大会的决议；

二、选举主席、副主席和常务委员；

三、审议中国科学技术协会年度工作报告；

四、决定授予荣誉职务；

五、决定其他重大事项。

第二十七条 全国委员会闭会期间，常务委员会领导中国科学技术协会的工作，实施全国委员会确定的任务，批准全国委员会委员的变更或增补、团体会员的接纳或退出。

常务委员会会议一般每半年举行一次，由主席召集，也可委托副主席召集。

第二十八条 常务委员会下设书记处。书记处由第一书记和书记若干人组成，人选由主席提名，经常务委员会通过。书记处在常务委员会领导下主持中国科学技术协会的日常工作。

第二十九条 常务委员会设置若干工作委员会和专门委员会，协助审议需经常务委员会审定的有关事项。

第三十条 常务委员会根据需要，聘请有关部门的负责人为中国科学技术协会顾问。

第五章　全国学会(略)

第六章　地方科学技术协会(略)

第七章　基层组织(略)

第八章　工作人员(略)

第九章　经费及资产管理(略)

第十章　会徽（略）

第十一章　附则(略)

第五节 简　　报

一、简报的概念和作用

（一）简报的概念

简报就是简略的情况报道（通报、汇报）。它是政府机关、企事业单位、人民团体等组织用来汇报、反映、沟通情况和交流经验的一种事务文书，它不能代替正式公文，也不能公开出版。简报具有简短灵活的特点，因此，它的使用范围很广，是一种很有用的载体。有的简报只送上级机关或领导人，属于工作报告性质；有的简报同时发给上下左右的机关阅读，兼有通报、转发文件的性质；还有的简报主要反映本地区、本部门、本单位的情况，具有内部期刊、小报、资料的性质。

（二）简报的作用

1. 汇报交流作用。简报虽然不是公文，但可以通过它向上级机关汇报工作情况和重要动态，可以向平级单位传递信息。

2. 指导作用。在实际工作中，上级对下级工作的指导，有时就是通过下发简报的形式实现的，简报常常是上级领导开展工作、推动工作的重要工具。

二、简报的种类和特点

（一）简报的种类

由于简报的形式多样，内容繁多，用不同的分类方法对简报可以作出不同的分类。如果从反映内容上加以区分，常见的简报有以下三种：

1. 工作简报

工作简报，主要用来反映各个单位、各个部门和各个地区的工作与生产情况。一般有两种常用形式，一是综合性简报，二是专题简报。综合性简报是在明确的主题贯穿下，综合反映简报编写部门的工作、生产的发展变化情况和问题。这类简报既有广度，又有深度。广度内容指面上总体印象,深度内容指编写者按照一定的逻辑顺序,用典型事例给人以活生生的感性认识。专题简报主要是将某一项专门工作的动态、进展、问题向主管部门反映,或通报有关部门,用以推动工作,如《人口普查简报》等,此项专门工作完成后即停发。

2. 动态简报

动态简报的特点是迅速、明要地反映简报编写部门新近发生的事情和动态。这种简报内容新,动态性、时效性强。动态简报一般也有两种:一是工作动态简报,主要反映简报编写部门内部工作的正反两方面的新情况和新动向,如《文艺动态》;二是思想动态简报,主要反映公众对政府重大方针政策的反应和认识、社会上的某种思潮或思想倾向、各行各业各阶层群众的思想状况等。这类简报多见于有关单位编发的《内部参考》、《情况反映》,其流通、阅读范围有较严格的限定,即内部参考和保密性的要求。

3. 会议简报

会议简报主要是及时报道某种会议的概况,一般包括会议进程、报告、讲话、讨论的问题及发言摘编,会议的议决事项等等。会议简报一般以报道会议内容为主,既可以综合报道会议各个阶段的进展情况,也可以摘登大会发言或小组讨论发言。编写发言摘要时,一般加以醒目的标题或序码,以示各类的区别,可以按发言先后,排列,也可按问题的性质分类排列。在编发发言摘要时,要力求如实地反映出发言人的基本观点和思想倾向,并且尽可能送给发言人或大会秘书处有关负责审阅后再编发。

三、简报的写作格式和基本内容

(一) 简报的写作格式

规范的简报由版头、正文、版尾三部分组成。

1. 版头

版头设在第一页的上方,约占全页三分之一的位置,下边用横线与正文部分隔开。通常版头有四方面的内容:

(1) 简报名称。用大号字写在报头正中部位,如《财经简报》《金融动态》,可以套红,也可以不套红。文字常用印刷体或书写体,一般不用美术字,以示正规。简报名称宜相对固定。

（2）期号。在简报名称下面居中写明期号并用括号括起来,一般写成"第1期"的形式,亦可写成序数形式,如"（1）"。

（3）编印单位。在期号之下,间隔横线之上的左侧,顶格写编印单位的名称。

（4）印发日期。写在期号之下,间隔横线之上的右侧。

（5）密级与缓急程度。如简报需注明秘密等级、缓急等级,应在简报名称的左上方标明。

2. 正文

简报的正文格式由标题、导语、主体和结尾四个部分组成。

（1）标题。简报的标题要写得醒目、贴切、简短、精炼。如有按语,则先写按语,后写标题。

（2）导语。导语要用一小段文字把全篇内容概括起来,或者结论先行交代。

（3）主体。专题简报的内容要单一集中,综合简报的内容要具有一定的深度和广度。综合简报可按问题分别加以叙述,每个问题必要时可冠以小标题。

（4）结尾。正文的结尾要简单,可以是全文的结论或概括,也可以是希望、意见或建议,也可以不写结尾。

3. 版尾

版尾在简报末页的下方,也用横线与正文部分隔开。它有两个基本内容:一是发送范围,写在版尾的左方;二是印发的份数,写在报尾的右下方。

（二）简报的基本内容

简报的基本内容主要有标题、正文和按语

1. 标题

如同新闻报刊一样,标题的好坏决定能否吸引读者,因此,编写简报要十分讲究标题的写作。好的简报标题能准确、简要、生动、醒目地概括全文的内容。一般说来,简报标题的写法类似于新闻（消息）标题的写法,可以是单行式,也可以是正副题式,正题揭示文章的思想意义,副题写出事件与范围,对正题起补充说明作用。

2. 正文

正文是简报的中心部分,它通常由开头,主体和结尾三部分组成。

(1)开头。简报的开头,常见的有三种形式:一是叙述式,即开门见山地把要反映的事件的时间、地点、人物、起因和结果都在开头部分直接写出,使读者一目了然;二是结论式,先写出事情的结论或结果,然后再作具体说明或点出原因;三是提问式,即一开始就用一两个问题把主要事实提出来,引起读者的注意,然后再用回答的语气在主体部分作具体的叙述。

(2)主体。主体是简报的最主要的部分,一定要写得充实、有力。要用有说服力的事实、数据、情况、问题等典型材料,支持简报的结论或让读者了解真实的情况,作出自己的判断。主体部分常用的写法主要有以下几种:一是按时间顺序写,这种写法比较适合报道一个完整的事件;二是按空间变换的顺序写,这种写法适用于报告一个事情的多个场面;三是归纳分类表述,把所有的材料归纳成几个部分、几条经验、几种倾向或几种做法,分别标上序号或小标题,逐一写出;四是夹叙夹议法,就是边叙述情况,边议论评说,这适用于反映具有某种倾向性问题的简报;五是对比法,即在对比中展开叙述,可用纵横对比,也可用正反对比等等。

(3)结尾。简报的结尾有两种情况:一种是把主体部分的情况叙述完后,即结束全文;另一种是用一句话或一段话收束全文,这一句话或用来总括全文内容,或提出今后打算,或用"事情正在进行处理"、"事件发展情况将随时给予通报"等语句加强简报的连续性。

3. 按语

简报的按语就是简报的编者针对简报的某些内容所写的说明性或评论性的文字。按语一般写在标题之前,并在这段文字的开头之处写上"编者按"、"按语"或"按"等字样。转发式的简报,一般都要加上编者按语,其他重要的简报也要加编者按语。

简报的按语常常是根据领导的意见起草的,但按语不是指示、命令,没有指令性公文的作用。按语的特点是把简报的内容和现实工作联系起来,表明领导的意见,对下级起到督促、指导的作用。简报的按语一般有两类:一种是说明性按语,它常常是对简报的内容、作用和现实意义等作一些说明。这类按语一般文字很短,有时就一句话,如"编者按:根据中央领导同志的意见,现将中国人民银行关于东南亚金融风暴的报告摘登如下,供各单位参阅"。另一种是批示性按语,它常常是针对一些有典型意义的事件和反映当前工作中问题的材料作出评论,表达领导机关的看法、意见或对下级的要求。简报样式详见图3-1:

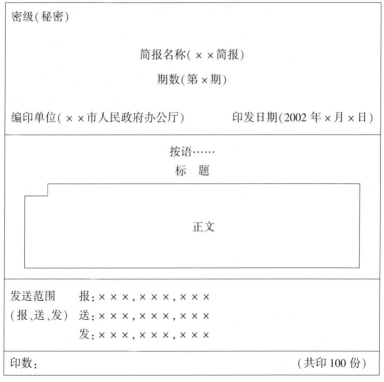

图3-1 简报式样

[例文]

大学生志愿服务西部计划
简　报

2012 年第 20 期

全国大学生志愿服务　　　　　　　　　　2012 年 6 月 5 日
西部计划项目管理办公室　编

2012 年大学生志愿服务西部计划报名工作圆满结束

　　5 月 31 日，2012 年大学生志愿服务西部计划报名工作圆满结束。全国有 1000 多所高校 61516 名应届高校毕业生报名参加。其中，贵州报名人数超过 7000 人，山东报名人数达 6366 人，四川报名人数达 6247 人，新疆、陕西、湖北等省区报名人数超过 3000 人；本科及以上学历报名人数达 38800 多人，占报名总数的 63.1%，其中硕士研究生 1289 名，博士研究生 20 名，较去年报名百分比有所提高；中共党员占报名总数的 30%，较去年提高了 5 个百分点。

　　今年西部计划招募报名工作期间，各级项目办上下联动，切实完善方案、完善工作措施，加大宣传力度，抓好工作落实，有效推动了 2012 年西部计划招募选拔工作。全国项目办起草下发了《2012 年大学生志愿服务西部计划实施方案》、《关于认真做好 2012 年大西部计划招募选拔工作的通知》等 5 个指导性文件，在西部计划官方网站上开辟了"2012 年西部计划招募宣传报名"专栏，制作了西部计划招募宣传视频、歌曲、海报，向 125 所高校投放了 250 块宣传展板；在 BBS 媒体重点投放 333 所高校；指导新疆、兵团、西藏、四川、贵州等西部省区市，组织了近 10 个西部计划先进典型事迹报告团，先后赴北京、河北、山东、湖南、江苏等地开展近 50 场专场报告。各省区市项目办也积极响应，专门下发了招募选拔通知、督导各高校项目办认真做好相关工作。各县、高校项目办也根据实际情况,认真落实相关招募选拔工作。目前,各省、高校项目办已经着手开始对报名志愿者进行选拔,6月底完成选拔工作。

报:教育部
送:各高校学工部

印数:共印1500份

【思考与练习】

1. 下面的材料是随意排列的,请你以此为素材,加工整理一份××公司年度工作计划。

公司发展规模:新组建××分公司,发展××产品的生产;扩大××项目部,使×种产品的生产比上年提高××%,年产量达到××万套;增加工程技术人员、技术工人和部分管理人员,从现有的××人增加到××人;加强营销队伍建设,××型号产品的市场占有率在现有基数上提高××%。

产品发展方向:与××大学合作,提供××万元科研经费,积极研制和开发新产品,其中××型号产品达到国标水平。对现有××等几种产品进行技术改造,以适应市场需要。

总目标:研制尖端产品,赶上国际先进水平;进行部分老产品的更新换代;新建和扩建部分分公司和项目开发部;保持和提高××型号产品的市场占有率;大力培训职工,促进技术进步,提高企业经营管理水平和经济效益。

主要技术经济指标:①提高劳动生产率。随着新设备新技术的应用和工人生产技术的提高,全年全员劳动生产率比现在提高××%左右。②增加总产值。年总产值达××××万元,比现在提高×倍。③降低可比产品成本。通过提高劳动生产率,节约原材料、燃料等消耗,使可比产品成本比现在降低××%左右。④加速资金周转。在产量增加的情况下,尽量不增加流动资金,缩短资金的周转期。⑤提高盈利水平。在增加生产、降低消耗的基础上,使利润从现在×××万元,增长到×××万元。

办法措施:①举办各种培训班,提高工人文化素质。②加强管理,严格制度。③开展劳动竞赛,提高劳动生产率。④严肃财经纪律。

2. 下面是某单位宣教部拟写的一份开展文化素质教育活动的总结,先后数易其稿。以下三个前言均因存在不足之处,没有被采用。试对这三例简要评析。

例1 我单位的文化素质教育是几年前就开始的。几年来,培养出了不少合格人才,单位的文教事业也方兴未艾,展现了一片欣欣向荣的景象。

例2 像东海喷出的彩虹,像喜马拉雅山盛开的雪莲,像荒漠上悠然而出的绿洲,像草原上铺锦刺绣的格桑,在送走了多少次坎坷以后,我们终于迎来了全新的文化教育的明媚春光。

例3 在邓小平理论、"三个代表"、科学发展观路线,方针、政策指引下,在上级领导的正确领导和高度重视下,在单位各级党组织和广大员工的共同努力下,我们单位的科学文化教育工作取得了显著成绩。

3. 常用的调查方法有哪些?围绕校园生活或感兴趣的社会问题的某个方面,自选调查对象和范围进行调查,并写一份2000字左右的调查报告。(提示和要求:必须拟订调查计划,拟制调查提纲。可自愿组合2—4人的调查小组,分工合作。)

4. 从内容和遣词造句方面给下列病文改错,使之成为一则符合规范的"规定"。

《××市人民政府关于加强自行车交通管理的规定》

我市虽然已经有了《××市道路交通管理暂行规则》和《××市道路交通管理暂行处罚规则》等法规文件,但对自行车的交通管理规定还不够,所以,近来连续出现了几起因自行车违章所造成的交通事故,给人民的生命财产造成了极大的损失,因此,为了进一步地加强自行车的交通管理,将重申并补充以下规定:

一、凡骑自行车者,必须遵守以下规定:

1. 沿道路右边行驶,禁止逆行。在划有车辆分道线的道路上,不准在便道上骑行。

2. 转弯要提前减速,照顾前后左右情况,并伸手示意。在划有上下四条以上机动车道的路段上左转弯时,必须推车从人行横道内通过,不准突然猛拐、争道抢行。

3. 在二环路以内,郊区城镇或公路上,不准骑车带人;不准骑车与同行者扶身并行;不准双手离把;不准持物拿东西、或攀扶其他的车辆;不准拖带其他车辆;不准追逐竞驶或曲折竞驶。

4. 自行车在道路上停车、载物、停放等均应按《××市道路交通管理暂行规则》的规定执行。

二、对违反规定的,要批评教育,处罚款五元至十元。

三、因骑车人违反规定,造成交通事故由骑车人承担全部责任。

四、本规定由公安局负责实施。

二〇一二年×月×日

5. 利用出席会议的机会,认真做好会议记录,写一篇800字以内的会议简报。

第四章 财经文体

第一节 合　　同

一、合同的概念和作用

（一）合同的概念

1999年3月15日第九届全国人民代表大会第二次会议通过了《中华人民共和国合同法》（以下简称《合同法》），并自同年10月1日起施行，《中华人民共和国技术合同法》、《中华人民共和国涉外经济合同法》、《中华人民共和国经济合同法》同时废止。新颁布的《中华人民共和国合同法》第二条以法律的形式规定：合同是"平等主体的自然人、法人、其他组织之间设立、变更、终止民事权利义务关系的协议"。《合同法》扩大了适用范围：一是合同的主体内容扩大了，包括国内、国外的组织与组织之间的合同，还包括个人与组织之间个人与个人之间的合同。二是合同的种类扩大了，包括买卖、货款、租赁、技术等经济合同，还包括了所有当事人设立、变更、终止民事权力义务关系的协议。

（二）合同的作用

依法订立的合同一经签署，就具有法律的约束力，当事人既可以充分享受合同规定的权利，又必须全面履行合同所规定的义务。

除此之外,合同还有以下一些作用:

1. 管理作用

企业获得自主经营权后,对外,主要利用合同来沟通环节;对内,主要靠对经济核算改善经营管理,把企业的经营效果和员工的切身利益紧密地联系起来,而合同正是加强企业经济核算制的一种法律形式。因此,合同制的施行,对提高企业管理水平大有好处。

2. 激励作用

从经济活动的角度看,责任制的健全和物质利益的分配是相辅相成的。合同制度明确了合同执行者的责任和义务、利益和要求,从而使国家、企业、员工三者之间的经济责任和经济利益合法、合理地结合起来,并以此为一种激励,使各项经济责任得到落实,以此保障各当事人、参与者的切身利益。

二、合同的类型

(一)合同的种类

按照《合同法》,我国现行的规范化合同主要有 15 个类别,它们是:买卖合同,供用电、水、气、热力合同,赠与合同,借款合同,租赁合同,融资租赁合同,承揽合同,建设工程合同,运输合同,技术合同,保管合同,仓储合同,委托合同,行政合同,居间合同等。

(二)合同与协议书

合同有时也称为协议书或议定书。一般说来,协议书中的项目比合同多,而内容不如合同具体,通常是原则性的条款。因此,有些协议书签订后,还需订立一系列协议书所含项目的单项(专项)合同。

(三)合同与意向书

意向书是地区之间、部门之间、单位之间以及国家领导层之间,就某些方面进行协作或贸易往来,经过商谈而形成的意向性意见的纪要。它的内容比合同、协议书更原则些。它们的区别:合同是法律文件,具有法律效力,意向书不是法律文件,某种意义上是进一步签订合同、协议书的依据和准备。

三、合同的基本内容

合同的基本内容,就是合同的基本条款。这些条款是合同当事人所达成的协议内容,它确定了各方当事人的权利和义务。由于当事人的经济目的和具体要求不同,每份合同的具体条款不会雷同。但是,有些条款是合同都应当具备的,这些条款,就是合同的必具条款。《合同法》第十二条规定:"合同的内容由当事人约定,一般包括以下条款:(一) 当事人的名称或者姓名和住址;(二) 标的;(三) 数量;(四) 质量;(五) 价款或者报酬;(六) 履行期限、地点和方式;(七) 违约责任;(八) 解决争议的方法。"

(一) 当事人的名称姓名和处所,即承担合同约定义务的对象

(二) 标的

合同的标的是指经济活动要达到的目的,是订立合同当事人各方权利和义务所指向的对象,它反映了当事人订立合同的要求。标的可以是物,如买卖合同;可以是行为如承包合同、委托合同等。具体地说,合同的标的指货物、劳务、工程项目、货币、劳务劳动成果和脑力劳动成果等。如购销的商品、租赁的房屋、承包的工程、信贷的货币、科技成果和专利权等,都是合同的标的。标的必须明确具体。标的不明确,合同就无法执行,所以标的是合同必备的最基本的条款。

标的写作应注意其合法性。国家禁止或限制流通的物品如赌具、淫秽物品、武器弹药、毒品之类,不能做标的,土地、文物等也禁止买卖。

(三) 数量和质量

数量和质量是标的的具体体现。合同必须在条款中明确规定标的数量(包括计量单位)和质量,因为它是衡量标的的指标,确定权利和义务的尺度,计算价款或酬金的依据,否则合同就不能成立。标的数量、质量稍有含糊,发生了矛盾或出现了差错,就难以确定当事人的责任、权利和义务,就会造成合同纠纷。标的的数量、质量写作要注意以下几点:

1. 项目要完善

要详尽地、全面地罗列该列的内容,不能因粗心而遗漏或图省力而简略。如有的产品质量可以在接收时加以检验,而有的产品必须在安装运转使用以后才能检测其内在质量的优劣,对此就要具体规定确定质量异议的期限。又如某些产品计量时可能会发生一些误差,包括正负尾差、合理磅差以及在途中自然减量等,必要时均须在合同中写明。而对成套供应的设备,要写明主机、辅机、附件、配件、备品和修理工具的具体数量、质量和品牌等,不能含糊地写作"备品 1 件"、"附件若干"、"配件 3 套"。附件若干有多少?备品、配件是什么牌?质量标准如何?必须全面而又具体地写明。

2. 数字要精确

要避免使用"大约"、"左右"、"若干"之类的字样。如"附件若干"、"货到后 10 天左右付款"都是错误的写法。含糊的数字是日后纠纷的隐患。再如质量方面,也应该尽量以数字加以明确。生产线的质量问题,如只是笼统地写上"供方所提供的生产线必须保证质量",投产后假如产品合格率很低,双方就会发生争执;如用"产品合格率必须达到 90%"这样明确的数字来确定质量,双方的权利和义务一目了然,即使发生争执也容易解决。

3. 计量单位要明确

合同中的计量单位不能使用"车"、"堆"等含糊不清的量词,不然会给合同的执行带来隐患,从而引起纠纷。对合同单上已经标明的计量单位和合同当事人确定的物品数量也要仔细核实,填写无误。计量方法也要事先明确,才能写入合同。比如产品质量,要商定是以什么为标准,或是当事人商定立样封样,或按国颁标准、部颁标准,并且要商定是哪一年国颁部颁标准,因为国颁部颁标准也是在不断更新的。此外,实行抽样检验质量的产品,在合同中也应写明采用什么样的方法和抽样检验的具体比例。

(四)价款或报酬

价款是指购买产品或商品的一方,向对方支付的按一定价格计算的货币金额,即取得标的物所应支付的代价(货币金额)。报酬是指为设计、施工、承揽加工、运输货物、保管货物等进行劳动服

务的一方应得到的对方支付的报酬金额,即接受对方服务所支付的代价(货币金额)。在价款或报酬款项中应注意的问题:

1. 价格

价值的基础是价格。签订合同的当事人在签订合同时必须对价款进行协商,并在合同中标明计算标准。合同中的标的价款,要按国家规定的价格计算。一般来说,合同当事人可以自由商定买卖价格,买卖价格一旦确定,任何一方不得单方面变动价格。对某种有国家定价的商品或劳务,或者国家规定了一定的价格涨落幅度的商品或劳务,经济合同当事人不能自由商定价格,必须遵守国家有关特价管理的规定,例如借款合同中的利息计算,利率的确定一般来说国家就有限制。尽管由于各个地区的经济发展水平不同,其最低的利率界限,规定也有所不同,但合同当事人仍应以当地的规定为准,遵守国家有关特价管理的政策。

2. 总额

单价乘以数量就是总额。如此简单的计算本不会出错的,但实际情况表明,即使这样简单的地方也不能掉以轻心,写作中必须仔细。例如某村把一块面积 4 亩的藕塘以每年 175 元的承包金,承包给某农民,合同上写着"承包金 175 元,承包期 15 年"。15 年 175 元,一亩藕塘地一年才交 2.92 元,村领导后来才发现在"承包金"前少写了"每年"两字。少写两字,"承包金"相差 15 倍,协商不能解决,只能诉诸法律解决问题,官司打了两年半才结束。如果涉及巨大金额,少写两字的损失就更大了。

3. 支付方式

我国政府规定,国内企业间进行经济活动,必须以人民币作为支付手段,因此这在合同中不写自明。但在涉外经济活动中就要明确以何种货币作为支付手段。一般合同都要通过银行结算,少量的可以直接用现金支付结算,所以在合同中还必须写明结算方式、开户银行、账号名称、财号、结算单位等。假如是转账结算,要写明是采用托收承付还是信用证,还要写明结算是"验单付款"还是"验货付款"等。

(五) 履行的期限、地点和方式

1. 履行期限

是指合同履行的时间界线,它是当事人在何时履行各自所承担的义务及判断合同是否按时履行的标准。履行期限对双方都有制约力,它既包括交货的期限,也包括付款的期限,所以在合同中要把交货和付款的期限都写明。这是合同内容中具有重要意义的条款,是检验合同能否全面、正确履行的重要标准之一。

2. 履行地点

是合同履行的空间范围,即当事人在什么地方履行各自应承担的义务,它直接关系到履行的义务和费用,因此必须在合同中写明并严格履行。如某水泥厂与某研究所签订水泥供应合同,由水泥厂提供水泥400吨给研究所,交货地点只写是在码头。后来水泥厂发货到该研究所所在地的码头,不料这码头不能卸运水泥,于是改运到另一个码头,距原来的码头有30公里,为此水泥厂就要支付运输费和保管费等几千元,原因就在于没有具体写清是在哪个码头交货。

3. 履行方式

是指合同当事人履行各自承担的任务所采取的方式,它因各种合同的不同内容而有差异。例如产品购销合同中,交货是一次交清还是分批交付,是由供方送货还是需方自提。又如,如果是代办托运,那么选择何种运输工具和哪条运输线路,都要事先商定,写入合同,因为代办托运是由供方办理而由需方付款的。涉及运输费用,供需双方既要考虑节省费用,又要明确费用的数额和支付问题。

(六) 违约责任

合同当事人没有履行合同规定的义务,就是违约,违约一方必须承担的责任就是违约责任。

在合同的履行中,无论是故意还是无意,违约现象时有发生,一旦发生违约,善后的重要问题是合理确定责任。所以明确违约责任是经济合同的关键内容之一,也是对违反合同的有关当事人规定的制裁措施,更是保证合同规定的各项条款得以实现的重要措施。不明确规定违约的责任,就无法保证合同的顺利执行。例如某鞋厂与某商店签订了6000双时装鞋的供销合同。由于这种鞋时尚、价格便宜,很快销售一空。不料过了不久顾客纷纷上门投诉,要求退货退款,因为其内在质量差,很容易坏。商店找鞋厂,鞋厂则认为这种鞋是一种时装,中看不中用是正常的,由于合同中没有写明质量标准,也没有写明违约责任,所以商店无法让鞋厂共同承担消费者的损失。

(七)解决争议的方法

写明如发生争议是否仲裁,由哪个仲裁机构仲裁等。

四、合同的写作要求

(一)合同的写作格式要求(一般有条文式和表格式,以下以条文式为例)

1. 标题

通常由合同的性质+种类+文种组成。(如《房屋租赁合同》)

2. 正文

一般包括首部、主体、尾部三部分。

(1)首部。表述合同基本事项的定义部分。包括:总则,简要说明签订合同的法律依据及订立合同的目的;合同各方的名称、地址、法定代表的姓名、职务、国籍以及营业执照和资产;合同中有关名词的定义和解释。

(2)主体。表述合同的主要内容和条件部分,是合同的核心部分。

(3)尾部。有的尾部常用"附则"表示,内容包括合同文字及效力、合同文本份数、合同的有效期限、合同未尽事宜的协商方法及合同的生效条件等。

正文部分责权甚多,内容复杂,一般都采取分章写法,章以下设条、款、项、目等层次。需要说明的是:条的序数要全文统一列序,如正文的第一章有三条,第二章则从第四条排起,以此类推;条以下的款、项、目等层次则各自列序,不需全文统一排序。

3. 签署

正文之后署上合作诸方单位的全称、诸方法定代表签名、签订合同的年、月、日及地点。

4. 附件

一般合同文本后都有附件(附项),是合同文本不可分割的部分。如进口设备清单、土地使用证、可行性研究报告、公司章程等文件,这些文件的目录可作为附件(附项)内容列在签署之后。

(二) 文字和语体要求

合同的文字表述要准确严谨,与当事人的协议相一致,与当事人的意图相一致。字句要明白易懂,语句要简练、精密,决不能使用夸张、形容、比喻、渲染、描绘等积极修辞方法。所用文字概念只能有一种解释,不能因为语词表达不明而引起误解或歧义。对容易引起误解或歧义的词语,要专门规定它的意义,以避免留下隐患。此外,还要注意文句通顺、词语搭配适当,要防止由于错字、别字、漏字、标点符号使用不当等造成歧义,造成经济合同的执行障碍和解释分歧。

(三) 合同是当事人必须遵守的法律文件。从内容到形式都要按合同法进行操作

[例文]

购 销 合 同

供货方(甲方):
购货方(乙方): 签约时间:

一、产品名称、规格、数量、金额:

产品名称	规格	单位	数量	单价(¥)	金额(¥)	交货地点
金额合作(大写)人民币:					是否含税	是

二、技术标准、质量要求和异议期限：

按国家标准、客户确认样品验收。验收不合格，购货方应在10天内提出书面异议，并且妥善保管好货物；供货方在接到书面通知后应在10天内负责处理，否则，供货方应承担责任；购货方逾期不提出异议，则认为供方货物质量合格。

三、包装要求：件数流水号、品名、颜色、重量、门幅，符合长途运输。

四、交货时间：从合同签订之日起至_____年___月___日前完成。

五、交货方式：由乙方验收合格后自提，在运输过程中造成产品质量损害由乙方承担。

六、结算方式：通过国内相关金融机构转账、汇款。

七、违约责任：

1. 甲方所交产品的质量如不符合约定，应在双方约定的条件和期限内相互协商按出货品制作论价或换货、退货处理。

2. 甲方无故逾期交货，应向乙方偿付未交货部分货款总值15%的违约金。

3. 乙方若不履行或不完全履行合同条约，应向甲方偿付未完成部分货款总值15%的违约金。

4. 乙方应按合同的结算方式及时支付甲方货款，若由于乙方货款不到位造成甲方无法按时发货甲方将不承担任何责任，并且有权要求乙方即刻付款。

5. 乙方应按合同的交货时间当日结清货款。若逾期未结清甲方将通过法律维护相应的合法权利。且乙方应赔偿甲方余款每月2%的利息。

八、其他约定事项：

1. 本合同最终以实际发货数量（发货数量为合同数量上下浮动10%）。

2. 本合同一式两份，甲乙双方各执一份。本合同自双方签订盖章之日起生效。如有遗失以持有方并结合实际的销售单据上的盖章为准。

3. 本合同在履行过程中如发生争议,甲乙双方应通过协商解决,并加以书面形式加以确认作为本合同附件。如协商不成均可法院起诉,并自愿以甲方所在地法院为一审法院。

供货单位: 　　　　　　　购货单位:
地址: 　　　　　　　　　地址:
电话: 　　　　　　　　　电话:
传真: 　　　　　　　　　传真:
联系人(签字): 　　　　　联系人(签字):

第二节　商业广告

一、广告的概念和作用

(一) 广告的概念

1. 定义

中国大百科全书出版社出版的《简明不列颠百科全书》对广告下的定义是:"广告是传播信息的一种方式,其目的在推销商品,劳务输出,影响舆论,博得政治支持,推进一种事业或引起刊登广告者所希望的其他反映。广告信息通过各种宣传工具,其中包括报纸、杂志、电视、无线电广播、张贴广告及直接邮送等,传递给它所想要吸引的观众或听众。广告不同于其他传递信形式,它必须由登广告者付给传播信息的媒介以一定的报酬。"由国家工商局行政管理局广告司、人事教育司编写,1994年经济管理出版社出版的《现代广告专业基础知识》一书中,对广告作出的界定是:"广告是以付费的方式,通过一定的媒介,向一定的人传达一定的信息,以期达到一定的目的的有责任的信息传播活动。"

因此,广告的基本概念可以缩称为:"有偿的、有责任的信息传播活动叫广告。"现代广告有广义和狭义之分。广义的广告包括经济广告和非经济广告;狭义的广告就是指经济广告(商业广告),它是现代广告的主要方面。

2. 特征

根据广告法的一些规定,现代广告活动具有以下基本特征:

① 广告的信息传播必须是付费的。② 广告是一种重复的、非人际传播活动。③ 广告是一种劝服的艺术。④ 广告不仅仅是静止的展示,更是一种动态的存在。⑤ 广告是一种负责任的信息传播活动。⑥ 广告内容的广泛性。

(二) 广告的作用

1. 传播促销的功能

广告是一种最迅速、最节省、最有效的传递经济信息的手段,同时也是市场销售的尖兵。广告宣传的根本目的,是诱导消费动机,促成购买行为。

2. 宣传新知识、新技术的功能

广告是介绍有关商品知识和新技术的重要途径之一,它能帮助消费者认识和了解各种商品的性能、用途、使用方法等。如消费者对"脑白金"、"黄金搭档"保健原理和功能的认识,就是靠产品的广告获得的。

3. 社会功能、教育功能和美化功能。

现代社会中的广告传播其内容已涉及生活的方方面面。声明、求职、招生、婚嫁等等都可以通过广告来实现。公益广告的兴起和发展在倡导社会文明,针砭时弊等方面,起到很大的作用。广告是艺术化的传播活动,它常借助于文学、书法、音乐、影视等各种艺术手段创造出具有观赏性的作品。尤其是越来越多的公益广告,更是把美化功能放到了很重要的位置。

二、广告的分类

根据不同的分类标准,可以对广告进行不同的分类,以有助于制定行之有效的广告策划活动。

(一) 根据广告传播的传媒分类

媒介是广告传播所依附的实体。按传播媒介分类,是广告最常见的分类形式。目前常用的媒介物有:

1. 印刷媒介物广告

包括各种报纸、杂志、招贴、海报、印刷品、传单、小册子、样本、宣传卡、日历、电话号码本及书籍广告等。

2. 户外媒介物广告

主要有路牌、墙壁、橱窗、店面、招牌、体育场、影剧院、展览会、博览会及各种空中广告等。

3. 交通媒介物广告

有车站、码头、机场、车辆车厢、船舶船舱、火车铁路广告及地铁广告等。

4. 电器媒介物广告

有霓虹灯、霓虹灯塔、灯箱、灯饰广告等。

5. 电波媒介物广告

有电台、电视、电影广告等。

6. 其他媒介物广告

有文艺节目、报告、广告歌曲、卫星转播、国际互联网、礼品广告等。

(二) 根据广告发布的地点分类

按发布的地点分类,广告一般可分为销售现场广告和非销售现场广告。凡是设置在商业街、购物中心和商店内及周围的广告叫做销售现场广告,其主要形式有:橱窗广告、货架陈列广告、商店内的灯箱广告和卡通式广告等。除了销售现场广告以外的其他广告形式都统称为非销售现场广告。

(三) 根据广告传播范围分类

按此分类,广告可分为国际性广告、非国际性广告、全国性广告、地区性广告、区域性广告、针对某一具体单位甚至是个人的广告。

(四) 根据广告具体目的分类

1. 销售广告

是指以促进商品销售为最终目的的广告,如商品广告、企业广告、观念广告等。

2. 需求广告

是指为了购进某种商品的广告,如工厂的原材料购进广告、零售批发商品企业的商品求购广告、银行鼓励存款广告、保险公司招揽保险业务的广告等。

(五) 根据广告的内容分类

根据广告的内容可将广告分为商品广告、企业广告、服务广告、商品(或服务)与企业综合广告、观念广告、商品(或服务)与观念结合的广告等。

应注意的是,商品广告是广告中最常见的形式,又分为如化妆品广告、家用电器广告、纺织品广告、服装广告等等。

(六) 根据广告传播时间上的要求分类

1. 时机性广告

包括新产品问世、展销会开幕、价格变动、企业开业等对商品销售有利的时间和机会所进行的广告。

2. 长期广告

一般指只在相对长时间内进行的广告。

(七) 根据广告表现的艺术形式分类

1. 图片广告

主要包括摄影广告和绘画广告,它以诉诸视觉为形式。随着图像处理技术的发展,图片广告在广告中的运用和作用会越来越大。

2. 表演广告

是通过运用各种表演艺术形式来达到广告目的。电视广告和销售场广告较多采用这种形式。

3. 演说广告

主要指用语言艺术推销商品,主要有广播广告和销售现场广告。

在实际工作中,为弥补只用单一艺术形式的不足,上述几种广告形式通常在一个广告中被综合采用,以达到最佳效果。

（八）根据广告的表现形式分类

1. 印象型广告

一般只宣传一个简单而又重要的广告主题，使人逐渐形成广告印象。电视、电台播放的广告其时间是以秒计算的，路牌、交通工具等媒介的广告其接受者一般是在并不专心的条件下接触广告的。有关测试表明，电视广告的文字内容如果超过六个字，被记忆的可能性就下降90%左右，而随机看到的路牌等广告，90%以上的公众只有一个"印象"。

2. 说明型广告

说明型广告通常用于高价耐用商品、专用商品和生产资料等的宣传。这类商品、物品的消费者一般在消费之前，会对商品、物品进行比较详细的了解和比较，整个消费过程以理性为主，说明型广告就特别有针对性，因而特别有效。

3. 情感型广告

用特定的情感诉求方式使消费者对广告的商品或企业产生特有的感情，适用于一般消费品，尤其是化妆品、饮料、食品、服装等大众化的商品，这个领域中的世界知名品牌商品，几乎都在情感广告上做足文章，从而为其产品打开畅销之门。

结合目前我国的实际情况，从广告的数量看，报纸、杂志、广播和电视是广告最重要的四大媒体；从广告的传播手段看，基本上分为音响、图像和文字三大类。

三、广告文案的写作与写作要求

广告文案是指广告作品用以表达广告主题和创意的所有文字和语言的总和。广告作品是由语言、文字、画面、音乐、音响等要素构成的，其中广告文案是核心内容，它直接影响着广告的宣传效果。

（一）广告文案的结构要素

广告文案有其自身的独立、完整的结构，它一般由标题、标语、正文、随文四个部分组成，各个部分将传达不同的信息、承担不同的职能、发挥不同的作用。

1. 标题

用简短的语言标出、道明物质产品、精神产品等的内容或性质。

(1) 广告标题的种类

① 直接标题。把最重要的事实和情况直截了当地说出来,简单明了。如"壮骨关节丸"、"古井酒"、"康师傅方便面"。

② 间接标题。不直接点明广告主题,而是通过采用多种表现形式提醒暗示消费者去读正文或看画面。

如"最小的投入,最大的收益"(春兰空调)、"发光的不完全是金子"(银器广告)等等。

③ 复合标题。兼取上述两种标题之长,融为一体。一般由引题、正题、副题三部分组成。如:

四川特产,口味一流(引题)
天府花生　　　　(正题)
越剥越开心　　　(副题)

中国名酒

剑南春

芳香浓郁醇和回甜清洌净爽余香悠长

2. 标语

又称广告口号或广告语,是为了加强商品、企业或服务的印象,在广告中反复使用的一种简洁精炼的文字形式。它基于长远的销售利益,向消费者灌输一种长期不变的商品观念,使消费者对该商品形成固定的良好形象,产生持续性购买。

标题与标语的区别:

① 标题是广告的题目,所以在设计上往往放在广告作品中最醒目的地方。标语是使消费者建立一种观念,用以指引消费者选购商品或劳务。所以标语可单独使用,即使用在广告作品中,其位置没特殊的限制,可放在刊首,也可放在结尾。

② 标题是广告不可分割的组成部分,在使用上具有依附性(依附正文或画面),所以它可以是一句完整的话,也可以是半句

话、一个词组或一个词;而标语则必须是意义完整的句子,表达出明确的概念。

③ 从语言形式上,标题追求新、奇、美,属于书面语言;而标语则力求朴素、自然、越口语化越好。

④ 标题经常是一次性使用;标语只有不断反复,加强刺激,才会产生预期的效果。

如正大集团在综艺节目中的标语:"爱是正大无私的奉献。"

3. 正文

广告正文是广告作品中主要的介绍说明文字,是广告文案的中心部分,也是广告内容的具体体现。广告正文的结构一般由开头、中心段、结尾三部分组成。

(1)开头。又称引言或开端,一般是承标题而来,对标题所提及的商品,劳务或事实,问题进行简要的解释和说明,并引出下文。

(2)中心段。也称主体段,任务是对开头的阐发和证明,要用具体的事实来介绍,说明广告标题,以关键性的、有说服力的事实突出本广告商品的特征和过人之处。

(3)结尾。一般带有总括性和建议性,从而促使消费者购买所广告的商品。

4. 随文

随文是广告文案的结尾部分,主要内容是告诉公众与广告主联系的方法,如广告主的电话、电传、电挂、联系人地址等。随文必不可少。

(二)广告文案的写作要求

1. 遵守广告法基本原则

内容"真实、健康、清晰、明白"是广告法规定的一个基本原则。

同时广告也要注意思想性,要有益于身心健康,不能损人心智。

2. 形式要新颖活泼

广告有多种类型,没有统一固定的结构模式,出色的广告构思新颖活泼,不落俗套,耐人寻味。广告的创作是一种独创性劳动,如广东某影碟机的广告主题歌:"世间自有公道,付出总有回报,说到不如做到,要做就做最好"创意别致,境界高远,显示了该企业的理念和追求,让消费者刮目相看。

3. 语言要力求准确、简洁、形象

(1) 力求准确是广告语言第一位的要求,否则将造成失实。语言的准确性除真实传递信息外,还包括用词贴切,尽量避免使用"最先进""独一无二"等绝对性词语,如"狗不理包子"广告文案:

> 做包子,一般用的是大发面,"狗不理"包子却是半发面,这样蒸出来的包子,皮薄有咬头,还显得馅儿大。蒸包火候不当,就会出现掉底、塌帮、跑油等现象,"狗不理"包子经过反复试验,避免了上述缺陷。为了保持包子的造型美观,每个"狗不理"包子掐十七个褶或十八个褶,疏密适中,看上去就像一朵白菊花。

这种语言朴素无华,客观准确,比一味的"誉满全球"、"销量第一"公式化语言效果要好得多。

(2) 力求简洁是广告版面或时间的要求,更是经济的制约,但不能为了单纯追求简洁而使广告信息不完整或句子成分残缺。

(3) 力求形象生动是广告语言是否具有艺术性的重要标志。首先要有新奇感。其次,生动形象的语言,应具有美感。如巧用韵文语言"喝了娃哈哈,吃饭就是香"节奏感强,朗朗上口;还可以巧用修辞手法,使商品形象惟妙惟肖,不同凡响,如"春光明媚处处有芳草,洁齿爽口人人爱芳草,早晨起得早天天用芳草"(反复)、"姑娘个个都爱美,爱美的姑娘爱思美"(顶针)、"本公司负责产品修理的人是世界上最孤独的人"(夸张)。

总之,受经济等诸多因素的制约,广告的语言尽可能简洁明了还要富有感染力,这就对广告文案写作提出了更高更严格的要求。

[例文]

劳斯莱斯(Rolls-Royce)汽车广告文案
大卫·奥格威(David Ogilvy)

标题：

"这部新型的劳斯莱斯汽车在以每小时60英里的速度行驶时，最大声响来自它的电子钟。"

副标题：

是什么原因使得劳斯莱斯成为世界上最好的车子？一位知名的劳斯莱斯工程师回答道："根本没什么真正的戏法——这只不过是耐心地注意到细节而已。"

正文：

1. 行车技术主编报告："在以每小时60英里的速度行驶时，最大声响来自它的电子钟。"引擎出奇地寂静。三个消音装置把声音的频率在听觉上拔掉。

2. 每个劳斯莱斯的引擎在安装前都先以最大气门开足7小时，而每辆车子都在各种不同的路面上试车数百英里。

3. 劳斯莱斯是为车主自己驾驶而设计的，它比国内制造的最大型车小18英寸。

4. 本车有机动方向盘，机车刹车及自动排档，极易驾驶与停车，无需雇用司机。

5. 除驾驶速度计以外，在车身与车盘之间没有金属衔接，整个车身都是封闭绝缘的。

6. 完成的车子要在最后测验室里经过一个星期的精密调试。在这里分别要受到98种严酷的考验。例如，工程师们用听诊器来细听轮轴所发出的微弱声音。

7. 劳斯莱斯保用三年。从东岸到西岸都有经销网及零件站，在服务上不再会有任何麻烦了。

8. 著名的劳斯莱斯引擎冷却器，除了亨利·莱斯在1933年死时，把红色姓名的首写字母 RR 改成黑色以外，再也没有变动过。

9. 汽车车身的设计制造，在全部 14 层油漆完成之前，先涂 5 层底漆，每次都用人工磨光。

10. 使用在方向盘柱上的开关，就能够调节减震器以适应路面的情况。(驾驶不觉疲劳，是该车的显著特点。)

11. 另有后窗除霜开关，它控制着 1360 条隐布在玻璃中的热线网。备有两套通风系统，即使你坐在车内关闭所有的门窗，也可调节空气以求舒适。

12. 座位的垫面是用 8 头英国牛皮制成，这些牛皮足可制作 128 双软皮鞋。

13. 镶贴胡桃木的野餐桌可从仪器板下拉出。另外两个可从前座的后面旋转出来。

14. 你还可以有以下随意的选择：煮咖啡的机械、电话自动记录器、床、冷热水盥洗器、一支电动刮胡刀。

15. 你只要压一下驾驶座下的橡板，就能使整个车盘加上润滑油。在仪器板上的计量器，可指示出曲轴箱中机油的存量。

16. 汽油消耗量极低，因而不需要买特价油，这是一部令人十分愉悦的经济车。

17. 具有两种不同传统的机动刹车，水力制动器与机械制动器。劳斯莱斯是非常安全的汽车，也是十分灵活的车子。它可在时速 85 英里时安静地行驶，最高时速可超过 100 英里。

18. 劳斯莱斯的工程师们定期访问汽车的车主，替他们检修车子，并在服务时提出忠告。

19. 班特利也是劳斯莱斯公司所制造。除了引擎冷却器之外，两车完全一样，是同一个工厂中的同一群工程师所设计制造的。班特利的引擎冷却器较为简单，所以要便宜 300 美元。对于驾驶劳斯莱斯感觉信心不太足的人士，可以考虑买一辆班特利。

价格：如广告画面所示的车子，若在主要港口交货，售价是 13550 美元。

倘若你想得到驾驶劳斯莱斯的愉快经验，请与我们的经销商联系。他的名字写在本页的底端。

劳斯莱斯公司　　纽约　　洛克斐勒广场 10 号

随文：

喷气式引擎与未来

一些航空公司已为他们的波音 707 及道格拉斯 DC8 选用了劳斯莱斯的涡轮喷气式引擎。劳斯莱斯的喷气式螺旋桨引擎则用于韦克子爵机、爱童 F-27 式机以及墨西哥湾·圭亚那式机上。

世界各地航空公司的涡轮喷气式引擎，大半都是向劳斯莱斯订货或由劳斯莱斯公司供应的。

劳斯莱斯现有员工 42000 人，而该公司的工程经验并不仅限于涡轮喷气式引擎及喷气式螺旋桨引擎，另有柴油发动引擎及汽油发动引擎，可用于许多其他领域。

该公司的庞大的研究发展资源正在从事许多未来性、计划性的工作，其中包括核能利用、火箭发射等等。

第三节　市场调查报告与预测报告

一、市场调查报告的概念、作用和种类

（一）市场调查报告的概念

市场调查报告是属于调查报告类文书，是对市场进行深入调查研究之后，对市场调查获得的信息资料进行系统、科学和周密的整理，提出调查结论供给有关决策者使用的书面报告。它是记述市场调查成果的一种经济应用文。市场调查是市场调查报告写作的前提与基础。

一般来说，市场调查有狭义和广义两种。狭义的市场调查是指根据某一特定的商品的需要，对与商品有关的市场情况进行专项调查，研究消费者对该商品的意见和要求、购买习惯、欲望和动机等。广义的市场调查除了上述内容外，还包括调查产品形象、社会需要量、销售环境、价格战略、流通渠道、竞争结构等内容。如何选择市场调查的范围，应该根据市场调查报告的要求而定。

（二）市场调查报告的作用

在现代市场经营管理活动中，由于市场调查在所获取信息、降低决策风险等方面具备无可替代的作用，已越来越为人们所重视。市场调查的作用，用美国市场协会(AMA)提出的阐述，即"通过信息将消费者、用户、公众与经营者联结在一起"，它揭示了市场调查的本质。调查报告的具体作用有：

1. 可为管理决策部门制定市场战略对策提供信息和依据。
2. 可为生产部门发展生产与市场接轨起参谋作用。
3. 对促进市场贸易迅速发展和企业经济效益的提高起指导作用。

（三）市场调查报告的种类

市场调查报告的种类很多，依据不同标准有不同分类。

1. 按调查范围分类

（1）宏观方面，市场调查报告主要有：市场需求调查报告、市场竞争调查报告、经营政策调查报告、预测性调查报告。

（2）微观方面，市场调查报告主要有：市场动态调查报告、市场商品调查报告、市场价格调查报告等。

2. 按调查报告的目的、作用、内容分类

（1）情况调查报告。是针对某一个地区或某一个事件或某一调查对象的基本情况，作较为系统、深入的调查、分析。它以叙述情况，描述事实为主，较少分析、议论，主要是给有关部门、有关人员提供有用的客观的资料，为他们研究、处理问题，制定政策、法规提供现实的依据。

（2）事件调查报告。针对现实经济生活中的突出事件，把该事件的来龙去脉，前因后果，清晰而完整地陈述出来，以叙述为主，较少议论。

（3）经验调查报告。通过对典型事例的调查分析，为某项政策的落实提供典型经验和具体做法。

（4）问题调查报告。重在反映工作中的不足之处，它不限于狭义的事故、错误，还包括应当引起重视和值得研究的矛盾、倾向、隐患等。在各种调查报告中，这种报告与实际工作关系最为直接密切。

二、市场调查报告的结构和写作要求

（一）市场调查报告的结构

通常情况下,市场调查报告的结构包括标题、正文和文尾三个部分。

1. 标题

（1）公文式标题,调查单位+调查内容+文种。如《零点公司关于格力彩电在国外市场地位的调查报告》。

（2）调查对象+文种。如《最新国内手机消费市场调查报告》。

（3）将调查对象的情况和结果概括成标题。如《2011年我国奢侈品消费市场变动不大》。

2. 正文

（1）前言。也称作引言,是调查报告的开头,可独立出来,标明"前言"或"引言",也可与正文合为一体,作为报告的"开场白"。无论独立与否,其文字都要简明扼要,其内容一般概述三个方面问题:调查的缘由、目的;调查的对象、范围;调查的经过——时间、地点、过程和方法。同时也可以简要概括全文的主要内容和观点。

（2）主体。这部分主要通过调查获得的资料,介绍被调查事物的基本情况,预测市场发展趋势。正文的结构一般有纵横两种形式。横式结构根据材料、问题的性质,将其概括为若干并列的几个部分,分别加以说明和阐述。纵式结构根据事情发展的先后顺序或材料内容的逻辑关系,前后有序地组织调查材料。这种结构法的好处是,随着情况、研究、建议等内容的展开,环环相扣,层层深入,给人印象深刻。一般对新生事物、典型事件的调查,多用这种结构方法。要注意的是:这种纵式结构的各个部分之间前后顺序不能颠倒。

（3）结尾。是正文的最后部分。根据调查的事实,对有关市场的情况作必要的归纳和总结;或是提出继续调查的希望和建议;

或是根据调查提出未能解决而又需引人注意的问题。有些市场调查报告在正文叙述完了之后,即告结束,没有单独的结尾。

3. 文尾

调查报告的单位,落款或作者署名和日期。

(二) 市场调查报告的写作要求

1. 做好写作前的广泛深入的调查工作

无论是实地调查,还是综合分析各种资料数据,都要广泛深入,还要注意使用科学的调查方法,从而获得正确的信息和结论。

2. 选用恰当的表述方法

市场调查报告是一种兼有说明文、记叙文、议论文的一些特点而又不同于这三种文体的一种应用文体。由于市场调研报告往往既要反映情况,又要揭示规律,提出观点和解决问题的方法,所以,它常常是结合使用叙述、说明和议论三种表达方式。叙述时,选用的事实要确凿,数据和图表要精确;说明时,文思脉络要清晰、完整;议论时,观点要鲜明,观点与材料要统一符合理论和实际的发展逻辑。

[例文]

市场定位准确是取得经营成果的关键

杭州大厦购物中心是杭城著名的大型零售市场之一。几年来在市场激烈竞争中,由于重视调查研究,搞好市场定位,掌握商战主动,取得了明显成果。××××年杭州大厦购物中心重新装修后,即以中高档定位作为目标市场。为了验证购物中心市场定位是否准确,揭示经营效果与市场定位的相关性,我们开展了市场客源的调查,并通过对顾客的基本情况及其购物动机的统计分析,对上述问题作出一个客观的结论性的判断。

一、调查目的

考察顾客的性别、年龄、居住地、职业和经济收入等顾客的基本情况,调查顾客的购物动机。

二、调查方法

1. 调查对象。以来购物中心购物的顾客为调查总体,从中随机抽取1487名顾客作为调查的具体对象。

2. 调查问卷。问卷分性别、年龄、居住地、职业、经济收入及购物动机6个项目。各题均采用封闭式设计,要求调查对象根据实际情况在各题所列的选择项中选取一项,作为对该题的回答。

3. 调查问卷的分发。调查问卷由商场工作人员在商场内随机分发,当场回收,回收率为100%。

4. 数据处理。调查回卷数据由SPSS统计软件处理。

三、调查结果分析

1. 顾客的性别构成。1487名调查对象中男顾客699人,占总数的47%,女顾客为788人,占总数的53%。卡方($x2$)拟合度检验不同性别的顾客人数之间有显著差异(显著性水平为0.05),来市场购物的女性顾客明显多于男性顾客。

2. 顾客的年龄组成。如表1(略)所示,34岁以下的顾客1106人,占总数的74.4%;而35岁以上顾客仅有381人,占总数的25.6%。卡方($x2$)拟合度检验不同年龄顾客人数之间有显著差别(显著性水平为0.05),来商场购物的顾客主要是年轻人。

3. 顾客的居住地分布。略

4. 顾客的职业分类。略

5. 顾客的月薪收入。略

6. 顾客购物动机的分析。略

不同性别顾客的主要购物动机排序。(表略)

不同年龄组大顾客购物动机的排序。(表略)

不同居住地顾客购物动机的排序。(表略)

不同主要职业(若该职业的顾客占总顾客数的7%以上为主要职业)顾客购物动机的排序。(表略)

不同经济收入顾客购物动机的排序。(表略)

这次顾客基本情况的调查,共计发出调查表1487份,回收1487份,回收率100%。统计分析表明,在杭州大厦购物中心的顾客中按性别构成分,男性顾客699人,占47%,女性顾客788人,占53%;按年龄构成分,34岁以下顾客1106人,占74.4%,35岁以上顾客381人,占25.6%;按居住地分,杭州市区的956人,占65.4%;按职业分,公司、事业单位职员占53.6%;按月薪分,501—2000元的占75.6%;按购物动机分,认为商品档次高、购物环境好、商品质量好和服务好的占69.4%。由上可见,杭州当地市民为主,公司及事业单位职员为主,月薪501—2000元的为主。无须多加解释,这样的一个顾客群主体,其购物动机必然是要求商品档次高、购物环境好、商品质量好和服务好。换一个角度说,正是杭州大厦购物中心把目标市场定位在中高档,并以不断努力创造出特色,因而在公众心目中留下了一个中高档商场的形象,久而久之使之成了一批追求中高档顾客的购物去处。因此,我们完全可以这样说,杭州大厦购物中心3年前的中高档市场定位是准确的,今后的任务是在经营商品和服务上再下一番工夫,以更好地迎合自己固有的顾客群,在巩固和发展有一定档次和个性的顾客的同时,争取精神文明和物质文明的双丰收。

三、市场预测报告的概念和作用

(一)市场预测报告的概念

市场预测报告简称为"预测报告",它是一种特殊形式的调查报告。预测报告,是人们在对市场进行调查分析的基础上,运用各种信息和资料,利用科学的方法和手段,对市场供需发展趋势以及与之相联系的各种不确定因素的变化,做出相关的分析、预算、预见和判断。市场预测报告就是将预测对象、预测区域和预测结果用文字表达出的书面报告。它有科学性、预见性、综合性、不确定性的特点。

(二)市场预测报告的作用

1. 有利于制定科学的经济计划和采取正确的经营决策。

2. 有利于正确地利用价值规律,掌握市场规律,保证商品价值顺利实现。

3. 有利于正确掌握市场价格和执行按劳分配的原则。

(三) 市场预测报告的种类

按照不同的标准,可对市场预测报告作不同划分。目前比较常见的市场预测报告分类,大体有以下几种:

1. 按预测的范围分

(1) 宏观预测。是从宏观经济管理角度,对商品流通总体的发展方向所作的综合性预测,如社会商品购买力与社会商品供应总量及其平衡状况的预测,某些主要商品的需求总量与供应总量及其平衡状况的预测等。

(2) 微观预测。是从企业角度出发,对影响本企业生产、经营的市场环境以及企业本身生产、经营活动的预测,如对经营的具体商品的需求预测,企业的市场占有率和销售预测。在实际工作中,宏观预测与微观预测是相辅相成的,宏观预测以微观预测为基础,微观预测以宏观预测为指导。

2. 按预测的空间分

根据不同的空间层次,可以把预测分为国际市场预测和国内市场预测。其中,国际市场预测又分为全球性、地域性和行业性的市场预测;国内市场预测也分为全国性的或某个行政区、某个经济区域的市场预测及城市市场预测和农村市场预测等。

3. 按预测的时间分

根据时间的长短不同,可分为近期预测、短期预测、中期预测和长期预测。预测时间长短的划分,可以根据预测对象和要求的不同而确定。一般地说,近期预测指为期在一年以内的预测,短期预测指为期在一至二年的预测,中期预测指为期在三年以上至五年(包含五年)的预测,长期预测指五年以上的预测。

4. 按预测的对象分

根据商品的不同层次和经济用途,可以分为单项商品预测、分类商品预测和商品总额预测。(1) 单项商品预测是指对具体某项商品预测,如对钢材、水泥、粮食、棉布等商品的产销、供求预测。(2) 分类商品预测是指对某一类商品的预测,如对通讯、电器类商品的产销、供求预测。(3) 商品总额预测是指对以货币指标表示的各种商品总量的预测。

（四）市场预测报告的结构

市场预测报告的结构由标题、正文两部分组成。

1. 标题

标题一般由"范围＋时间＋对象"三部分组成，如《长江三角洲地区 2011 年至 2015 年电脑需求量的预测》。有时也可省略时间，只标明预测范围、对象；有时，带有整体性的预测，也可省略范围，只标明预测时间、对象，如《2012 年商品房市场趋势分析》。

2. 正文

市场预测报告的正文由基本情况、预测分析、建议三部分组成。(1) 基本情况。主要运用资料和数据，对市场营销活动的历史和现状作简要的回顾和说明。预测的特点，就是根据过去、现在的情况推测未来。必须选择有典型意义的、有代表性的资料、数据，来说明市场营销活动的历史和现状，这是进行预测分析的事实基础。(2) 预测分析。重在分析研究，要在真实、准确的资料和数据基础上，进行认真地分析研究和判断推理。(3) 建议。是市场预测报告的目的。必须依据预测分析的结果，为决策机关提出切合实际的、有价值的建议。

（五）经济预测报告常用的预测方法

经济预测方法很多，大体可以分为定量预测法与定性预测法，非数字模型预测方法与数字模型预测法。每一类中又有若干种方法，常见的有：

1. 集合意见法。就是集合企业内部经营管理人员、业务人员等方面的意见，然后将意见集中，分析归纳判断，确定出预测值的方法。为防止风险，可结合其他预测方法一起使用。

2. 专家意见法。又称特尔菲法。特尔菲为古希腊的地名，相传希腊神在此降服妖龙，后人用特尔菲比喻神的高超预见能力。这种预测方法是根据预测的目的要求，向专家们提供一定的背景资料，请他们作出分析判断，得出预测结论，这是一种定性的分析方法，在具体运用时又常采取两种形式：专家会议法和专家通讯法。

(1) 专家会议法。就是邀请有关方面的专家，通过会议形式，请专家们发表预测意见。专家选择人数以6—10人为宜,民主讨论,不受权威意见左右,各自畅谈自己的方案,然后主持人根据各种方案的比较、辨析,归纳出最终预测方案。一般在需要运用定性分析,或系统的资料数据不全的情况下采用,但此法由于受与会者个性及心理状态影响,最后的综合容易走样。

(2) 专家通讯法。也称专家调查法。将预测对象及背景资料编制成意见征询表,寄给专家,让专家在相互保密情况下,以书面形式回答预测意见,并反复多次修改自己意见,最后在专家意见稳定后,综合出预测结论。这种方法多次反馈,专家可不断修正自己的意见,不受左右干扰,集思广益,综合归纳时有一定量的统计。

3. 类推预测法

类推预测法。是应用相似性原理,把预测目标同其他类似事物加以比较分析,推断其未来发展趋势的一种方法。它是根据先导事件已经发生和发展的过程来类推预测后发事件未来的趋势,是一种定性预测方法。

类推预测法可以是由点到面的类推,可以是由国外类推到国内、由某一地区类推到情况相似的另一地区,也可以由相近似的产品销售类推出新产品的开发。例如,据介绍,在世界其他国家,彩电与录像机居民拥有比例为10∶7,而我国仅为10∶2,由此可知我国录像机仍有很大的潜在市场。类推预测法对于预测商品生命周期、新产品开发效果、中长期商品销售量等有其优越性,但这种方法一定要注意事物之间的相似性与近似性。

4. 时间序列预测法

时间序列预测法。是借助统计方法研究分析预测目标时间序列的发展变化过程及其规律性,以此推测出预测目标未来的发展趋势。这是一种定量预测方法。

时间序列是将观察记录或经济统计得来的一组数字,按时间顺序排列起来,构成一个动态数列,运用事物发展连贯性原理,从已知时间数列推知未来,只要我们发现已知时间数列的变化规律,即可外推延伸预测未来。但任何事物的未来绝不会是历史的简单重复,时间愈长,客观环境变化愈大,预测的准确性就愈小,所以这种方法预测短期精度较高。

5. 因果预测法

因果预测法。又称相关分析法。这种方法是利用社会经济现象之间的因果关系,由此一事物的变化来预测彼一事物的发展趋势。这是因为经济现象多是相互联系、相互影响的,商品价格变化会引起商品销售量的变化,群众手持现金的变化也会引起购买力的变化,有时一个自变量会引起一个因变量的变化,有时两个或两个以上的自变量引起一个因变量的变化,它可以用数学模型进行推测,所以这是一种定量分析预测法。

(六) 市场预测报告的写作要求

在实际工作中,根据决策需要的不同,市场预测报告的具体内容,可以是综合性的,也可以有所侧重,或是某一项目的单项立项。写作时,要求做到以下几点:

1. 明确预测的对象和目标,使报告具有明确的针对性

预测报告要开门见山地阐述,说明报告涉及的市场范围、市场构成、问题性质,以及它们的背景、依据或意义,从而使报告具有明确的针对性。预测对象往往反映了预测的目的。预测对象和目标一旦确定,预测报告的总纲也就随之而立了,诸如材料的选用、预测方法的选用、报告结构的组织安排等就有了准绳。

2. 充分占有、分析和消化资料

市场的分析和预测,必须根据可信的实际资料来操作。预测报告的重点在分析,不能成为材料的堆积。因此,充分占有资料还意味分析和消化资料。具体的分析可以采用文字统计图表、几何图形或数学方程表达,要求精确、简洁明白。对报告中使用数据资料,应说明其来源或出处,以保证资料的严肃性和可信性。

3. 用科学的方法进行分析和预测

预测应是科学分析的结果。预测的重点是要抓住已经揭示的市场变动因素,分析市场动态的可能走向。可以用不同的分析方法进行预测,不能牵强附会或故弄玄虚。预测结果的表达必须非常严谨,根据所作的分析,能预测到什么程度就写明是什么程度,不要任意发挥,对预测的可靠程度及可能影响预测可靠程度的因

素,要作必要的说明,不要偏执其辞,过于绝对。

4. 提供切实可行的对策建议

预测报告在分析、预测的基础上,还可以根据实际需要,提出一些有针对性的决策参考意见,供预测报告使用者参考。根据不同的决策需要,这部分内容可以是较为抽象的策略思路,也可以是非常具体的对策措施,不论是何者,都必须针对具体的实际问题,说明对策的意图和目的,具有切实可行的操作价值。

[例文]

2012—2013年中国乳制品行业的发展趋势分析

1. 未来乳制品行业市场容量巨大

从我国农业产业结构来看,发达国家乳制品行业产值占农牧林渔业总产值的20%,占畜牧业产值的40%,而我国的乳制品行业产值占农牧林渔业总产值的比例仅为3%,占畜牧业产值的10%。与世界发达国家乳制品行业比较,我国乳制品行业发展起步晚,仍有很大的发展空间和增长潜力。根据农业部发布的《全国奶业"十一五"规划》,综合考虑我国奶畜生产能力、饲料供应、奶业科技进步、居民消费需求等因素,预计2020年奶类产量将达到6000万吨,人均占有奶量将达到42千克以上。随着国民经济持续健康发展,我国乳制品行业也将持续健康地发展。

(中商情报网《2012—2016年中国乳制品市场分析及发展趋势预测报告》)

2. 酸奶市场逐渐成熟,产品更加多样化

当前国内乳制品市场主要以液态奶和奶粉为主,酸奶仅占整个乳制品市场份额的15%左右。而在国外成熟的乳制品市场,酸奶的比例一般会达到40%左右。未来国内酸奶的市场潜力巨大,还有将近两倍左右的上升空间。同时,未来酸奶产品将更加多样化和人性化。多样性主要体现在:

(1) 功能多样化

随着人们对健康的重视,乳制品企业开始通过开发具有美容、养身保健功能的乳制品来提高产品的市场竞争力。针对儿童、孕妇、老人、年轻白领等不同消费群体的不同特点,酸奶的功能逐渐细化。

(2) 风味多样化

随着乳制品市场的竞争加剧,原有乳品中添加的果汁、花生粉等已经不能满足消费者的需求。仙人掌奶、玫瑰鲜花乳、芦荟奶、玉米乳等多种天然植物、谷物为主要成分的乳制品层出不穷,酸奶风味日益丰富。

(3) 包装多样化

未来在包装上寻求创新将是乳品企业增强市场竞争力的又一突破口,如屋顶型包装、三角包装、蒙古包型包装等。

3. 凝固型酸奶逐渐由市场启蒙期进入成长期

凝固型酸奶是近年来酸奶市场上新出现的一个品种,在此之前,市场上的酸奶主要以搅拌型酸奶为主。自从公司的"青海老酸奶"产品进入市场以来,对消费者不断进行启发、引导,同时市场上陆续出现"老北京酸奶"、"山东老酸奶"、"内蒙古老酸奶"等其他品牌的凝固型酸奶。在凝固型酸奶逐渐走向成长期时,市场一批忠实的消费者也建立了起来,其中包括儿童、时尚青年以及具有怀旧情怀的中老年人,凝固型酸奶甚至成了某些零食的替品(例如果冻)。凝固型酸奶已经成为乳制品中与传统的搅拌型酸奶并驾齐驱的一个重要组成部分。

4. 未来高端奶将成为乳制品市场的主要驱动力

高端奶市场目前还是一个增长率高且没有强大主导公司的细分领域。为满足这种消费趋势,国内主要乳品企业已陆续推出了一些高端产品,如伊利股份的"金典"牛奶和"营养舒化奶",蒙牛乳业的"特仑苏"纯牛奶和"奶爵六特乳",光明乳业的"优加乳"和"优倍乳",皇氏乳业的"摩拉菲尔"水牛奶,本公司的"青海老酸奶"和"青稞藏之宝"谷物酸奶等,得到了消费者的青睐,并实现了优质优价。

第四节 经济活动分析报告

一、经济活动分析报告的概念和作用

（一）经济活动分析报告的概念

经济活动分析是人们认识经济规律的一个重要途径，是现代化经营管理的一种重要方法。经济活动分析报告是以政府的方针、政策为指导，根据相关的经济指标，依据统计、会计提供的核算资料和调查研究所掌握的情况，对某一部门或单位经济活动的过程及现状进行分析研究而写的书面报告，又称经济"活动总评"、"××状况分析"、"××情况说明书"等。

（二）经济活动分析报告的作用

1. 宏观调控作用

经济活动分析报告及时提供现实的经济情况及问题，帮助经济计划的制定者从实际出发，权衡当前与长远、局部与整体、需要与可能的利弊得失，发挥宏观的调控作用。经济活动分析报告具有科学的认识价值。

2. 改善经营管理的作用

经济活动分析报告提供的信息，反映的情况，发现的问题，提出的改进措施，预测的市场变化，都是经营管理者及时作出生产调整、市场决策、资金运作的依据。它对提高经营管理的质量起着积极的作用，促使经营管理逐步科学化，促进企业更自觉地按照经济规律办事。

3. 监理职能作用

经济活动分析报告不仅企业使用，国家财政、金融、审计、税务等部门也使用。所以，它对政府有关部门发挥监理职能有着重要作用，也是政府有关部门帮助企业遵守国家的政策、法令和财经纪律的有效方法。

二、经济活动分析报告的特点和种类

（一）经济活动分析报告的特点

1. 专业性。经济活动分析要建立在经济核算的基础上，而经济核算离不开数据和计算。因此，它的专业性强，撰写者除了要具有一定的政策理论水平和写作能力之外，还必须具备一定的专业知识和经济工作实践经验。

2. 总结性。经济活动分析，经济效益的高低，不仅要以账面数字和统计资料为依据，而且要结合调查研究资料，从主客观方面找出原因，总结出经验教训。因此，它也是围绕经济活动而进行的总结。

3. 指导性。经济活动分析虽立足于分析过去和现在的数据和资料，但却要着眼于未来，使今后的经济活动有所借鉴和遵循。

（二）经济活动分析报告的种类

1. 按报告内容所涉及的范围分：有涉及一个地区、一个系统、乃至全国范围内的某项经济活动分析的宏观经济活动分析报告；也有仅涉及一个基层单位、一项产品等涉及面较窄、影响较小的微观经济活动分析报告。

2. 按报告分析的时间分：有定期的和不定期的经济活动分析报告，定期的又分为年度、季度和月度的分析报告。

3. 按报告内容所涉及的部门、行业分：有工业、农业、商业、服务部门的经济活动分析报告等。

4. 按报告的内容广度和特点划分：有综合分析和专题分析报告。

5. 按报告内容所涉及的功能分：过程控制分析报告、总结分析报告和预测分析报告等。

常用的分析报告有：

(1) 综合分析报告

综合分析报告又叫"全面分析报告"，常被用来作经济活动的宏观分析。如由中央政府发表的《国家上半年度工农业生产形势综述》，由世界银行发表的《关于世界经济概况的年度报告》都属综合分析报告。综合分析报告也被用来对一个企业或其他经济实体的生产经营进行全面系统的分析评价。如对企业的年度、季度、月份经营情况和财务计划的执行情况进行综合的分析，也属于这类报告，如《宏大公司三季度执行生产计划情况分析》。

(2) 专题分析报告

专题分析报告主要侧重微观，是指对经济活动中的某一特定问题，进行深入调查和细致的分析研究后写成的分析报告。如产品的质量分析报告或它的财务成本、利润、原材料消耗、劳动生产率、产值指标产量、资金利用及效果等各单项分析报告，都属于专题分析报告。与综合分析报告相比，专业分析报告的内容量集中，基本上是一份分析报告只分析研究一个专门问题，内容涉及范围虽然小，但是应用范围却很广。对经济活动中各种具体问题的考察、分析，都少不了做专题经济活动分析报告。专题经济活动分析报告往往是形成综合经济报告的基础和材料来源。

(3) 简要分析报告也称"部分分析报告"，多是结合年度、季度、月份编制报表而进行的，围绕报表所提供的数据情况作简要分析或说明。简要分析报告内容更为单一具体，反映问题快，文字比较简约，能说明问题即可。它与报表相互配合，报表为简要分析报告提供数字依据，简要分析报告又为阅读报表作了分析提示，共同表示了经济活动进展的程度和情况。

三、经济活动分析的方法

经济活动分析的重点在于分析。所谓经济活动的分析方法，是以定量分析为核心的(为了称谓记载，测量和交流的方便，经济活动的运行有一个完整的度量单位系统，如重量单位、长度单位、面积单位、体积单位、容积单位、时间单位、货币单位和计件单位等)对数量的分析又有一套科学的方法。写进报告的数据一般只是分析的结果，而把所用的分析方法和分析过程略去了。经济活动分析的方法中最基本的是比较法，进一步分析常用的是因素分析法，适应具体内容的不同需要，还有平衡分析法、比率分析法、分组分析法、动态分析法、结构分析法、时控分析法等。常用分析方法：

（一）比较分析法

比较分析法也称对比分析法，指标对比分析法。这种方法是将同一基础上（时间、内容、项目、条件等）可比数字资料进行对比。

借以确定可比对象之间的差异，为深入分析形成差异的原因提供依据。如量的对比，一般都采用绝对数和相对数（百分数）来表示其差异程度，绝对数相减，相对数相除。如某公司上半年业务收入总额为3200万元，本期计划为3000万元，对比显示实际比计划有了增长，其计算方法：

绝对数：3200－3000＝200（万元）即增长了200万元。
相对数（增长率）：200÷3000×100%＝6.7%即增长了6.7%。

比较分析一般可以从三个方面进行：第一，比计划指标。以本期的实际指标与计划指标比较，通过分析比较，查看实际完成情况与计划的差距，以便总结出完成、未完成或超额完成计划的原因。第二，比历史指标。这是纵向比较，是把本期完成的实际数与上期、上年同期或历史最高最低水平的情况进行分析。这种比较，可以清楚地展现某项指标在时间上的动态变化，以利于揭示企业活动的规律和发展趋势。第三，比先进指标。这是横向比较，就是把本企业的实际指标与国内外同类且客观条件大致相同的先进企业的指标比较，除弊兴利。

（二）因素分析法

因素分析法是查明某一指标变动是由哪几个因素造成的，并计算各因素影响程度的一种分析方法。运用这种方法，可以具体分析影响一项指标完成或没有完成的因素，找到产生问题的原因。如果说比较分析法着重于数字和情况的比较，那么因素分析法则是在此基础上侧重于事实的说明和原因、特点的剖析。运用因素分析法，首先应该抓住主要问题的主要因素；其次要把主客观因素结合起来进行分析，不能以主观因素代替客观因素或者相反。

（三）综合比算法

综合比算法就是对多种指标进行综合对比、计算，从而更加全面地考虑问题,更加稳妥地采取措施。例如在分析利润和利润率时,就要对商品流转额、劳动效率、费用、资金占用等多项经济指标进行综合性计算。

四、经济活动分析报告的结构和写作要求

（一）经济活动分析报告的结构

经济活动分析报告的结构,通常由标题、正文和落款三部分组成。

1. 标题

标题的写法没有固定的格式。常用的模式有:由"单位＋时间＋文种"构成,如《茂林贸易公司 2012 年第一季度成本分析报告》,这种标题常用于单位内部和单位上级主管的分析报告;由"时间＋内容＋文种"构成,如《2001 年下半年度财务情况分析报告》,这类标题常用于单位内部的分析报告;由"分析主体＋对象＋时间＋内容＋文种"构成,如《××市冶金局对第三钢铁厂 2911 年度综合效益的分析报告》,此种标题常用于主管部门对下属单位所作的分析报告;由"分析内容＋文种"构成,如《关于国产轿车销售的经济效益和社会效益的专项分析报告》,此类报告可以面向本行业或消费者,也可用于向上级有关部门作专题汇报。此外,有的标题可以用提问的方式揭示主题,如《第三季度债券市场为什么空前火爆》;也可以用正标题的形式加强效果,如《扩大购销财源,加强管理效益高——东海农场生产资料经营成果浅析》;也可以追求简洁明快的效果,用分析报告的建议或意见作标题,如《关于开放私人轿车市场的建议》。

经济活动分析报告的标题是比较灵活的,不论采用什么写法,标题应与分析报告的内容相符,并且明确具体。

2. 正文

正文由引言、主体、结尾三部分组成。

（1）引言。也称导语、前言。分析报告的引言通常是概括地介绍分析对象的基本情况。引言只是为正文的分析作先导,引发读者探讨的兴趣。一般以直叙、简洁为好,很快进入正文主体部

分。有些分析报告,尤其是专题分析报告,可以直接从基本情况和存在的问题写起,省略引言部分。

(2) 主体。是分析报告的核心。主体的内容一般包括三大要素:交代具体情况,分析,小结归纳。具体情况包括:介绍经济活动的背景和发展全貌,经济活动指标完成的情况,经济改革以及技术措施的实施情况,说明取得成绩或存在差距的具体事实,而这些又多以各项经济指标来显示,如企业的产值指标、成本指标、资金指标、销售指标、利润指标等。分析:充分运用资料和数据,分析经济活动的成效,总结经验。小结归纳:发现问题,找出产生问题的原因,得出明确的结论。在分析各项主要指标时,也要突出重点,有所侧重,或以分析成绩为主,或以分析问题为主。

就表述方法而言,采用说明叙述、说明加议论的表达方式。就表述语言而言,多数情况下都是采用文字语言进行说明、议论,根据需要也可用数学语言包括符号、算式、推导、运算等进行分析,还可以用绘图语言、统计图表等辅助分析。

(3) 结尾。也称结语,是经济活动分析报告在主体分析的基础上,提出的建议和措施意见,是分析以后的自然结论。所提出的建议和措施要切实可行,与前文所述的情况分析密切配合呼应。有的分析报告没有另写结尾,分析清楚了也就意尽言止。

3. 落款。落款部分要求在报告的最后写清撰写报告的单位名称及日期,必要时加上负责人签名。

(二) 经济活动分析报告的写作要求

1. 政策性

经济活动分析是一项政策性很强的工作,撰写分析报告一定要以国家的有关经济政策作为指导,用财政法规和纪律等来检验有关的经济活动。

2. 尊重客观实际,从真实准确的材料中得出科学结论

撰写经济活动分析报告,保证材料的真实性,是克服主观片面性的关键。经济活动分析报告离不开具体数据的罗列和分析,基础数据的准确性直接影响着分析结果和评价的正确程度。所以在收集、整理、分析资料时,一定要注意其精确性,严肃认真,在计算

时要认真核准,并保证计算方法和计算过程的严密、正确。语言要简练,数据、图表、公式等要与分析说明的文字有机统一。

3. 灵活运用分析方法,体现研究思维的步骤

经济活动中各种现象,各方面因素及相互关系是错综复杂的,有的起正面效应,有的起负面效应;有明显的影响,也有潜在的影响,要根据分析的目的、对象、内容的不同,选用不同的分析方法。经济活动分析报告写作时并不需要把每道计算草式都写进文章里,但推导的思路应该是清晰、完整的,体现研究思维的严密性。

[例文]

房地产公司2011年11月份经济活动分析报告

2011年11月份,房地产公司实现主营业务收入229万元,完成年度总预算的4.58%;本年累计完成收入1617万元,完成年度预算5000万元的32.34%。11月份实现利润29万元,环比增加利润29万元;本年累计完成利润61万元,完成年度调整预算利润120万元的50.83%,同比增加利润57万元。

一、主要经济指标完成情况

1. 收入完成情况:11月份实现收入229万元,上月为23万元,上年当月为33万元;本年累计完成收入1617万元,上年同期为834万元。

本月收入229万元是根据汕头三期实际测定的完工进度采用完工百分比法确认的结算收入,较9月份结算收入23万元增加206万元。汕头三期施工进度统计至11月底,桩基部分完成工程量的60%,发生费用大约500万元。

2. 利润指标完成情况:11月份实现利润总额为29万元,上月为0万元,上年同期为0万元;本年累计实现利润61万元,上年同期为4万元。

3. 主营业务成本情况:11月份营业成本为147万元,上月为

0万元,上年当月为0万元;本年累计营业成本为1028万元,上年同期为596万元。

4. 管理费用情况:11月份管理费用支出32.25万元,上月3万元,上年当月1.32万元;本年累计管理费用支出174.25万元,上年同期为144.32万元。

11月份生产经营情况较为平稳,各项数据指标也较平稳正常。

二、存在的问题

1. 人员结构不合理。目前汕头三期项目能按进度施工,安全、质量可控。下一步要做好项目的重新编制预算、工程进度款的结算工作。但目前房地产公司在工程管理及预决算方面技术人员缺乏,发挥不了专业作用,问题尤其突出,影响正常工作,容易导致公司利益受到一定程度的损害,到了非解决不可的地步。希望公司考虑房地产公司人员结构的实际情况及工程项目建设的需要,从广梅汕内部调剂部分专业人员,应付目前生产之所急。

2. 缺乏新的经济增长点。房地产公司今明两年的收入主要来源为汕头三期项目,而惠州西区项目才是房地产公司今后几年最切实可行的一个新的经济增长点,但目前推进惠州西区项目存在很大困难:一是项目启动资金缺口巨大,需缴交土地出让金及前期报建费用近2个亿;二是应政府要求建设的1500套公共租赁住房需要我们垫资1.5亿;三是向政府争取土地、税费等优惠政策,需要更高层面与惠州市政府商谈,争取更大的支持力度。以上问题和困难,希望公司给予支持帮扶。

3. 秋长镇闲置土地存在被政府盘整收回的可能。权属房地产公司的惠州市惠阳区秋长镇3万平方米土地,至今已闲置10余年,不仅未产生经济效益,还有被政府盘整收回的可能。目前房地产公司已上报该土地的开发利用方案,希望公司尽快研究,尽早启动该土地的开发利用。

三、下一步采取的措施

1. 力争完成公司下达的年度经营任务目标。根据公司《关于公布〈2011年广梅汕公司多元及工附业单位工资总额与经济效益挂钩办法〉及工效挂钩指标的通知》(广梅汕人劳函[2011]80号)的要求,房地产公司的经营任务是年度完成经营收入5000万元,实现利润120万元。至11月底,我公司已完成经营收入1617万元,比年度计划5000万元尚欠3383万元;实现利润61万元,比年度计划120万元尚欠59万元。房地产公司2011年的收入主要来源为汕头三期结算收入,汕头三期的施工主要从7月份开始,因此结算收入主要在下半年。下一步主要是抓好汕头三期的施工组织,加强项目安全、质量管理,确保至年底项目工程形象进度完成40%,有望完成年度经营任务目标。

2. 尽快盘活秋长镇闲置土地。2000年抵债回来闲置10年的秋长镇3万平方米的土地,已收到惠州市惠阳区的盘整收回的通知,必须尽快研究开发利用该土地,盘活资产,防止国有资产流失。房地产公司已上报了将该土地出租的方案,通过出租利用,保存该土地,以致不被政府盘整收回,再寻机开发利用。如能尽快启动并成功出租,将对保存土地以及缓和房地产公司流动资金压力起到一定的作用。

3. 推进惠州西区项目前期报建工作。当前国家、省、市及部、集团,对加快推进职工住房建设的政策极为有利,加上职工对惠州西区项目的建设期盼已久,如错过时机,将错失良机,今后要想再推动该项目,难度将大大增加。由此,惠州西区项目的报建工作不能放松,希望公司给予明确意见,以便我公司推进项目前期报建工作,在推进报建过程中遇到的问题,也请公司给以帮扶解决。

房地产公司
二〇一一年十一月四日

第五节 招标书和投标书

一、招标书的概念和特点

(一)招标书的概念

招标书也叫招标通告、招标公告、招标启事,它是商业广告性的文书。

招标是国内外经济活动中常用的一种交易形式。招标人在兴建工程、合作经营某项业务或进行大宗商品交易时发出招标书,公布标准和条件,公开邀请投标人承包或承买,从中选择最佳的对象,这叫招标。标,就是用比价方式承包工程或买卖货物时各竞争厂商标出的价格。

(二) 招标书的特点

1. 公开性。这是由招标的性质决定的。因为招标本身就是横向联系的经济活动,凡是投标者需要知道的内容、条件、要求和注意事项,都须在招标书中公开说明和写清楚。

2. 时间性。为保证经济目标按期实现,招标者对投标者有严格的时间要求。

二、招标书的写法和写作要求

招标书的写法比较原则,文字不多,一般必须写清下列内容:招标的项目名称、投标方法、投标资格、技术要求、投标和开标日期、保证条件、支付办法等。每一项内容,往往只用一两句话加以概括,力求写得简洁明确,使投标人按照招标的条件和要求,填报投标书,向招标人申请承包建设工程或经营业务。

(一) 招标书的写法

1. 标题

一般有两种写法:一种是只写文种,如"招标通告"、"招标公告"、"招标启事";另一种是在文种之前,还加上招标单位的名称,如"中华人民共和国技术进口总公司国际招标公司招标通告",突出招标单位的名称,显得庄重。

2. 正文

招标书的正文,要写得概括,必须写清投标人参加投标应知事项,如招标的项目、方式、程序、要求等等。上述内容必须妥善安排,其行文顺序大致如下:

(1) 前言。开宗明义说明招标的原因,如招标根据、目的、工程项目名称或产品名称、规格及招标范围等内容。语言表述简洁突出重点。有的还在前言部分简介企业优势,以吸引更多的投标者。

(2)主体内容。具体包括:要承包的工程项目的名称、招标范围、招标投标的方法,投标者的条件和要求,投标的时限和地点等。如是国际招标,还应写明招标范围包括哪些国家使用什么货币、以及付款方式等。

(3)结尾。正文的结尾应将投标招标的时间、联系办法和招标书的售价等加以注明。

3. 落款

招标书的落款应写明招标单位名称,发文日期,单位地址,电话号码,电报挂号,电传,邮政编码,电子信箱等。

由于招标的项目不同,招标的条件不同,招标书的写法也不是固定不变的,但一般应具备上述三部分的内容及结构形式。有的招标书还有编号,写在标题下一行右侧。

(二)招标书的写作要求

1. 必须符合国家有关政策和法令规定,正确处理好国家、单位、中标者的关系。

2. 招标条件要明确、具体,内容要简明扼要,重点突出。

3. 文字要准确、恰当,篇幅不要过长。

[例文]

招 标 书

各投标单位:

我分局新建一栋四层办公楼已经主体竣工,按计划分局对办公楼进行二期装修,按照×××工商局《工商所基本建设项目管理操作规程》的规定,现将办公楼装修项目招标内容和有关要求公布如下:

一、资质审查内容:

投标单位必须提供:《营业执照》、《税务登记证》、《安全生产许可证》、《组织机构代码证》、《室内装饰企业资质等级证书》(资质等级三级和三级以上)、《室内装饰施工企业项目经理资格证书》、《法定代表人委托书》、《设计资质证书》等资质证明；

投标单位提交材料时必须同时提交原件和复印件。

二、验收标准：

按照《××省装饰装修验收规范一览表》为准。

三、装修项目内容：

（一）分局办公楼装修内容

1. 办公楼1楼门厅装修，制作背景墙。

2. 办公楼大会议室装修，轻钢龙骨石膏板吊顶刷乳胶漆；包暖气；做主席台；制作背景墙。

3. 办公楼小会议室装修，轻钢龙骨石膏板吊顶刷乳胶漆；包暖气、制作背景墙。

4. 办公楼登记大厅装修，轻钢龙骨石膏板吊顶刷乳胶漆；包暖气；制作背景墙、柜台。

5. 局领导办公室的装修，包暖气；顶面三级轻钢龙石膏板吊顶刷乳胶漆，四套。

6. 卫生间、淋浴室塑料扣板吊顶。

7. 办公楼一楼至三楼(除顶面三级吊顶外)办公室及公共走廊矿棉板吊顶。

8. 室内照明灯具的安装及布线动力电力空调线的布线安装。

9. 室外屋顶钢骨架造型，楼顶凉亭制作。

10. 每层安装消防设施。

（二）×××工商所装修内容

1. 会议室、注册大厅

最北边的大房间分隔为两间，西边为会议室，东边为登记大厅。东边原有的隔墙打掉，修建新的隔带，制作柜台、背景墙；南边木窗户更换。

2. 办公室

墙面全部刷白；做门窗套；统一制作窗帘盒；走廊木窗户全部更换为塑钢窗；包暖气；房顶做顶角线。

3. 走廊

走廊岩棉吊顶、贴瓷片、东边窗口装窗帘。

4. 厕所

刷白、贴瓷片。

5. 楼梯及楼梯入口处

楼梯扶手重新刷漆;三层楼梯入口处的水池及围墙全部打掉,设置形象墙及政务公开栏。

6. 大门

重新更换新的防盗门;门口形象设计。

四、装修项目主材

1. 吊顶部分主材:U50#轻钢龙骨、石膏板、矿棉板、塑料扣板;

2. 墙面部分主材:木龙骨、细木板、九厘板、铝塑板、沙本。

3. 家具部分主材:细木板、九厘板、铝塑板、大理石。

4. 油漆、涂料部分主材:防火涂料、乳胶漆、防锈漆、环保油漆。

5. 五金、音响、电器部分主材:防火阻燃PVC线管、电源线、筒灯、射灯、花灯、音响线。

6. 室外部分主材:钢材、木龙骨、细木板、九厘板、采光板、铝塑板。

五、装修图纸要求:

投标单位根据装修项目内容,在接到招标书后用三天时间设计出平面布置图、效果图各两套(分局办公楼、×××工商所分别制作预算书;于×月×日下午四时前交×××)。经发标方确定最终方案后,发标方通知布置图、效果图中标单位;布置图、效果图中标单位应分别制作7套布置图和效果图于×月×日上午12时前交分局办公室。各参标单位于×月×日下午16时前到×××领取已确定的布置图和效果图,在此基础上做出预算,制作预算书,不得漏项。

六、投标程序和步骤:

1. 开标地点定在分局会议室,开标时间另行通知,开标参加人员由分局评标委员会全部成员及市局派人员参加。

2. 宣布开标会议开始,主持人介绍参加会议的单位、人员及相关情况。

3. 投标人各自讲标,介绍投标人的名称、设计方案、设计思路、工程报价、工程工期、质量目标、施工手段、主要材料用量等,以《施工组织》为标准。

4. 公布标底,进行评标。由评标委员会按照文件规定的评定标准及方法,使用评标定制表格,就工程造价、工期、质量、设计要求及信誉评标,进行打分,同时做好记录,确定中标人,通知中标人。

5. 签订书面合同。评定结束后,经市局批准,与中标人签订合同,明确双方的权利、义务、工程质量要求等。

七、有关要求:

1. 装修工程先由中标单位全额垫付资金。

2. 办公楼装修工期为×天左右;工商所自开工之日起计算,工期为×天。

3. 装修项目材料必须选用环保材料,中档以上标准,经发标方认可后方可使用。

4. 工程预算项目以设计图纸为准。

5. 图纸一经中标,中标单位支付每套×元的设计费。

6. 投标单位提供相关资料后,交×元的资料费(投标书、图纸及有关资料)。

八、招标时间及要求

招标时间另行通知,投标人拿到招标书后,如有疑问,可在规定投标截止日期内与招标有关联系人联系;投标书和签订合同要求企业法人或企业法人授权委托代表签名方为有效;如有必要,投标人应接受招标人的答辩要求。

地址:×××区×××路中段

联系人:×××

联系电话:×××××××

投标截止时间:二〇××年×月×日

二〇××年×月×日

三、投标书的概念和特点

(一) 投标书概念

也称投标文件、标函等,是对招标书的回答。它是投标人按照招标书提出的条件和要求,向招标人递送的书面材料。

(二) 投标书的特点

(1) 真实性。如果单纯为了中标而增加水分,就会适得其反,以致对中标产生不利影响。

(2) 竞争性。投标书既是一种表明自己各方实力的文字稿,又是一种可在招标答辩会上的演说稿,招标单位往往通过投标书择优选定中标者,所以投标书具有竞争性。

四、投标书的写法和写作要求

(一) 投标书的写法

通常采用报表的形式,内容与招标书相对应,必须对招标的条件和要求作出明确的回答和说明。文字要简洁,数量、单价等数字要清楚无误。它的结构一般由标题、致送单位、正文、落款等部分组成。

1. 标题。一般包括投标单位名称、事由(投标内容)+文种,有时可省略前两项,只表明文种的性质。偏右下方写清投标的日期。

2. 致送单位。如同公文主送单位和书信称呼的写法,写明招标单位名称,也有的写给招标评标机构或组成人员,要顶格书写。

3. 正文。一般由前言、主体、附件等组成。

前言部分要写明投标的依据、投标单位的简况和投标态度。主体部分一般是先阐述对投标项目基本状况的分析,找出最大的优势和困难及存在的主要问题,再提出经营方针、指导思想,接着讲承包目标、考核指标,然后写实现目标的可行性分析和拟采取的措施,最后写明对招标者提出的要求条件的认可程度等问题的意见。主体部分引用的数据要准确、完整,文字说明要条理清晰,分析论证要说理透彻,目标要可信,措施要可行。

有些投标书需要附件,那么还要在附近标识域标明有关项目一览表、报价表、进度表等附件名称。

4. 落款

写明投标单位名称、负责人姓名和日期,最后加盖单位公章和法人代表印章。若投标者为多人,应将代表人排在首位,其余人在其后纵向排列。写清投标人的名称、地址、电话、电报等,以便招标人进行联系。

(二)写作要求

1. 要认真研究招标文件,积极发挥内部潜力和利用外部力量,提出自己的切实可行而合理的标价。

2. 内容要具体清晰,紧绕招标事项提出切实可行的措施。

3. 严格按照招标文件的要求编写制定,内容齐全,格式规范,表达简明具体,字迹整洁。

[例文]

投 标 书

一、综合说明

根据××单位兴建综合楼、住宅楼、仓库工程招标书和设计图的要求,我公司完全具备承包施工条件,决定对以上工程投标。

根据××设计院02785号施工图和××省现行预算定额,××市×××年材料预算价格,以及××省建筑安装企业计费标准,结合工程的特点、现场条件、采用的施工方案和技术组织措施,编制了投标价。其中已考虑了本公司材料供应、施工技术措施和施工的有利因素,在总预算造价的基础上作了适当的降价调整于投标价内,尽量减少投资,做到低耗。工期按招标书中要求,经实地勘察,结合工程特点、气候环境,分别对综合楼、住宅楼按招标工期提前两个月竣工,仓库工程提前两个半月竣工,并根据综合楼难度大为关键,在质量监督站的监督下,以全面质量管理为核心,严密编制施工组织设计,保证缩短工期,保证在该项目上创优质工程或全优工程。

二、工程造价

本项目由三个单项组成,预算总造价为1,638,776.00元;投标价在预算总造价的基础上降低1%,为1,622,388.30元。

三、工程质量达到等级保证质量安全的主要措施

根据图纸要求,保证工程质量达到优良等级,并创全优工程。

保证质量安全的主要措施见施工组织设计。

四、工程开工、竣工日期

在接到中标通知书后五天进场,做好开工前的一切准备工作,×月×日正式破土开工,××年×月×日竣工,总工期为240个日历工作天(8个月)。

(注:招标工期综合楼、住宅楼为10个月,仓库为12个月)

五、施工组织及工程形象进度

在接到中标通知书后,马上组织有关人员进行现场勘察,落实现场施工条件,成立该工程的领导班子,推行"百元建安产值工资含量包干制",实行"全员承包、金额承包、全优承包的单位工程负责制"。搞好现场"三通一平"及临时设施,抓紧做好开工前的一切准备工作,即编制施工作业流水网络计划,施工力量的集结,施工机械的调配,组织材料、构件的加工与供应等统筹计划,保证工程的进度要求。

工程形象进度:(略)

基础阶段:(1)综合楼33天;(2)住宅楼33天;(3)仓库26天。

主体阶段:(1)综合楼113天;(2)住宅楼114天;(3)仓库82天。

装饰、收尾及交工验收阶段:(1)综合楼94天;(2)住宅楼82天;(3)仓库104天。

六、主要工程施工方法和选用的施工机械

土方工程:(略)

混凝土工程:(略)

主体结构:

(1) 砌墙:综合楼、仓库与住宅楼平行流水施工。

(2) 框架:综合楼与仓库平行流水施工;两道主要工序以综合楼为主。

(3) 垂直运输在主体结构施工期间采用2台TQ60/80型塔吊加一台卷扬塔。装饰阶段为3台卷扬塔。装饰及水电安装,采用中间插入,立体交叉作业。(具体内容详见施工组织设计)(略)

投标单位:××建筑工程总公司(公章)

负责人:×××(章)

地址:××市××路××号

电话:×××××××

传真:×××××××

××××年×月×日

第六节 审计报告

一、审计报告的概念和作用

(一) 审计报告的概念

审计报告是审计人员依据政府有关法规,对被审计单位进行财务状况、经营成果、经营效益及遵守财经纪律和相关经济活动的审核评价的书面文件。审计报告的写作是审计工作的特定内容,是审计程序中的重要一环,是审计工作完成或暂告一段落的标志。它既是对某项审计过程和结果的全面总结,又是对被审计单位财经工作的客观评价和裁定。

(二) 审计报告的作用

审计报告的作用主要有以下三个方面:

1. 监督作用。审计报告是审计机关、审计人员按照政府的有关政策、法规及会计原理,对被审计单位的财政财务收支和有关经济活动进行检查监督的工具。

2. 维护作用。审计报告直接接触被审计单位的财政财务材料,全面系统地审核各类经济活动,是同一切违反政府政策法规、财经纪律的行为作斗争的有效工具。维护经济秩序。

3. 公证作用。审计人员以政府的政策、法规为标准,以充分的证据和公正的立场,对审计过程中发现的问题作出评价,对被审计单位的财政财务活动的真实性、正确性、合法性等提出结论性的意见和改进建议,因此,具有被审计单位会计人员以外的第三者身份的公证性质。审计报告是具有公正性作用的鉴证文件。

二、审计报告的种类

按照不同的标准进行分类,可将审计报告分成不同的种类。

(一)按审计的内容分类

1. 财政财务审计报告。主要是对被审计单位的账目、记账凭证和会计报表等有关资料进行审计以后所写的报告。

2. 财经法纪审计报告。是对被审计单位违反财经纪律的行为进行审计以后所写的报告。

3. 经济效益审计报告。是对被审计单位经济效益实现的途径和实现的程度进行审计以后所写的报告。

(二)按审计的范围分类

1. 全面审计报告。是对被审计单位的全部财务工作(包括全部账目、账册、报表以及原始凭证、记账凭证)或经济效益进行全面地、细致地审查核实以后所写的报告。

2. 专项审计报告。也称重点审计报告,一般对财经工作中特定范围内存在的具体问题和特定事项进行的审计。

(三)按审计人员的来源分类

1. 内部审计报告。由进行审计的单位内部的审计人员,对所审计的对象进行审计以后写成的报告。

2. 外部审计报告。由国家审计机关派来的审计人员或从独立执行审计业务的审计事务所、会计事务所聘请的审计人员对被审计单位审计后写成的报告。

此外,审计报告还有很多不同的种类。如按形式分类,审计报告可分为审计报告书、审计书面建议报告书、审计鉴定报告书、审计公证报告书、审计书面答复报告书等;按被审计单位的不同性质分,可分为政府审计报告、企业审计报告;按审计方式的不同,可分为委托审计报告、联合审计报告;按审计意见的不同,可分为无保留意见审计报告和保留意见审计报告,保留意见一般有例外意见、否定意见和拒绝发表意见三种。

三、审计报告的体式和基本内容

(一)审计报告的体式

1. 叙述式审计报告。是日常审计工作中最常用的体式。它一般分为简易式和详尽式两种。简易式审计报告是在反映问题、向报告使用者提供事实的前提下,简洁地叙述事实,阐述意见和建议,特点是简明扼要。详尽式审计报告叙述事实较为详细,内容层次较为丰富,使人比较全面地了解被审计单位财政财务状况,现存的问题及解决问题的途径和方法。这类报告适用于问题较多、情况较复杂、经济效益较差、财经违纪现象较严重的被审计单位。

2. 条文式审计报告。将整个报告分成几个部分,把被审计单位的基本情况、审计过程、发现的问题、审计所得的结论以及意见建议等分类归并为若干条,逐条编写。这类报告条理分明,眉目清楚,便于迅速掌握全面情况。

3. 表格式审计报告。通过填写一张或几张审计机关统一印刷或自行设计的表格,集中反映被审计单位的基本情况、审计的目的要求、项目、审计中发现的问题、审计结论和意见等。但审计报告毕竟不同于一般的统计报告、财务报表,许多具体的财政财经问题,意见建议仅靠表格有时很难表述清楚,因此,在实际运用中,表格式审计报告也往往附上文字说明,以便全面准确地了解掌握审计的结果。

4. 综合式审计报告。如审计的对象十分复杂或特殊,单用叙述、条文或表格体式难以很好地反映审计内容和结果,这时可运用综合式审计报告。这种报告的特点是采纳其他报告体式的优点,将它们综合运用于报告的编撰中。

（二）审计报告的基本内容

审计报告的基本内容通常包括文字、报表和附件三大块，其中文字部分是报告的主体，一般由标题、主送单位、正文、签署和附件五个部分组成。

1. 标题。审计报告的标题通常有两种写法。一种是公文标题写法，"审计对象＋事由＋文种"，通常在审计对象和审计事由前加上"关于"、"对"等介词组成的介词结构，作为文种的规定。如《关于某某有限责任公司2011年度财务收支的审计报告》。另一种写法仅由文种一项要素构成，如《审计报告》。

2. 主送单位。是指审计报告的送达单位，也就是审计任务的下达者。他们主要是授权或委托审计的机关、单位，也可以是被审计单位的上级主管部门以及被审计单位本身。主送单位写在标题的下一行，并要顶格书写，后面加冒号。

3. 正文。审计报告的正文由导语、主体和结论三部分组成。如果需要，还可以加上结尾语。

（1）导语。也称前言，是审计报告的开头部分。要求简明扼要说明有关情况，如对被审计单位进行审计的依据、审计的范围、审计的步骤、审计内容以及进行审计工作的起止时间等，并说明审计工作的完成情况。

（2）主体。是审计报告的核心。

① 基本情况。一是被审计单位的情况简介，包括企业名称、性质、规模、业务经营范围、企业管理概况、固定资金及流动资金的规模等；二是审计期内的主要问题及对利润指标、产值指标等主要经济指标完成情况的分析；三是总结评价被审计单位主要问题，总结评价要实事求是，公正客观。

② 审计内容。要写明在审计中查证、查明了哪些被审计事项，事实过程如何，存在什么问题，等等。这部分的重点内容是审计出的问题，并按其重要程度进行排列，然后要对造成问题的原因进行探究、分析，以分清责任，所列问题须证据确凿。

③ 审计决定。对审计出的问题，提出合理、公正、恰当的处理决定或意见。审计决定既可以集中地写，也可以分别写在各项存

在的问题之后,如果没有审计出什么问题,在主体部分详细写明查证、查明了哪些被审计事项及其情况即可。

(3)结论。审计结果出来以后,审计人员要根据审计结果,写出结论或意见。"结论"也称审计评价,是针对被审计单位各项工作成绩和存在问题所作的结论性的评语。"意见"又称建议,是根据被审计单位的实际情况,由审计人员提出的财政财经工作的意见,如加强内部控制制度的建议,改进生产经营提高管理水平的建议,改进会计核算的建议,提高经济效益的建议,遵纪守法和防止违反财经纪律的建议等。

4. 签署。正文结束后,由审计组主审及其成员签名盖章。签章是为了让审计人员明确自己的职责,对撰写的报告负责。审计报告的签署写在正文的右下方,要写明审计单位的全称和审计人员的姓名,再在下面注明成文的日期。

5. 附件。有的审计报告有附件。附件是对正文补充说明的佐证材料,有时也是审计报告不可缺少的部分。附件主要凭证有账簿中发现的材料、有关人员的证词、调查时的笔录等证据,以及数据列示等。一般是在正文的左下方标注附件的名称与份数,并将证据的复印件及其他有关报表附在审计报告之后,以备查用。

四、审计报告的写作要求

审计报告是一种政策性、专业性都很强的财经文书。要求撰写者要有高度的责任感,掌握有关的方针政策和行政法规;还要有较高的业务水平,熟悉各行各业的财务会计制度,有丰富的财务会计工作经验和审计工作经验。具体的要求有:

(一)坚持依法行事的原则

不论是授权、委托审计,还是单位自身要求审计,审计工作的开展所依据的都是政府的有关方针、政策、决定及行政法规。政策法规是衡量一个单位或当事人的经济行为是否违反财经法纪的唯一标准。

(二)实事求是运用科学的分析方法

审计报告的撰写基础是审计活动中收集到的各种经过审计核

实的材料，撰写者在对材料进行分析研究时，一定要有实事求是的态度。科学地分析在审计过程中发现的问题，提出切实可行的意见建议，也是审计报告价值得以体现的重要途径。出色的审计报告，其分析就是紧紧抓住本质不放，直指中心。一旦发现被审单位有财经问题，一定要分清是业务水平造成的，还是违法违规造成的。应当特别指出的是，对被审计单位或当事人进行审计评价，往往直接影响该单位或当事人的切身利益，有时甚至会对被审计单位或当事人造成重大影响，因此，实事求是的态度，科学的分析，准确的评价是审计报告写作的基本要求，应当格外重视。

（三）选用合适得体的行文方式

许多审计工作是由政府部门授权，或受被审单位上级主管部门委托，才对被审计单位进行审计的，审计报告实际上具有汇报的性质。它要直截了当地向各授权或委托单位陈述以下这些事项：该项审计工作为何而做，如何进行，发现了什么问题，问题发生的具体经过和结果，产生问题的原因以及审计人员对问题的评价和处理建议等。在撰写报告时，一般除了对问题的分析和审计评价用议论外，其他都用叙述、说明的方法直陈其事。报告的条理要分明，结构要严谨，逻辑要严密。

（四）使用简洁明了的语言

审计报告的语言要简洁、准确、朴实，严禁使用生造的词语。

[例文]

专项审计报告

×××所审字(20××)第××号

×××有限公司：

我们接受委托，按照审计业务约定书的内容和要求，审计了贵公司20××年×月×日至20××年×月×日为组织申报《×××》项目的实际投资情况。贵公司的责任是提供真实、合法、完整的审计资料,我们的责任是在实施审计工作的基础上对《×××》项目实际投资情况发表审计意见。

我们按照中国注册会计师审计准则的规定执行了审计工作。中国注册会计师审计准则要求我们遵守职业道德规范,计划和实施审计工作以对项目实际投资明细表是否不存在重大错报获取合理保证。审计工作涉及实施审计程序,以获取上述项目实际投资金额和披露的证据。选择的审计程序取决于我们的判断,包括对由于舞弊或错误导致的上述项目实际投资额重大错报风险的评估。在进行风险评估时,我们考虑与上述项目实际投资明细表编制相关的内部控制,以设计恰当的审计程序,但目的并非对内部控制的有效性发表意见。审计工作还包括评价管理层选用会计政策的恰当性和作出会计估计的合理性,以及评价上述项目实际投资明细表的总体列报。我们相信,我们获取的审计证据是充分、适当的,为发表审计意见提供了基础。

一、公司基本情况

(一)公司基本情况

××公司是由×××与×××投资举办的有限责任公司,于20××年×月×日在杭州市工商行政管理局临安分局登记注册,并取得注册号为×××的《企业法人营业执照》。公司法定地址:×××;经营期:×年;现有注册资本:人民币××万元,实收资本:人民币××万元;法定代表人:×××。

公司经营范围:×××。

(二)公司申请资助上一年和当年的基本经营情况

金额单位:万元

财务指标	201×年	201×年×—×月
主营业务收入		
净利润		
资产总额		
负债总额		
资产负债率		
所有者权益合计		

（三）公司近两年获得的各类财政资助情况以及当前正在申报的其他种类财政资助情况

贵公司近两年获得的各类财政资助金额共计×××万元（详见后附的公司近两年获得各类财政资助情况明细表），其中：

1.

2.

目前贵公司除申报本项目外，无其他申报财政资助的情况。

二、项目基本情况

根据××公司提供的资料，《×××》项目的具体实施情况如下：

1. 项目备案、核准、调整情况

……

2. 项目计划总投资、资金构成、批准情况

……

3. 项目基本内容、实施时间及完工情况

……

三、审计情况

经审计，《×××》项目的实际投资额为××元（详见后附的×××专项资金项目投资明细表），具体情况如下：

1. 项目实际投入额构成情况。项目实际投资额××元，其中：房屋建筑物投资额××元、设备投资额××元……

2. 项目投资付款情况。本项目投资额已付款××元，未付款××元。

3. 项目投入额的发票取得情况。本项目实际投资额的发票已全部取得。

4. 发票名称相符情况。本项目投资所取得的原始发票，其受票单位名称与申请资助的单位名称完全一致。

5. 项目投资入账情况。本项目投资中的房屋建筑物、设备已全部转入固定资产，不存在暂估入账情况。

6. 项目投入资金的关联交易情况。本项目投资中的土建工程、设备采购等不存在关联企业交易情况。

7. 项目投资额与其他申报项目是否存在重复情况。本项目的实际投入额与企业申请的其他财政资助项目的实际投入额不存在重复。

8. 本项目申请资助企业不属于×××市搬迁企业。

9. 本项目无其他需特别说明事项。

贵公司对上述项目的实际资金投入提供了相关凭证及对应的会计核算资料,我们对上述项目实际投资额的审计确认主要是依据贵公司提供的《×××》项目投资明细表和这些相关凭证及对应的会计核算资料进行的。

四、审计意见

我们认为,上述审计结果在所有重大方面公允地反映了××公司《×××》项目的实际投资情况。

五、其他说明

……

六、《×××》项目投资明细表编制基础

我们注意到,贵公司《×××》项目投资明细表是按照企业会计准则、《××会计制度》、《立项文件名》和《关于组织申报×××专项资金项目的通知》的规定编制的,用于申请专项资金补助,因此可能不适用于其他目的

附表一:《×××》项目完成投资明细表

附表二:企业近两年获得各类财政资助情况明细表

×××会计师事务所有限公司
中国注册会计师:×××　×××

【思考与练习】

1. 我国现行的规范化合同主要有多少类别?合同的基本条款有哪些?

请根据下述资料,为购货供货双方起草一份产品购销合同。

合肥市××医院向南京××医用器械有限公司购买××线机一台,价格×××万元;×体外冲击破碎石诊断治疗仪一台,价格

××万元;×型全方位遥控X线电视透视机一台,价格××万元。上述产品合肥交货,供货方承担运费并负责安装调试,产品保修期为三年。合同签订后,购货方向共货方支付总货款30%的定金。安装调试完成后,付清全部货款。

2. ① 针对目前高校学生中出现的一些不良现象,如"课桌文化",损坏公物等,试拟写2~3个公益广告标语。

② 根据下述内容,为茅台酒厂拟写一份刊登在报纸或杂志上的文字广告文案。

茅台酒产于贵州省仁怀县茅台镇茅台酒厂,已有近300年历史。因为酒质优良,风味独特,所以深受国内外消费者欢迎。1915年曾获得巴拿马国际博览会奖章和奖状。在全国历届评酒会上均被评为全国名酒。这种酒酿造时用曲量大,用辅料少,经过8次蒸粮蒸酒(一般白酒只经过一次蒸粮蒸酒),再入库储存3年,才准许出厂。酒度55度。产品以酱香为主体香,味醇厚,回味悠长,饮后的空杯留香浓郁,经久不散。

3. 试对你所熟悉的大学校园和大学生们的生活、消费情况作实地调查,在广泛的收集资料的基础上,试写一篇2000字左右的××高校(或市)大学生消费动态调查报告或大学生消费市场预测报告。

4. 就本章经济活动分析报告的例文谈谈此类应用的写作步骤和要领。

5. 组织一次模拟招标活动,撰写相关招投标文件。

6. 下列是两则不同的审计报告,谈谈对它们语言特征的感受。

保留意见审计报告

××有限公司全体股东:

我们接受委托,审计了贵公司×年12月31日的资产负责表及×年度损益表和财务状况变动表。这些会计报表由贵公司负责,我们的责任是对这些会计报表发表审计意见。

我们的审计是依据《中国注册会计师独立审计准则》进行的。在审计过程中，我们结合贵公司实际情况，实施了包括抽查会计记录等我们认为必要的审计程序。

贵公司在国外据称有投资500万元，本年度投资收益为60万元，并已列入本会计年度的净收益中。但我们未能获得上述被投资公司业经审计的会计报表，受贵公司会计记录的限制，我们未能采用其他审计程序查明上述投资和投资收益是否属实。

我们认为，除上述情况有待确定之外，上述会计报表符合《企业会计准则》和《××企业会计制度》的有关规定，在所有重大方面公允地反映了贵公司×年12月31日的财务状况及××年度的经营成果和资金变动情况，会计处理方法的选用遵循了一贯性原则。

××会计师事务所(盖章)
中国注册会计师：(签名、盖章)
中国北京×年×月×日

否定意见审计报告

××有限公司全体股东：

我们接受委托，审计了贵公司×年12月31日的资产负债表及×年度损益表和财务状况变动表。这些会计报表由贵公司负责，我们的责任是对这些会计报表发表审计意见。

我们的审计是依据《中国注册会计师独立审计准则》进行的。在审计过程中，我们结合贵公司实际情况，实施了包括抽查会计记录等我们认为必要的审计程序。

附注××所载的存货计价方法及附注××所载的固定资产计价方法，均未能遵循历史成本原则。这种对会计准则的背离，导致上述报表日的存货价值减少了××元，固定资产原值增加了××元，同时对损益计算的正确性产生了重大影响。

我们认为,由于上述问题造成的重大影响,上述会计报表不符合《企业会计准则》和《××企业会计制度》的有关规定,未能公允地反映贵公司×年12月31日的财务状况及×年度的经营成果和资金变动情况。

××会计师事务所(盖章)

中国注册会计师:(签名、盖章)

中国北京×年×月×日

第五章
法律文体

第一节 诉 状

一、诉状的概念

诉状是诉讼当事人向司法机关陈述事实、提出请求或者进行辩解所使用的法律文书。

法律规定,当事人进行诉讼可以采用书面形式,也可以采用口头形式。采用书面形式,就是当事人进行诉讼时将所要陈述的事实、理由或请求写成诉状,递交人民法院。采用口头形式,是当事人因文化水平较低、法律知识欠缺,或书写能力有限,或时间紧迫,无法向人民法院提供诉状的,可以口头告诉,由人民法院记录在案,经当事人签字或摁指纹认可,起诉即告成立。但这里有两个原则:第一,采用书面形式是首选,只有不能采用书面形式时,才可以采用口头形式。第二,有些特定的诉讼只能采用书面形式,不能采用口头形式。

二、诉状的种类

诉状的种类很多,依案件的性质可分为刑事诉状、民事诉状和行政诉状。刑事诉状有刑事控告状、刑事自诉状、刑事附带民事自诉状、刑事反诉状、刑事附带民事反诉状、刑事附带民事起诉状、刑事附带民事答辩状、刑事上诉状、刑事附带民事上诉状、刑事附带民事上诉答辩状、刑事申诉书、撤回自诉申请书、取保候审申请书、保证书等。

民事诉状有民事起诉状、民事答辩状、民事反诉状、民事上诉状、民事上诉答辩状、管辖权异议书、追加诉讼当事人申请书、缓减免交诉讼费申请书、变更诉讼请求书、先予执行申请书、撤回起诉申请书、再审申请书、支付令申请书等。

行政诉状有行政起诉状、行政答辩状、行政上诉状、行政上诉答辩状、行政申诉状等。

三、诉状的格式与写法

（一）民事起诉状

民事起诉状是公民、法人或者其他组织向人民法院提起民事诉讼时所使用的法律文书。它的写作格式分为首部、正文和尾部三部分。

1. 首部

首部包括标题、当事人情况两部分。

（1）标题

一般用"民事起诉状"作标题，有时也可以由"案由＋文种"构成，如"经济纠纷起诉状"。

（2）当事人情况

当事人情况是指原告和被告的基本情况，应先写原告，后写被告。

原告是自然人，要写清原告的姓名、性别、出生年月、民族、籍贯、职业或工作单位和职务、住址；原告如是法人或其他组织，则应写明单位全称和所在地址，法人代表的姓名、职务和电话号码，还有企业性质、工商登记和账号、经营范围和方式、开户银行账号等。

如是委托他人代为诉讼的，应写明法定代理人的基本情况，包括姓名、性别、年龄、职业、住址和与原告的关系；若代理人是律师时，只需写明"××律师事务所律师"即可。

被告和第三人的写法及内容与原告相同。

在写明原告和被告的基本情况时，还要注意以下几点：

第一，个体工商户以营业执照上登记的业主为当事人（即原、被告）；营业执照上登记的业主与实际经营者不一致的，以业主和实际经营者为共同诉讼人。

第二，个人合伙的合伙人在诉讼中为共同诉讼人。当事人（即原告或被告）则为个人合伙组织。在起诉时，原告一方可以推选出2～5人为代表，列在"原告"之下。每位代表人可以委托1—2人为诉讼代理人。

第三，无民事行为能力人、限制民事行为能力人作为当事人的，应在当事人之下列出法定代理人。

第四，原告或被告是法人的，在原告或被告之下应列出法定代理人。

2. 正文

正文包括诉讼请求、事实和理由、证据和证据来源及证人姓名和住址三个部分。

（1）诉讼请求

诉讼请求是原告希望通过诉讼所要达到的目的。诉讼请求必须明确、具体，如请求离婚、履行合同、偿还债务、追还贷款等。如是要求经济赔偿的，则要写明具体数额；如是要求财产分割的，应提出主要的财产分割方案。有多项请求的，应分项列出。

（2）事实和理由

第一，事实部分。事实，即当事人之间民事权益纠纷的事实。这部分是民事起诉状的核心部分，是请求人民法院裁决当事人之间的权益纠纷的重要依据。这部分应清楚地写明事实的六大要素，即时间、地点、人物、事件、原因和结果。在写作时应做到详略得当。与诉讼请求有密切关系的情节，在理由部分进行说理时要用到的材料，双方争执的焦点、被告侵权行为造成的后果及应承担的责任等都应该详写；与案件定性定量关系不密切，但又必须交代清楚的，可以略写。

第二，理由部分。根据前面的事实，概括地分析纠纷的性质、危害、结果,证明被告应承担的责任;同时引用有关法律条款,作为证明自己的诉讼请求的依据。

(3) 证据和证据来源、证人姓名和住址

在起诉状中,只要列出证据的目录即可,不需要写出证据的具体内容,更不需要对证据内容进行分析。

3. 尾部

这部分应写明受诉法院名称、起诉人姓名、起诉日期和附件件数等。

(二) 刑事自诉状

刑事自诉状是被害人及其法定代理人或者近亲属为追究被告人的刑事责任或附带民事责任,直接向人民法院提起诉讼所使用的法律文书。它只适用于不需要进行侦查,由人民法院直接处理的轻微的刑事案件(如情节轻微的侮辱罪、诽谤罪、干涉婚姻自由罪、虐待罪和轻微伤害罪等)。它的写作格式分为首部、正文和尾部三部分。

1. 首部

(1) 标题

一般写作"刑事自诉状"。

(2) 当事人情况

依次写明自诉人和被告人的情况。包括姓名、性别、出生年月日、民族、籍贯、职业、单位或住址。

自诉人或被告人不只一人的,按从主到次的顺序依次列出,同时也要写明各自的情况。

2. 正文

(1) 案由

案由就是按刑法分则规定的罪名,说明被告人所犯之罪。

(2) 诉讼请求

诉讼请求就是向人民法院提出诉讼请求,一般不提出具体的刑种和刑期,大都写成"请依法追究其刑事责任"。

(3) 事实与理由

这部分内容是刑事自诉状的核心,是提起诉讼,请求人民法院受理案件和依法审判案件的重要依据。可分三个部分来写。第一,事实部分。写明被告人犯罪行为的具体事实,包括时间、地点、动机、目的、手段、情节和造成的犯罪后果等;同时还应写明当事人双方的关系和犯罪的原因等。第二,理由部分。以事实部分为基础,分别列举证据,然后以法律的相应条款为根据,论证案件性质和情节,也就是说明被告人犯了什么罪,情节轻重如何。第三,结束语。一般写为"综上所述,被告人×××的行为已构成×××××罪。为此,依据×××第×××、×××条之规定,特向你院提起诉讼,请依法追究被告人的刑事责任"。

(4) 证人姓名和住址、其他证据名称和来源

根据刑事诉讼法第171条第一款的规定,自诉人向人民法院提起诉讼后,人民法院将按照下列情形分别处理:犯罪事实清楚,有足够证据的案件,应当开庭审判;缺乏罪证的自诉案件,如果自诉人提不出补充证据,应当说服自诉人撤回自诉,或者裁定驳回。因此,证人、证据是极为重要的。

3. 尾部

写明致送机关、附项,自诉人签名或盖章,注明具状的时间。其中,附项应写明自诉状副本的份数,证据材料的名称和件数。

刑事自诉状的格式和民事诉状的格式基本一致。

(三) 行政起诉状

行政起诉状是公民、法人或者其他组织认为行政机关和行政机关工作人员的具体行政行为侵犯了其合法权益,依法向人民法院提起诉讼,要求保护其合法权益的法律文书。它的写作格式分为首部、正文和尾部三部分。

1. 首部

(1) 标题

标题写作"行政起诉状";附带民事诉讼的,写作"行政附带民事起诉状"。

(2) 当事人情况

当事人情况是指原告和被告的基本情况,应先写原告,再写被告。

原告是自然人的,要写清原告的姓名、性别、出生年月、民族、籍贯、职业或工作单位和职务、住址;原告如是法人或其他组织,则应写明单位全称和所在地址,法人代表的姓名、职务和电话号码,还有企业性质、工商登记和账号、经营范围和方式、开户银行账号等。如是委托他人代为诉讼的,应写明法定代理人的基本情况,包括姓名、性别、年龄、职业、住址和与原告的关系;若代理人是律师时,只需写明"××律师事务所律师"即可。

由于被告是行政机关,所以只要写明机关的名称、地址、负责人姓名、职务即可。

2. 正文

(1) 诉讼请求

用准确、简明的语言写明原告的目的,如认为某行政机关的某具体行政行为违法,要求人民法院撤销或变更某具体行政行为,要求行政机关赔偿损失等。

(2) 事实和理由

这部分是诉讼状的核心部分。可以分两部分写,先写事实,在事实的基础上再写理由。

事实部分应该清楚地陈述行政争议发生的时间、地点、原因及给原告造成的损害等。理由部分则可以引用有关法律、法规的规定,分析被告行为的违法性,证明原告诉讼请求的合理性和合法性。

在"事实和理由"部分后,一般有这样一段文字,"综上所述,根据《中华人民共和国行政诉讼法》第×××条××款之规定,特向你院起诉,请依法判决"。

3. 尾部

应写致送法院名称、起诉人署名、具状日期以及附项。附项要写明"本状副本×份、物证×件、书证×件"。

下面是行政起诉状的格式:

行政起诉状

原告:姓名、性别、出生年月日、民族、籍贯、职业或工作单位和职务、住址；原告是单位、团体的，应写明全称、所在地址、法定代表人姓名、职务、电话号码等。

　　委托代理人：姓名、性别、出生年月日、民族、籍贯、职业或工作单位和职务、住址及与原告的关系；委托代理人是律师的，只要写明姓名和律师事务所的名称。

　　被告：机关名称，地址。

　　被告法定代表人：姓名、职务。

　　第三人：同原告项。

　　诉讼请求

　　事实和理由

　　此致
　　××人民法院

　　　　　　　　　　　　　　　　　原告：×××
　　　　　　　　　　　　　　　　　××××年×月×日

　　附件：1.
　　　　　2.

[例文]

民事起诉状

　　原告：石华，女，1975年4月8日生，汉族，上海市人，上海市××百货公司营业员，现住万航渡路××号，邮政编码200050。

　　代理人：刘××，××律师事务所。

　　被告：陈业，1972年2月3日生，汉族，上海市人，上海市××造船厂工人，现住定西路××号。

诉 讼 请 求

1. 离婚；
2. 婚生女陈小华归原告抚养，被告每月支付抚养费 800 元，直到女儿成年为止，或一次性支付女儿生活费和教育费 15 万元；
3. 现在原被告处的财产归各自所有；
4. 诉讼费由被告负担。

事实与理由

2003 年 1 月，原告经人介绍与王某谈起了朋友，但在同年 4 月王某突然被劳动教养。从此，原告与被告相识。在与被告的交往中，原告把曾经与王某谈恋爱的事告诉了被告。这年年末，听说王某要回来了，被告怕王某回来后找麻烦，要求马上结婚。这样，原、被告匆忙于 2004 年元旦结了婚。最初几个月，关系尚可。但随后双方即因生活琐事闹矛盾，被告经常无中生有地逼原告交代与王某的所谓"关系"，生活上稍有不顺心，对原告非打即骂。同年 9 月 15 日，女儿陈小华出生。女儿出生后，被告无端怀疑女儿不是其亲生，从此对原告的虐待有增无减，并经常扬言要整死原告，逼得原告生下女儿未满月即带着女儿搬回娘家居住。为此，被告单位领导曾多次批评教育被告，令其认识错误。被告当面承认错误，表示愿意改正，但只要原告一回家，被告即依然如故，毫无悔改。不仅如此，被告对女儿也深怀厌恶，从来就没有好好抱过一次。这使原告根本不敢回家。至今双方已分居近两年。

以上事实说明，原告与被告的婚姻关系，是在相识仅两个月因被告害怕节外生枝而仓促建立起来的，没有什么感情基础可言。婚后，被告不仅不注意培养夫妻感情，反而不断无事生非，虐待原告，破坏家庭和睦，致使原告母女饱受折磨，不堪忍受而与之长期分居，双方感情已彻底破裂，完全符合《中华人民共和国婚姻法》第 25 条第 2 款规定的离婚条件。被告对女儿毫无感情，且女儿年幼，出生以来一直随原告生活，现应有原告抚养。被告作为孩子的生父，理应按照婚姻法的规定，分担部分抚养费。故原告特依法向贵院起诉，恳请早日解决此案。

证据和证据来源、证人姓名和住址

1. 原告医治被被告打伤的病历3份；
2. 证人毛大牛，××百货公司工会主席；
3. 证人刘晓源，××造船厂工会副主席。

此致

重庆市沙坪坝区人民法院

附：(1) 本诉状副本1份；
　　(2) 随状提交病历3份、结婚证1张；
　　(3) 财产分割清单1份。

起诉人：石华

二〇一〇年八月二十日

第二节　辩　护　词

一、辩护词的概念

辩护词又称辩护意见书，是被告人及其辩护人在诉讼过程中，根据事实和法律提出有利于被告人的材料和意见，部分地或全部地对控诉的内容进行申诉、辩解和反驳，以证明被告人无罪、罪轻的法律文书。

辩护词是一种演说词，是以口头形式发表的。但辩护词不同于一般的口头语，它实质上是一种用口头表达的书面语言。这就要求辩护词用语要准确、精练。同时，辩护词还是一种带有论辩性的演说词，这就要求辩护词必须有针对性、辩驳性、说理性和逻辑性。

二、辩护词的分类

以诉讼程序分，辩护词可以分为一审辩护词、二审辩护词和再审辩护词；以起诉方的不同为标准分，可以分为公诉案件辩护词、自诉案件辩护词。

三、辩护词的格式与写法

辩护词的写法没有固定的格式，但在实践中，辩护词还是有一定的程式的。大致分为首部、正文和尾部。

（一）首部

1. 标题

可以用"辩护词"作标题，也可以由"当事人的姓名+案由+文种"构成，如"李××故意杀人案的辩护词"。

2. 称呼

在一审案件的辩护词开头称呼写"审判长、陪审员"；二审案件的辩护词开头称呼写"审判长、审判员"。

3. 序言

先说明辩护人的合法地位，再概括地说明辩护人在辩护前为辩护工作所作的工作和参加庭审的印象，最后表明对本案的基本观点。这三部分内容综合起来一般这样写："根据有关法律规定，我接受被告人委托和受××××律师事务所指派，出庭为被告辩护。我会见了被告，查阅了案卷材料，刚才又听了庭审调查，我认为×××的行为不构成故意杀人罪。"

（二）正文

正文主要阐述辩护理由，一般从下面这四个方面加以辩护。

1. 事实辩

事实是定罪量刑的基础。所以，一般辩护人往往先从事实入手，首先，要确定事实是否存在，如果事实不存在，那就从根本上否定了犯罪。如果事实存在，那么要尽可能找出起诉书中对事实认定的不当之处，因为事实认定不准确、证据不确凿，就不足以成为定罪的根据。

2. 法律辩

法律是衡量犯罪的尺度，它直接决定对被告人的定罪和量刑。辩护人要以法律为武器，分辨起诉书在定罪和量刑方面是否合适，也就是要分辨有罪与非罪,此罪与彼罪,罪重与罪轻。从法律方面进行辩护时,既要涉及法律规定,又常常涉及法律理论,同时,还要结合案件的事实。

3．情节辩

情节是指影响量刑的各种主客观要素的总和。这方面涉及的内容很多,包括从被告人行为造成的危害后果不太严重的方面辩护,从被告人的目的、动机等具体情节并不十分恶劣方面辩护,从被告人的认罪态度较好方面辩护,从被告人的一贯表现比较好方面辩护,等等,以找出对被告人应从宽处理的情由。

4．程序辩

有的辩护词可以从法律程序是否合法这一角度来为被告人辩护。如可以找出有关办案人员在侦察、起诉过程中的违法行为,要求法庭予以纠正。

5．逻辑辩

找出起诉或审判中出现的逻辑错误,如从错误的前提推导出错误的结论,致使认定事实、使用证据和定罪量刑方面出现差错。

(三) 尾部

1．结束语

对自己的辩护作简要小结,可以用简明、概括的语言总结辩护词的基本观点,如提出被告人无罪、罪轻,应减轻处罚、免除刑事责任等的意见。

2．落款

写明辩护人的单位、姓名,并注明日期。

[例文]

温××伤害案的辩护词

审判长、陪审员:

根据我国《宪法》第三十三条规定:"任何公民享有宪法和法

律规定的权利。"我受××律师事务所主任的指派,为被告温××担任辩护人,出席今天的刑事审判庭进行辩护。

在开庭前,我查阅了本案侦查、预审材料并进行了必要的查访,根据调查核实的结果,对××区人民检察院就本案的起诉书进行了认真的分析和研究。今天又听取了法庭的调查,我认为:××区人民检察院对被告温××指控事实是不正确的。根据我国刑法第十三条的规定,属于情节显著轻微,危害不大,不能认为是犯罪。因此,应宣告无罪,我的辩护理由是:

第一,起诉书所认定的事实与案情的事实真相不符。

起诉书认定康××与温××互相斗殴是"二人便拉扯起来"。这与事实真相是不符的。根据被告温××本人多次申辩和××火车站公安派出所民警李××同志的证明(案卷材料33页),证人韩××的证词,被告人家属提供的诊断证明书,以及贾××、张××包括康××所写的材料,可以证明:2008年10月19日晚上温××在和康××发生口角后,康××不但是首先动手打的温××,而且温还有暗伤。同时,起诉书只认定康××的大小伤痕(包括康的轻微脑震荡),而不认定温××被打后眼睛不能直接看到半米外的物品及左耳膜内陷、浑浊充血所造成的损害后果,这是极不公正的。我国刑事诉讼法第三十三条规定:"公安机关提请批准逮捕书、人民检察院起诉书、人民法院判决书,必须忠于事实真相。"对此,请法庭判决时给予纠正。

第二,起诉书对被告人温××的行为以重伤罪认定,与刑罚的有关规定不相符合。

从被告温××伤害康××的后果来看,并未毁坏康××的容貌形成重伤,只是一般的损伤了康××的面容。根据我国刑法规定的重伤罪中的毁人面容,是指给他人的面貌造成一种厌恶的、丑陋的外貌,而且无法恢复。根据康××受伤的颜面来看,并不使人厌恶,更谈不上丑陋。对此,请法庭在评议时,实事求是地考虑康××的面容并未被"毁"这一关键性情节。

第三,从本案的前因后果来看,被告温××的行为虽然具有违法性,但并未构成犯罪。

从康××伤害温××、温××伤害康××的原因来看,是从康××怀疑被告温××没有收顾客孟××(温和孟是熟人)的货款而引起的。根据本案所取得的证据来看,证明被告温××已收取孟××的货款,康××没有其他任何可靠的证据,当众一口咬定温××"就是没有收顾客的钱",并在温××两次外出未找回顾客的情况下,当着很多围观群众的面声称:"售货员亏钱就是这样亏的。"康××的这种行为已超出了售货员之间互相监督的权限,构成了对温××人格的侮辱和诽谤。当温激于义愤与康对骂时,又是康××首先动手殴打温××。由此可见,温××是在人格受到侮辱、诽谤,人身受侵犯的情况下,用破碎的酒瓶划破了康××的面容。从主观上来讲,各自都有互相伤害对方的故意,康××的故意更为明显;从双方互相殴打行为的性质上来看都具有违法性。

审判长、陪审员:纵观全案的所有情节以及前因后果,我认为,此案的性质并未达到犯罪的程度,属于互相斗殴。双方所造成的伤害后果,并不严重。本着正确处理人民内部矛盾的原则,由他们主管行政单位采取必要的行政措施予以解决,完全可以达到教育的目的。起诉书以温××犯故意伤害罪单方指控,没有体现"法律面前人人平等"的原则,也不利于调整人民内部矛盾,据此,我建议法庭对被告温××宣告无罪,予以释放,交由单位处理。

另外,康××向法院提出,要求被告人温××其在受伤期间的奖金、营养补助费、儿女陪侍期间的误工工资以及耗费,共计5000元,对此根据有关规定谨驳如下:

(一)经批准康××已享受工伤待遇。根据《劳保条例》第12条甲项规定,康××所有医疗、住院、膳食费、工资不应由温××承担。

(二)关于康××提出的奖金问题,因奖金属于劳动者对社会提供各种财富的超额报酬,不属于民事社会损害的赔偿范围,故要求赔偿没有理由。

(三)关于康××提出的营养补助费问题。温的爱人曾主动带营养品看过康××,当时,康××拒绝接受。现在提出,要以条据为准,以合理为限度。

（四）据医院记载,康属三级护理,医院并未要求其亲属陪侍,故对其儿女的误工工资差额进行赔偿毫无理由。

此外,就民事赔偿部分,被告温××也提出了反诉,请法庭考虑,一并判决。

请法庭对我的辩护理由予以考虑,给予足够重视。

××市律师事务所律师:王××
二〇〇八年十一月五日

第三节 调 解 书

一、调解书的概念

调解书是人民法院在审理刑事案件和民事案件的过程中,或者律师在接受非诉讼事件当事人的委托后,对当事人自愿达成的解决纠纷的协议予以确认时,或者律师主持双方当事人签署解决纠纷的协议时所使用的法律文书。

二、调解书的分类

调解书可以分为诉讼调解书和非诉讼调解书。诉讼调解书又分为刑事调解书和民事调解书、行政赔偿调解书。

三、调解书的格式和写作

（一）刑事调解书

刑事调解书是人民法院在审理刑事自诉案件的过程中,对当事人达成的解决纠纷、终结诉讼的和解协议予以确认时所使用的法律文书。

刑事调解书按审级的不同可以分为一审刑事调解书、二审刑事调解书和再审刑事调解书。有附带民事内容的,还可以制作成刑事附带民事调解书。

刑事调解书的格式也是由首部、正文、尾部三部分构成。

1. 首部

（1）标题

附带民事诉讼内容的，标题可以写"刑事附带民事调解书"；没有附带民事诉讼内容的，标题可以写"刑事调解书"。

（2）文号

由成文年度、制作法院、案件性质、审判程序代字和文件顺序号构成，如"［2003］×刑××字第××号"。

2. 正文

（1）当事人基本情况

依次写明自诉人、附带民事诉讼原告人、被告人、辩护人的基本情况。基本情况包括姓名、性别、年龄、民族、籍贯、职业、住址等。附带民事诉讼原告人还应写明与自诉人的关系，如自诉人即是附带民事诉讼原告人，那么，"自诉人"应改为"自诉人兼附带民事诉讼原告人"。当辩护人是律师时，只要写明姓名和律师事务所名称。

（2）案由和案件来源、审理方式和审理经过

一般按格式要求写作："自诉人×××诉被告人×××犯××罪一案，本院受理后，依法组成合议庭公开进行了审理。"

（3）调解情况

概述人民法院审查后所确认的事实和当事人双方对事实无异议。一般这样表述："经审理查明，……（概述经法庭审理查明的事实）。双方当事人……（写明对认定的事实没有异议，或者基本上没有意见的情况）。"

（4）协议内容

一般以"双方当事人自愿达成如下协议"这样的句式作引导，然后分项写出达成协议的具体条款。大致包括这些内容：被告人向自诉人赔礼道歉；自诉人自愿放弃对被告人的指控；被告人赔偿自诉人经济损失，要写明具体的数额、支付的方式和给付期限。

3. 尾部

通常写法为：

上述协议符合有关法律规定，本院予以确认。

本调解书经双方当事人签收后,即具有法律效力。
本件和原件核对无误

      审判长:×××
      审判员:×××
      审判员:×××
      ××××年×月×日
       (院印)
      书记员:×××

(二) 民事调解书

民事调解书是人民法院在审理民事案件的过程中,通过调解促使当事人自愿达成解决纠纷的协议后制作的用以发送给当事人的法律文书。它具有与判决书相同的法律效力。其内容格式也包括首部、正文、尾部三部分。

1. 首部

(1) 标题

标题由"人民法院名称+文种构成",如"×××市人民法院民事调解书"。

(2) 文号

由成文年度、制作法院、案件性质审判程序代字和文件顺序号构成,如"[2003]×民××字第××号"。

(3) 当事人基本情况

① 原告:写明姓名、性别、年龄、民族、籍贯、职业及住址;原告如是单位、团体则在第一项写明单位和团体全称和地址,第二项写明法定代理人的姓名和职务。

② 法定代理人(委托代理人):写明姓名、性别、职业、住址及与当事人的关系;代理人如是律师,则只写明姓名和律师事务所名称。

③ 被告:写法和原告项同。

④ 法定代理人(委托代理人):写法和原告项同。

⑤ 第三人:写法和原告项同。

2. 正文

（1）案由

一般用一句话写明。

（2）事实

概述原告的诉讼请求和人民法院所确认的事实。

（3）调解结果

写明通过调解达成的协议条款。一般用这样的句式："本案在审理过程中，经本院主持调解，双方当事人自愿达成如下协议。"然后，另起一行写协议内容。协议内容不止一项的分项写。诉讼费用的负担也包括在协议内容内。

3. 尾部

法院对协议条款合法性的确认、调解书的生效方式、审判人员署名和日期、书记员署名。通常用这样的写法：

上述协议符合有关法律规定，本院予以确认。

本调解书经双方当事人签字后，即具有法律效力。

本件和原件核对无异

审判长：×××

审判员：×××

审判员：×××

××××年×月×日

（院印）

书记员：×××

（三）行政赔偿调解书

行政赔偿调解书是人民法院在行政赔偿案件审理过程中，通过调解工作使当事人双方依法自愿达成协议后，为促使双方履行协议而作出的具有法律效力的文书。其写作格式由首部、正文、尾部三部分构成。

1. 首部

（1）标题

标题由"人民法院名称+文种构成"，如"×××市人民法院行政赔偿调解书"。

（2）文号

由成文年度、制作法院简称、案件性质、审判程序代字和文件的顺序号构成，如"［2003］×行××字第××号"。

（3）当事人基本情况

① 原告：写明姓名、性别、年龄、民族、籍贯、职业及住址；原告如是单位、团体则写明单位和团体的全称以及地址。

② 法定代理人（委托代理人）：写明姓名、性别、职业、住址及与当事人的关系；如是单位或团体的法定代理人，则只要写明姓名和职务；代理人如是律师，则写明姓名和律师事务所名称。

③ 被告：写明机关名称和地址。

④ 法定代表人（委托代理人）：写明姓名、职务。

⑤ 第三人：写法和原告同。

2. 正文

（1）案由

一般用一句话写明。

（2）事实

概述原告的诉讼请求和人民法院所确认的事实。

（3）调解结果

写明通过调解达成的协议条款。诉讼费用的负担也包括在协议内容内。

3. 尾部

法院对协议条款合法性的确认、调解书的生效方式、审判人员署名和日期、书记员署名。通常用这样的写法：

上述协议符合有关法律规定，本院予以确认。

本调解书经双方当事人签字后，即具有法律效力。

本件和原件核对无异

        审判长：×××
        审判员：×××
        审判员：×××
        ××××年×月×日
         （院印）
        书记员：×××

（四）非诉讼调解书

非诉讼调解书又称非诉讼调解协议书。它是律师接受非诉讼当事人的委托，主持调解活动达成协议所制作的一种法律文书。它不用经过诉讼程序，无须法庭审理，是当事人之间自愿达成的一致协议，往往在律师的主持下签署。因此，非诉讼调解书是民间契约性质的，没有法律上的约束力。

非诉讼调解书的格式由首部、正文、尾部三部分构成。

1. 首部

主要写双方当事人、调解人员和其他有关参加人员的基本情况。

2. 正文

正文包括四个部分：一是纠纷产生的原因和事实，双方当事人各自的看法；二是双方律师对当事人的看法的分析；三是达成协议的事项，当事人双方的权利与义务要写得具体、明确；四是调解书生效的日期和履行义务的日期。

3. 尾部

包括双方当事人及律师签名、盖章及制作调解书的日期。

[例文]

××省××市中级人民法院民事调解书

(2010)×经初字第××号

原告：×××市北郊食品经销处，住所地×××市北郊××站×号。

法定代表人：陈××，系该处经理。

委托代理人：赵××，男，系×××市××街道办事处事务所所长，住址×××市北郊××路××号。

被告：××市食杂果品公司果菜采购供应站，住所地××市××路×号。

法定代表人：欧××，系该站经理。

委托代理人：罗×，男，系该站法律顾问，住址××市××路××号。

案由：购销合同纠纷。

原告×××市北郊食品经销处诉称：原告与被告所属的非法人的第一批发部签订了1份购销水果合同。原告依据该合同向该批发部销售各种水果，而该批发部收货后，至今尚欠原告货款731229.10元。因原告多次索款无结果，请求法院判令被告偿还所欠货款并赔偿拖欠货款给原告造成的银行利息损失。

被告××市食杂果品公司果菜采购供应站辩称：其所属的第一批发部已发包给黄××承包，期间所发生的该部拖欠原告货款的责任，应由黄××个人承担。

经审理查明：2008年7月25日，原告与被告所属的第一批发部签订了1份购销水果合同。合同主要规定：原告销售给被告第一批发部一等国光苹果25吨、混等迎秋苹果90吨、一等黄元帅苹果90吨、一等国光苹果240吨，单价分别为1200元、2000元、2000元、2200元；交货时间自同年7月至同年10月末；交货方式和结算方式分别为，原告负责通过铁路将货物代办发运到××市火车站,铁路运费由被告负担。发运前由被告派人到发运地验收,验收合格后方能发货,货到后2日内付清货款。2008年7月27日至同年8月17日,原告通过铁路发给了被告的第一批发部祝光、迎秋苹果5551件。该部收此货物后向原告支付了货款159013.07元,双方并签署了上述货款已结清的文书。2008年9月12日至次年1月29日,原告又通过铁路陆续发给被告的第一批发部黄元帅、国光苹果25609件。该部收货后,仅向原告支付货款392914.80元。在原告追索余款过程中,双方签署了该部尚欠原告货款731229.10元的文书。

原告×××市北郊食品经销处和被告××市食杂果品公司果菜采购供应站均系企业法人。被告所属的第一批发部不具有法人资格。该部于2009年由被告发包给黄××承包,于2009年末终止承包合同。

本案在审理过程中,经本院主持调解,双方当事人自愿达成如下协议:

一、被告××市食杂果品公司果菜采购供应站拖欠原告×××市北郊食品经销处货款731229.10元,于2010年6月15日前偿还192000元,于同年6月30日前偿还140000元,于同年12月31日前付清全部款额。

二、若被告按前项规定的期限和数额偿还欠款,原告放弃向被告追索利息的权利;若被告逾期偿还欠款,除按中国人民银行规定的同期流动资金贷款利率赔偿原告逾期偿还欠款额的利息损失外,还应向原告支付逾期偿还欠款额的每日万分之三的滞纳金。

三、案件受理费14500元,由被告××市食杂果品公司果菜采购供应站负担10000元,由原告×××市北郊食品经销处负担4500元。因全部受理费已由原告预交,被告应在给付最后一笔货款时,将其应负担的案件受理费直接付给原告。若逾期给付,按本协议第2条规定,向原告支付利息和滞纳金。

上述协议,符合有关法律规定,本院予以确认。

本调解书经双方当事人签收后,即具有法律效力。

本件与原件核对无异

审判长：×××
审判员：×××
审判员：×××
二〇一〇年四月二十六日
（院印）
书记员：×××

第四节　判　决　书

一、判决书的概念

判决书是审判机关使用的法律文书，是指人民法院按照审判程序，根据法律规定，对审理终结案件的实体问题作出的处理结论。

二、判决书的分类

判决书分为刑事判决书、民事判决书、行政判决书。刑事判决书又分为一审刑事判决书、二审刑事判决书、再审刑事判决书、刑事附带民事判决书；民事判决书又分为一审民事判决书、二审民事判决书、再审民事判决书；行政判决书又分为一审行政判决书、二审行政判决书、再审行政判决书。

三、判决书的格式和写作

（一）刑事判决书

1. 一审刑事判决书

一审刑事判决书是第一审人民法院按照我国《刑事诉讼法》规定的第一审程序进行审理终结之后，根据已经查实的案件事实，就被告人是否犯罪，应否受到法律的惩罚及如何惩罚所制作的法律文书。其写作格式由首部、正文、尾部构成。

(1) 首部

① 标题:制作判决书的人民法院全称加上文件名称,基层法院应冠以省、自治区、直辖市的名称,分两行书写,如:

"××省××市中级人民法院刑事判决书"。

② 文号:由成文年度、制作法院(简称)、案件性质、审判程序代字和文件顺序号构成,如"[2003]×刑初字第××号"。

③ 公诉机关及参与诉讼人基本情况

公诉机关一般写为"××××人民检察院"。

被告人的基本情况,包括被告人姓名、性别、出生年月日、民族、籍贯、职业或工作单位、职务、住址,及因本案对其采取强制措施的情况和现在何处。

辩护人的情况,包括姓名、性别、工作单位和职务及与被告人的关系。辩护人如是律师,只写姓名和律师事务所名称。

④ 案由和审理经过

这一部分要交代清楚人民法院受理案件的时间、审判时间、审判组织、审判方式及审判过程。一般表述为:"本院于×年×月×日收到××人民检察院提起公诉的被告人×××……一案,经审查后依法组成合议庭,于×月×日依法公开(或不公开)审理,××人民检察院检察长(或员)×××出庭支持公诉,被告人×××及其辩护人×××、证人×××到庭参加诉讼,本案现已审理终结。"

(2) 正文

① 犯罪事实和证据

概述检察院或自诉人指控、控告和请求的基本内容;被告人的供述、辩解和辩护人的辩护要点;法院认定的事实和证据。

② 判决理由和法律依据

依法庭认定的事实为依据,运用法律规定和犯罪构成理论,分析被告人实施的行为的性质,论证应如何处理。

③ 判决结果

根据适用的法律条款,对被告人作出有罪或无罪、所犯罪名、适用何种刑罚或者免除刑事处分的处理结论。

(3) 尾部

尾部包括被告人的上诉权、上诉的时间期限、上诉的形式、上诉的法院和由合议庭组成人员或独任审判员署名。通常写法为：

  如不服本判决，可以在接到本判决的第二日起××日内，通过本院或者直接向××××人民法院提出上诉。书面上诉的，应交上诉状正本一份、副本×份。

  本件和原件核对无异

审判长：×××
人民陪审员（审判员）：×××
人民陪审员（审判员）：×××
××××年×月×日
书记员：×××

2. 二审刑事判决书

二审刑事判决书是第二审人民法院根据当事人的上诉或人民检察院的抗诉，对一审尚未发生法律效力的判决进行重新审查后作出的书面结论。其格式与写法包括首部、正文和尾部三部分。

(1) 首部

① 标题

制作判决书的法院全称加上文件名称，如"×××市中级（或高级、最高）人民法院刑事判决书"。

② 文号

由成文年度、制作法院、案件性质、审判程序代字和文件顺序号构成，如"[2003]×刑终字第××号"。

③ 公诉人及上诉人、辩护人基本情况

④ 案由、审判组织、审判方式及审判过程

先写明第二审人民法院审理的是上诉的或抗诉的案件，接着写明"本院依法组成合议庭，公开或不公开开庭审理了本案"，然后写明出庭的公诉人、当事人及其他诉讼参与人的到庭情况。

(2) 正文

① 事实:写明原判的基本内容,上诉、辩护或抗诉的理由,检察院在二审中提出的新意见,二审认定的事实(即通过分析对原判认定的事实正确和错误之处进行肯定或否定)。

② 理由:针对上诉或抗诉的意见,对原判决是否正确进行论证分析,回答上诉或抗诉提出的问题,阐述改判的理由和依据。

③ 判决结果:写明判决的具体决定。根据二审案件的具体情况,一般有这么几种可能:第一,原判决全部错误或大部分错误,可表述为:"一、撤销××人民法院[××××]×刑初字第××号刑事判决;二、上诉人(原审被告人)×××……(写明改判的具体内容)。"

第二,原判决部分有错误,或者对被告人判处错误的,可表述为:"一、维持××人民法院[××××]×刑初字第××号刑事判决书的第×项,即……(写明维持的具体内容);二、撤销××人民法院[××××]×刑初字第××号刑事判决书的第×项,即……(写明撤销的具体内容);三、上诉人(原审被告人)×××……(写明改判的具体内容)。"如改判的内容有多项或改判的被告有多人,则依次写下去。

(3) 尾部

尾部通常格式为:

本判决为终审判决。
本件和原件核对无异

审判长:×××
审判员:×××
审判员:×××
×××年×月×日
(院印)
书记员:×××

(二) 民事判决书

民事判决书是人民法院对受理的民事案件,经法定程序审理终结后,根据已查明的事实、证据和有关的法律规定,就案件的实体问题作出处理决定时使用的法律文书。民事判决书由首部、正文、尾部三部分构成。

1. 首部

(1) 标题

标题由法院名称和文种构成。基层法院应冠以省、自治区、直辖市的名称。标题通常分两行书写。如"××省××市中级人民法院民事判决书"。

(2) 文号

文号由成文年度、制作法院、案件性质、审判程序代字和文件序号构成。如"〔2003〕×民初字第××号"。

(3) 诉讼参加人及其基本情况

依次写明原告、原告的法定代理人(委托代理人)、被告、被告的法定代理人(委托代理人)、第三人的基本情况。原告、被告及第三人要写明姓名、性别、年龄、民族、籍贯、工作单位、职业和住址等;如是单位、团体则写明单位或团体的全称和地址。原告的法定代理人和被告的法定代理人要写明姓名、性别、职业、住址及与当事人的关系;代理人如是律师,则只要写明姓名和律师事务所名称。

(4) 案由、审判组织、审判方式及审判过程

一般这样表述:"……(写明当事人的姓名或名称和案由)一案,本院于×年×月×日受理后,依法组成合议庭(或依法由审判员×××独任审判),公开(或不公开)开庭进行了审理。……(写明本案当事人及其诉讼代理人等)到庭参加诉讼。本案现已审理终结。"

2. 正文

(1) 事实

写明原告的诉讼请求,争议的事实和理由,被告对原告提出的诉讼请求所持的态度及陈述的理由,人民法院认定的事实和依据。

(2) 理由

根据人民法院认定的事实,依照有关法律、法规和政策,来说明法院对纠纷的性质、当事人的责任及如何解决纠纷的看法。

(3) 判决结果

明确、具体、完整地写明人民法院对双方所争议问题的处理决定。

3. 尾部

尾部应写明当事人的上诉权利、上诉期间和上诉法院名称、审判人员的姓名及判决日期等。一般写法为:

  如不服本判决,可以在接到本判决的第二日起××日内,通过本院或者直接向××××人民法院提出上诉。书面上诉的,应交上诉状正本一份、副本×份。

  本件和原件核对无异

         审判长:×××
         人民陪审员(审判员):×××
         人民陪审员(审判员):×××
         ××××年×月×日
          (院印)
         书记员:×××

民事判决书的格式:

××省××市人民法院民事判决书
(一审民事案件用)

[××××]×民初字第××号

原告:……(写明姓名或名称等基本情况)

法定代表人(或代表人):……(写明姓名和职务)

法定代理人(或指定代理人):……(写明姓名等基本情况)

委托代理人:……(写明姓名等基本情况)

被告：……(写明姓名和名称等基本情况)
法定代表人(或代表人)：……(写明姓名或职务)
法定代理人(或指定代理人)：……(写明姓名等基本情况)
委托代理人：……(写明姓名等基本情况)
第三人：……(写明姓名或名称等基本情况)
法定代表人(或代表人)：……(写明姓名和职务)
法定代理人(或指定代理人)：……(写明姓名等基本情况)
委托代理人：……(写明姓名等基本情况)

……(写明当事人的姓名或名称和案由)一案，本院受理后，依法组织合议庭(或依法由审判员×××独任审判)，公开(或不公开)开庭进行了审理。……(写明本案当事人及其诉讼代理人等)到庭参加诉讼。本案现已审理终结。

原告×××诉称，……(概述原告提出的具体诉讼请求和所根据的事实与理由)。

被告×××辩称，……(概述被告答辩的主要内容)。

第三人×××述称，……(概述第三人的主要意见)。

经审理查明，……(写明法院认定的事实和证据)。

本院认为，……(写明判决的理由)。依照……(写明判决所依据的法律条款项)的规定，判决如下：

……(写明判决结果)。

……(写明诉讼费用的负担)。

如不服本判决，可在判决书送达之日起15内，向本院递交上诉状，并按对方当事人的人数提交副本，上诉于××人民法院。

审判长：×××
审判员：×××
审判员：×××
××××年×月×日
(院印)

本件与原件核对无异。

书记员：×××

（三）行政判决书

行政判决书，是指法院按照《行政诉讼法》规定的程序，对于审理终结的行政诉讼案件的实体问题作出处理决定时使用的法律文书。行政判决书的格式与写法包括首部、正文和尾部三部分。

1. 首部

（1）标题

标题由法院名称和文种构成。分两行书写。

（2）文号

文号由成文年度、制作法院、案件性质审判程序的代号和文件序号构成。

（3）诉讼参加人及其基本情况

原告如是公民的，写明姓名、性别、年龄、民族、职业或工作单位和职务、住址。原告是法人或其他组织的，写明法人或其他组织的名称和所在地址，另起一行列项写明法定代表人或代表人及其姓名和职务等。如果原告是没有诉讼行为能力的公民，除写明原告的基本情况外，还应另起一行列项写明其法定代理人或指定代理人的姓名、性别、职业或工作单位和职务、住址及其与被代理人的关系。委托代理人不是律师的，应写明其姓名、性别、职业或工作单位和职务、住址等基本情况；是律师的，只写明其姓名和律师事务所的名称。

行政判决书的被告，应写明被诉的行政机关名称，所在的地址；另起一行列项写明该机关的法定代表人的姓名和职务；再另起一行列项写明其委托代理人的姓名、性别、职业或工作单位和职务。

（4）案由、审判组织、审判方式及审判过程。

2. 正文

（1）事实

事实部分写明双方行政诉讼的内容，以及经法院审理认定的事实和证据。

（2）理由

理由部分写明判决的理由和判决所依据的法律、法规。

（3）判决结果

3. 尾部

尾部应写明当事人的上诉权利、上诉期间和上诉法院名称、审判人员的姓名及判决日期等。

[例文]

北京市××区人民法院刑事判决书

(2008) ×刑初字第××号

公诉机关：北京市××区人民检察院。

被告人：王×，男，1988年6月4日出生于湖北省仙桃市，汉族，初中文化，农民，户籍所在地湖北省仙桃市××镇××村一组34号。因涉嫌贩卖淫秽物品牟利于2008年1月17日被羁押，同年2月2日被逮捕。现羁押在北京市××区看守所。

辩护人：李××，北京市××律师事务所律师。

北京市××区人民检察院以京×检刑诉(2008)867号起诉书指控被告人王×犯贩卖淫秽物品牟利罪，于2008年5月4日向本院提起公诉。本院依法适用简易程序，实行独任审判，公开开庭审理了本案。被告人王×及其辩护人李××到庭参加诉讼。现已审理终结。

公诉机关指控被告人王×于2007年3月份以来，在本市××区××市场26号摊位，多次向路人贩卖淫秽光盘并从中牟利。2007年1月17日，被告人王×被公安机关抓获，民警当场从其摊位内起获光盘120张，经鉴定均为淫秽物品。现赃物均已被公安机关没收。

上述事实，被告人在开庭审理过程中异无意议，并有物证照片、抓获经过、证人郝××、王××证言、北京市公安局淫秽物品审查鉴定等证据证实，足以认定。

本院认为，被告人以牟利为目的，贩卖淫秽光盘数量较大的行为,已构成贩卖淫秽物品牟利罪,应予惩处。被告人的辩护人的辩护意见,本院酌予采纳。依照《中华人民共和国刑法》第三百六十三条第一款之规定,判决如下:被告人王×犯贩卖淫秽物品牟利罪,判处有期徒刑六个月,罚金人民币一千元。

(刑期从判决执行之日起计算。判决执行以前先行羁押的,羁押一日折抵刑期一日,即自2008年1月17日起至2008年7月16日止。罚金于本判决生效后第二日起3个月内缴纳)。

如不服本判决,可在接到判决书的第二日起十日内,通过本院或者直接向北京市第一中级人民法院提出上诉。书面上诉的,应当提交上诉状正本一份、副本一份。

审判员 王××
二〇〇八年五月十九日
(法院公章)
书记员 张××
书记员 刘××

(录自http://www.lawtime.cn/article/lll28400562845150oo20064,有改动)

【思考与练习】

1. 什么是法律文体?它有哪些特点?
2. 法律文体大概包括哪些种类?
3. 根据下面的材料写一份民事起诉状:

张三,男,80岁,是某县的农民,长期与女儿居住在农村,女儿的家庭生活困难,张三便要求儿子张小三承担一部分赡养义务,每月给生活费50元。但张小三以其父亲有房产为借口,拒绝尽赡养义务。于是张三把儿子告上了法庭。

4. 辩护词可以从哪几方面进行辩护?分别加以说明。
5. 根据下面的材料制作一份调解书:

王五与李四是多年的邻居,2007年,王五投资股票,向李四借了20000元,言明一年后还。因股市下跌,王五的股票被深套,一年后,王五无法归还借款。李四多次催讨未果,便把王五告上了法庭。后经法庭调解,双方自愿达成协议,王五于一年内分4次、每次5000元归还李四的借款,诉讼费由双方负担。

第六章 科技文体

第一节 科技报告

一、科技报告的概念

科技报告是各种科技工作报告的总称。它可以描述科学技术研究的进展情况和成果,或记录技术研制试验和评价的结果,也可以陈述科学技术的现状和发展,或表达科技工作者意见和建议。20世纪初期,科技报告这种文体已经出现,随着科学技术的发展,现在,它已成为科技文献中的主要体裁,具有较高的资料价值和学术价值。由于它的信息量大,传播速度又快,因此,在科技文章中,它的使用率很高,科技报告已被广大科技工作者广泛应用。

二、科技报告的特点

(一)注重报告客观事实。科技报告以客观的科学研究和技术研究的事实为写作对象,它是对科技实验、科技试验、科技考察、科技研究的过程和结果的真实记录,它要客观地报道现实科研中的新发现、新创造、新理论,帮助人们了解科学和技术发展中的新成就、新水平。在科技报告中,虽然也要表明对某些问题的观点和意见,但这些观点和意见都是在客观事实的基础上提出的。

(二)突出内容与表述的科学性。科技报告的写作对象是科技研究的客观事实,不但在内容上是真实的成熟的,都有科学根据,能够经得起实践的检验;而且它的表述要全面客观,真实质朴地叙述事物的真相,任何铺陈、夸张、渲染、虚构、想象都是不允许的,实验、考察中的每一个细小的内容,都要如实地记载下来。它的判断要恰当,要运用辨证方法来分析事物的原因,避免以偏概全,使用的概念和术语应合乎科学的要求,定义和数据必须准确无误。

(三)信息量大,传播的速度快。由于科技报告侧重于报道科技研究的事实,既可以记录科技研究的过程、方法和结果(不论取得的结果与预定的目的是否一致,是经验还是教训,都可以写成报告来传递信息);又可以综合各个科技领域的新信息,新动向,做出详尽而全面的报道,把大量的科技信息传播给人们。因此,科技报告的信息量特别大。科技报告与科技论文相比,其传递信息的途径多种多样,既可以公开发表,也可以作为内部的科研记录,向有关部门传递。公开发表时,一般的科技报告无须经过专家审查,节省了对成果进行分析、评定的时间。所以,科技报告传播信息的速度比论文要快得多。

三、科技报告的种类

科技报告按其性质和功用来分,一般可分为:

(一)实验报告和试验报告。实验报告是描述、记录某项科研课题实验过程和结果的一种文体。它是表达实验过程和实验结果的文字材料,是实验工作的总结和概括。撰写实验报告是科技实验工作不可缺少的重要环节。试验报告是记录某项科技产品检测过程和检测结果的一种文体。如要对某项新产品、新技术、新工艺、新材料进行技术鉴定,就必须进行各方面的测试,并写出试验报告,所以,试验报告是进行科研项目鉴定的重要依据之一。

(二)科技考察报告。科技考察报告又称科技调查报告、科学考察记,它是科技人员为着某一目的,经过现场考察而写出的有关科学技术方面的报告。常见的科技考察报告有三种:科技情况考察报告、学科研究考察报告和科技会议考察报告。

（三）科技研究报告。科技研究报告是阐述和说明科研课题的研究过程并告知研究成果的书面报告。它是向上级主管机构、课题资助部门、同行或有关人士报告研究工作的进展情况以及取得的成果。研究报告按课题研究工作进展来划分，可分为开题报告、进度报告和成果报告三种。

四、科技报告的格式与写法

（一）实验报告和试验报告

1. 实验报告

实验的种类很多，按实验性质可分为定性实验和定量实验；按实验方式可分为对比实验、析因实验、中间实验、模型实验和模拟实验；按实验作用可分为课堂实验和科学研究实验。无论何种实验，实验之后都要写出实验报告，这是实验工作的重要环节。因此，每个科技工作者都必须掌握实验报告的写作。

科技实验报告由于实验的目的和内容不同，其结构形式也不尽相同，但一般说来，其格式由以下几个部分组成：

（1）实验名称。即标题，表明实验研究的内容，应做到明确、醒目。

（2）作者及其单位。凡是直接参加实验的全部工作或主要工作，并作出主要贡献，能对报告负责的人，都应署名。一般要署真名，不署假名。同时要署写工作单位。

（3）摘要。它是报告内容的缩写，要以简洁的语言，陈述报告的主要内容，包括实验的目的、实验材料和方法、实验结果和结论等。中文摘要一般不超过150字，外文摘要一般不超过200个实词。

（4）前言。即序言、引言，它是报告主体部分的开端，应简要说明该实验工作的目的、范围、理论分析和依据、研究方法、实验方案和要达到的目标等。

（5）实验原理。它是实验的理论依据，要写明实验所依据的基本原理，介绍实验涉及的重要概念、实验依据和重要定律公式等。

（6）实验设备装置和材料。要列出实验器材、设备装置和所需的原材料。

（7）实验方法和步骤。一般按操作的时间顺序进行表述。

（8）实验结果与分析。通过文字、数字、表格及插图,如实记录和分析实验中所发生的现象。

（9）结论或讨论。结论是根据实验结果所作出的最后判断,是实验报告的精髓,通常用肯定的语言对实验中成功的结果、失败的教训、存在的问题进行概括说明。对实验结果的分析与讨论,是感性认识向理性认识的升华。讨论的内容有:影响实验的根本原因,提高实验精度的措施,扩大实验结果的途径,对实验时观察到的异常现象或数据的解释,等等。

（10）致谢。凡在实验工作中提供过重要指导和帮助的人,都应在正文后致谢。

（11）参考文献。在报告中凡是引用别人的结论、实验数据、计算公式,都应注出所引用的文献。

2. 试验报告

试验报告在科研和生产中用得十分广泛,要测试新产品、新技术、新工艺、新材料,都需要撰写试验报告。

一般的试验报告,其格式大致如下：

（1）试验名称。写明试验项目的名称,如果是进行产品测试还要标明产品名称、型号、编号、精度等级、测试范围等。最后,签上测试负责人的姓名。

（2）试验任务的来源。说明该项试验任务的来源,是上级下达的,还是受人委托的,或是根据生产建设发展的需要自己选定的。

（3）试验概况。着重叙述试验工作的过程,包括试验方案、方案的实施及所取得的数据等。

（4）分析与整理。在所取得的大量数据及结果的基础上,进行全面的分析和整理,并找出规律性的东西,将那些零星的片断的信息上升为完整、系统、全面的结论。在分析整理过程中,要做大量的运算、绘图及制表工作。

（5）结论。写出试验的结果，并表明对试验结果的看法，包括成功的和失败的，以及存在的问题。

3. 实验报告和试验报告的写作要求

（1）认真观察实验或试验的各种现象，客观如实地记录实验或试验的结果，这是写好实验报告和试验报告的基本条件。做实验或试验时，要仔细观察发生的各种现象，分析各种现象发生的原因。对实验或试验的内容、观察到的各种现象、变化和结论都要客观如实地记录。不可弄虚作假，歪曲实验或试验现象。

（2）准确无误地说明实验或试验的内容，有条不紊地说明实验步骤。写作实验报告和试验报告的主要表达方式是说明，在说明实验原理、实验设备装置和实验材料以及试验方案时，都要做到准确无误；在说明实验方法、步骤以及试验方案的实施过程时，要条理分明，按照实验或试验操作顺序分条说明；说明实验或试验结果时，也要把事物发展变化的最后状态准确如实地展示出来。外文、符号、公式、数字，一定要准确、清楚、规范化。插图、表格也要规范。

（3）说明时尽量采用专用术语，这样，既可以使文字简洁明白，又合乎实验或试验情况。

（二）科技考察报告

科技考察报告可分为三种：科技情况考察报告、学科研究考察报告和科技会议考察报告。

1. 科技情况考察报告

科技情况考察报告是就科技上的某个问题，组织有关人员通过实地考察后写成的报告。这种考察，有的是对某一个国家科技情况的考察，有的是对某一国家某一学科情况的考察，有的是对几个国家某一相同学科的考察，也有的是对国内某一地区科技情况或某一学科情况的考察，等等。这种报告的写作目的十分明确，旨在向有关部门和科技工作者提供国内外最新的科技情报，包括学科发展的最新水平和发展趋向，提供进一步深入研究的情报线索，从而对科技的发展起到交流和促进作用。

科技情况考察报告的基本格式是：

（1）标题。概括考察的对象、内容、范围或揭示主题。

（2）前言。又称引言，简要介绍考察的目的、考察者名称、成员、考察时间和地点、考察的具体对象、机构、单位和考察内容等。

（3）概述。综合报告考察的总体情况，包括考察到的概况、主要收获及实际意义，使读者对这次考察有一个整体印象。

（4）考察细目。这是科技情况考察报告的主体，作者要详细地介绍考察所得的情况，为了给读者以清晰、明确的印象，作者应对考察内容进行分析、归纳，分门别类逐条加以陈述。

（5）结尾。有的科技情况考察报告，还有一个结尾，即用一段文字写出考察后的心得体会，向有关部门提出一些想法和建议。

2. 学科研究考察报告

学科研究考察报告是为了科学研究的目的，就某一学科进行实地考察之后写出的报告。它可以是对某一地区地质地层情况的考察，也可以是对某些经济作物的生长习性、经济生态价值的考察，还可以是对某一稀有动物的考察，等等。

学科研究考察报告虽然也是通过实地考察写出的报告，但与科技情况考察报告相比，是有所区别的。就写作目的来说，它不限于报告考察的情况，还要进行科学研究；就报告的内容来说，它不限于陈述考察所得的事实，还要对事实进行分析、论证，找出其内在规律。所以，学科考察报告是具有学术价值的科学文献。特别在研究自然、地理现象的生物学、地质学、地理学等方面，学科研究考察报告是研究成果的重要表现形式。

学科研究考察报告的写作形式比较自由，可以采用论文的形式来写，也可以采用日记体形式来写，还可以采用标题式的形式来写。目前，科技工作者大多采用论文式的写法，这样的学科研究考察报告，除题目、作者及单位、摘要、参考文献之外，主要包括三大部分：前言部分、主体部分和结论部分。

（1）前言部分。简要介绍考察的目的、考察者名称、成员、考察时间和地点、考察的具体对象、考察的过程和考察内容等。

（2）主体部分。这是报告的中心。其内容包括：对哪些部门或哪些方面进行了考察;详细说明被考察的现象和事实,并指出他们的意义;对被考察的现象和事实要进行分析。主体部分的写作,可以按考察时间先后顺序,分别叙述,也可以按学科内在联系为序,加以叙述。

(3) 结论部分。这是报告的结尾。它要叙述考察得出的结论,并对结论的意义进行评价。如果对结论的把握不大,就不必牵强附会,这部分可以省略。

3. 科技会议考察报告

科技会议考察报告是参加国际、国内重大会议之后所写的考察报告。这类报告可分为两大部分:会议概况和会议收获。

会议概况部分主要包括:考察组的成员、考察的目的、考察的对象、考察的背景和考察的过程,以及会议的名称,主办机构,会议的时间、地点、参加人员(国别、人数),会议主要解决的问题,会议的方式(大会发言、分组讨论、参观等)等等。

会议收获是报告的主体,要作比较详细的叙述和分析,而且应突出学科理论、实验技术和生产技术上的收获。这部分主要包括如下内容:

介绍会议上考察到的本学科新的研究动向、新成果、新方法、新技术和学科发展的新趋势,介绍会议的主要论文,可以摘取其精华的部分,介绍时要具体到图表、数据、方法、论证、结论等,还要结合国内情况,介绍国外在本学科上的科学管理、学科方向选择、试验设备、测试技术、数据处理等方面的先进经验。

写作这类报告,可以运用"条文式"的结构方式,一条一条地加以叙述;也可以是"标题式"的结构方式,全文分几个部分,每个部分都加一个小标题;还可以像一般的文章,不加小标题,直贯全文,一气呵成。

4. 科技考察报告的写作要求

(1) 深入考察,掌握充分的第一手材料。考察是写好考察报告的基础、前提和先决条件,只有亲自深入考察,才能掌握第一手材料。掌握材料要充分、全面,越多越好。全面了解了考察对象,才能得出正确的结论。

（2）认真研究，科学地分析材料。考察报告不能单纯地罗列材料，必须对材料进行科学的分析，去粗取精，去伪存真，鉴别主次，明辨是非，从中找出规律性的东西，确保考察结论的准确性与科学性。

（3）观点与材料要统一。材料是观点的依据，观点是材料的必然结果。因此，在考察报告中，观点确立后，就要以典型的材料加以说明，使观点与材料紧密联系，浑然一体，使考察报告的观点具有很强的说服力。

（4）要以简洁、生动的语言，按照考察报告的格式，层次分明地安排材料、说明考察内容。除运用文字外，考察报告还可以综合运用图表、照片、公式等多种科技表达手段，使说明的事实更加清楚明白，通俗易懂。

（三）科技研究报告

1. 开题报告

开题报告是科研课题已获得科研主管部门批准立项，在对科研课题实施具体研究之前，向科研主管部门报送的第一份书面报告，又叫初期报告。其主要功能是申述该项课题研究的重要性、可行性和主要内容，为主管部门检查督促课题的开题和进展情况提供科学依据。

开题报告一般由标题、正文和结尾三部分组成。

（1）标题。由课题名称和文种构成。

（2）正文。其内容包括：研究的目的意义，研究的内容，国内外研究概况和趋势，基本思路或技术方案，预期成果和提供成果的形式，实现本课题的目标所具备的条件（过去的研究基础，已有的主要设备，现有的研究技术力量），课题经费预算等。

（3）结尾。由报送单位（加盖公章）、课题负责人签名和报送日期三项内容，写在报告末尾的右下方。

2. 科研进度报告

科研进度报告是科研课题执行人在科研过程中向科研主管部门或委托投资单位汇报课题研究工作进度情况及阶段性成果的书面报告。所以又叫科研阶段报告。进度报告分定期报告和不定期报告两种。定期的有月报、季报、半年小结、年度总结；不定期的一般是课题执行人在科研工作中遇到困难或取得成果时，或应主管部门的指示要求而写的。

科研进度报告的作用主要是及时通报科研工作进展信息，使主管部门及时了解进度情况，发现问题并及时得到解决。科研课题执行人也可以通过自我回顾，总结经验教训，调整科研计划，从而更好地完成课题研究工作。

科研进度报告由以下几个部分构成：

（1）标题。研究课题的全称，不能缩写。

（2）课题概述。内容包括课题任务的来源、起止时间、课题要求等。这项内容只限于科研工作开始后的第一份进度报告，以后的进度报告可免写。

（3）对本阶段科研工作的总结。这是报告的核心部分，内容包括本阶段研究工作完成的任务和存在的问题。应当按照科研计划书上规定的本阶段的任务，或按上一次科研进度报告中所确定的"下阶段工作任务"，逐条对照检查，真实记录。按原计划没有完成的内容，存在的困难等，也要如实写出，并分析其原因，提出解决的办法，说明解决时必须具备的条件以及如何去创造条件等等。这一部分既要提出问题，又要分析和解决问题。

（4）对本阶段工作进度的总体评价。这部分是对本阶段研究工作的总结性评价，包括对成绩和问题的评价。评价时要恰如其分，对取得的成绩既不拔高，也不低估。

（5）下阶段的工作计划。既要参照科研工作计划规定的内容写出下阶段将要进行的工作，又要针对本阶段工作的经验教训，写出下阶段应采取的具体措施。

（6）课题负责人、参加人员的姓名及报告日期。

3. 科研成果报告

科研成果报告是科研负责人向有关主管部门报告研究课题最终研究成果或重大课题的阶段性成果的书面报告，它也是申报奖励和专利的重要依据。

科研成果报告在写作格式上，有的是直接行文，有的是填写表

格。无论是行文还是填表,它的内容一般要包括以下几个部分:

(1)成果名称。要用准确而简要的文字概括科研成果的内容。

(2)任务来源。要说明这项科研任务是由上级下达的,还是接受有关机构委托的,或者是自选的课题。

(3)完成单位和人员。要标明对该成果做出直接贡献的个人或集体的名称,并指出谁是主要研究者,谁是协作者。

(4)本课题研究的起止时间和鉴定、评审(验收)日期。

(5)成果的主要内容。这是成果报告的主要文字部分,也是报告的主要内容。要详细写清成果内容和它的主要用途、原理、技术关键、主要技术指标、经济价值、社会效益、同国内外水平的比较等。

(6)对成果的鉴定或评审意见。要写明经过鉴定、评审后得出的结论性意见或建议。包括对成果的创造性、先进性的评价,对成果的学术价值、经济价值的评价,对成果的社会意义以及成果水平等级的评价等。

(7)申报单位和主管单位签署审查意见。

(8)附件。不同成果的附件会有所不同。一般应包括:鉴定或评审证书;有关的技术资料,如考察报告、试验报告、学术论文等;该成果的经济效益和社会效益的证明文件。

4.科技研究报告的写作要求。

(1)要有诚实的科学态度。真实是科技研究报告的生命。写作科技研究报告,必须如实地反映科技研究的客观实际,正确估价取得的成果,既不夸大,也不缩小,不要动辄即以"世界先进水平"、"国内首创"、"填补空白"等自诩,要实事求是地报告研究的结果。

(2)内容要具体,应让事实说话。科技研究报告要说明研究的情况、过程、成果、存在的问题和建议等,这些内容要写得具体、明确,不宜空泛、笼统;在分析问题、得出结论时,要有根有据,要以充分的实验数据为佐证,摆出具体事实,让事实说话,绝不可想当然地推断出结论,否则会失去报告的说明力。

(3)结构要严谨,层次要清楚。研究报告要围绕中心安排结构,做到条理分明,层次清楚。虽然科技研究报告有一定的格式,但各个部分的内容,包括所引用的文献资料、实验得出的各种数据、图表和图片等,都要围绕报告的中心作出安排,体现出严密的逻辑性。

[例文]

黄河源区水环境变化及黄河出现冬季断流的原因

万 力[1] 曹文炳[1] 周 训[1] 胡伏生[1] 李志明[1] 许伟林[2]

(1. 中国地质大学水资源环境学院,北京 100083;

2. 青海省地质调查院,青海西宁 810012)

摘要: 自 1954 年有水文观测资料以来,黄河曾在青海省玛多县黄河沿水文站发生过 3 次断流。本文在分析黄河源区水环境特征及其影响因素的基础上指出,鄂陵湖、扎陵湖的环湖融区调节能力低,当遇到连续干旱、冬季其调节水量不足以维系黄河径流时便会发生断流,这是断流的主因。湖水位降低、开采沙金、过度放牧等自然和人为因素会对黄河发生断流产生影响。鄂陵湖口附近黄河上修建的水电站开始蓄水,提高了两湖及环湖融区的调节能力,今后黄河冬季出现断流的可能性将大为降低。

关键词: 水环境;黄河断流;黄河源区;青藏高原

中图分类号: P641　　**文献标识码:** A

由于全球性气候变化,黄河源区干旱化趋势逐渐显露,引起湖泊萎缩、盐化、甚至干涸,区域地下水位下降等水环境诸多变化,使黄河源区生态环境日益恶化。黄河曾在玛多县黄河沿发生过 3 次冬季断流,受到社会广泛关注。本文在分析黄河源区水环境变化及其影响因素的基础上,针对环湖融区调节水量是维系冬季径流的基流量这一特征,对环湖融区的储存能力和调节水量进行评价,找出黄河断流的水文地质原因。

1 黄河源区水环境变化

1.1 降水变化

……近40年来,黄河源区受全球气温升高的影响,气温呈上升趋势,青藏高原气温平均上升了0.45 ℃。由于受全球性气候的影响,局部性水循环常遭破坏,使月降水日数减少,而降水强度有所增加:20世纪60—70年代,月降水日数平均为20—22日/月;80年代,月降水日数平均为18日/月;90年代,月降水日数平均为15日/月。2001年5—8月,这一现象表现得尤为突出,近4个月内,玛多县城周围地区仅有4次降水,直到8月中旬降雨后,干黄的草原才露出一丝绿意。这是玛多历史上从未有过的旱灾,给当地牧业生产带来了巨大损失。

1.2 黄河断流

……自50年代有观测记录以来,曾于1960、1980、1997年冬季发生3次断流,断流时间均在80天以上,最长达94天(1960年12月10日—1961年3月15日)。另外,两湖间黄河也于1998年12月20日—1999年6月3日断流达174天。

1.3 湖泊萎缩

……近几十年来,由于气候变暖,蒸发强烈,源区湖泊出现萎缩、碱化、盐湖化现象十分明显。主要表现为湖水位持续下降,矿化度和pH值增高,小型湖泊、水塘干涸等现象。尤其是自1998年以来湖泊萎缩有加快的趋势,如阿涌贡玛错湖水位1998—1999年下降12.7 cm;1999—2000年下降了19.8 cm;2000—2001年下降了29 cm(图1略)。在此期间,周围许多小湖干涸。据玛多县统计,境内原有4077个大小湖泊,到2000年已有一半干涸。

扎陵湖、鄂陵湖为黄河的过水湖,不仅对黄河起着重要的调蓄作用,而且还是黄河源区地下水的排泄基准面。自20世纪50年代到1998年,黄河及鄂陵湖、扎陵湖水位持续下降,据野外对不同时期湖积沙堤调查,并结合居住湖边藏族老牧民现场指认不同时期湖水位的位置,实地进行测量,这一期间湖水位下降了3.08—3.48 cm,直接引起区域地下水位下降。气象因素、鄂陵湖出水口下切影响是湖水位下降的2个主要因素。……

1.4 区域地下水水位下降

黄河源区属中纬度高山多年冻土分布区,是一种特殊的冻结水环境。多年冻土分布极广,冻土下限4030—4070 m,除河流、湖泊、构造融区外,90%以上面积为冻土,冻土厚度随海拔高度增加而增大,厚8—43 m。多年冻土层作为区域隔水层分布于源区表层,季节融化层薄,地下水的储存空间有限,水环境十分独特。主要地下水类型有以下3类:冻结层上水、冻结层下水、融区水。各类地下水都以扎陵湖、鄂陵湖为排泄基准面,向其径流排泄。两湖水位下降使地下水排泄基准面降低是区域地下水位下降的根本原因,但对不同类型的地下水来说,影响过程和形式则有所不同。……

2 水量均衡计算(略)

3 水环境变化引起的生态问题(略)

4 黄河冬季断流的原因

自1954年有水文观测资料以来,黄河曾于1960、1979、1997年在玛多县发生过3次断流。1999年后,黄河断流开始受到社会广泛关注。黄河3次断流时间均出现在12月到翌年3月,此时,黄河源区千里冰封,冻结层上水和地表水绝大部分被冰冻,黄河流量仅靠融区水维持。从源区融区水的分布来看,环湖融区的面积最大,而且是源区融区水和冻结层下水的汇集区。因此,湖融区的储水能力及调节水量决定了黄河的冬季流量。

4.1 鄂陵湖、扎陵湖湖岸结构特征及融区储存能力

环湖融区分布在鄂陵湖、扎陵湖沿岸。经本次野外实地调查,湖沿结构可分为基岩石、堰塞湖沙堤型、湖积阶地型和冲积平原型4种类型(表2略)。鄂陵湖、扎陵湖属断陷湖,以基岩型、堰塞湖沙堤型湖沿为主,湖积阶地型和冲积平原型次之。两湖黄河冲积平原,因辫状河系发育,冻结期湖岸融区宽度较大为2000 m,而其余湖岸融区宽度平均为400 m。环湖融区储水能力见表3(略)。从表3中可看出,当湖岸融区含水层水位平均高于湖水位2 m时,冲积平原型湖岸融区储存量最大,基岩型湖岸融区储存量最小;环

湖融区储存量为 $0.334 \times 10^8 \mathrm{~m}^3$；单位水位储水量为 $0.167 \times 10^8 \mathrm{~m}^3$，调节能力有限。

4.2 融区调节能力对黄河径流量的影响

黄河源区地处多年冻土分布区，黄河径流成分随季节变化，每年的 4—9 月为融化期，降水多，径流由地表径流和地下径流排泄量组成，其中，包括冻结层上水、冻结层下水及融区水的排泄量；10 月到翌年 3 月为冻结期，降水少，冻结上水和地表溪流均被封冻，鄂陵湖、扎陵湖周边的融区地下水的排泄量成为黄河径流的主要来源。因此，融化期环湖融区调节水量的多少决定了黄河冬季的径流量。丰水年，降水量大，环湖融区储存水量多，泄出水量可维持径流到下一个融化期的到来。若遇连续 2 个干旱年(年降水量小于 263 mm)，融化期环湖融区储存的调节水量少，当调节水量消耗殆尽时，黄河便会出现断流(表 4 略)。

1960 年、1979 年黄河出现断流前，9—12 月降水量很小，且源区大部分地区于 10 月份以后陆续进入冻结期，以固体降水为主，对融区水的补给很少。因此，可将 9 月到黄河断流这一时期的径流量看作环湖融区出现断流前的调节储量。1960 年和 1979 年黄河出现断流前，融化期环湖融区的调节储量分别为 $0.241 \times 10^8 \mathrm{~m}^3$、$0.211 \times 10^8 \mathrm{~m}^3$(表 5 略)。将该调节储量与环湖融区单位水位储水量 $0.167 \times 10^8 \mathrm{~m}^3$ 相比较不难发现，1960 年、1979 年，融化期结束时，环湖融区的平均地下水位分别高于湖水面 1.44 m 和 1.26 m，调节水量有限。

4.3 黄河断流原因及趋势分析

1960 年、1979 年黄河出现断流前，均出现在连续 2 年年降水量不足 263.6 mm 的干旱年之后，对融区水的补给不足，环湖融区的调节储量分别仅为 $0.241 \times 10^8 \mathrm{~m}^3$、$0.211 \times 10^8 \mathrm{~m}^3$，不足以维系冬季径流，而出现断流。在调节水量较大的年份，即使在月平均气温 $-20\ ℃$ 以下最寒冷的气候条件下(1955、1977、1986 年)照样维持径流。

1997 年黄河断流出现在年降水量大于 311.99 mm 的年份，比上 2 次断流年份的年降水量高出很多，表明，由于鄂陵湖口下切，侵蚀基准面下降，上游地区河流侵蚀作用加强，引起冻结层上水含水层疏干,区域地下水位下降,草场退化、荒漠化等环境恶化因素已逐渐突现出来,使环湖融区调节能力降低,导致黄河发生断流。

1998年玛多县在鄂陵湖口附近的扎陵湖乡黄河上修建水电站,水坝为土石坝,坝高18.5 m,坝顶高出4273.6 m,比鄂陵湖口岸上最高点(4272.48 m)高出1.52 m。1998年底开始拦河蓄水,大坝以上地区的黄河及两湖水位逐渐回升,到2001年7月9日,鄂陵湖水位回升近1.2 m。水坝建成,蓄水达到设计水位后,将使鄂陵湖口以上黄河源区的排泄基准面提高3—4 m。湖水位回升,不仅维系了区域水位相对平衡,避免了因湖水位下降引起水环境进一步恶化,而且大幅度提升了两湖及环湖融区的调节能力,使黄河冬季出现断流的可能性大为降低。

另外,黄河源区水系以鄂陵湖、扎陵湖湖水面为局部侵蚀基准面,比起北部的柴达木盆地内陆水系和南部长江水系的侵蚀基准面要高出很多,南、北两水系都存在着对黄河源区水系的向源侵蚀袭夺作用,但该作用十分缓慢,从实地调查和遥感卫星图片解译来看,还不足以对黄河水系汇流面积产生明显的影响,不是引起断流的原因。向源侵蚀袭夺作用对黄河水系汇流面积产生的影响,至少在历经一个漫长的地质时期后,才有可能显现出来。

5 结论

黄河玛多段冬季断流的主要原因是,黄河冬季径流主要靠环湖融区调节水量维系。由于环湖融区地下水储存空间有限,单位水位储存量仅为$0.167 \times 10^8 \ m^3$,调节能力低,遇到气候周期性干旱年份,调节量不足以维持整个冬季的径流时,就会出现断流。鄂陵湖口下切、侵蚀基准面下降、开采沙金、过度放牧等对草场植被破坏等自然和人为因素,使地下水补给量减少,环湖融区调节能力降低,会对黄河发生断流产生影响。鄂陵湖口附近黄河上的水电站已经蓄水,将大幅度提升两湖及环湖融区的调节能力,使今后黄河冬季出现断流的可能性大为降低。

参考文献(略)

(选自2003年7月《地质通报》第22卷第7期)

第二节 科技情报

一、科技情报的概念

科技情报工作包括科技情报的搜集和管理、科技情报研究、情报传递和服务三项内容。科技情报的搜集和管理是科技情报工作的基础,科技情报的传递和服务是科技情报工作的最终目的,而科技情报研究则是情报工作的重要环节。它是以当代科学技术的新成就为主要对象,通过对这些成就的识别、分析、提炼、综合、整理、选择、复原,并联系社会的政治、经济、环境、生态等各方面的因素实行综合性、整体性的研究,判断这些成就的价值,发现问题,启发思想,预告未来,提出建议,帮助决策,借以指导人们的科研、生产、管理、教育和国际交流等实践活动。因此,它是情报工作者提供科技情报的高级形式。它不仅要对各种科技情报的知识进行"化合"、"提纯",而且要求研究者具有能够创造知识、运用知识的能力和技巧。

科技情报工作的每个环节都需要写作,搜集和管理工作中,需要对科技文献加以整理,包括分类、标题、著录、加工和目录组织;情报传递和服务工作中,需要编写文摘、快报、索引。这些都属于科技情报文书。相比之下,科技情报研究中的写作要复杂得多,因为这些科技情报研究文书要全面地、准确地把科技情报研究的成果表现出来,它是科技情报研究成果的书面表现形式。没有良好的文字表达能力,是难以胜任的。

由此可见,科技情报是科技工作者通过对在实践中起着继承、借鉴和参考作用的科技知识的分析、整理,并针对一定的对象和需要,经过综合性的研究而写出的一种信息性的文体。

在当今的信息社会,人们越来越希望通过科技情报这一重要的渠道来了解当代科学技术的重大发展,科技情报的作用越来越被人们所认识。其作用主要在两个方面:

第一,科技情报是有关领导制定科技方针、政策、规划和技术引进工作的基础和前提,为领导机关提供的科技情报,是有关领导决策时的重要参考与依据。

第二,科技情报能使科技工作者从繁重的搜集、查阅和分析研究大量原始资料的负担中解脱出来,增加了纯科学研究时间,也避免了科研课题的重复,少走弯路。

二、科技情报的特点

(一)时效性。科技情报是一种信息,任何信息都有时效性。科技情报旨在为科技工作者提供情报,它的价值在于及时报道某学科、某专业的科技新成果、新发现和新动向,以便使科技工作者掌握本学科、本专业的发展趋势,推进他们的科技工作;同时,科技情报对于科技部门的领导和决策机关也会产生作用,科技情报及时报道科技新动向,对他们确定科技政策、选择技术路线、拟定科技规划等都是不可缺少的参考资料。如果延误了时间,科技情报就会失去其应有的价值。

(二)客观性。科技情报作为二次文献,是在一次文献的基础上编写的,它必须绝对尊重一次文献的客观内容,有的干脆是对一次文献作原文的摘录。所以,客观性是它的特点之一。它不能渲染、夸张,更不能虚构、编造,必须准确地报道一次文献的内容,客观地反映科技领域内的发展现状。即使有的科技情报中会有编写者的主观见解,也应尽可能做客观的评价。

(三)科学性。科技情报的内容都是与科学技术有关的,或者是对科技文献的摘要,或者是对科技新动向的报道,或者是对某一学科、某一科技领域的现状的综述,或者是对某一学科的现状的评论和发展趋向的预测等等,所以,科学性是科技情报与别的情报的区别。同时,它又与科技新闻有所不同。科技新闻只是对科学技术的新动向作表层的报道,而科技情报则是一种深层次的报道。它除了报道对象是科学技术外,还必须对报道对象加以整理、归纳、分析,全面、系统地报道科技领域中的新成果,甚至还要做出深刻的实事求是的评论。因而,科技情报具有一定的学术价值。

三、科技情报的种类

科技情报通常可分为以下五种：

（一）索引。即为检索做导引的情报文书。

（二）文摘。是以提供情报内容梗概为目的，不加评论和补充解释，简明、确切地记述情报内容的短文。根据提供文献的不同目的，文摘可分为两种：报道性文摘和指示性文摘。前者是对一次文献中所有的情报信息作扼要叙述，是指明一次文献的主题范围和内容梗概的简明文摘，又叫资料性文摘。后者是指对一次性文摘的内容所作的扼要叙述，它主要交代文摘探讨的范围，而并不涉及研究方法、结果和结论，所以，也叫概括性文摘。

（三）动态。是及时反映某一科研项目的阶段性或局部性以至全局性成果的快报。

（四）综述。是对某一学科领域在某一时期内的研究成果、技术水平、发展动向，做出综合性表述的情报资料。根据不同的功能，综述可分为文献综述、讨论综述、形势综述和会议综述 4 种。文献综述主要是对某一时期科技文献研究动态及其进展的综合叙述；讨论综述多是研究课题的阶段性工作总结；形势综述多是专业领域发展趋势的综合评述；会议综述专门是对学术会议的主要论题及其广度、深度的综合报道。

（五）述评。是针对某一特定课题的科技发展水平进行详细表述和评论的情报资料。根据述评对象的不同，述评可分为综合性述评和专题性述评两种。前者是针对某一学科领域或某些综合性领域里整个科学技术状况、发展水平加以评述的；后者是针对研究、设计过程中某个具体技术问题加以评述的。

四、科技情报的格式与写法

（一）索引

1. 索引的格式

索引是一种较简便易行地揭示和报道文献的方式。它虽不能提供所需的文献，但是它提供了文献线索，能为读者查找某一具体文献提供方便。

科技文献索引的编制,一般要经过选题、制定编制计划、编制类目表、收集文献、选材、著录制卡、编排索引正文、编制辅助索引、写序言、设置目次表等程序方能完成。这里把其中的几种著录格式作一介绍。

(1) 期刊论文的著录格式。著录项目包括论文篇名(副标题)、作者、刊名、年、卷、期、页码。外文期刊论文,则在篇名前加中文译名,在页码后注上文献的文别,并加括号。

(2) 会议录论文的著录格式。著录项目包括论文篇名、作者、会议录的书名、会议名称、会议地点、时间、页码与文别。外文会议录论文亦加中译篇名。

(3) 科技报告的著录格式。著录项目包括报告篇名、著者、报告号、年月、文别。外文科技报告加中译篇名。

2. 索引的写作要求

(1) 严格按照格式编写,各个项目都要写得准确无误。

(2) 若有两个著者,应同时著录;三人以上者只著第一人,后加"等"字。

(3) 同一篇论文用两种文字发表者,取作者本国文字的篇名著录,篇名后可著上有某种文字译文及出处。

(二) 文摘

1. 文摘的格式

文摘能以简明扼要的文字、短小的篇幅,介绍文献的主要内容,使读者不用查原文,就能了解文献的内容,为读者节省了大量阅读文献的时间。所以,文摘的应用相当广泛。

文摘由题录和正文两部分组成。报道性文摘和指示性文摘的题录部分,其写作格式是相同的,它要按国家标准 GB3793-83《检索期刊条目著录规则》的规定,期刊论文的题录要素包括:分类号、文摘序号、中文题名、著者、刊名、年、卷(期)、所在页码。书本的题录要素包括:分类号、文摘序号、书名、著者、出版地点、出版单位、出版年份、总页码。专利文献的题录要素包括:国际专利分类号、专利号、报道序号、申请者(或发明者)、申请日期、发明题目。

文摘正文部分的内容有所侧重。报道性文摘的正文部分一定要摘取文献的核心内容,包括研究的对象和研究的目的,研究方法,即实验方法与装置,研究的结果和结论。这种文摘的字数一般在 400 字左右,使读者不用查阅原文就可了解文献的主要内容。重要的文献多采用这种形式编写文摘。指示性文摘又叫简介。它的正文部分主要根据一次性文献的前言、各级标题、结论来编写摘要内容。编写时,只要简明扼要地对文献作概括性的介绍,让读者能以此判断是否需要查阅原文即可,并不需要提供足够的资料性内容。这种文摘的字数一般在 200 字左右。

2. 文摘的写作要求

(1) 要认真阅读原文,掌握原文的中心思想和内容要点,在全面正确理解原文的基础上进行客观地摘录。

(2) 要用第三人称写作,并且不得改动作者的原意,原文如有错误,也不要修改,可加注释说明。

(3) 语言简明扼要,尽量采用规范术语;全文不分段和节,必要时可用①②③……分点叙述。

(三) 动态

1. 动态的格式

动态和文摘都属于二次文献,但是文摘是一次文献的摘录,而动态是编著。动态报道的内容囊括了各种文摘内容,即论点、研究过程、研究方法、论证过程、数据资料等,从而反映某个学科和部门的水平和发展动向,起着交流科技信息的作用。

动态有点类似新闻消息,都是报道最近发生的科技事件,要尽快地把科技领域的新成就、新动向告诉读者。当然,科技动态与消息又有区别,消息的写作只强调报道这一事件,目的只具有周知性;而科技动态注重于事件的科技内容,事件的现状和价值,注重于这一事件的发展趋势。

动态写作没有固定的格式,一般的写法是,开头简略介绍研究单位、研究人员的情况,然后重点报道研究成果及其意义、价值、发展趋势和成果的适用范围。应注意的是:在动态中要有时间、地点、原因、人物、事件和结果六个要素,不可缺少其一。

2. 动态的写作要求

（1）报道内容要实事求是,切忌渲染、夸张、模棱两可。

（2）要突出重点,不要面面俱到。

（3）语言要通俗、简明,全文不超过500字。

（四）综述

1. 综述的格式

综述有两个特点:一是综合性。它要对国内外某一学科或某一技术在某一时期的发展情况进行全面、系统的综合叙述。它既有纵向的回顾与展望,反映综述对象的历史、现状和发展趋势,又有横向的对比,反映各主要国家、主要科研机构或主要科学家、生产单位的实际科技水平。所以,综述既可开阔人们的眼界,又能使人们对某项课题的来龙去脉有全面的认识。二是客观性。它只有综述不加评论,只对原始文献、实际数据资料和原始观点进行归纳、综合,并加以客观叙述,一般不发表自己的评论,更不作预测和建议。它是"述而不评"的科技情报文书。当然,综述的作者在对原始文献进行引用和取舍时,也会带有某种倾向性,但这种倾向性必须尊重文献资料的客观性。

各种综述的写作目的和服务对象不同,编写时的格式也不尽相同。一般来说,它包括标题、前言、发展历史、发展现状、发展趋势、结束语和附录七个部分。

（1）标题。概括综述的内容,要简洁明白。

（2）前言。也叫"破题"。它是综述的开端,说明编写综述的原因、目的、意义,综述的对象,编写的原则和过程,参与的单位,搜集资料的范围等。前言要写得简短明确,突出重点。

（3）发展历史。可按时间顺序加以叙述,叙述课题研究的主要方向,课题发展的历史过程,解决了哪些问题,还存在哪些问题和困难。在叙述历史过程时要有所选择,不要写成编年史。

（4）发展现状。要详细具体地叙述综述对象目前的发展状况,充分展示它们的成就、特点和发展方向。要尽可能地客观反映不同的观点和意见,使人们对综述对象有全面的认识。有关各种数据,可按内容和需要制成表格附上。这部分应作横向比较。

（5）发展趋势。通过上述纵、横的比较与分析，应指出综述对象发展的主流与方向，对它的发展趋势做出比较可靠的预测。

（6）结束语。一般包括研究所得的结论，概括指出存在的分歧意见和有待解决的问题等。若在正文部分已经涉及这些内容，那么，可省略结束语。

（7）附录。主要是参考文献目录和重要附件。它可为读者核对或作进一步研究提供索引。参考文献的编排可按综述正文中引用先后为序。

2. 综述的写作要求

（1）在综述选题上，应选择自己有相应专业知识和实际经验的课题，只有这样，才能正确地理解文献的内容及其价值，从而写出高质量的综述。

（2）必须全面掌握有关资料，并对这些资料下一番钻研、审核、筛选、鉴别的功夫，在对所综述的资料十分熟悉后，再动手写作。

（3）注意叙述的客观性，综述学术见解或观点时，力求全面、客观，不要夹入个人的学术见解，做到只述不评。

（五）述评

1. 述评的格式

述评除了具有综述的性质与特点外，还有评论性的特点。它要在叙述的基础上，提出自己的见解和观点，做出评论，指出发展方向，提出有分析、有根据的建议。

述评的写作格式和综述有些相似，一般包括标题、前言、发展历史、现状分析、预测方向、改进建议、结束语和附录八个部分：

（1）标题。概括述评的内容。

（2）前言。也有的叫"序言"、"绪言"，要说明述评对象的基本情况，选择这个课题的目的和意义。还要说明它在科学技术和国民经济中的重要性，并简要地说明本述评的内容和性质及适用的范围，最后还可以列举与本题有关的"述评"名称。

（3）发展历史。按时间顺序，从纵向上叙述本述评研究的课题在各个阶段的发展情况，指出发展的条件、特点和意义，介绍对这一课题的各种看法和论点,以及国内外发展的情况、所取得的成就和尚未解决的问题。

(4)现状分析。分别介绍不同国家关于本课题的现有水平、发展特点以及所取得的成就,以及国内这方面的现有水平、取得的成就和需要解决的问题。

(5)预测方向。对学科进行方向性预测,指出国内外现状以及其他专业可能对本学科的影响,预测本学科发展的几种可能性,以及对国民经济发展可能起到的作用和可能出现的问题。

(6)改进建议。根据以上的分析和评论,提出应采取的技术措施、发展步骤以及其他有益的建议。

(7)结束语。是正文的未尽之言,即需要补充的话。如果正文已经说得详细透彻,结束语可省去。

(8)附录。同综述的附录。

2. 述评的写作要求

(1)述要述得充分,评要评得准确。述评,首先是述,然后才是评。评得准确、恰当与否,取决于述得充分、清晰与否。所以,必须要像写综述那样,掌握大量的有关资料,并加以充分的叙述,因为叙述的内容,实际上就是评论的依据,依据充分典型,评论才能准确和恰当。

(2)不要把自己的意见与别人的见解混为一谈。在述评中,凡是引述或概括他人的见解、材料,都须加以说明,避免读者误认为是作者的观点。

[例文]

中国兰科植物保育的现状和展望

罗毅波　贾建生　王春玲

1　前言

兰科(Orchidaceous)是被子植物的大科之一,全世界约有700

属近20000种(Atwood,1986;Dressler,1993),广泛分布于除两极和极端干旱沙漠地区以外的各种陆地生态系统中,特别是热带地区的兰科植物具有极高的多样性(Gustavo,1996)。中国典型热带地区所占面积不大,因而不是兰科植物种类最丰富的地区;但由于中国跨越热带、亚热带和温带3个气候带以及具有复杂的地理环境,使得中国不仅具有各个气候带的兰科植物区系和生态类型,并且还保留着许多原始类群。特别是中国拥有广阔的亚热带地区和素有世界屋脊之称的青藏高原等独特地理区域,其相应的兰科植物区系也是世界上独一无二的。兰科植物俗称兰花,在我国有近2000年的栽培历史,是园艺花卉中的重要栽培植物。……

兰科植物多为珍稀濒危植物,全世界所有野生兰科植物均被列入《野生动植物濒危物种国际贸易公约》的保护范围,占该公约应保护植物的90%以上,是植物保护中的"旗舰"类群(flag group)。因此,开展对中国兰科植物的研究和保育是世界兰科植物研究和保育工作中的重要组成部分,而中国兰科植物的复杂性使得这项工作的难度更大。……笔者最近参加了在澳大利亚Perth举行的"第一届世界兰花保育大会",了解到国际兰科植物研究和保育的最新进展和发展趋势,特别是围绕兰科植物保育而全面开展的各个方面的基础研究工作,以及迁地保育方面各种新技术的广泛应用,如种子库(seed bank)、兰科共生真菌的研究等等,深感国内有关兰科植物保育的研究与国际同类工作相比,存在不小的差距,特撰此文,希望能起到抛砖引玉的作用,引起国内同行及社会各方面对我国兰科植物研究和保育工作的关注。

2 中国兰科植物研究和保育现状

兰科植物保育策略的制定和实施有赖于深入的研究工作以提供科学依据和资料。一般来讲,保育工作涉及两个基本问题:首先要确定哪些类群,急需开展保育工作;其次是如何采取有效的保育措施来保护和繁育这些类群。确定受威胁类群所依据的基本资料涉及到分类学、系统学以及生物地理学等方面的研究;制定有效的保育措施则要求必须对兰科植物有一个全面深刻的认识,涉及生物学特性、居群生物学、居群生态学、繁殖生物学等各个学科的综合研究。

2.1　中国兰科植物研究现状

2.1.1　分类学、系统学和生物地理学研究现状(略)

2.1.2　居群生态学和生物学研究现状(略)

2.1.3　繁殖生物学研究现状(略)

2.2　中国兰科植物的保护现状

由于兰科植物的重要性,不少国家和地区将本地区所有野生兰科植物置于其法律保护的范围。由于种种原因,我国尚未将野生兰科植物列入《国家重点保护野生植物名录》,兰科植物的保护在我国尚缺乏法律依据。……迄今为止,我国还没有针对兰科植物而设立的自然保护区、保护小区或保护点。……迁地保护方面,尽管不少机构收集引种了一定数量的兰科种类,但主要是以引种为目的,真正意义上的保护工作目前尚未开展。

2.3　中国兰科植物持续利用现状

我国栽培兰花的历史已有2000余年,但整体上兰科植物的利用仍处于直接从自然界获取的低级阶段。造成这种现象的主要原因在于以下几个方面:(1)繁殖方面没有突破性进展。……(2)人工杂交育种没有得到发展与普及,仍主要依赖从野生植株中进行品种筛选。……(3)野生兰科植物资源利用方法单一。……(4)野生药用兰科植物资源开发无序。……

3　研究和保育工作与国际同类工作相比存在的主要差距

通过这次Perth会议可以看出,我国在兰科植物研究和保育方面与国际先进水平相比存在较明显的差距。特别表现在以下3个方面:(1)保育目标的确定。一个物种的保育,必须建立在对这个物种进行全面研究的基础上。由于受各方面因素的限制,这种全面的基础研究只有在一些最重要的保护类群中才能开展。因此,集中有限的资源对这些最重要的类群进行全面研究是十分必要的。在一些保育工作做得较好的国家和地区如澳大利亚,已经有明确的重点保护种类和保护地区的名录,而我国至今还没有一份类似的名录。(2)在居群水平上对兰科植物进行监测(moilitor)是判断管理措施是否有效的主要方法,它不仅可以监测兰科植物的自然生长状况,还可以定期评估管理措施的实际效果。多年连续的监测活动还可以帮助人们认识兰科植物居群自然变化的过程,从而可以确认个体数目的变化是受人为影响还是受其本身自然变化的影响。因此,对保护类群在居群水平上进行监测是反映实施人工管理措施成效的最主要的指标。国际上已有很多成功的例子(Stuckey,1967;Tatum,1972;Hutchings,1987;Mehrhoff,1989)。(3)迁地保护。当某种兰科植物的生境面临完全丧失的危险或受到过大的商业采集压力时,迁地保护就成为唯一可行的保育措施。生境丧失和过度采集在我国十分严重,但我国目前在迁地保护方面的组织协调性比较差,尚未形成迁地保护网络。……迁地保护存在的另一方面的问题是方法和技术落后。……

4 中国兰科植物研究、保育策略和发展方向的探讨

4.1 加强兰科植物生态学、居群生物学、分类以及地理分布的研究

准确、全面地收集每个种的分布地点、繁殖特征、传粉媒介、生境需求、相对居群数量和大小以及居群的遗传结构等基础资料,既是科学评价物种濒危等级的重要依据,也是制定具体保育措施的科学基础。……

4.2 在现有的研究基础上确定中国重点兰科植物保育种类和重点保育地理范围

建立自然保护区是进行物种就地保护的有效方式,特别是兰科植物,由于鉴定和识别难度较大,而我国目前又未将整个兰科植物纳入保护法律系统下,使得建立自然保护区成为保护兰科植物的唯一途径。因此,尽快在现有资料的基础上,在兰科植物种类丰富的地区建立保护区、保护小区、保护点和禁采地,是实行就地保护的当务之急。在迁地保育方面,由于受到人力物力资源的限制,必须根据实际情况制定出一个最需要采取保护措施的兰科植物种类名单,根据这个名单开展各个方面的工作。

4.3 加大规模繁殖方法的研究,积极开展"回归"工作

规模繁殖不仅可以为迁地保护提供技术上的可行性,而且是开展"回归"工作和恢复野生居群的基础。规模繁殖成功还可以

极大减缓对野生资源的需求压力。因此开展规模繁殖的研究是目前中国兰科植物保育工作中最为迫切也最为重要的课题。此外,在开展"回归"工作时,要注意与居群遗传学研究相结合,以便于评估"回归"植物对原产地生境的适应过程以及对野生植株生态和遗传学方面的影响。

4.4 加大对兰科植物保护重要性的宣传力度,促进兰花生态旅游的发展

近年来,人们对保护环境和野生动植物的关注程度越来越高,但由于种种原因,人们对兰科植物种小型植物的保护意识远不及对树木的强,相当多的人认为兰科植物不是受保护的类群。此外,人们一般仅关心兰科植物的观赏价值和药用价值,而基本上没有意识到其潜在的旅游价值。实际上早在20世纪80年代初兰花生态旅游就开始在国际流行。我国兰科植物种类和生态类型比较丰富,尤其是亚热带和高山兰科植物更是我国独有的资源,开展兰花生态旅游有着得天独厚的条件。

4.5 建立中国兰科植物研究和保育的信息交流网络

由于兰科植物的栽培和繁殖技术难度较大,仅仅依靠传统的方法难以取得良好的效果。中国有许多兰花爱好者,他们常收集国兰等多种兰花品种,因此,若能将各地有关的科研机构、栽培爱好者等组织起来,建立中国兰科植物研究和保育信息交流协作网络,介绍先进的栽培和繁殖方法,交流各地有关兰科植物的栽培信息和资料,一定能促进我国兰科植物研究和保育工作的开展。

参考文献(略)

(选自2003年《生物多样性》11卷第1期)

第三节 科学小品

一、科学小品的概念

科学小品是一种以科学知识为题材的小品文。关于小品有两

种不同的概念。一个是按篇幅大小来划分,"详者为大品,略者为小品"。另一个概念是指一种专门的文学体裁,即篇幅短小精悍、结构自由灵活的散文。在西方称随笔,在东方多称小品。科学小品,是指后一种概念。因此,科学小品就是用小品的形式介绍科学知识的文章,是科学内容与小品形式的联姻。正像著名科普作家石工所说:"科学小品,顾名思义,就是以小品这种形式来表现科学内容的文章。"可见,科学小品是用深入浅出的语言,形象生动地向人们介绍科学事物或事理,普及科学知识,宣传科学思想的短文。著名科普作家叶永烈说得好:"科学小品行文挥洒自如,文情并重,生动活泼,短小精悍,是科学文艺中的轻骑兵。比之与其他科学文艺作品,它的文艺性要稍差一些,知识容量大一些。"

我国现代科学小品,是"五四"以来新文学中具有鲜明中国特色和进步意义的一种散文体裁。最早正式冠以"科学小品"名称的科学小品是刊登在1934年陈望道主办的《太白》半月刊上的作品。该刊的创刊号上发表了周建人的《白果树》、贾祖璋的《萤火虫》、刘薰宇的《半间楼闲话》、顾均正的《昨天在那里》,这是第一批出现的科学小品。它还刊登了柳湜的《论科学小品》一文,谈到科学小品的性质,他说:"小品文如果与科学结婚,不仅小品文吸取了有生命的内容,同时科学也取得了艺术表达手段。艺术的大众科学作品于是才能诞生。"这是最早的一篇关于科学小品创作理论的文章。后来,《太白》杂志又把发表在刊物上的部分科学小品汇编成《越想越糊涂》一书,这又是我国第一本科学小品集。这些作品的代表性作家有周建人、顾均正、贾祖璋、艾思奇、高士其、董纯才等。

新中国建立后,向科学进军的号角吹响了,科学小品的创作进入第二个高潮时期。老一辈的科学小品作家写出许多新作,同时,一些著名科学家如李四光、华罗庚、钱学森、茅以升等也加入了科学小品创作的队伍,发表了一些高质量的科学小品,另外,又涌现出一大批科学小品的新作者,如铁丁(刘有常)、石工(陶世龙)、叶永烈等,他们为繁荣科学小品创作作出了重大的贡献。

粉碎"四人帮"后,科学小品出现了第三次繁荣的新局面。发表科学小品的园地也更为宽广了,创作科学小品的作者队伍也日益壮大了,科学小品成为普及类文体中最活跃、最广泛的一种体裁。

如今,党中央发出"科教兴国"的号召,说明科学技术对提升国力、建设小康至关重要。在我国科学事业日益发展的今天,不但需要有高深的科学论文,也需要有普及性的科学小品,以提高全民族的科学文化水平。因此,科学小品必将越来越受到人们的青睐。重视和繁荣科学小品的创作,对于社会主义物质文明和精神文明建设,同样有着积极的推动作用。

二、科学小品的特点

(一) 知识性

科学小品和所有科普作品一样,肩负着向人们介绍科学事物或事理,普及科学知识,宣传科学思想的重任,因此,知识性是科学小品的主要特点。它所介绍的知识,主要指自然科学方面的知识,物理、化学、生物、地理……都是它介绍知识的领地。它要通过深入浅出的文字,把这些自然科学知识推广到社会的各个阶层,使广大人民对它们有所了解,从而提高整个民族的科学文化水平。

科学小品所介绍的知识,必须是真实的,不允许有半点虚假,它要以正确的科学理论和实验为依据,要符合科学实践的客观情况。它和科学童话、科学幻想小说是有区别的:后者已进入了允许虚构的小说领域,它们虽有科学的凭借,但已有不少幻想成分;而科学小品却固守于要求有客观真实性的散文领域,因而它所介绍的知识必须是已经存在的和被认识的科学知识,是实践的经历和成果,这些知识是经得起考查和检验的。

(二) 趣味性

科学小品的写作目的是普及科学知识,其读者对象大多是缺少科学知识的普通群众,为了吸引读者阅读的兴趣,达到普及的目的,科学小品应该具有趣味性。

科学小品的趣味性首先表现于内容的新鲜、别致。科学小品经常涉及最新的科学成就和知识,使读者了解来自科学王国的最新消息,不断用最新的科学知识武装读者的头脑,这样的科学小品才能受到读者的欢迎。如科学小品《不要拧乱自己身上的"钟"》就很有情趣,这是一篇介绍人身上的"生物钟"的科学小品。"生物钟"的知识是现代生物学中最诱人的一个课题,以它为内容写成的科学小品,向人们介绍这一新的科学知识,就显得新鲜、别致和有趣。

其次,科学小品的趣味性还可以调动各种文学手段,或在内容上穿插神话、传说、史话、故事,或在形式上采用自述、对话、描写、比喻、拟人,运用得恰当,便可增添科学小品的趣味性。如科学小品《白银趣话》,由一连串有趣的故事组成,每一个故事都引出一条科学知识,使读者在有趣的阅读中了解了白银在科技方面的新用途——杀菌性和延展性。

(三) 思想性

科学小品不以介绍单纯的科学知识为满足,它总要传达作者的某种思想,或科学规律,或生活哲理,或引起人们对科学的兴趣,或激发人们追求真理的信念等。有一篇《动物共生的情趣》的科学小品,作者在着重介绍动物界共生的自然现象的基础上,表达了自己的思想观点:人类当然要保护经济价值很高的动物,但是,有些动物对人虽然没有什么直接用途,却有利于对人有价值的生物共存,也应当加以保护,切莫将它们驱散或灭绝。这一符合科学规律的观点就体现了这篇科学小品的思想性。

当然,这种思想的升华,不是凭空而起,而是由科学知识的介绍油然而生的,它必须由科学知识引发,又是对科学知识的提炼与升华。

好的科学小品,除了能增进读者的科学知识外,往往还会给读者以启迪,使人产生种种积极向上的联想。

(四) 通俗性

科学小品担负着向人们推广普及科学知识的任务,即使是比较深奥的知识,也要用浅显易懂的语言向读者作深入浅出的介绍和说明。否则,读者就难以理解,达不到普及推广科学知识的目的。可见,通俗性也应是科学小品的一个特点。

通俗性要求文章写得深入浅出,在介绍科学知识时,应多用一些文学表现手法,既能使科学小品具有趣味性,又能使深奥的科学原理变得浅显易懂。

通俗性还要求语言通俗明白,尽量避免使用专业术语,必须使用时,也要加以通俗的解释。在介绍比较深奥的科学知识时,也要尽量说得清楚明白。句子不要太长,过于复杂,多用短句和简单复句。

三、科学小品的结构

科学小品行文挥洒自如,形式自由灵活,篇幅短小,结构完整。科学小品的结构,一般有标题、引言、正文和结尾几个部分组成。

(一)标题。科学小品的标题一定要有新意,要尽可能标新立异,但又切合主题。科学小品的标题与科学论文的标题不同,科学论文的标题要求准确地概括全文,不要求做到活泼而又精彩,科学小品的标题却一定要善于标新立异。如有一篇《烟囱剪辫子》的科学小品,其内容是讲控制废气污染的,如果把标题改成《谈谈控制废气污染》,虽然意思不错,但其趣味性就差多了。又如《水是有皮的》、《血是毒的》、《假如你遇见魔鬼》等等,读者看了这些标题,就会对文章引起浓厚的兴趣。当然,这些富有新意而有趣的标题,都是以切合文章的中心为前提的。

(二)引言。科学小品的引言要以灵活简洁、生动有趣的文字把读者引入正题。引言要有抓住读者的艺术魅力,促使读者阅读全文的兴趣。引言的写法多种多样:有的先讲一个故事或说一种现象,然后生发开去,引出正题;有的从一句谚语、一个成语或一首诗词说起,引导入题;有的是从某条新闻或某件身边琐事谈起,引起正文……形式多样,别具一格。只是不能平铺直叙,索然无味。

(三)正文。如果引言是提出问题,那么,科学小品的正文则是解答问题,具体地说,就是介绍知识,阐述事理。其结构形式大致有两种,一是并列式,一是递进式。所谓并列式,就是把科学知识分为平行的几个部分,分别加以介绍。如科学小品《动物尾巴的功能》一文,将动物尾巴的功能分为并列的六个大类,然后分别进行阐述,言之有序,层次分明。所谓递进式,就是把科学知识作层层递进的介绍。如科学小品《知更鸟之死》就采用了递进式,文章从知更鸟之死的现象谈起,进而揭示产生这种现象的内在原因,指出滥施农药对生态平衡造成的极大破坏。全文从提出问题,到分析问题,再到解决问题。层层深入,条理清晰。

(四)结尾。科学小品的结尾,其作用是升华思想,给人以启迪,也使读者回味无穷。结尾的方式也很多,有提出希望的,有表示赞叹的,有篇末点题的等等。

四、科学小品的写作要求

(一)从现实生活中选题

科学小品的题材应该来自于现实生活,是大众关切的科学内容。柳萌早在《论科学小品》一文中就指出:"科学小品是科学与小品文在大众的实践生活的关系中去联姻。"还说科学小品"在题材方面那是最自由不过的,只要与大众生活保持着密切的关联,无论就自然现象或社会现象,拣取一小片来描写都可以,真是'从苍蝇之微到宇宙之大'"。可见,科学小品的作者要在自己熟悉的科学领域内,联系广大群众的生活实践去选题。

优秀的科学小品,其题材都是从现实生活中选取的,如《解开肥胖之谜》、《假如人的体温降低两度》、《龙卷人飞古今谈》、《有趣的鸟类冬眠》、《锁的种种》、《有趣的共振现象》等,它们的题材,既来自广大群众生活实践,又是大众关切的科学内容,因而获得广大读者的好评。

科学小品写作不能从科学的概念出发,而应有实际生活的依托。作者要用直接生活体验的血肉,把间接知识的骨骼复原起来,使作品具有诗一般的动人魅力。如周建人的《白果树》,是从上海弄堂深处卖白果担子悠扬的叫卖声和锅里索朗朗清脆的炒白果声开始的,贾祖璋的《萤火虫》是从农村夏夜纳凉场上的所见所闻开始的。这些优秀的科学小品,都把自己放进作品中去,将情景与知识融为一体。作者对所要介绍的知识有深切的体验,在讲述知识时，又自然地融入自己的感情，使科学小品达到文情并茂的境界。

(二) 在广泛搜集材料的基础上加以精选

科学小品是"科学和文学结婚的产儿"（高士其语），它介绍知识虽然不求全面、系统，只取一点一滴，从一个特征或一个侧面入手，解释一种现象，阐明一个基本原理。但是，它要写得生动、有趣，有散文味道。它可以旁征博引，谈古论今，天南海北，只要与主题有关的材料都可以用上，因此，写作科学小品需要广泛搜集材料，包括科学技术知识和生活经验，只有这样，写作时才能游刃有余，左右逢源。著名科普作家叶永烈的科学小品《花》，篇幅不长，但它所涉及的材料包括中外古今，文学、科学、历史、现实等等，十分丰富。写进文章的材料已如此丰富，由此可见，作者平时所搜集和积累的材料就更为广博了。

当然，只有广博还不够，科学小品篇幅短小，不可能把搜集到的材料全写进文章中去，因此，必须在广博的基础上加以精选、取舍。

精选的原则有二：一是围绕主题进行精选。就是说，要选择与主题有关的典型材料，它们对表现主题最有说服力、表现力。二是根据科学小品的特点来精选。小品是一种篇幅短小、形式自由灵活的散文体裁，科学小品的这一特点，就要求它的材料不能拘泥于专业科学知识，除了选择科学知识外，还要选择有关的文化、历史知识以及自己的生活经历和经验，只有这样，才能写出名副其实的科学小品，而不至于把科学小品写得枯燥无味，难以卒读。

(三) 文情并茂，运用多种文学表现手法来介绍科学内容

石工在《写点科学小品》一文中说："好的科学小品应当做到立意新，材料精，文辞美。'意美以感心'，'音美以感耳'，'形美以感目'。"科学小品要达到这种文情并茂的艺术效果，首先必须把写实与抒情结合起来，或触景生情，或缘情布境，或写物言情，或物我分写而彼此辉映。例如，贾祖璋在《萤火虫》这篇科学小品中，有对幼时乡间纳凉时所见的回忆，有对萤火虫的赞美之词，有对自然美景细致入微的描写，有关于萤火虫的趣谈，有关于"荧光体"的科学知识介绍，有对故乡遭受旱灾，少见萤火虫的感叹。手法多

样,妙趣横生,文情并茂,把科学内容与文学形式熔为一炉,令人耳目一新。

其次,科学小品要运用文学表现手法来介绍科学知识,最常见的有:

形象化的比喻。它能使文章显得生动形象,引人入胜。在科学小品中,常会遇到一些科学原理、专用名词,一般读者对此都比较陌生,也难以理解,这就需要通过比喻,化难为易,使枯燥、晦涩的道理化为生动的形象。如用"晒太阳比赛"来形象地说明植物之间互相争夺阳光的竞争;用"六十多吨一枚'硬币'"来表示白矮星物质质量之大;用高楼大厦的"根"来比喻高层建筑必须有坚实的地基等。通过这些比喻,不仅使深奥的科学原理变得浅显易懂,而且文章也显得生动活泼。

拟人化。它也能使科学小品富有情趣。因为把物当作人来写,赋予事物以生命、感情和思想,使其人格化,能增强语言的形象性、生动性,增加科学小品的感情色彩和艺术魅力。如董纯才的科学小品《凤蝶外传》,它把小鸟雛拟人化了,用了儿童的口气、儿童的心理,仿佛它会说话,能思考,有作为,有毅力似的。由于用了拟人化的手法,把本来比较枯燥的科学知识写得趣味盎然,极富艺术魅力。

编织小故事和叙述饶有趣味的实例。它能让读者通过想象,在阅读故事和实例中认识和掌握科学知识。在介绍一些科学原理的作品中,作者常常把原理与形成原理的过程结合起来写,而这种过程往往通过搜集实例或编织故事,使它具有某种情节性和形象性,从而使科学小品妙趣横生,引人入胜。例如科学小品《有趣的共振现象》的开头就讲述了洛阳古寺里的怪事,引起人们的兴趣,接着通过叙述实例来说明共振原理,介绍人们如何运用共振原理为自己服务。本来比较深奥的共振原理,通过不少有趣的实例,说得清楚明白,不但使读者理解了这一科学知识,而且也从众多的实例中得到精神上的愉悦。

[例文]

人脑中的河

陈 朴

"青山环绿野,白水绕城郭。"在人体最高司令部——脑及脊髓这座城堡的周围,也环绕着一条小小的河流,河中流动着脑脊液。

人脑并不是个实心球。在它的满布皱襞的皮层外,峰回路转地形成了许多中空的沟、室、管、池。脑脊液便发源于其中的左右两个侧脑室。犹如山间泉水从两个侧脑室内表面极微细的血管组成的脉络丛中点点滴滴地渗透出来,汇集成涓涓细流,经过第三脑室、大脑导水管、第四脑室,进入脑中之湖——大脑延髓池。最后,离开脑湖倾泻而下,沿着紧贴在脑与脊髓外周的两层薄膜软脑膜和蛛网膜之间的河床——蛛网膜下腔,以七十至八十毫米水柱的压力向前流动。这样一来,长达七十五厘米的脊髓和重达一千二百克的人脑全部都浸泡在河水之中,并且在整个流动过程,被颅顶部的蛛网膜上的微细颗粒逐渐吸收,重新返回到产生它的母亲——血液之中去。

脑脊液这条小河总量仅一百五十毫升,占人体内总水量的千分之一十五,每六至八小时全部更新一次,生生不息,日夜畅流。在脑脊液这条小河里,流着无数透明的液体,它不断溶解并携带着糖分、蛋白、氯化钠以及钙、钾、钠、镁等微量元素,还有肌酐、尿素、胆固醇等代谢产物。河中还行驶着巡航小艇——淋巴细胞、白细胞等。这条小河直接滋润着脑和脊髓这一块人体中最重要也最神秘的土地,把营养带给中枢神经,也运走了代谢产生的废物。一旦最高司令部堡垒遭到外敌的侵袭,小河还能迅速地从人体其他部位运进各种抵御力量。

然而,脑脊液这条小河最重要也是其他不可替代的作用,是作为脑与脊髓的液体软垫,减弱、吸收、消散人体在进行各种活动时所遇到的外界对脑与脊髓的震动,使中枢神经不受干扰,保持在安宁静谧的环境中正常工作。

人们在征服病魔时也直接利用到这条小河。当一个人的脑膜或脊髓发生病变时,脑脊液能最先最直接地出现变化:或是浑浊不透明,或是渗有血液,或是液流中各种物质含量如细胞数、蛋白质、糖、氯化物等有增减,或出现压力升降等等。人们通过脊椎骨间的空隙穿刺引流出几滴脑脊液化验检查,便可一目了然作出诊断。这便是俗话说的"抽脊水"。当然,与脑脊液总量及生成速度相比,抽出数滴影响甚微,有的人一听说"抽脊水"便顾虑重重,那倒是大可不必的。此外,向脑脊液中注入药物治病,或是注入各种麻醉剂进行各种手术,这都是人们不断探索的结果。

"君到姑苏见,人家尽枕河。"其实,每个人的脑子里都枕着一条清澈透明、盘旋曲折的小河。

(选自《中国科学小品选》)

第四节 科 技 论 文

一、科技论文的概念

科技论文是指对自然科学领域中的某些现象或问题进行科学的分析或阐述,从而揭示它们的本质和规律的一种学术论文。它要求及时总结人们在生产实践和科学实验中的新创造、新发现,交流推广科研成果,帮助人们正确地认识和掌握客观事物发展的规律,以便更好地改造客观世界。

科技论文既是探讨问题、进行科学研究的一种手段,又是描述科学研究成果,进行学术交流的一种工具。科技论文应是对某一学科领域的科学规律的揭示,而不仅仅是对某些现象的记录、材料的罗列或事件经过的描述;科技论文应是对真理的探求与发展,而不是简单重复别人的研究成果。

科技论文对科学事业的形成和发展起着不可估量的作用,因为其研究成果或发明创造,为社会提供了经验、理论依据和信息,对促进社会主义物质文明和精神文明建设有着重要的作用。

二、科技论文的特点

(一) 科学性

所谓科学性是指论文作者需在科学世界观与方法论的指导下,对本学科中的研究对象进行深入的探讨,科学的剖析,从而揭示事物的本质及其发展规律,并以具有普遍意义的科学结论或理论形态表述出来。

科技论文的科学性包括内容的科学性和表述的科学性。

在立论上必须从客观实际出发,通过严谨的论证或有效的实验,得出具有普遍意义的科学结论,显示其客观真理性。这样的结论,既是真实的,也是成熟的,它经得起实践的检验。在论据上要占有大量资料,以最充分、确实、有说服力的论据作为立论的依据。在论证上,要求作者经过周密的思考,进行严谨而富有逻辑效果的论证,揭示论点与论据之间的内在联系。

在表述上,语言要准确无误,既是定性准确,又是定量准确,包括实验数据、公式、符号、图表等,都要给以准确的表述。同时,对内容的表述不能含糊不清或模棱两可,必须清清楚楚,明明白白。表述时还要做到全面、辩证,不要以偏概全,在表述主要倾向时,要注意到这种倾向掩盖着的另一倾向,对没有经实验验证的科学假说、推理、预言、结论,不可贸然以肯定的口气来表述。

(二) 创见性

所谓创见性是指论文作者对选定的论题有自己的发现或独到的见解。

科学研究的使命就在于创造,作为体现科学研究及其成果的科技论文,其写作目的就是交流发表新成就、新理论、新见解、新发现、新设想,探索新方法、新定理。如果科学研究工作者只能继承,不能创造,那么人类的文明和历史就不会有所前进、发展了。因此,创见性是科技论文写作的基本要求,也是衡量论文价值的根本标准。

实现创见性有多种途径，其中主要有：在别人研究的基础上进一步加以研究，提出新颖的、独到而又理由充分、言之成理的见解；采用新的实验方法和测试手段，获得有意义的实验结果；以其他学科领域中的理论或方法来解决本学科中有实际意义的问题等等。

（三）理论性

所谓理论性是指论文作者要在感性认识的基础上，上升到理论高度进行严密的论证和分析，从理论上作出科学的结论。

科技论文不同于一般的议论文，它是学术成果的载体，它有很强的学术性，它要求运用科学原理和方法去阐明新的科学问题，侧重于理论论述，因此理论性是科技论文学术性的体现。

科技论文的理论性主要表现在两个方面：一是对实验、观察所得的结果或对论述的对象，从理论高度进行分析，形成一定的科学见解；二是对提出的科学见解和问题要用事实和理论进行符合逻辑的论证。这样的论文所表述的发现、发明和见解才具有理论价值，并显示其学术水平。

三、科技论文的种类

（一）根据写作目的的不同，科技论文可分为学术论文和学位论文两种。

按 GB7714-87《科学技术报告、学位论文和学术论文的编写格式》中的定义：

学术论文是某一学术课题在实验性、理论性或观察性上具有新的科学研究成果或创新见解和知识的科学记录；或是某种已知原理应用于实际中取得新进展的科学总结，用以提供在学术会议上宣读、交流或讨论；或在学术刊物上发表；或作其他用途的书面文件。

学位论文是表明作者从事科学研究取得创造性的成果或有了新的见解，并以此为内容撰写而成，作为提供申请授予相应学位时评审用的学术论文。

按照《中华人民共和国学位条例》及其《暂行实施办法》，学位分为学士、硕士、博士三级，相应的学位论文也分为学士论文、硕士论文、博士论文三级，三级学位论文对作者的学术水平和从事科学研究工作或专门技术工作的能力有不同程度的要求。

学士论文是本科生应完成的毕业论文。它应能表明作者确已较好地掌握了本门学科的基础理论、专门知识和基本技能，并具有从事科学研究工作或担负专门技术工作的初步能力。

硕士论文是硕士研究生应完成的毕业论文。它应能表明作者确已在本门学科上掌握了坚实的理论基础和系统的专门知识，并对所研究课题有新的见解，有从事科学研究工作或独立担负专门技术工作的能力。

博士论文是博士生应完成的毕业论文。它应能表明作者确已在本学科上掌握了坚实的宽广的基础理论和系统深入的专门知识，并具有独立从事科学研究工作的能力，在科学或专门技术上做出了创造性的成果。

（二）按照基本的研究手段和方法，科技论文可分为理论分析型、实验研究型、观测描述型等三类。

理论分析型论文是以理论的阐述为主要研究方法所撰写的科技论文。它所表达的科研成果，主要是通过理论分析而获得的。这种论文完全可以不涉及实验，如数学论文就是这样。虽然有的学科中，会涉及实验、观测等，但那是以实验和观测的结果作为理论推导的依据和论证论点的论据，或者用实验与观测的结果来验证论点的正确性。这类论文大多使用于数学、理论物理、理论化学等一些学科的学术研究中。

实验研究型论文是以实验本身为研究对象，或者以实验作为主要研究手段而得出科研成果后所写出的科技论文。它实际上是一种有创造性科研成果的实验报告。这类论文，有的以介绍实验本身为目的，有的以对实验结果的讨论为目的，也有的涉及新产品的研制，主要围绕新产品的工艺条件、产品的性能、生产的现实性等问题进行研究和讨论。

观测描述型论文是通过对研究对象的反复细致的观察测量，发现了具有科学价值的科技成果后所写的科技论文。其研究方法主要是观测。这类论文的写作目的是向读者介绍新发现的具有科学价值的某一客观事物或现象,经过分析研究,揭示其本质,找出其中的规律,以便更好地了解它、利用它或控制它。

四、科技论文的格式

科技论文依次由题名、作者、摘要、关键词、引言、正文、结论、致谢、参考文献和附录十个部分组成。

（一）题名。即论文的标题,它要简短明了、切实而具体地概括全文。一般不超过20字,外文题名不超过10个实词。有的论文除了正标题外,还有副标题。正、副标题是虚实结合的关系。正标题务"虚",多从论文的整体范围概括文章;副标题务"实",往往指出论文的具体内容。

（二）作者。即论文的责任者。包括研究工作的直接参与者和论文撰写的参与者。有多名作者的,可按贡献大小排名。必须署真实姓名,并写上工作单位,所在省、市(地区)、邮政编码。

（三）摘要。它是对论文内容的高度概括,是文章内容不加注释和评论的简短陈述,其内容应与原文有同等的核心信息量,供读者确定有无必要阅读全文,也供文摘等二次文献采用。语言要概括、凝练,一般为200—300字,外文摘要不超过250个实词。

（四）关键词。即主题词。它是从论文中选取出来的用以表示全文主题内容的单词或术语。一般选3—8个,尽量用《汉语主题词表》中提供的规范词,并标注英文对照,以便国际交流。

（五）引言。又称绪论或前言。引言是全文的开头,是正文之前的导引部分。引言,一般简要说明研究工作的目的、范围、相关领域中前人的工作和知识空白、理论基础分析、研究设想、研究方法和实验设计、预期结果和意义等。引言要言简意赅,避免与摘要雷同。

（六）正文。它是展开论题,表达作者研究成果的部分,是科技论文的主体,应占主要篇幅。主要应说明怎样研究和研究结果。

正文应包括研究对象、原材料、仪器设备、实验和观察方法及其结果、计算方法和过程原理、统计数据与图表、形成的论点和导出的结论等主要内容。

不同类型的论文，其正文的内容也不相同。

实验研究型论文的正文部分，一般包括实验材料、实验方法、实验结果、讨论这几个内容。由于论文论题的不同，这些内容的详略也会有所区别。如果论文的论题是论述实验设备、实验方法或工艺过程的创新或改进的，那么，实验设备、实验方法、过程和结果等内容就是论文的核心，必须加以详细的阐述，用实验事实来阐明论文的论题。如果论文是通过做实验所观察到的现象和测试出的数据来阐明论题的，那么，论文应把实验过程和实验结果作为重点，正文部分要着重用实验得出的数据和图表来阐明论文的论题。如果论文的论题是对实验结果进行深入分析、讨论的，那么，实验方法和实验过程可不作详细描述，往往只作概括性说明，重点应放在实验结果和对实验结果的讨论上。

观测描述型论文的正文部分，一般包括材料与方法、观测结果和讨论几个内容。材料与方法部分，要把观察目的物所作的准备，如标本、切片、观察和拍摄图片所用仪器、设备等等，一一写清楚；观测结果部分要通过文字描述，以及采用数字、图表、图片等方法，把观测到的事物的形象，外部结构和内部结构等清晰地表述出来；在讨论部分中，要指出观测结果的作用和意义。

理论分析型论文的正文部分，不像前两种论文那样有固定的内容，它比较灵活。但是，不管是什么内容，都应有鲜明的论点、充分的论据和合乎逻辑的论证。内容的安排要有严密的逻辑性和明晰的条理性。

为了做到层次清楚，论文的正文部分常常要加上序码表示并列分项关系，较长的论文，还必须使用不同的序码，有时还要加上小标题，便于读者阅读。

（七）结论。结论是论文的收束部分，即对正文分析、论证的问题，加以综合的概括，是对引言中所提问题的回答。如果导不出应有的结论，可进行必要的讨论，或提出建议与设想，或提出有待进一步研究的问题，或展望发展前景等。结论应该写得准确、完整、明确、精炼。

（八）致谢。它是作者对整个研究过程和论文写作中给予自己帮助的单位或个人所表示的感谢。置于正文之后。致谢应写明致谢原因与对象。语言要诚恳、简短、恰当。

（九）参考文献。它是作者在论文中主要参考或引用的专著或论文，参考文献中列出的应是作者直接阅读过的、主要的、发表在正式刊物上或出版的文献。其格式必须按照 GB7714—87《文后参考文献著录规则》的规定编制。

（十）附录。它是论文的重要补充。凡因篇幅所限，有重要参考价值的资料、数据、图表等均可入附录，并编连续页码。

五、科技论文的写作

（一）选择和确立论题

科技论文是科研工作成果的总结。论文的内容与科研工作本身有着不可分割的联系。因此，有人认为，科技论文的论题和科研工作的课题就是一回事，只要把科研工作的课题搬过来就行了，这话当然有一定的道理，因为，科技论文的论题有不少就是科研工作的课题。但是，就多数情况来说，它们毕竟不是一回事。科研课题是在科研工作前选定的，而科技论文的论题却是在科研工作后确立的，这一前一后，人们对事物的认识就会有所不同，有时甚至有很大的差别。例如，有些科研工作没有得出预期的结果，就难以写成科技论文；有的科研工作除了预期结果外，还有新的重大发现，而有的只实现了部分的预期结果，这样，就不能把科研工作的课题拿来作科技论文的论题了，必须将原课题的范围扩大或缩小。所以，科技论文写作前，重新选择和确立论题是十分必要的。

选择和确立论题有几个原则：

首先，要选择对国民经济建设有重要意义、密切联系社会实际、有实用价值的论题。

认识世界、改造世界、推动社会进步和时代前进，是科学研究的目的，而科技论文又是表述科研成果的载体。因此，论文论题的选择，必定要同社会现实紧密相连，要结合国民经济发展的需要，尤其是应用性和实践性比较强的学科，显得更为突出。即使是基础性、理论性比较强的学科，虽然它们有着自身理性化较强的特点,但论题的选择和确立,同样要联系实际,为现代化建设服务。因为,这样的论文对科学发展和国民经济建设都有较高的实用价值。

其次,要选择在学术上有创新价值的论题。

科技论文的选题,除了考虑直接的实用价值外,还需要考虑创新价值。这一原则体现了科技论文的社会价值和学术价值,有无创新,是衡量科技论文社会价值大小的重要标准,也是衡量学术价值大小的重要标准。

要选择具有创新价值的论题,可从以下几个方面考虑:

1. 选择前人没有做过或没有解决的问题。这样的论题是最具有创新价值的。因为研究前人没有涉猎过的问题,能为科学的发展开拓新的境界、进入新的领域。

2. 选择前人虽然已做过研究,但做得不完全,或是有谬误,大有发展、补充或修正余地的论题。科学上的问题很少是一次完成的,前人囿于主客观条件的限制,往往对所研究的问题未能得到充分的解决,未能充分揭示其规律,因而有待后人的发展与补充。若能以此为论题,无疑是一种创新,从而使科学对自然的认识迈进了一步。

3. 选择科学技术史上前人提出的假说、猜想做论题。假说和猜想具有推测的性质,是否正确,尚缺乏充分、有力的依据,如果对这些前人的假说和猜想能加以证明,使其成为科学理论,那也是一种创新。

除了以上三个方面,还可选择具有发展潜力的论题,以求不断展开,拓宽领域,获得系列性新成果;选择和已知事物、定理、公式相矛盾的论题;选择无法用已有理论去解释的现象做论题;选择交叉学科的论题,既可以是自然科学各学科的交叉,也可以是科学和技术的交叉,还可以是自然科学和社会科学的交叉等等。

第三,要选择主客观条件都比较成熟的论题。

确立论题不仅要考虑论题本身的意义和价值,还要考虑作者自己驾驭这一论题的主观条件和客观条件。各个研究者的主客观条件不同,无论是研究兴趣、学术专长、业务水平,还是研究成果都

不相同,所以要选择主客观条件都比较成熟的论题。具体地说,有以下四点:

1. 要选择符合作者兴趣的论题。这种兴趣不是指日常生活中的爱好兴趣,而是指作者对该领域的科学研究有积极追求探讨的浓厚兴趣,从而发挥其最大的能量。

2. 要扬长避短,选择能发挥作者业务专长的论题。术业有专攻,各人有自己的业务专长,所以选题要扬长避短,力求与自己的专业对口。

3. 难度要适中。要根据自己目前的知识结构、研究能力和对论题的研究深度来确立论题。

4. 要选择研究成果比较成熟、材料比较充分的论题。

(二) 搜集和选择材料

1. 广泛搜集材料

科技论文是对研究对象客观存在的本质规律的一种科学、全面的认识。这种认识虽然需要作者理性的敏锐与机智,但其基础却是通过科学实验和查阅文献获得的大量而可靠的材料。我们知道,观点来自材料,作者的认识不是凭空臆造的,它来自对材料的分析研究,材料越充分,分析得越透彻,其结论就越深刻,越有新意。可见,材料对论文写作是何等重要。

科技论文的材料主要来自两个方面:

一是科学实验。科学实验是指根据研究目的,运用一定的仪器设备,人为地控制和模拟自然现象或自然过程,使其以纯粹、典型的形式再现出来的一种操作活动。由于实验是在受控制的条件下进行的,将尽量排除外界的影响,因此人们有可能对研究对象作细致、周密的观察,从而找出事物内部的联系。科学实验是科技论文写作材料的主要来源。

二是检索。检索就是利用各种物质条件查阅论文写作所需的文字资料。在科学实验的基础上,要利用科技文献资料,了解研究对象的历史和现状,掌握最新动向,开拓思路,进行比较,从而获得更新更有价值的判断。

材料搜集以后,还要作适当的处理。要把实验过程中得到的大量数据进行统计与计算,使之形成数据表格;对必要的事实、现象,要绘图、摄片,以保留其真实面貌或显示其内在联系。如果在研究过程中对数据已作计算,这时则要重新检查,反复核对,以确保其正确无误。对数据的尾数,不可任意取舍,而要根据研究要求,保留有效位数。

2. 认真选择材料

一般来说,科技论文的作者,已经具备比较丰富的专业知识和一定的理论水平,他们在搜集材料的同时,实际上已在作材料的选择工作,时时联系自己的论题,对材料进行分析研究。所以,材料的搜集与选择,往往是同步进行的,当然,这时的选择只是初步的,或者说是一种粗选,只有当拟定提纲、有了大体的构思后,才会将材料作进一步的精选细挑,以备执笔中选用。

无论是粗选还是精选,对材料都有一定的要求:

一是真实可靠。这是指材料所反映的内容在现实生活或科技活动中确实发生过的、是经过核实的事实。科技论文中往往以个别的或概括的事实性材料作为论据来论证论点,以实验数据或公式来说明结论,因此,材料的选择必须严格遵守真实性的原则,所选择的材料不真实,哪怕只有一条,全篇论文就会受到怀疑。

二是典型。所谓典型材料,是指对证明观点最有代表性、最有说服力的材料。包括具有代表性的反映客观规律的事例,或具有说服力的数据。

三是新颖。新颖的材料,主要指别人没有用过的新材料或不常用的材料。在科技论文写作中,应尽量选用一些很少有人知道的材料,它常常成为新思想、新观点的重要依据,而令人耳目一新。

选择材料,实际上是对材料的分析和研究,论文写作的选材能力,主要是研究能力,在一大堆复杂纷纭的原始材料面前,作者能否敏锐而准确地鉴别出其中的优质材料,关键在于作者对于论文观点的深刻理解和熟练把握,因为,材料是为观点服务的,材料质量的好坏,是以能否充分而有力地论证观点为依据的。作者对于论文观点理解越深、把握越准,那么他对材料的鉴别也就会越敏锐、越精确。

对已选好的材料,要按性质分别归类,加以排列,体现出材料间的内在联系,切不可随意安放,杂乱无章。

(三) 编写提纲

材料选好以后,不要急于写初稿,应该先编写一份论文提纲。科技论文的篇幅比较长,内容也比较庞杂,许多材料不容易捋得那么清晰。如果事先不编写提纲,写作时难免会出现重复、遗漏,乃至混乱的情况。若是拟个提纲写在纸上,列出论点、分论点以及所使用的材料,这种视觉化的提纲,既能对论文有个整体的安排,又能帮助作者发现问题,如层次条理如何,材料是否充分,全篇是否均衡等等,从而及时进行修订和补充。所以,写作之前编写提纲是十分必要的。

编写提纲的方法主要有两种:一种是标题式,一种是句子式。

标题式。是以简要的语言,用标题的形式把论文的内容概括出来。这种提纲,简单、明白、一目了然,写起来十分便捷。

句子式。是以句子的形式把论文的内容概括出来,这些句子要能表达完整的意思。其优点是明确、具体、中心突出,并为论文提供了每段的主题句,便于作者成文。但这种提纲写起来比较费力。

此外,还有将这两种方法混合使用的。编写提纲时,采用哪种方法,可根据论文的需要和作者的实际情况来决定。

那么,如何编写提纲呢?其步骤大致是这样的:

1. 先拟标题;

2. 按照科技论文的格式,列出各个部分的小标题;

3. 把每个部分的内容要点一一列出,最好能到段一级,写出段的内容要点;

4. 内容要点列出后,论文的整个框架已完成,然后依次考虑各个段的材料安排,这实际上是一次材料的精选。再把准备使用的材料,按构思的顺序标上相应的序码并排列好,备用;

5. 最后,全面检查写作提纲,作必要的增删、调整和补充。

(四) 执笔写作

编写提纲后,自己又觉得比较满意,就可以执笔写作了。

执笔写作，不仅仅是作者按照拟好的写作提纲，把考虑好的内容消极地用语言文字表现到文面上。执笔写作的过程，实际上是作者所要表达的内容具体化和细化的过程。编写提纲时，注重的是考虑论文的整体，虽然列出了各个段落的要点，但具体、细致的内容尚未呈现，因此，执笔写作时，应对提纲的每项内容都作细致的构想。只有把论文的每个部分、每个段落都构想清楚，写作时才能得心应手。同时，执笔写作的过程，往往也是作者所要表达的思想观点继续深化、逐步完善的过程。在执笔写作时，由于要把头脑中所思考的东西演化成语言文字，这种紧张而活跃的思维活动，常常能发现提纲中的不足之处，并加以完善；有时还会对已有的观点作出更深的思考，让自己的观点更加深化，从而提高论文的层次。所以，即使执笔前的准备工作做得很充分，写作时，也还要不断地进行思考，下一番苦工夫。

执笔写作，除了在提纲的基础上深入思考外，还有一个语言表达问题，也就是说，要用准确的语言表达论文的内容。

首先，用词要准确。科技论文内容的学术性，决定了它的语体特点，例如使用专门性的术语多，外来词语多，且常用缩写或简称等等。专门术语意义单一而固定，概念精确，所以一定要用得准确；外来词语的缩写和简称也一定要规范。

其次，句子要写得严密。科技论文出于表达上的需要，常常会用到长句，句中带有许多附加成分，如用词组或句子做定语或状语，这时就要遵循语法规则，使句子写得严密，才能把内容准确地表达出来。

第三，准确运用人工语言。科技论文中往往有许多人工语言，包括图表、符号、公式、字母等，人工语言的运用增强了科技论文的直观性和简洁性，但使用人工语言时，一定要准确无误。

总之，在语言表达上要体现出科学的高度准确性。

（五）推敲修改

论文初稿写好以后，并不等于论文的完成，还必须经过反复推敲修改，才能成为一篇好论文。因为要在一篇文章里反映一项富有创见性的科研成果，揭示研究对象的本质和客观规律，是件相当不容易的事情。除了在构思和执笔时要反复思考外,还需要通过修改将认识在初稿的基础上再提高一步,力求反映得恰当而准确。何况,科技论文的内容丰富,篇幅又长,写作时间跨度大,写写停停,写得不连贯、不严密,疏漏之处在所难免。在表达上,它要求用词精确,句法完整严密,还有许多统计数字、图表、符号、公式,都必须经过仔细的推敲,认真的核对。所以,对初稿的修改显得格外必要。

那么,怎样进行推敲修改呢?

1. 核对提纲。提纲是经过深思熟虑编写而成的,作者是从论文的全局通盘考虑的。而起草初稿时,思路是局部的,难免会有偏差。所以,应将初稿与提纲加以对照,看看初稿是否完整地表达了提纲的意思,有没有遗漏,有没有修改,有没有补充,遗漏的要补上,修改和补充的是否恰当。这样做,一方面能保证初稿的内容与提纲基本相符,不会跑题,另一方面也防止了提纲中有价值的思想在写作时被遗漏。

2. 检验论题。修改论文,先要检验论题,论题一旦有了问题,就会影响论文存在的价值,因此,论题的检验是至关重要的。

首先,应检验论题是否符合确立论题的原则,是否具有实用意义或创新价值、学术价值。如果论题不成问题的话,那么就要审查初稿的内容是否突出地表达了论题,或者说,作者确立的论题,初稿是否鲜明、集中地表现出来了。

3. 增删材料。它包括对材料的再鉴别和再选择,具体可从三个方面去做:一是鉴别是否有虚假的不真实的材料,如果查出与事实有出入的材料,应把它删去。二是鉴别材料的说服力,留下说服力强的材料,删去说服力差的材料。与论文中的观点不一致的材料,即使是真实可靠的,也要无情地删去。三是增添论文中不足的材料。有的是因删去了说服力差的材料,而造成材料不足;也有的是初稿本身尚缺乏应有的材料。这时,就要在原来搜集的材料中选择典型的富有说服力的材料加以补充。如果在原来搜集的材料中,没有所需要的材料,那么,还应设法重新去搜集。

另外,对于初稿中引用的公式、论断、定理、定律、参考文献,都应当查出它们的出处,并加以核对;还要对论文中的全部数据进行复核,发现有误,加以改正。

4. 调整结构。结构是论文表现形式的重要因素,是科技论文逻辑性严密的体现。论文的结构应当做到完整、严谨而有逻辑性。

如果初稿的结构安排不够得当,结构方式与论文的逻辑程序不够一致,未能将论文的中心鲜明突出地表现出来,那么,就要调整论文初稿的局部结构,甚至总体结构,包括层次和段落的安排,各部分内容的详略,各部分之间内在的、逻辑的联系等等。经过调整后,论文的布局应当天衣无缝,首尾圆合,使之成为一个浑然的整体。

5. 推敲语言。推敲语言是写作的基本功,它将直接影响到论文内容的表达。要使论文的内容表达得准确,在语言的修改上,就必须花工夫。

首先,要检查用词是否准确,句子是否符合语法规则。特别是那些长句、复句,容易出现语法错误,更要认真检查。对那些人工语言,如图表、公式、符号等,也要仔细检查,发现有误,应予纠正。

其次,要删除可有可无的字。有的论文初稿,语言通顺,语法也没有错误,但是,篇幅过长,显得有些啰嗦,只有删去了多余的文字,文章才能精练,文意也显得豁达、醒目。

再次,要追求全文表述形式的一致性。名词、术语、符号、缩写词等,在文章前后要表述一致。使用的图表格式规范也要一致。还有,章、节、款、项序号体系,全文要统一。以上这些要求,若有不符,应加以修改。

修改论文有多种方法,主要有:

冷却法。冷却法是初稿完成后放置一段时间后再作修改。这种方法容易发现初稿中的问题。因为人的思维具有滞后性,对某一问题进行较长时间思考后,其特定的思路一时难以跳出原来的框框。把初稿冷却一段时间后再修改,旧的思路会减弱和淡薄,就能克服习惯性思路的消极影响,从而发现初稿上存在的问题。

读改法。初稿完成后自己朗读几遍,把不顺口、不连贯的地方改正过来。朗读往往能发现语言表达方面的毛病,如语句不通、衔接不紧、缺词漏字等。因为汉语的语法和声调等的规则,在口语里一般较规范,因此,根据朗读时的语感,就很容易发现语言表达上疏忽的地方。

求助法。初稿完成后,请别人提出意见,然后加以修改。俗话说:"旁观者清,当局者迷。"自己写的文章往往难以发现问题,而别人却能一眼看出作者意识不到的毛病。当然,对于别人所提的意见,要有一个消化、理解的过程,只有理解透彻了,才能很妥帖地融入自己的论文之中。

这里所说的修改方法,在实际写作修改中,往往是综合应用的。

总之,写作是一项艰苦的脑力劳动,修改更需付出心血。只要思想重视,认真修改,必能写出高质量的科技论文。

[例文]

无泵吸收式制冷机中狭缝通道提升管的实验研究

郑宏飞　吴裕远　张联英　姜　华　张　璟

(西安交通大学能源与动力工程学院,710049,西安)

摘要:设计了多种特殊结构的狭缝通道热虹吸溶液提升管,并对其进行了溶液加热及溶液提升效能的测试。实验结果表明:狭缝通道管具有启动温度低(最低达68 ℃)、运行温度范围大(68—90 ℃)及对真空度要求不高(10 kPa 以下)等显著特点;在合适的通道面积条件下,溶液的提升量、冷剂水的产量随运行温度的升高而提高。对影响提升管效能的其他因素也进行了分析及讨论。

关键词:吸收式制冷机;热虹吸提升管;狭缝通道

中图分类号:TKl24　　**文献标识码**:A

研制高效无泵吸收式太阳能制冷机是目前的热门研究课题之

一。此类制冷机最主要的特点是不用机械泵,采用热虹吸泵,而热虹吸泵中溶液提升管的效率不高是限制其推广应用的最大障碍。因此,设法降低热虹吸提升管的运行温度,对改善整个太阳能制冷机的性能具有非常重要的作用。

为此,本研究在总结狭缝通道在液氮沸腾传热及空分冷凝强化传热等领域取得成功的基础上,设计了多种特殊形式的狭缝通道热虹吸溶液提升管,并在实验装置中进行了实验,结果表明,狭缝通道提升管具有明显的溶液提升功效,并使提升管所需的热源温度降低了 5 ℃ 以上,改善了吸收式太阳能制冷系统的整体性能。

1 实验装置

本实验使用的装置如图1(略)所示,它主要由冷凝器、气液分离器、溶液提升管、贮液桶、太阳能模拟热源系统及它们之间的连通管、压力平衡管等组成,整个实验系统除换热元件外,均由不锈钢板或不锈钢管组成,实验装置的具体结构及尺寸如下所述。

(1) 气液分离器及冷凝器均被设置在一个圆柱形不锈钢筒内,筒体由 2 mm 的不锈钢板制成,筒长 580 mm,直径为 360 mm,分离器与冷凝器之间的隔板焊接在距离浓溶液出口一侧 100 mm 处,隔板直径与筒体内径相同,其上端被裁掉了直径的 1/3,使冷凝腔与气液分离腔相通,以便蒸汽输出,冷凝器内的冷却盘管由 12 mm 外径的紫铜管盘绕而成,铜管总长度为 13 mm。

(2) 贮液桶是一个竖直放置的不锈钢筒,筒体高度为 710 mm,筒体直径为 150 mm,贮液桶与溶液提升管间的连通管由外径为 25 mm、厚度为 2 mm 的不锈钢管制成。

(3) 溶液加热套筒由外径为 90 mm 的无缝钢管制成,管长为 1500 mm,加热水采用下进上出的方式,为提升溶液提供热能。

(4) 热虹吸溶液提升管用多种弦月形狭缝通道溶液提升管进行实验,提升管的外管外径为 20—50 mm,壁厚为 1.2 mm,内管厚度为 1 mm,外径为 10—40 mm,内、外管材质均为紫铜,内管的热水出口在加热筒顶端下 40 mm 处,弦月形通道的截面结构如图 2 (略)所示。

(5) 所有实验用的溶液出口距贮液桶底部的总高度均为 1550 mm,溶液提升管稀溶液的浸没高度根据实验的要求而改变,最小为 500 mm,最大为 700 mm,具体数值在实验结果中标出。

2 实验方法

实验系统运行的过程如下所述。由太阳能模拟器产生的热水经热水泵送入沿提升管全程加热的加热套中,通过提升管的外管壁来加热管内的溴化锂稀溶液并使之沸腾,同时,另一条加热水管路经狭缝通道管的底部进入提升管的内管,并从内管壁加热提升管内的溴化锂稀溶液。这样,狭缝通道内的溴化锂稀溶液是受内、外管同时加热的。稀溶液从贮液桶下部进入提升管通道,被管外的热水连续加热至沸腾,形成密度较小的两相流,然后在贮液桶净压差的作用下,被提升到气液分离器中,在分离器中,蒸汽和溶液被分离开来,蒸汽进隔板通道进入冷凝器中,经冷凝后形成冷剂水,而溶液经分离后形成浓溶液,之后,冷剂水及浓溶液分别经图 1 所示的通道和流量计,最后又汇合进入贮液桶,循环运行。

……在实验过程中,为了监测系统各部分的温度变化状况,在系统的关键位置上布置了 6 个经标定的热电偶,热电偶提供的电位号由数字式微伏计直接读出,相对误差为 1%。

3 实验结果及分析

本实验分别对多根具有不同狭缝通道面积或结构的提升管进行了实验测试,并对多种加热方式进行了实测对比。

3.1 浓溶液提升量及冷剂水产量与运行温度的关系

实验观察表明,提升管的启动与运行温度有密切的关系,这里的运行温度特指输入装置的热水温度(输出装置的热水温度变化不大,一般比输入的热水低 1 ℃以内)。运行温度的大小决定了浓溶液能否被提升到分离器。……然而,提升管一旦工作起来,溶液的提升量受温度的影响就变得不那么明显,随着运行温度的升高,溶液的提升量缓慢增加。由于实际的测量点相互偏差比较大,因此只有通过多次测量才能发现溶液的提升量随温度的升高而增加的规律,如图 3(略)所示。这充分反映了狭缝通道内两相流的运动具有一定的不稳定性……

3.2 提升管中稀溶液浸没高度对溶液提升量的影响

为了考察稀溶液浸没高度对弦月形通道性能的影响,本实验选择了 $d_1/d_2 = 32/19$ 的组合套管对不同的稀溶液浸没高度进行实验测试。实验中浓溶液的出口高度(1550 mm)保持不变,浸没高度的变化只通过增减贮液桶中的溶液量来实现,实验结果如图5(略)所示……

实验结果表明,狭缝通道的溶液提升管具有较强的提升功能……如果运行稳定或装置内的真空度进一步提高,其提升溶液的功能预计会进一步加强,这为弦月形提升管的实际应用打下了良好的基础。

3.3 实验装置真空对浓溶液提升量的影响

本实验在一定的运行温度范围(77—84 ℃)内,实验测试了装置真空度对浓溶液提升量的影响,结果发现,当装置内的绝对压力对应的溶液沸点低于提升管的运行温度,装置内的绝对压力在小范围内变化时,对浓溶液的提升量没有十分明显的影响(见图6略)。若系统的绝对压力太高,将会增加提升管的起始运行温度,而且也不利于冷剂水的凝结。所以,装置应保持在较低的绝对压力下工作为宜,一般应在 10 KPa 以下。

4 分析与讨论

热虹吸管内实际的两相流是很复杂的,事实上,管内两相流的流动压头主要是由于贮液桶与热虹吸管中流体密度的不同所产生的推动力。

采用狭缝通道溶液提升管,其整个流动阻力的增加主要来自虹吸管长度上两相流摩擦阻力的增加。……在狭缝通道中,由于溶液与壁面的接触面积增加,壁面的传热速度将大大增加,加之狭缝尖角的存在,为溶液沸腾提供了气化核,使得溶液在很小的壁面过热度下就可产生气泡并沸腾,当尖角处最早沸腾产生的气泡脱离壁面向通道的较宽处运动时,就形成了二次流动,这更促进了整根管中溶液的传热及沸腾过程。因此,采用狭缝通道虽然增加了摩擦阻力,但其对传热性能的提高仍有利于浓溶液的提升。

因此,合理选取流道面积是非常重要的。从实验结果来看,在所研究的几组套管中,$d_1/d_2 = 32/19$ 的组合套管效果比较好,32/16 的效果次之,32/22 的效果最差,图 3 和图 4 所示的结果也能充分说明这一点:32/19 的套管可以在更低的运行温度范围内运行,或在同等运行温度下,可以提高浓溶液的提升量,这是由于当流道面积很小时,摩擦阻力大大增加,极不利于溶液的提升,而且此时狭缝尖角处的溶液太薄,极易产生局部结晶,严重影响管中溶液的传热,造成提升能力下降,而当流道面积太大时,单位质量溶液的受热面积降低,对溶液的传热及提升也不利。本实验表明,采用 32/19 或 32/18 的套管是合理的选择。

参考文献(略)

(选自《西安交通大学学报》第 36 卷第 7 期 2002 年 7 月)

【思考与练习】

1. 阅读例文《黄河源区水环境变化及黄河出现冬季断流的原因》,回答下列问题。

(1) 该文是一篇什么类型的考察报告?

(2) 该文所运用的材料有哪些特点,它们对说明观点起到什么作用?

(3) 参考该文的摘要,写一篇科技文摘。

2. 选择自己研究的课题,写一篇科研开题报告。

3. 阅读下面的材料,先提炼出一个有意义的主题,然后适当增添材料,写成一篇题为"我爱绿叶"的科学小品。

(1) 绿叶的叶绿素与太阳结合起来,把阳光变成化学能,把二氧化碳以及矿物质变成脂肪和蛋白质,供给人类和动物生命的需要。

(2) 据计算,一年中全球所有植物的叶子能制造 4 千亿吨有机食物。

(3) 绿叶能阻挡流沙和暴雨,不让风沙埋没良田,不让沃土变成沟壑。

(4) 绿叶能把自己身上的水分向空中大量蒸发,吸收酷热。1

公顷树林一天可蒸发 1800 吨水分,可吸收 4 亿 7 千多万卡热量。

(5) 绿叶能吸收二氧化碳,放出氧气。一天之内,1 公顷的树林可放出 700 多公斤氧气。

(6) 绿叶可制服许多环境污染。1 公顷树林可吸滞 30 多吨粉尘,厚 10 米的树墙可使噪音减少 1 米以上。

4. 阅读例文《无泵吸收式制冷机中狭缝通道提升管的实验研究》,回答下列问题。

(1) 本文属于本章论述的论文类型中的哪一种?

(2) 为本文编写一份提纲,采用句子式提纲的写法。

(3) 比较本文的摘要和前言的内容要素有何异同。

5. 将下列长单句改为复句。

(1) 动态浊度法是根据测定到达事先设定的反应液的浊度变化所需要的时间的对数值与细菌内毒素浓度的对数值成反比例关系的一种分析方法。

(2) 基因芯片技术与传统的检测及杂交技术相比,有检测系统微型化、对样品的需要量非常少、检测效率高、能同时分析多种基因组研究或诊断用 DNA 序列、检测宿主细胞基因的转录情况的优势。

(3) 1952 年,Conley 等发现一些系统性红斑狼疮(SLE)患者血中存在一种能使部分凝血活酶时间(PTT)延长的名为狼疮抗凝物(LA)的物质。

第七章
新闻文体

第一节 消 息

一、消息的概念和特点

消息即狭义的新闻(广义的新闻包括消息、通讯、特写、调查报告、新闻评议、现场报道、谈话新闻、图片新闻等媒体中常见的报道体裁)。它是对新近发生的有社会价值的事实的简短、迅速的报道。消息是新闻写作的主要形式,新闻媒体的主角。

消息首先具有真实性、新鲜性、显著性等新闻所共有的特征,同时,作为新闻中使用最普遍的文体形式,还有着鲜明的特点。

(一) 时效性

消息最大的特点就是迅速及时地报道事实,抢时间,争速度。消息本身的价值也在于满足受众希望在极短的时间里,看到、听到他们需要的各种新闻的需求。有学者曾说过:新闻"新鲜为鲜果,过时稍久,则腐败而失其味,不堪咀嚼,读者必弃之如敝屣"。

(二) 简洁性

简短明快,精练充实是消息的共性。优秀的消息大都是开门见山,直言其事,一语破的,言尽理出。消息要求简短,首先取决于媒体本身信息发布时间或版面的局限性;同时主要是从节约受众的时间来考虑的。随着社会的发展,人们生活节奏加快了,短小的消息更适于人们的需求。消息的短,也便于及时发布,便于增加媒体的信息容量,还便于报纸消息编排得活泼美观。目前,越来越多的如标题新闻、一句话新闻等短消息少则几十字,多则百余字,却精选材料,开门见山,把消息内容表达得直接突出,文字精炼,深受受众喜爱。

（三）针对性

消息是信息海洋中最具有新闻价值的那一部分信息。消息所报道的事实,都是人们普遍关注的与国计民生有密切关系的重大事件,或者是突发事件和异常事件,或者是人们普遍感兴趣的社会热点问题等,同时,消息所关注的问题也是受众迫切需要解决的问题,消息的价值就在于通过报道这些事实,以指导人们了解、认识、解决这些问题。

（四）完整性

传统的新闻理论历来认为,构成一则消息离不开六个要素,即何时、何地、何人、何事、何因、何果。虽然,并不是指任何消息必须同时具备上述六个要素,比如,有些动态消息在还不知因果的情况下完全可以不写出"何因"、"何果"两个因素。但是,必须在全方位采访的基础上使受众将事件发生的进程通过消息有一个完整的了解。

（五）叙述性

消息是用事实说话的,用事实去反映时代、社会,去体现观点,所以,消息的表达方式主要是叙述,而且,消息的叙述是区别于一般叙事性文学作品的概括叙述,即不必详细地展开事件发生、发展的全过程,更不必描写细节刻画人物。而是在交代五个"W"的基础上,只对事件发生的环境、条件、过程等作一个轮廓式的叙述。消息也应有一定的形象性,用以增强感染力,但不会像文学作品那样去作细致的描绘。消息有时也有议论,但或是通过新闻当事人之口评价事实,更多的是通过事实来说话。

二、消息的种类

（一）动态消息

是消息中报道量最大、时效性最强的一种体裁，被看作新闻报道中的轻骑兵。新闻媒体上每天都有大量动态消息，其题材非常广泛，能够迅速、及时地报道国内外重大事件，报道社会生活中的新人新事、新气象、新成就、新经验。按照题材的性质常分为"硬新闻"和"软新闻"。前者通常以报道政治、经济、外事等对人类社会有重大影响的事件为主；后者主要报道社会生活中的新变化、新动态等与人们生活密切相关的新鲜事等。

篇幅简短是动态消息的最大特点，其内容单一而概括，即它只报道一个事实，对事实不作具体的叙述和说明，只是对新近发生事实的动态作简要的报道。一般只有三五百字，其中有不少是简讯，也称为短讯、简明新闻，其内容更加单一，文字更加精简，有的只是相当于一般消息的标题加导语，有的还是标题新闻，即又称一句话新闻，力求以最凝练的文字报道事实的内核，同时在有限的版面内增加了信息的容量。可以说，动态消息最能体现新、短、快的特点。

（二）综合消息

指的是综合报道在一定时期、一定地区或一定领域里发生的带有全局性普遍性的同类型的各种事实、动态、成就和问题的消息。综合消息往往环绕一个主题或一个总体的问题，可以是环绕某一主题对同类事实动态的综合，也可以是环绕某个方面对同类问题及其事实的综合。虽然也体现用事实说话的原则，但必须既要有总体情况的概括，又要有各种典型的个体材料的叙述，尤其要在叙述事实的基础上，概括提炼出共同的鲜明的主题。

（三）典型消息

也称经验消息，就是比较全面、系统地对某一部门或某项具体工作的典型经验或成功做法的集中报道。这类消息往往在叙述事实的基础上，通过分析，从中归纳出反映规律性的经验，用以引导和推动全局，指导一般。目前，我国正处于发展改革的重要时期，经验消息在各个媒体中日益增多，发挥着重要的指导和典型示范作用。

(四) 述评性消息

是介于新闻消息和评论之间的一种新闻体裁。它首先具有动态消息的一般特征,报道具有新闻价值的事实,同时,还用夹叙夹议的方式对事实进行必要的分析、解释,由记者直接发出必要的议论,简明地表示作者的观点。述评性消息往往在社会新生事物发展初期或重要转折时刻对带普遍性的问题进行报道,从而揭示事物的发展规律,引起受众的关注和思考。写这种形式的消息针对性、政策性相对较强,要求作者具有相当的理论水平,能够在报道新闻事实本身的基础上,纵览全局,抓住本质,及时剖析新闻事件,揭示其特点、本质和发展趋向。常见的述评性消息有记者述评、时事述评等形式。

(五) 解释性消息

解释性消息最早源于美国,是从新闻背景材料的使用中衍化发展而来的。随着社会的向前发展,以往的五要素新闻由于单纯地报道新闻事件,使读者只知其然而不知其所以然,人们不满足于报纸上简短的纯消息报道,同时,媒体也认为应该帮助读者进一步了解事件的来龙去脉,于是,解释性消息不仅仅报道新闻事件,而且侧重于以背景材料和有关事实解释新闻事件的起因和后果,深化新闻事件的意义。美国新闻学家杰克·海敦称其为"一种追究动机的报道"。在我国,随着人们认识水平的不断提高,解释性新闻也得到了进一步发展。许多媒体在对重要新闻的报道中不仅限于纯新闻报道,还尽可能提供相关的背景和解释。

三、消息的格式与写法

(一) 消息写作的基本结构内容

消息的基本结构内容包括标题、消息头(电头)、导语、主体、背景及结尾。

1. 标题

消息的标题是消息的重要组成部分,是消息内容的画龙点睛之笔。标题是受众接受信息过程中的第一环节,好的标题能用凝练精辟的语言浓缩新闻事实,点明新闻精髓,既是读报向导,又能吸引受众注意。同时,报纸、杂志和网络新闻的标题还起到艺术化地安排版面、美化版面的作用。

完整的消息标题是由引题、正题、副题所组成的标题群。其中:

引题(又称肩题、眉题):放在正题上面,用以揭示消息的思想意义、核心内容;或交待背景,说明原因;或烘托气氛,加强正题的力量。对正题起一种引发、说明、烘托、提挈的作用。

正题:用凝练概括的语言揭示和说明消息的主要事实和思想内容。

副题(又称子题、辅题):提示报道事实的结果,或作内容提要,起到对正题进行补充说明、解释、印证的作用。

在实际写作中这三种标题呈现出多种组合形式:

单标题:以简明的文字表明新闻内容,使人一目了然。例如:

  5位台籍员工首获"五一劳动奖章"

双层标题:引题+正题式,例如:

  首府新房8年盼主人 惠农孤老19载享亲情
  王玉欣照顾邻居四推搬家计划

正题+副题式,例如:

  我军第一代女导弹操作号手高原亮剑
  35名平均年龄不足23岁的军中女"剑客"首次实弹发射圆满成功

三层标题:引题+正题+副题式,例如:

  劳动和社会保障部宣布
  我国医疗保险参保人数突破1亿
  推动灵活就业人员参保是今后重点

消息标题的制作要作到准确鲜明、形象生动、吸引受众,就要尽可能地讲究语言的艺术,注重各种修辞的运用,深化主题的内

涵,扩大标题的语言容量,使之更加形象化、立体化,增加标题的感染力。常见的标题修辞形式有:

比喻式标题。可分为明喻、暗喻和借喻三种形式。用生动形象、通俗易懂的具体事物,说明抽象、生疏的新闻事实,使标题言少意丰、生动感人。如:

草原牧民跳出"牧门"闯进"市场门"
两牧民牵手大集团引资 2000 万元

对偶式标题。上下句字数相等,结构相同或相似,意义上密切相关,具有整齐对称、语言和谐、节律一致的均衡之美,更有利于编排美化版面。如:

裁决不利戈尔命系佛州高院
胜券在握布什难掩喜悦之情

排比式标题。将结构相同或类似、语气一致、意义相关的三个或三个以上的词语或句子连接使用,以增强语势,强化标题的感染力。如:

为党争光为国分忧为民谋利

顶真式标题。用上一句结尾的词语做下一句起头的词语,连续顶接,使标题环环紧扣,反映了事物的因果关系,具有严密的逻辑性。如:

受助复明复明复学复学受助

回文式标题。又称回环式。是把词语顺序颠倒反复排列,以揭示事物本质的相互联系或相互排斥的辩证关系,使标题首尾呼应,语气贯通,相映成趣。如:

峰高不显峰流大不滞流
我省春运圆满结束

借代式标题。借用与人物或事物密切相关的名称来替代,使所要表达的对象更加形象鲜明,特色突出,活泼生动。可以用专用的科技名词、音乐名词、体育名词、气象名词等替代,也可以用其中

的某一显著特征替代整体,还可以用具体事物替代抽象事物。如:

白衣天使的情怀

比拟式标题。可分为拟人和拟物两种形式,前者指把物拟作人,后者指将人拟作物,其中拟人最为常用。比拟是以丰富的想象为前提的,不仅使标题形象生动,还使受众从中感受到作者的内在情绪,以引起强烈的共鸣。如:

网上购物:飞入寻常百姓家

另外,还有疑问式、标点符号式、模拟式、反复式、层递式、引用式、警句式、谐音式、诗文式等拟题形式。总之,将各种修辞方法用于消息标题制作,对于增强标题的吸引力、表现力,乃至于消息整体表达,都具有重要的意义。

2. 消息头

消息头是消息的标志,是对发出消息的媒体、地点和时间的说明。通常,报纸、广播将消息头放在消息导语之前,冠以"本报讯"或"××社××地×月×日电"的字样;电视台则往往放在消息之后,或用字幕标出。在消息结构中,消息头虽然往往不足一行字,但其代表着重要的意义。首先,它是"版权所有"的标志,代表了媒体对此条消息的独家采集的版权,其他新闻媒介转载时必须标明。当然,新闻报道一旦失实,通过消息头也可明确新闻单位的责任。第二,消息头是判明此消息的真实性与权威性的重要途径,也是受众通过消息来源判断不同国家、组织或媒体对同一事件的不同观点的重要途径。第三,作为消息的标志,消息头的使用可以避免受众将消息与虚构的文学创作或纪实的新闻报道混淆,也易于区分消息与其他新闻体裁。

消息头的形式一般有"讯"与"电"两大类。"讯"主要指通过邮寄或书面递交的形式向报社传递的新闻报道。报社通过自身的新闻渠道获得的本埠消息,一般都标明"本报讯";如果稿件从外埠寄来,必须标明发布新闻的时间、地点。"电"主要指通过电报、电传或电话等形式向报社传递的新闻报道。各家新闻通讯社向报社传递新闻信息时,基本采用这类形式,称之为"电头"。如"本报深圳5月23日专讯","新华社西安11月16日电"。

3. 导语

导语是新闻写作中特有的一个概念,是消息区别于其他文体的一个重要特征。导语是指一篇消息的第一自然段或第一句话,是具有一定独立性和统领性的开头。它要求用简明扼要的文字,表现出消息中最主要、最新鲜的事实,鲜明地提示消息的主题思想,充分揭示新闻的价值,并唤起读者的注意。

导语是消息的精华和灵魂,在整体结构中主要承担两项任务:一是提纲挈领、概括要点、引导全文;二是启发、吸引读者,激发读者阅读兴趣。写好消息的导语历来被看作是新闻记者的基本功。在现代快节奏、高信息的生活中,受众对某一消息的关注,往往取决于最初的瞬间,这就要求消息在导语部分一定能够先声夺人、一语定音,使受众一见倾心。

导语的写作通常按照表现方式分为两类:直接性导语和间接性导语。

(1)直接性导语。即开门见山,直截了当地写出事实的核心,概括事实的要旨。这一类型在目前消息写作中最为常见。其优点在于,能够更好满足新闻报道对时效性的要求,便于记者在最短时间内写作成文,便于编者在最短时间内判断一篇消息的事实价值,同时,也便于读者在最短时间内获知消息要点。常见的形式主要有:

① 概述式。又称直述式。直接概括叙述消息中最新鲜、最主要的事实,不加任何议论、描述,最具客观性,给人以总的印象。是使用最普遍的一种形式,其他类型的直接式导语往往以此为基础而变化,传统的五个"W"的写法是其中最具代表性的一种。这种形式大多用于动态消息或事件性报道中。如:

> 潍坊市今天决定,将驻北京、上海、深圳等11家办事处全部撤销。这意味着,存在20多年的驻外办事处在潍坊彻底退出历史舞台。

② 结论式。在消息的开头部分突出结论,即一开始就直接写

事实的结果或提示报道的意义、目的以及总结。如：

> 当今时代，校企合作已成为国内教育界的"新兴时尚"，无论是学历教育还是技能教育都非常重视学生本身的技能、综合素质以及潜在能力。毫无疑问，河南新华校企合作再一次刷新了职业教育人才培养模式新机制，同时也填补了技能教育与企业需求之间的鸿沟，更让新华学子轻松就业，薪酬待遇好！

③ 评论式。也称议论式。一般在导语中既有事实的叙述，又有对事情精辟的评论，明确肯定消息事实的意义，在概述的基础上，对事实进行精当的议论，帮助受众理解新闻的意义或事实的内在本质意义。评论式有两种形式，一种是夹叙夹议，一种是叙述和议论分开，或先议再叙，或先叙后议。如：

> 平潭距离台湾新竹68海里。昨日，在这个祖国大陆离台湾本岛最近的地方，有两个交通基础设施项目开工。通过这两个点，大陆与台湾岛的时空距离将大大缩短，两岸人民共筑美好家园的愿景又近了一步。

④ 对比式。或将要报道的现在事实与过去相比，或将要报道的事实与同一类事物、同一时期发生的事实相比，在比较中显示出所要报道事物的特征和记者的观点，使受众在对客观事物的鉴别中作出自己的判断。如：

> 仅在5年前，旗领导为了1000万元的招商引资项目在外地奔波数月的镶黄旗，近日却传来牧民引资佳话：牧民巴图吉日嘎拉和张贵山成功引进资金2000万元巨资，使过去祖祖辈辈放牧为生的草原牧民跳出"牧门"，闯进"市场门"，致富的路子越走越宽，日子越过越红火。

⑤ 解释式。开头不仅概述最主要的新闻事实，还用最简要的语言对事实加以解释，或者直接将背景材料放在导语部分。

> 最近，全国第一条进城务工青年心理救援热线在哈尔滨开通。只要拨通热线号码，心理咨询员全天24小时免费为进

城务工青年提供心理咨询。据悉,这是全国第一家专门为城市外来务工青年创立的心理危机干预的非赢利性机构。

⑥ 引用式。引用权威的统计资料或引用某重要人物的话作为消息的开头,通过所引内容引导或点明消息的要点和主题。如:

> 日本前任大藏省财务官今天告诫说,不应强迫中国调整人民币币值,因为那样会导致经济动荡,并对区域增长构成威胁。

(2) 间接性导语。又称延缓性导语。多用于"软"消息,即所报道的不是正在发展中的、变化中的或突发性的事件。它通常用来设置一种现场或创造某种气氛,多是解释性、说明性的。常见的形式主要有:

① 描写式。也称为见闻式。是记者根据目击情况,通过富有特色的场面、情节或细节对消息的主要事实或某一有意义的侧面作简洁、生动且有特点的描述,以酿成特定的氛围,使人有身临其境之感。如:

> 宜春市城管局干部胡德萍,家住袁山路76号。每天早晨,总会有鸟儿在他家阳台的那棵石榴树上蹦蹦跳跳,唧唧喳喳叫个不停。胡德萍说,这里旁边是小山坡,四周植物茂密,我们生活在鸟语花香当中。的确,"处处闻啼鸟"已成为宜春一景。不仅是袁山路76号,在秀江路、宜阳大道、明月大道、宜春大道等主干道上,全都是树上鸟儿成群,树苑旁鸟粪点点。

② 提问式。先揭露矛盾,鲜明地、尖锐地提出问题,而后用事实加以回答。运用这种手法,可以集中读者的注意力,使他在积极主动的思考中进行新闻阅读,引起读者的关注和思考。如:

> 如果鸟类由恐龙进化而来,翅膀源于恐龙的前肢,那鸟类翅膀末端保留着的三根"手指",是恐龙前肢五指的中间三指,还是前三指?由我国科学家领导的国际小组在新疆准噶尔盆地的侏罗纪地层中发现了一种奇特的小型恐龙——"泥

潭龙",并通过对其"手部"的研究提出"外侧转移假说",认为鸟类保存的是第二、三、四指,解决了鸟类起源的重要问题。

③ 特写式。借用影视拍摄中特写镜头的方式,选取所报道的事实中最生动的某一局部或人物的某些具有特点的情态行为,加以比较完整的表现,使导语具有镜头感和形象感。如:

> 7月8日上午,泉城济南热得像蒸笼,市民参观城市规划展也像这酷暑样的热情不减。一位70多岁的张氏老太太,一会儿戴上老花镜看,一会儿举起放大镜看,特别地认真。记者从参观人群中拥挤过去与她聊起来。她是历下区的,从前家门口就是泉水,舀上一瓢就淘米。说到泉干了,她满脸遗憾。谈到规划,她皱纹里绽出笑意:"这咸好了!再过几年,咱那泉水,又能常年冒了……"

④ 悬念式。即抓住新闻事实中最新鲜的令人感到意外、反常或紧张的部分,在消息开头设置悬念以激发读者的好奇心,并产生继续阅读消息、揭开事实底蕴的冲动。如:

> 春节前夕的一个夜晚,一辆坦克开进南京城,沿着平整宽广的柏油大道驶过闹市区——新街口。过路的行人都停住脚步,惊奇地望着它。

⑤ 引喻式。引用典故、传说、谚语、笑话、寓言或文学作品中的故事等作为消息的开头,以烘托或说明事实的本质或意义,增加导语的生动性和感染力,帮助受众理解消息的价值。如:

> "兵马未动,粮草先行。"今年高考录取即将结束,尽管离开学尚有时日,但家长们已开始紧锣密鼓为孩子准备上学用的生活用品。

当然,在写作实践中,还有许多种新的形式,各种写法也会因为新闻事实的不同而灵活变化,在写作中应该提倡创新,写出自己的独到风格,这样才更加符合新闻从内容到形式都追求新鲜性的原则。但无论怎样变化都要以最终达到的传播效果为目的,而不是为了求新而求新。

导语的写作要求：首先，明确、具体、肯定。要在深入采访，占有大量材料的基础上吃透材料，这样才能做到主题明确，中心突出，也才可能写出匠心独具、新颖别致的导语。第二，要有新闻感，新鲜感。新闻的价值最关键的因素就是"新"，导语又是其灵魂，所以，导语一定要力求把内容中最新鲜、最有新闻价值的东西突出出来。第三，文字简洁、凝练，言疏意密。受篇幅的限制，导语不可能很长，但又要在内容上能紧紧地抓住读者，因而，导语一定要突出新闻中实质性的内容，用洗练的语言提纲挈领地勾出新闻的概貌，即所谓言疏意密。同时，语言既要形象生动，又要切忌空话、套话、官话、废话。这样，既利于增强报纸的可读性，也使导语突出主题，避免离题万里。

4. 主体

也称为"消息躯干"。是紧接导语的部分，是消息结构的主干部分，也是新闻的展开部分和充分而有力地体现新闻主题的核心部分。主体围绕主题具体地展开消息的主要内容，使主题得到详尽的阐述和深化。具体说来，其主要任务：一是对导语作具体全面的阐述，充实和深化导语。即对导语里提到的主要事实加以详细化，提供必要的细节，使其更加清晰，从而写出导语所概括的内容，表现消息的主题。二是补充一些导语里尚未提及但主题里非常必要的事实材料，使消息内容更加完整，使导语得到进一步深化。所以，环绕新闻主题，选取典型的材料，并加以巧妙的运用和安排，注意表达的条理性和逻辑性，做到层次分明，结构严谨，是主体写作中必须做好的工作。

主体部分的常见结构形式有时间顺序式和逻辑顺序式。

时间顺序式。一般按事件发生、发展、结束的时间先后叙述，安排层次结构。这种结构的好处在于能使读者明了事件的来龙去脉，使人对事件发展的全貌有一个完整、清晰的印象。

逻辑顺序式。即根据事物的内在联系或问题的逻辑关系来组织材料。这种结构有利于反映出事物的内在发展规律，揭示事物的本质特点与意义。可以说，这种逻辑关系是一条红线。这条红线可以是因果关系、递进关系、主从关系、并列关系、对比关系、点面关系等,是利用新闻内容之间存在的各种关系将材料有机地结合起来。

5. 背景

新闻报道关注的焦点是最新发生的事件,而任何事件无论是处在发生期、发展期或消亡期,都不是孤立的或与其他阶段毫无联系的,所以有必要对新闻中的主要事实进行衬托、对比、说明、解释和补充。消息中有关事件的历史背景、周围环境及与其他方面的联系等材料就是消息的背景。

写新闻交代背景,目的在于帮助读者深刻理解新闻的内容和价值,起到衬托、深化主题的作用,具体表现在:交代新闻事实发生的具体环境,说明新闻事件的起因,帮助受众完整地理解新闻;烘托深化主题,突出消息的新闻价值,帮助读者理解新闻事件的重要性;寄寓记者的倾向性。

背景的类型常见的有三种,即对比性背景材料、注释性背景材料、说明性背景材料。

(1) 对比性背景材料。也称衬托性背景材料。是通过对新闻人物或事件的正反、左右、今昔的对比,突出人物与事物的重要意义,突出新闻主题的意义和深度。它可以进行纵向的对比,也可以进行同类事物的横向的对比,也有不同条件、不同环境的对比或数字对比。运用对比材料时,要注意真实、准确、分寸得当,并注意其合理性。如在报道某地重点项目全长 500 公里的国家一级公路全线通车时,在导语部分写道:"地无三尺平"的某地的第一条国家一级公路今天全线贯通⋯⋯

(2) 注释性背景材料。在消息中往往出现一些新的专业性较强的内容,如科学技术项目名称、新发明的产品以及技术性能的说明等等,对这些内容加以解释,可以帮助不同年龄、不同职业、不同文化程度的受众全面完整地理解消息内容。同时,随着科学技术的迅速发展,大众传媒对新技术的报道越来越多,利用报道中注释性的背景材料,还可以构建起引导人们从"未知"跨向"已知"的桥梁。如在《交大学位授予仪式执权杖入场学生觉得特别神圣》这篇消息中,在介绍了西安交通大学学位授予仪式现场权杖入场及学生反映情况后，用了注释性背景，交代有关权杖的来历、地位及国内高校的权杖情况：

  据悉，权杖源自欧洲。在中世纪欧洲，当时的手工作坊形成了不同的行业，各个行业都制作了自己的行业权杖，当徒弟学成手艺出师时，行业组织会举行仪式，由师傅用权杖轻敲徒弟的头，表示这个徒弟已经学成了，可以独立执业了，可以当师傅了。
  同样，权杖对于大学的学位授予仪式而言，也是具有见证作用，见证一个学生学成了，可以毕业了。境外许多著名大学，例如牛津大学、剑桥大学、耶鲁大学、香港大学等都有自己的权杖。
  ……

  (3) 说明性背景材料。通过点明新闻事实产生的原因、条件和环境，把事情的来龙去脉、因果关系交代清楚，有助于加深读者对新闻事件的全面深刻理解。如报道沈阳康平出售新鲜空气的消息，很多受众可能觉得新鲜的同时会产生好奇：出售新鲜空气，究竟怎么回事？于是，在介绍了基本的新闻事实后，加进了一些说明性的材料：碳汇一般是指从空气中清除二氧化碳的过程、活动、机制。按照2005年正式生效的《京都议定书》规定，到2010年所有发达国家二氧化碳等6种温室气体的排放量要比1990年减少5.2%，并对各发达国家从2008年到2012年间必须完成的削减目标进行了分解和落实，发达国家可以通过向发展中国家购买二氧化碳减排量的方式来履行减排义务。这样，受众对消息的来龙去脉有了一个全面了解，即使是原先对此事一点也不了解的读者，也会对这篇报道感兴趣了。
  背景材料的写作在消息中具有重要的意义。写好新闻背景首先要明确一篇消息是否使用和如何使用背景材料，要视实际情况和表现新闻主题的需要而定。第二，背景材料选材要精当，运用得准确、适量、贴切，既要把消息写深写透，又要适应读者的阅读心理和满足读者求知的欲望。第三，运用背景材料要注意灵活穿插，新旧结合,动静结合,自然得体,与主要新闻事实水乳交融,毫无裂痕。第四,作为辅助材料背景材料要少而精,避免喧宾夺主。

6. 结尾

结尾是消息报道的结束语。由于新闻改革和新闻文体的发展,在结尾的写法上也是千变万化、无有定法的,也就是说没有固定模式的。一般说来,结尾要根据消息的内容和主题来定。

常见的方式有:

1. 概括小结式。又称归纳式结尾、总结式结尾。归纳全文,对内容作概括性的小结,或以画龙点睛,总括全篇,突出主旨,从而给读者一个完整深刻的印象。

2. 交代式结尾。在新闻的结尾处对新闻事件产生的可预见性的结果,或有关部门对新闻事件的态度,采取的积极措施向受众作一交代,以满足受众对新闻事件结果关心的心理或吸引受众继续关心事态的发展。

3. 展望式。在结尾中没有把话说尽,给读者留下思考回味的余地,引人进一步思考或关注事情进一步发展。

4. 背景式结尾。将新闻背景材料安排在结尾处,对主要新闻事实起补充说明、适当解释、对比衬托的作用。

5. 引语式。引用人物的语言或俗语、格言,以道出消息的中心或主题,深化其意义。

6. 追问式结尾。这类结尾是以反问的句式在结尾处提出问题,引导读者对新闻事件进行深入思索,并继续关注后续报道。

7. 补充式。主要用于补充新闻导语和躯干部分未提及的新闻要素,使新闻报道完整圆满;或者补充有关背景材料,使新闻报道更加充实可信。

8. 别开生面式。不拘一格,别出心裁,独具匠心,使人印象深刻。

9. 自然收束式。即按照消息的结构安排和内容表达,自然而然地把必要的新闻内容、事件、新闻诸要素交代完毕,水到渠成,就此结束。

10. 启发式。用启发、激励式的语言作结尾,使读者进一步领会消息中没有讲出的意义和要求。

除上述结尾方法外,还可以采用提醒式、预见式、证实性、推理式、激励式、描写式、号召式等写法,而且随着新闻改革的深入和新闻文体的发展,还会有新的写法不断涌现,在实际写作中要根据报道内容、报道角度的不同而灵活使用。

(二)消息常见的结构形式

所谓消息的结构形式,就是指消息内容的组织和构造形式。在长期的新闻写作实践中,消息的结构上形成了相对稳定、特征鲜明的最为常用的四种类型。即倒金字塔式、正金字塔式、倒金字塔式与正金字塔式混合式、并列式结构。

1. 倒金字塔式结构

就是把最重要的事实、最重要的材料放在开头,次要材料放在后面。按照新闻内容的重要程度或读者关心的程度先主后次地安排事实材料,即把最重要、最新鲜的事实放在导语里,导语里也是把最重要的内容放在最前列,然后按事实重要性递减的顺序来安排,形成最重要——重要——次重要的形式,借以突出最重要、最新鲜的事实。形象地看,这种结构像一座倒置的金字塔,故名倒金字塔形式。

倒金字塔式的结构是使用最多、最广泛的消息结构方式。其优点在于:

(1)突出新闻的特点。新闻要求"短"、"新"、"快"。倒金字塔式的结构有利于快速组织材料,利于突出新闻的特点,写作时记者只要对新闻素材的主、次、重、轻判断清楚,便可依其重要程度顺序写作,不需在结构上多费心思,便可以很快组成一篇报道。同时,这种结构往往篇幅短、段落短,一段话一个事实,显得行文简洁明快、干净利落。

(2)符合受众的信息接受特点。现代生活节奏下,受众接受信息往往取决于最初的几秒钟,之后,有时间和兴趣则继续下去。而倒金字塔式的结构开门见山,高潮在前,便于一目而过的读者用最短的时间迅速获得自己需要的信息。当他们读到自己不感兴趣的内容时,也可以随时停下来,或者因为时间关系,无法看完全文,则只要一看导语,便可以把握住这类消息的精华,欲详欲略,尽可以自由掌握。同时,这种结构也适合受众最关心事情的结果、结论的心理。

(3)便于编辑处理。现代新闻媒体的竞争,要求新闻编辑迅速处理稿件,倒金字塔式的结构,使编辑对稿件的篇幅进行调整非常快捷,可以轻而易举地从后往前倒删上去,虽大刀阔斧地砍削,却不至于伤筋动骨,消息仍是相对完整的。

当然,倒金字塔式结构只是消息写作诸种结构形式中最基本的一种。它较适用于写时效性强、事件单一的新闻,而对某些非事件性新闻、富有故事性和人情味的新闻不太适宜。此外,其缺点是难以有所变化,导语、正文、标题容易重复,文意跳跃性较大,写这类消息要特别注意各段间的衔接和逻辑关系,最忌互不关联、支离破碎,写成一盘散沙。

倒金字塔结构对于报纸、广播、电视来说,都是行之有效的。对于网页来说,它的重要性可能会更加突出。因为,在网络上,人们一次只能浏览一个屏幕大小的页面,也许就包括两三个段落,如果第一屏的信息显得没有价值,那么,人们就不会有兴趣拖动鼠标接着往下看。所以更应该采用"倒金字塔"式。

2. 金字塔式结构

也称为时间顺序式结构、编年体式结构、延缓兴趣式结构。总体上看,是按时间顺序组织材料。从头到尾完全按事实发生的时间顺序或情节发展来安排材料的,消息的开头就是事件的开头,结尾就是事件的结束。可以在前面设置某种悬念,使读者必欲弄清楚事情的全貌。因为是按照受众接受信息的正常思路渐进过程安排材料,因而易为其接受和理解,具有较强的生动性和吸引力。它最宜用来客观地叙述一些内容复杂但线条单一的故事性强、人情味较浓、以情节取胜的事实,写成人们惯称的新闻故事或新闻小品,尤其适合写现场目击记。

金字塔式结构也有其缺点,就是一开头往往不能吸引人,消息的精华部分,淹没在长篇叙述之中,非得耐心读完全文,才能了解事件真相。可以说,金字塔式结构的缺点恰恰是倒金字塔式结构的优点,反之亦然。

3. 倒金字塔式与正金字塔式混合结构

这种结构是集倒金字塔式和正金字塔式两种结构之长的结构方式。一般上,第一段导语完全按照倒金字塔式结构导语的写法,充分发挥了导语突出最重要新闻事实的优势,新闻感强烈。导语之后就完全事实发生的时间顺序或情节发展来安排材料,给人以叙事具体完整、线索清晰、重点突出的感觉。这种结构避免了倒金字塔式与正金字塔式两种结构之短,既能开门见山、引人入胜,又能脉络清晰、层层推进,符合受众的接受习惯。但也存在容易造成首尾重复的缺点。

4. 并列式结构

并列式结构往往有一个概括性导语,随后的几个自然段所涉及的内容基本上是并列关系。并列式结构特别适用于那些公报式新闻或经验性新闻等,只要有个提纲挈领的概括性导语,后面的内容要展开是比较方便的。

四、消息写作的基本要求

(一) 结构服务于主题

消息的结构形式有多种,不论采用何种结构形式,都要根据新闻本身所具有的特点来选择确定新闻结构形式,具体来讲,就是要以主题为统帅,不能为结构而结构,为求新而求新。

(二) 局部服从于整体

消息写作的各个部分都是一个有机的整体,写作时要统筹兼顾,互相呼应,上下贯通,要站在宏观的角度把握写作的选材、结构、语言等要素,从大处着眼,按照逻辑关系来布局,不能只注意一字一句的雕琢,而忽视了全面通盘考虑。

(三) 表达趋向于创新

新闻的"新"表现在各个方面,创新是其必然趋势,要有强烈的创新意识,赋形定势,根据具体情况不断革新、变通。匠心独运,打破常规的结构总会使人耳目一新,产生出人意料的效果。

（四）一切取决于受众

受众是消息的归宿，是信息产品的消费者，消息的写作要满足受众的需求，照顾读者的接受心理和接受习惯，为此，学习消息写作决不单单是停留在文体本身，要结合传播学的受众理论、传播效果理论，不断寻求更有利的写作形式。

[例文]

党中央国务院高度重视

首批获救矿工成功升井179小时，王家岭见证生命奇迹

经过179个小时全力救援，截至凌晨1时15分，王家岭煤矿透水事故首批9名获救者被陆续抬出井口，送往位于河津市的山西铝厂职工医院。据医务人员介绍，9名获救者意识清醒。

零时40分，获悉4名矿工获救升井后，中共中央政治局委员、国务院副总理张德江发来慰问电，代表党中央、国务院，代表胡锦涛总书记、温家宝总理，向获救矿工表示亲切慰问，向所有参加救援的同志们致以崇高的敬意。希望同志们再接再厉、争分夺秒，继续加大救援力度，全力以赴解救被困矿工。

以人为本，生命至上。华晋焦煤公司王家岭矿3月28日发生透水事故以后，党中央、国务院高度重视，胡锦涛总书记、温家宝总理立即作出重要指示，要求采取有力措施，调动一切力量和设备，千方百计抢救井下人员，严防次生事故。受胡锦涛总书记、温家宝总理委派，张德江副总理于事故发生次日凌晨紧急赶到现场，指导抢救工作。

国家安全监管总局、山西省委省政府认真贯彻落实中央决策部署，主要领导立即赶到现场指挥抢险救援，按照抽水救人、通风救人、科学救人的要求，全力组织抢救。一方有难、八方支援，社会各方力量迅速集结，全体救援人员发扬不怕疲劳、连续作战的精神，不抛弃，不放弃，奋战7天7夜，成功救出首批9名被困矿工，

创造了奇迹。

截至记者发稿时,救援工作仍在继续紧张进行。矿井深处还不断传来声声敲击管道的生命之音。

(原载 2010 年 4 月 5 日《人民日报》,获 2010 年度中国新闻奖一等奖)

第二节 通讯与特写

一、通讯的概念

通讯也称为通讯报道,是新闻传播媒体中一种重要的报道体裁。是以叙述、描写为主,运用多种表现方法,深入、详细,而又具体、生动地报道具有新闻价值的人物、事件和情况的新闻文体。

在诸多新闻体裁中,通讯最常用作进行典型报道,即对最突出、富有代表性的人物与事物进行的重点报道。因为通讯是一种报道性和描述性相结合的体裁形式,它由记者叙述、人物谈话或对话、现场描述等组合而成,与消息相比内容容量大,能更详细、具体反映人物面貌,报道主要情节,揭示因果关系,展现事物发展前景,它不仅交叉运用叙述、描写、抒情、议论等多种手法,还可以穿插记者与被访问者的对话,夹叙夹议,手法灵活多样。

二、通讯的特点

作为新闻体裁,通讯具有真实性、时效性、新鲜性等新闻的基本特征。在此基础上,与消息等新闻题材相比,在时效性、选材、主题、结构、语言表达方式等方面都有所不同。主要表现在以下几个方面:

(一)主题的思想性、论理性

消息一般没有明显的思想主题,即使是导向性、思想性很强的消息,其表达形式也较客观,主题思想蕴含在新闻事实中,即"用事实说话"。而通讯作品都有明显的思想主题,无论是长篇还是短篇，是写事还是写人，其主题思想都比较显豁。为了表达主题思想，通讯写作除了叙述事实、描写形象外，还需借助议论乃至抒情的手法，使主题更加鲜明突出。这样，通讯就具有评论的特色，可以运用议论，表明作者的见解和态度。通讯的这种特点，可以归结为它的论理性，通讯的论理性越强，感染力也就越强。但是，通讯中的议论又不同于新闻评论，它是从新闻事实中提炼出来的，在叙述和描写的基础上进行的，是穿插在叙述和描写之中进行，是最精彩事实的升华，是作者抒发个人感受的画龙点睛之笔。

(二) 表达方式的文学性、形象性

形象性是通讯区别于消息的主要特征。通讯不仅要以事实说话，而且要以形象说话，在选材时，不仅要抓住主要的新闻事实，而且必须要抓住能表现主题、表现事物和人物特征、个性的细节，通过细节、情节，把所报道的事实形象地表达出来。通讯佳作之所以感人，并不是靠空洞的议论、抽象的说教，而是通过对新闻人物、新闻事件的形象刻画，把事件和人物写活了，具有很强的立体感。

通讯不仅要用事实说话，还要用形象、用情感、用观点说话；不仅要叙述主要的事实，还要展示情节，再现场景，刻画人物，阐发理性。因此，通讯在表达方法上要比消息有更多的描写、议论、抒情，要融叙述、议论、描写、抒情于一体，充分利用典型情节和细节来展示人物和事件的内在风貌；在语言上，通讯的用语则比较细腻、形象，感情色彩较浓，更富有文学色彩，更能打动人。当然，通讯的文学性不同于文学作品，后者是以塑造形象为主，通讯则是再现形象，再现人物形象、事态形象、场景形象，再现自然风貌，再现社会风貌，以其阐述的详尽、描绘的细腻、刻画的深刻、表述的生动，反映社会现实。

(三) 结构的完整性、灵活性

从时效来看，消息强调迅速及时，其新闻价值首先在于它的时效性，因此，消息侧重写事实，叙述简明扼要，一般不展开情节。通讯虽然也要求讲时效，但是它对时间的要求不像消息那样严格，但必须相对完整、具体地报道人物或事物的过程，要求详尽、具体地报告事件的经过，演绎人物的命运，充分展开情节，甚至描写细节和场面。这些即是生动性的表现,从结构上看,消息为了吸引听众,往往把最重要、最新鲜的材料放在最前面,它的最精彩的部分在导语中,大多使用倒金字塔的结构方式。而通讯则不同,它常常以最吸引人的情节、议论、引语开篇,用同一个主题,把丰富的材料贯穿起来,有故事情节,有细节材料,从头到尾不断,各个部分具有同样的重要性。通讯的结构往往比较灵活,它既可以按照时间顺序来写,把新闻事件发生、发展的过程如实道来,也可以按照事物的内在逻辑联系来展现主题,还可以把两者结合起来写。只要有利于表现主题、吸引听众,结构可以不断创新。

三、通讯的种类

通讯的种类很多,通常,按报道的内容来划分,可分为人物通讯、事件通讯、风貌通讯、工作通讯、新闻小故事等。

(一)人物通讯

人物通讯是通讯当中出现最多、也最受读者欢迎的通讯文体。人物通讯是用来展示新闻事迹与形象的一种新闻体裁,以报道先进人物、新闻人物为主要内容,其报道对象主要是那些能体现时代精神的先进人物,通过反映这些先进人物或先进集体的事迹或特点,展示人物的先进思想和高尚道德,给社会树立楷模。

人物通讯的重点是刻画人物的精神风貌,但写人离不开写事,离不开写人物的活动。人物形象是通过一系列的事件来显示的,事件是人物活动的舞台;人物事迹是人物行为的生动记录,积淀着人物的思想和品德。因此,写人物的事迹要具体、典型、富有情节;写人物的思想活动要真切,思想基础要扎实,扼要深远,思想变化要细致,通过人物的活动来刻画人物的思想。

人物通讯并非仅仅是"名人通讯",报道对象的选择取决于其蕴含的新闻价值。一般来说,人物必须具有先进性或典型性,同时,也不排除对一些有争议的人物或正处于转变中的人物的报道,甚至揭露丑恶人物的报道,从而对时代的各个侧面加以记录和反映,也大大地丰富了人物通讯的内容。在取材上可写"全人全貌",也可截取片断,着重写人物的某个侧面或阶段。

(二) 事件通讯

事件通讯是详细地报道现实生活中有典型意义的新闻事件的通讯,是常见的一种通讯体裁。它能全面地、客观地介绍事件的来龙去脉与发展过程,具体、形象地描述其细节,使读者对整个事件能够有比较完整清晰的印象。事件通讯的报道题材是十分广泛的。可以以歌颂为宗旨,报道那些能体现时代主旋律、社会新风尚和思想新境界、道德新风尚的重大事件,起到鼓舞、激励和倡导的作用;也可以以批评或揭露为目的,对社会生活中出现的弊端予以曝光,起到催人猛醒、驱邪扶正的作用;还可以通过报道具有代表意义、内涵丰富的事件,揭示现实社会与生活中的焦点问题、突出矛盾,揭示其实质或意义,起到活跃思想、启发思路的作用。

事件通讯虽以记叙事件为主并不着力刻画人物,但事件的核心是人,事件实际上就是人物行动的全过程,事与人是难以截然分开的。与人物通讯所不同的是:人物通讯大多写个人,是"一人多事",写作上是以"人"为中心,"事"环绕"人"来写;事件通讯则是写群像(集体),是"一事多人",写作上是以"事"为中心,"人"环绕"事"来写。往往通过典型事件表现一群人或一个集体,努力去挖掘、表现众人身上共同表现出来的时代精神。

(三) 概貌通讯

也称为风貌通讯,是着重描绘社会变化、时代风尚及风土人情,反映现实生活中新面貌、新景象、新变化的通讯。由于经常用来介绍作者游览名山大川、名胜古迹的见闻,因此,也被称为旅游通讯、旅行通讯。概貌通讯题材极为丰富,它既可以写新的面貌和气象,也可以介绍名山大川、名胜古迹、风土人情、异物特产、大自然的奇异风光,还可以写作者的见闻,抒发作者的感受。

风貌通讯是新闻和游记的结合体,它基本上不写人,不写事件,也不讲究故事性和矛盾冲突,它的内容表面上看只是平面风貌,实质上则是富于知识性和抒情味的彩色的立体图画。它写法灵活多样,笔端带情,可以把情和景、历史和现实、美丽的传说和现实中的真实故事融为一体,使报道文字生动活泼、明快流畅、富有文采,内容新颖动人、妙趣横生,并富于知识性,于说古道今、谈天说地之中，给受众以知识的熏陶和美的感染。

风貌通讯的表现形式比较丰富，报刊上常见的"见闻"、"巡礼"、"侧记"、"纪行"、"掠影"、"纪游"、"散记"等等，都属于风貌通讯的范围。

（四）工作通讯

工作通讯是通过报道和分析当前实际工作中的经验、问题、教训等，从中找出某些带规律性的东西，以此指导、推动实际工作的通讯形式。工作通讯的针对性、指导性较强，一方面，主要针对典型单位的先进事迹，报道其典型经验和做法，以指导一般工作；另一方面，可针对实际工作中亟待解决的各种问题，研究解决问题的思路或对策，也可以针对一些新问题进行探讨和研究，以揭示规律。

工作通讯主要以通讯的形式发表，有时也用采访札记、记者来信、工作研究等形式发表。

（五）新闻小故事

也称为"新闻故事"、"小通讯"，主要以新闻事件的一段片断、一个场景、一场冲突为对象进行报道。往往以生动、快捷的形式宣传新人新事新风尚，反映现实生活中的好人好事。通常只写一个故事，篇幅短小，一般是三五百字，最长也不过千字左右。其特点是善于精选材料，以小见大。有故事情节，有矛盾冲突，有头有尾有过程，并着力在矛盾冲突上下工夫，生动形象，富有立体感。

四、通讯的写作

通讯的写作形式多种多样，一般结构由标题、开头、主体、结尾四部分组成。

（一）标题

标题是文章的眼睛，是通向读者或听众的第一道桥梁。通讯的标题是通讯的重要组成部分，写好标题，对于增强表达能力，突出新闻价值，都是有重要作用的。一个成功的标题可以为通讯平添无穷的魅力。如果说消息的标题直接表现事物状态，主要是动态的客观陈述，要求直接、平实，那么通讯的标题则应该含蓄，讲求寓意、美感、表达意境，突出艺术效果。通讯的标题与其结构一样，形式是多种多样的。最常见的标题形式有以下几种：

1. 直接式。其作用是直接表达主题或表现通讯的内容，如《谱写自主创新的辉煌篇章》《在历史灾难中实现历史进步——2010年中国自然灾害警示录》等。

2. 含蓄式。采用含蓄、深沉、发人深思的标题，启发人们去理解通讯的主题，如《春满茶乡》《追逐阳光写辉煌》等。

3. 人物式。把本通讯所要报道的主要人物突出在标题上，如《从农民工到优秀人大代表》、《"财经女侠"叶檀》等。

4. 地点式。把事件发生的地点突出在通讯的标题部分，如《四家村分红静悄悄》、《雪域边线行——纪念改革开放30周年》等。

5. 悬念式。在标题部分就设置了悬念，提出问题，点出矛盾，引起听众的兴趣和思索，如《我不赞成"华约""北约"》等。

6. 时间式。把新闻事件发生的时间突出在通讯的标题中，如《十九年前的良心债》等。

7. 引语式。以新闻人物或其他人的典型语言为标题，从而突出新闻人物的典型性格特征，也概括了报道的中心意思，如《"我要做一个诚信的人"》、《"我是志愿者"》等。

8. 提问式。抓住主题，在标题上提出问题，《高考状元都是"武林高手"？》、《现代"易容术"真能天衣无缝吗？》等。

9. 环境式。把新闻事件发生的特定环境和气氛突出在标题中，进而强调该事件的意义，如《当山洪暴发的时候》、《四海欢歌天地浪漫》等。

10. 套用式。套用成语、诗句、格言、警句作标题，如《梅花香自苦寒来》、《春风又绿江南岸》、《万紫千红总是春》等。有时还赋予古诗句和名言新意或稍作修改，用作标题，如《春风普度玉门关》、《咫尺海峡不再是天涯》等。

通讯的标题形式还很多，在写作中应灵活运用。无论何种形式的标题，都应注意以下几点：一是要贴切、恰当，题文吻合、协调统一;二是要新颖别致,笔调清新,生动形象,引人入胜;三是要高度凝练,短小,简洁。

另外,除了使用单标题外,为了使标题更加确切,通讯往往使用副题作为对主标题的补充,形成了双标题的形式。如:《坚定沉着战狂澜——以胡锦涛同志为总书记的党中央团结带领全党全国各族人民应对国际金融危机冲击纪实》、《孩子,他停在了救助你们的路上——他叫"鱼片",曾走遍炎陵救助贫困生》等。

(二) 开头

"万事开头难",通讯也是如此。开头是全篇的起点,是正文展开的基础,起着为全篇定调的作用。尤其是作为较长篇幅的新闻,受众在接受上有很大的随意性,往往由于时间等关系,事先不一定就决定看望全文,如果一开头就能先声夺人,引起读者的兴趣,并层层深入、环环相扣,自然而然过渡到正文,逐步向受众提供他确实应该知道的事实,回答他们的疑问,无疑会大大增强通讯的传播效果。

通讯的开头方式很多,常见的有以下几种:

1. 描写式开头。即以对环境或人物形象的生动描写作为开头,从一开始就在受众面前展现出生动的场面和活生生的形象,将其引入现场,使其置身其中,更能与时间人物产生共鸣。如通讯《走向希望的春天——来自地震灾区的报告》的开头:

> 油菜花开了,梨花开了,满山的青草,满坡的野花。一棵被巨石砸弯腰身的桃树,即使匍匐在地,也依然开出了一树的嫣红。

2. 提问式开头。以尖锐的提问开头,扣人心弦,下面再作回答,使通讯的主题明确。如通讯《如今过年新事多》的开头:

> 家住朝阳区水佳北里的穆老太太10月1日早晨在一家早市上问过香蕉的价格后,感到纳闷:"这价格怎么就没涨上去呢?"

3. 情节式开头。用生动的情节开头,引出相关的叙述,很自然地引起受众的关注和兴趣。如通讯《巴黎狗坟》的开头:

"夫人，您有几个小孩？"我常常按照中国人的习惯，这样问法国朋友。"我有两只狗。"我往往得到这样的答复，中国人听来很不习惯，但是，这话却的确反映了狗在法国人的生活中所占的地位。

4. 直接式开头。在开头开门见山地交代全篇通讯的中心事件、中心意思，简洁明快，落笔入题，帮助受众迅速抓住报道的主题。如通讯《"山药蛋"变"金蛋蛋"：甲谐正源之争》的开头：

争田地、争草场、争牲畜，或许不是什么新鲜事情，但是一谈到争文化，你可能会面带诧异、似信非信。这里所说的"文化"，具体指甲谐，争抢的双方则是萨嘎县两个邻近的村子——夏如乡拉亚村和旦嘎乡旦嘎村。这场关于谁是甲谐正源的争论，是改革开放 30 年来农牧民文化意识"觉醒"的体现，不但"可爱"，而且可贵。

5. 故事式开头。以美丽的传说、动人的故事开头，运用其情节性和曲折性，来吸引受众。如通讯《老人节盛会》的开头就运用了这种方法：

在我国延边朝鲜族自治州境内的长白山地区，流传着这样一个故事：在很早以前，长白山下住着一户贫苦人家。家中只有母子二人，儿子王生非常孝敬母亲。春种，秋收，冬季打猎，抚养着妈妈。有一年，母亲害了病，王生没钱请医生，心里非常着急。村里有位老人告诉他，要治好你妈妈的病，就得上长白山哪！长白山上有最好的药。王生谢过老人，把要上长白山采药的事和母亲说了。母亲听说长白山有狼虫虎豹，就不要儿子上山。儿子为了给母亲治病，到底说服了母亲，背着干粮和猎枪奔长白山去了。王生走过了一座座高山，过了一道道大河，打败了一个个猛兽毒虫，走了多天，终于攀上了山顶。美丽的天池和群峰向他招手，他定睛一看，山上到处是白色石片。他就包了一些小石片回了家。妈妈高兴得流出了眼泪。王生把这些清凉彻骨的石片磨成细末，给妈妈喝了，妈妈的病很快就好了。故事是真是假，因为年代久远无以考证，但朝鲜族人民尊敬老人确实是蔚然成风的。在这一地区有个独特的节日是其他地区没有的,那就是"老人节"。记者在延边采访的日子,正赶上龙井县东盛公社过老人节。

6. 比喻式开头。形象的比喻,可以激起听众丰富的联想,可以增强报道的生动性和形象性。如通讯《资本运营:找到一把金钥匙》的开头:

如果把中国版图比做一只昂首的雄鸡,湖北省便立于雄鸡的腹部。如果说长江像一条巨龙,那么武汉市恰好处于心脏部位。如今,在这里"上演"的一幕又一幕"资本运营"的活剧,正引起人们的普遍关注。

7. 引用式开头。一般选用古今诗词、格言、谚语和人物语言作为开头,或新鲜有趣或富有哲理性。如通讯《美哉,米脂婆姨》的开头:

"米脂的婆姨绥德的汉,清涧的石板瓦窑堡的炭",这句赞美陕北人杰地灵的民谣,开口赞颂的就是"米脂的婆姨"。

8. 议论式开头。精彩的议论能更加明确地揭示通讯的主题,表明作者的立场,以增强报道的感染力。如《黄浦江"金三角":折射上海十年之变》的开头:

变化,无时无刻不在发生。太平洋西岸的上海正在经历前所未有的新一轮大转型。从陆家嘴到百年外滩,再到世博会址……黄浦江畔正在崛起的"金三角",见证了这座城市的十年之变。

通讯的开头方式很多,还可以用对比式开头使作者的观点突出,报道的主题深化,鲜明,并强化通讯的新闻价值;用抒情式开头,以情感性内容和抒情的笔调来打动受众,引起共鸣;还可以用设置悬念、开宗明义、画龙点睛等等形式开头。在写作中提倡灵活运用,不断创新。

(三) 主体

主体是通讯结构的主要部分,也是内容的展开部分,它材料丰

富,头绪繁多,是写作中着笔的重点。从主体的结构层面分析,通讯常见的结构形式有纵式、横式、纵横式三种方式:

1. 纵式结构

按照事物发展的时间推移的自然顺序来安排结构,组织材料,即为纵式结构。在这种结构中,层次与层次之间的关系是先后承接的关系。在写作时可以按照时间顺序来安排层次,也可以按照事物发展的顺序,还可以按作者对报道事物的认识的变化顺序或作者参观采访的先后顺序、接触事物的先后顺序来安排层次。这种结构大多用于线索相对单一,事件完整、故事性强的新闻事实,所报道的人物也比较单一、集中。

2. 横式结构

在横式结构中,层次与层次之间的关系是并列关系。这种结构形式,往往在一个鲜明的主题统领下,以空间或逻辑变换组织材料。即或以地点的变化来组织段落,将不同地点发生的事情围绕一个中心加以编排;或按照通讯主题的需要和题材的性质对材料进行分类,从几个并列的不同侧面表现主题。与纵式结构相比,横式结构的优势在于结构不受时间顺序限制,灵活自如。

3. 纵横交错式结构

把纵式结构与横式结构结合起来运用,或以纵式结构为主导,辅以横式结构;或以横式结构为主导,辅以纵式结构。既体现了纵式结构一目了然、有条不紊的特点,又发挥了横式结构涉猎广阔、灵活自如的优势。这种结构形式,比较适合用于内容大、线索多、时间和空间跨度大的通讯中。我们所非常熟悉的通讯《为了六十一个阶级弟兄》即采用了这种结构。

(四) 结尾

通讯是通过报道事件的过程显现新闻事实的意义和价值的,完整性是通讯的重要特点。通讯写作既要善始,也要善终,结尾是通篇的有机组成部分,是主体内容的自然延伸。因此,通讯必须要有一个结尾。一个好的结尾可使通讯的主题得到进一步深化,增强报道的思想性;可以激起受众的联想和思索,加深印象;还可以对全篇通讯进行归纳和总结,增强报道的严密性。通讯常见的结尾方式有以下几种：

1. 总结型结尾。对文章的内容作了进一步的归纳、提炼和总结，进一步点明、深化或拓展主题，加深受众对主题的认识和理解。常用于篇幅较长的通讯结尾。

2. 点题式结尾。在通讯的结尾概括全篇，点明报道的主题，起到画龙点睛的效果。

3. 启发式结尾。这种结尾，根据主题，进行必要的引申与发挥，目的在于引申出深刻而隽永的意味，启发受众进行更深一层的思索，受到新的启发。

4. 感召式结尾。结合作者的感受，或抒发感情，引起共鸣；或展望未来，发出号召；或鼓舞斗志，激励信心。

5. 呼应式结尾。在结尾处，话题仍旧回到开头提出的问题上来，与开头照应，首尾圆合；或在正文中点明主题，结尾处再以适当方式呼应，产生了前呼后应、回环厚重、珠联璧合之效。

6. 展望式结尾。在正文详尽交代新闻事实的基础上，对新闻事件的发展方向和趋势进行预见和展望，以进一步深化主题。

7. 含蓄式结尾。结尾语言委婉含蓄，意境深长，让人思考、回味、反省，留下无穷的余味，产生言已尽而意无穷之效。

应当指出的是，我们关于通讯的标题、开头、主体、结尾等结构分析，只是归纳概括了通讯写作的一般规律，随着新闻写作的不断发展创新，在通讯的写作实践中其结构形式也正在发生着新的变化。现有的写作模式有时也会给表达带来约束，于是，通讯的散文化写法越来越为人注目，其涉猎的生活面更趋广阔，结构更加不拘一格，技法更多样化，报道也呈系列化趋势。因而，根据通讯的类型、主题的需要随机应变，不断推陈出新，是学习通讯写作的重要途径。

四、通讯写作的要求

（一）选材新颖，具有时代感

通讯首先是新闻，要通过及时报道时代发展的大趋势、大方向、主旋律，报道时代背景下群众的情绪和思想动向以及那些具有强烈时代感的既有突出个性又有普遍性的人物和事件。因此,对通讯写作来说,首先要通过扎实细致的采访,广泛搜集第一手材料,在现实生活中挖掘广大群众最关心的问题或最迫切需要解答的重大课题,并在纷繁的直接材料中经过分析研究剥离出真实、典型、具体、完整、感人,具有生动性、情节性的材料,针对时代的实际情况来挖掘材料的具有时代特征的内涵。

(二)内容集中,结构完整

完整性是通讯区别于消息等新闻体裁的重要特征。通讯所要求的完整,既含有形式上的首尾一致性,又包括内容上的集中性。它既是内容表达的需要,也是结构自身的需要。结构完整,开头、结尾、过渡、照应等运用恰当才能表达顺畅自然,读者才能更好地理解主题;内容完整,无论是写人写事,都要将事件的经过、人物的发展变化完整地介绍出来,使受众了解事件的始末和人物的今昔,从而全面深刻地领会作者的用心。

(三)个性鲜明,灵活多变

实际生活中的人物和事物多姿多彩,千变万化。通讯写作要在展开丰富的生活画面的同时,抓住特点,写出个性,即写人则形神兼备,触及心灵;叙事则主线清晰,起伏不平。切忌千人一面,平铺直叙。同时,无论是结构还是表达方式,都要不拘一格,行文错落有致,并恰当运用描写、议论、抒情等手法,使事件波澜起伏、高潮迭起,使人物形象生辉、栩栩如生,使读者感到如临其境、如见其人、如闻其声,从而产生极大的感染力和说服力。

五、特写的概念与写作

(一)特写的概念

特写一词,源于电影,指的是把人或物的局部强化拍摄,以获得特殊视角效果的镜头。新闻特写,是吸取了电影特写镜头的基本特点而形成的新闻文体。凡是采取"聚焦"的选题取材方法,截取事件、人物或场景中最富有特征的横断面,突出地、形象地予以扩大描述、精雕细刻和强化再现,并通过一个或若干个生动、感人的镜头,将所选取的片段细致而生动形象地描绘出来,使读者如临其境、如见其人、如闻其声、如睹其物,这样的新闻报道从体裁上说就是特写。在新闻文体中,与消息和通讯相比,特写尚处于继续实践探索与总结规律阶段,其写作尚未完全成熟、定型,惟其如此,也使特写的写作更加灵活,充满魅力。

新闻特写的种类目前还不多,根据不同的标准可以有不同的分类。

从内容的容量角度以及与消息、通讯的关系看,有狭义和广义之分。广义的新闻特写包括通讯类特写,即用特写笔触写的通讯;狭义的新闻特写仅指消息类特写又叫特写消息、新闻素描。

从选题取材的角度看,常见的大体有三种:人物特写、事件特写和场景特写。

人物特写强调再现人物在特定情景中的活动片断,集中透视其个性的某一方面,集中突出人物在特定情景中其个性的某一侧面的特定表现,集中讲他最有特色的某一方面的故事。

事件特写强调一个事件的一个侧面,或者抓取一种社会现象,向纵深开掘,笔墨集中,选题单一,有透视感。

场景特写是对社会生活中或某种工作领域中新鲜而有特别意义的某个场景,以及一些独特的自然景物的再现。许多场景特写与风貌通讯的题材选择范围是一致的,在笔法上也没有多大区别,只是特写的内容更集中,整体上也更简短,纪实感更突出。

(二) 特写的特点

在与通讯的比较中,特写的特点能更鲜明的体现出来:

1. 着眼点的区别。虽然通讯和特写都要求形象生动地反映新闻现象,但着眼点有不同。前者重"面",后者重"点";前者要求完整性,后者要求形象性;前者着眼在"过程",其基本特征是全面详尽,后者则着眼在"片断",其基本特征是强烈突出。也就是说,特写的主要特点是描写新闻事实的横断面,注重于再现生活中的某个有意义的特定画面,用"近镜头"的表现方法,细致而生动地介绍新闻事实诸要素中最有普遍意义的或者是受众最感兴趣的一两个要素或片断。

2. 选材的区别。特写往往抓住典型场景和有特征的片断,选材高度集中,选取的材料往往时间跨度小,场面比较窄。而通讯选材的容量要大得多,可以多人物、多事件、多场面,时间和空间的跨度也比较大。

3. 表现手法的区别。特写往往用再现的手法,运用许多细小而具体的生动事实具体细致地、绘声绘色地勾勒现实生活中的典型场景,把生动活泼的画面充分展开。因此,非常借重文学的描写手法,浓墨重彩,惟妙惟肖,不拘一格,颇具文采。而通讯对场面和画面的描绘没有特写那样细致、具体,对现场的描写,往往是白描的手法,勾勒出特点即可。

(三) 特写的写作及要求

新闻特写的写作从结构上看,基本与通讯相类似,由标题、开头、主体、结尾几部分组成。由于与通讯的上述区别,特写在写作中尤其要着重突出以下几点:

1. 选材精当,突出焦点

特写要抓取宜于自身表达特点的题材,选材时要突出对真实的人和事的特别写照。要选择那些引人注目的典型形象、典型场面,或典型人物的个性化的行动,典型事件的高潮,以及社会普遍关注的某种现象及背景,注意从材料的横断面加以切入。

2. 淡妆浓抹,疏密有致

描写是特写的基本手法。细描的使用是特写区别于其他各种新闻文体的重要手段。用细描不惜笔墨地对新闻事件的细节加以描绘,写人则惟妙惟肖,描绘人物的容貌、人物的动作、人物的语言、人物活动的环境气氛,刻画出人物的心理,展现人物的风貌;写事则绘声绘色,描绘事件的场景、细节,甚至从视觉、听觉、触觉等各个角度加以描摹,务求写清、写实、写深、写透。但是,在写作中,细描和白描是相辅相成的,要适当地用白描的手法勾画人物面貌,推进故事进程。否则,笔墨则会显得琐碎、拖沓,篇幅也会随之加长,就会失去特写应有的感染力。

3. 突出动感,写出情趣

特写是通过刻画一瞬的场面来揭示事物发展变化的全过程的,只有突出动感,动态刻画新闻现场中人的活动或新闻事物的发展变化,特写才能写得有声有色。写人,则是处于动态中的人,以人的行为、举止、动作、神态,甚至一颦一笑,给受众留下活灵活现的立体形象;写事,则着力描绘处于变动中的事件,刻画变化中的场面,给受众以明显的视觉感,使其产生身临其境之感,不由自主地与人物和事件产生共鸣。

[**例文**1]

一个曾经抛夫弃子的女人,数年后病瘫在床,虽是情到尽头,但前夫——一个普通的矿工却"义"释前嫌,勇敢地承担起照顾她的重任。

此情此义,怎一个"爱"字了得

记者:杨青 孟德强

编 前 语

身在煤矿区,都说矿工不懂爱,其实矿工的胸怀宽广,矿工的爱就像矿井一样深,就像燃烧的煤炭一样炽热。梅永刚,淮北矿区一个普普通通的煤矿工人,当前妻抛下两个孩子,移情别恋,提出分手时,他平静地接受了这残酷的现实。而时隔6年,当前妻突发脑溢血病瘫在床,无人照顾,面临绝望之时,离异后一直独自抚养两个孩子的梅永刚毅然承担起照顾她的重任。风霜雪雨,四度春秋,他使她的生命一次又一次出现奇迹。矿工梅永刚的事迹感动10万矿工,感动煤城。

9月的一天,笔者一行走进淮北矿业朔里煤矿东村梅永刚的家,只见不到60平方米的房间收拾得井井有条、干干净净。梅永刚正在给轮椅上的张素琴按摩腿部,并不时地把她抱起,让半瘫痪的张素琴伸一下腰与胯部。

梅永刚边做着这些,边给张素琴讲一些趣事,张素琴虽然瘫痪在轮椅上,但听力和思维很正常。她不时地点点头微笑,还伸出两个手指来纠正他。上高三的儿子正在温习功课。女儿才新到黄山学院上大一,梅永刚这几年的心血终于有了回报,一家沉浸在幸福和欢乐中。就是这样一个欢乐的家庭,谁能想到曾经历过一番艰难波折呢?

从相爱到离异一波三折

今年同为42岁的梅永刚和张素琴,自小两家相距不到100米,从小学到高中都是同学,身材高挑、白皙漂亮的张素琴吸引了很多男生,身材矮小其貌不扬的梅永刚只能暗恋张素琴。高中毕业后,梅永刚在淮北矿业朔里煤矿修护区做了一名维修工,他鼓足勇气向身材高挑、白皙漂亮的张素琴表达爱慕之意,没想到张素琴竟同意和他交往。

梅永刚家境不好,又在井下上班,两人的相恋遭到了张素琴父母的极力反对。当时,矿区流传着这样一句话:"宁嫁种田郎,不嫁掏煤汉。"矿工不但出力流汗,而且井下风险大,矿区的姑娘都不愿嫁矿工。张素琴反问母亲:"你不也嫁给爸爸了吗?爸爸也是矿工呀!"母亲说:"我是过来人,正是嫁给你爸,才知道嫁给矿工的千难万难,每到矿上出事故,我的心就悬到嗓子眼,一夜难眠。"张素琴说:"你说的是过去的事了,现在煤矿都采用现代化设备,安全性好,再说我们是真心相爱,我们一定会幸福的。"母亲见说服不了女儿,就采取强硬措施,把她关起来不让两人见面,并以断绝母女关系相威胁。她知道母亲是为了自己好,但她实在割舍不下对梅永刚的感情。

张素琴顶着巨大压力发誓非梅永刚不嫁,妈妈看女儿日渐憔悴的模样,生怕出意外,只得同意。1988年,这一对"鸳鸯"终于走进婚姻殿堂。结婚那天,梅永刚就在心里发誓要用一生的努力好好待张素琴。

婚后的生活清贫而幸福,随着一双儿女的诞生,小家庭更是充满快乐。可在2000年时,梅永刚发现了妻子的行为有些反常,从不与外界联系的妻子经常到附近的煤矿学校门口打电话,一打就是半小时,经常找各种借口外出,有时深夜才回家。那年冬天,张素琴与他摊牌了,她要与他离婚,重新寻找幸福,梅永刚怎么也不相信自己心爱的妻子是这么打算的,可残酷的事实就摆在面前,梅永刚感到从未有过的失落与痛苦,经过激烈的思想斗争,梅永刚作出痛苦的抉择,他平静地对她说:"我们离婚吧,这事已经出来了,也无法挽回,既然我爱你,我就要对得起你,我成全你,我不给你任何负担和累赘,10岁的女儿和6岁的儿子我来抚养,你没有生活来源,以后自己照顾好自己。"梅永刚不仅没有向张素琴要孩子今后的抚养费,还将家里仅有的2000元存款给了她。这一刻梅永刚的心情复杂而不可名状,是爱,是恨,是悔,是痛……

离婚了,梅永刚也就解脱了,一个幸福美满的家就这样破裂了,他希望这个深深伤害自己的女人能有个好归宿。梅永刚既当爹又当妈,照顾两个孩子。不少人看到梅永刚很苦很累,就张罗为梅永刚再找个女人,但他婉言拒绝了,他说:"怕孩子受苦,我不想再娶,虽然一人带着两个孩子艰难度日,但我忘不了初恋的岁月,有那些回忆和孩子们做伴,我感觉生活是可以继续的。"

张素琴回到了娘家,等待着幸福的"降临"。天地无常,人心难测,那个承诺可以给她幸福的人,却食言了,由疏远她变成躲避她,继而人间蒸发了,留给张素琴的是一个被摧毁的家和众人的指责。张素琴后悔了,她在心中又重新定义了"爱",才知道梅永刚的爱是真诚的,前夫的人品是可靠的,她真想再次牵住前夫的手。同时,她也很思念孩子,起初,孩子对她不冷不热,她就每天在学校门口等着两个孩子,给孩子送件衣服,给孩子送吃的,下雨了,为孩子送伞……慢慢地,孩子们又接受了她,经常背着爸爸去看她。

真情唤醒昏迷前妻

2006年夏季的一天,在井下干了十多个小时刚上井的梅永刚突然听说张素琴突发脑溢血在街上晕倒了,正在淮北矿工总医院抢救。梅永刚的心猛地一沉,心痛不已,毕竟是结发夫妻,两个孩子的血脉里都流淌着她的血啊!当初相恋时那一幕幕浪漫的情景不断出现在脑海,前妻那渴盼的目光仿佛就在眼前。他终于知道自己根本放不下她,埋藏在梅永刚内心深处的爱像火山一样迸发了。他急速奔跑到医院寻找前妻。在矿工总医院手术室,梅永刚拉着医生的手连声哀求:"求求您了,千方百计救救她吧,她才30多岁啊……"医生劝他:"病人苏醒过来的几率很小,你心里要有准备啊!即便救活也可能终身瘫痪。"

手术结束后,张素琴仍然昏迷不醒。梅永刚在她床前一个劲地喊她,两天过去了,张素琴还是处于昏迷状态,梅永刚请假守在张素琴病床前,一步也不离开,一遍遍呼唤着她的小名,给她唱最爱听的《月亮代表我的心》,他相信他的真情呼唤一定能唤醒她。第四天下午,张素琴眼角淌出晶莹的泪珠,前后昏迷了80多个小时的她终于醒了。她看到梅永刚的微笑,她知道自己渴盼已久的前夫已经原谅她了,而且还像从前一样爱她,幸福终于"降临",她失声痛哭,紧紧抓住梅永刚的手。梅永刚双手握紧前妻的手不松开,泪水润湿了眼眶。

四年如一日悉心照料

出院后,梅永刚一下班就往张素琴父母家赶,忙里忙外地照顾着。他发现两位70多岁的老人照顾瘫痪的女儿已是力不从心,就决定把素琴接回家照顾。两位老人感动得哭了,梅永刚的两个孩子也同时紧紧拥抱住父亲。

梅永刚的担子更重了,他既要照顾两个孩子,又要照顾张素琴。他索性请了一年半的假专门照顾她。每天,除了洗洗涮涮照顾她饮食起居,还推着她到外面晒太阳。为了让张素琴的四肢复苏,他还买了按摩的书学习,边给她按摩边讲有趣的事情逗她开心,夜里还得起来四五次帮她翻身……

为了给张素琴增加营养,梅永刚经常高价买回鸽子、黄鳝和乌鱼等给她补身子。然而,梅永刚越是这样,张素琴内心就越愧疚。有一次,她干脆绝食,不愿服药,想了结此生,不再拖累梅永刚。梅永刚就使出浑身解数给她做工作,他指着床头那张全家福照片一遍遍地劝她:"你看,我们一家4口在一起多完美,只要你有一口气,我们就是一个完整幸福的家呀!你回来了,孩子又有了妈,也有了家的感觉,学习更努力了,你也要替两个孩子多想想啊……"

梅永刚的话似甘露滋润着张素琴的心。

在梅永刚四年如一日的悉心照料下,张素琴的病情有了好转。目前,她下肢有了感觉,右胳膊已伸展自如,能提笔写字,精神状态也好了很多,语言表达基本恢复正常。连两个孩子都说,没有爸爸的照顾,妈妈早就没有了。2009年11月,为了给已经上高中且都住校的儿女挣学费,梅永刚重新上班。每天一下班他就急忙回家做饭,照料张素琴。

梅永刚的工资每月1600多元,除去两个孩子上学的生活费、张素琴每月的医药费和增加营养等支出外,所剩无几,他只靠最简单的馒头、面条和小菜度日。淮北市民政局工作人员获悉后,特意来到梅家给张素琴办理了低保和医疗保险,矿上也伸出了援助之手,让梅永刚拿救助金,逢年过节,还送来慰问品。有一些朋友和邻居对梅永刚的行为不理解,说他憨,说他傻。梅永刚说:"我觉得爱一个人就要给她全部,对她负责到底。"张素琴说:"别人都说我有福气,如果有下辈子,我还要嫁给他,好好报答他。"

(原载2010年11月1日《安徽工人日报》,该文获2011年中国新闻奖)

[例文2]

草 地 惊 魂

立秋之后,吉林的雨水不断,吉林石化污水处理厂预处理车间院内,小草长得也格外快。车间工艺工程师王阳近日在修剪草坪时发现,装置区南侧围墙边有一个拳头大小的塌陷小洞。

"是雨水冲刷造成地面塌陷?还是江水泄漏,冲刷形成地下空洞?"王阳立即停下手中的剪草机,告诫他人不要靠前。

"洞虽小,但不能大意。"王阳找来一把铁锹,将塌陷小洞挖开一看,吓了一大跳!扒开薄薄的土层后,眼前竟出现一个1米多长、3 米多深的大洞,里面还传出轰轰的流水声。

"这极可能是汛期雨水大,造成管线塌陷的结果。"王阳马上向车间主任报告。

经分析,大家一致认为,这是沉淀池出水管线的折点井,塌陷处就位于该井的水泥盖板上。由于 30 年的污水冲蚀,盖板已被腐蚀,上面长满杂草,因而没有被人察觉。

沉淀池出水管线直径达 1 米,每小时流量 1000 多立方米,一旦有人掉落下去,立即会被冲入管线淹溺致死。车间主任肖林厚当机立断,组织职工用铁板盖住井口,拉上警戒线,并在第一时间组织修复井盖。

"多亏你细心,排除了一个重大安全隐患啊!"面对同事的赞誉,王阳心里甜丝丝的,"咱吉化的作风就是'严细实快',当我们做任何工作都严谨细致的时候,'细'就会变成一种潜意识,一种习惯。"

本着"严细实快"作风,预处理车间全体员工又立即对装置区所属管线、阀门井进行了一次全面排查,彻底消除了安全隐患。(本报记者 彭冰 本报通讯员 毛人德)

(原载 2012 年 9 月 3 日《工人日报》)

[例文 3]

冰心带走红玫瑰

昨天上午 9:00,在八宝山第一告别室,海蓝与玫瑰红是这里的主旋律。

告别的人流四人一排,红玫瑰和像红玫瑰一样浓的爱是人们带给老人的礼物,在浪涛声中,在海鸥的欢叫声里,人们体会着冰心老人留下的和带走的。有人叨念:"我爱您。"更多的人说,感谢您留下的精神和物质。

在老人前方,红玫瑰组成的"心"字形花圈上缀着老人儿女们留下的墨迹:娘,我们爱您。在老人身后,海蓝色幕布上印着她常爱说的一句话:有了爱就有了一切。

告别室外的上空回荡着海鸥的欢叫声,静候在这里的人们大都手持着玫瑰,有人说,春天好像提前来了。

"送别冰心"的横幅下,人们依次留影,他们说,我想留住冰心。的确,当"七色光"的小朋友在横幅下认真地翻阅印有冰心照片的宣传画册时,很多人坚信,冰心留下了。

世界语协会八旬的赵老来了,他不认识冰心,但在他上中学时就读了冰心的课文《去国》。"好舒畅的白话文。"

这里有好多人是在《寄小读者》、《小橘灯》里认识了冰心。一位女士说,她在美国的姐姐打了几个长途,叮嘱务必代她送上一簇玫瑰。于是她早上8点就来了,手拿着两簇红玫瑰,一簇代表姐姐,一簇代表小女儿和她。

166中学的同学们也来了,世纪初,冰心老人曾在这里读书,新校友在这里相聚,他们交流的方式也是红玫瑰。

马老为冰心老人做了最后的整容,他说,老人把自己也捐献给了医学事业,为此,他花了很长时间。果然,在玫瑰丛中,老人安详的神态,让到场的人忘却了这段记忆。

在送别冰心的前一天夜里,编辑部收到一份题为"淡薄功利,宁静心田——送别冰心"的读者传真,年近六旬的作者李宗浩,是已故著名科普作家高士其的学生。他告诉记者,冰心和高士其两位老人始终关注着中国少儿科普事业的发展,作为学生的他将永远铭记于心。

昨日,当李宗浩将一枝盛开的玫瑰放到花丛中的冰心老人身边,他又想起了老人说的一句话——"淡薄功利,宁静心田"。

11:30,在以海浪声为背景的音乐里,冰心老人在家人的簇拥下"走"出了玫瑰花丛,在她的胸前,那红玫瑰组成的"心"字花环上,"娘,我们爱您"依然醒目。本报记者袁力 王洪斌报道

(原载《北京青年报》1999年3月20日1版)

第三节　广播电视新闻

一、广播电视新闻的概念

广播电视可谓是 20 世纪最伟大的发明。广播诞生于 20 世纪 20 年代。由于传播迅速，并具有声音的表情性和音响的写实性，迅速渗入了新闻报道领域。电视于 1936 年问世，第二次世界大战后开始在世界范围内普及。20 世纪 70 年代以后，随着卫星电视和有线电视的发展，电视日益成为影响力最大的大众传媒，并成为重要的新闻传播媒体。广播、电视和报纸，作为三种主要的大众新闻媒介，有着共同的特性，都要真实及时地反映现实的变动，都可作为信息传播与舆论宣传的工具，都面向社会大众传播，但它们的传输方式与传播手段各不相同。广播以声音为传播媒介，电视以声音与图像为传播媒介；而报纸则以印刷文字为传播媒介。广播电视新闻作为新闻家族的一个分支，与传统的报纸新闻相比，从本质上并未发生改变，它只是传播媒介和传播技术的拓展，即既可传播新近变动的事实，还可传播正在变化的事实。因此，对广播电视新闻可作如下定义：

广播电视新闻是通过广播电视的电子传媒进行传播的正在变动与新近变动的事实。

科学技术的发展不仅影响着大众传播的进程，进而也在影响着新闻写作的内涵，给新闻报道提供了崭新的天地。广播电视新闻的写作不再仅仅是记者对采访的新闻素材的书面文字加工整理，文字写作的分量在新闻报道中减轻了，而同时要考虑到其他的传播要素，画面、语言和音响等成为电子传媒新闻写作不可缺少的方面。就广播和电视而言，虽都是电子传播媒介，但具体的传输的方式与传播技术手段差异也很大，因此，在新闻报道中也各具特色。

二、广播电视新闻的特点

广播电视新闻都属于电子传媒新闻,有其共同的特征,但在新闻传播实践中我们也看到广播新闻、电视新闻各有自己的特点。新闻写作中只有掌握这些不同媒介新闻的特点,才能扬长避短,充分发挥各自的优势获得更好的传播效果。

(一)广播电视新闻的共性特征

无论通过哪种媒体传播,新闻都具有真实、新鲜、快捷、简洁、平实的特点,亦即完全真实,准确无误;内容新鲜,富有信息;迅速及时,时效性强;短小精悍,明白晓畅;事例典型,用事实说话。广播电视作为一种电子传播媒介,其媒体传播的主要特征是可以通过无线电波或导线播送音响、图像节目。广播电视新闻的特性是新闻的特性与广播电视的特性的有机结合。与报纸相比,广播、电视等电子媒介的新闻写作形式已经发生了重大变化,因为在这两种媒介中,受众接收信息的过程变得多元化,文字并非信息传播的唯一工具。广播电视新闻拥有自己的独特之处:

1. 更真、更新、更快、更短、更实

因为利用了电子传播媒介,广播电视新闻在传播中,可以在事件发生的第一时间使受众了解到相关报道,更加突出了新闻新和快的特点。同时,一般报纸上的短新闻平均每条在 500 字的篇幅,而广播新闻与电视新闻平均每条在 220 字左右,篇幅更短,文字更加简洁。这是因为广播新闻声音一瞬即逝,过耳不留痕迹,只宜短小精练,一事一报,简洁明快,才能给听众留下明确的印象;而电视新闻,除了有文字报道,还有画面相配合,文字相对也可以更加简练些。短小精悍,突出精华,集中要点的文字与音响、画面的结合,使新闻报道更加真实可信。

2. 更加受到媒介特性的制约

广播电视新闻的写作在传播过程中不同于纸质媒体的新闻传播,它不具备独立性的特点。广播新闻的文字写作是为了口语传播更精彩生动而将信息先文字化,文字写作的本质是组织"声音",可谓"为听而写";电视新闻的写作首先同广播一样,要考虑到声音传播的规律,组织声音以营造形象,同时必须和相应的画面配合,不同的配合方式会产生不同的传播效果,无论是声画合一还是声画对位,写作也远远不是单纯文字的事情了。

3. 更加通俗、更加贴近受众的接受特征

受众对声音和图像信息接受,相对文字信息的接受要轻松得多。于是,广播电视尤其是广播渐渐发展成为一种伴随性的媒介,新闻传播往往会作为一种背景而进入人们的生活,听众根据自己的感性经验完全可以听得懂它,于是渐渐地也就不会花费太大的精力去理解它的信息。另一方面,伴随性的收听状态使得听众在收听广播的时候往往处在一种三心二意的状态中,所以,以文字为基础的广播新闻只有贴近这种信息接受心理,使大家一听就懂,才能达到比较好的传播效果。同时,因为声画构成的信息系统所构筑的信息世界几乎和我们现实中接触的世界一模一样,受众对电视新闻信息的接受状态比广播还要轻松,这种接受状态决定了电视新闻中所涉及的语言必须考虑和画面相配套的生活化的语言,对新闻事件的报道解释更加周全、更加通俗。

(二) 广播新闻的特征

从传播技术的角度看,广播是以电波所传送的声音为媒介的大众传播工具,因此与其他媒体新闻相比广播新闻也有其显著特点。主要表现在:

1. 先声夺人,更快捷

广播新闻运用电波所载声音来传播新闻,无线电波的速度每秒钟达到 30 万公里,相当于绕地球赤道 7 圈半。广播信息传播的速率,将地球上任何地方发生的新闻传播到全球任何角落,其时间差几乎为零,尤其是广播中的现场直播基本上达到同步报道。与报纸相比,省却了出版发行的一系列工序;与电视传播相比,广播只要有现场音响与广播稿,即可播送出去,省却了电视摄像后的一系列复杂的编辑、配音合成等技术处理与操作程序。因此,广播新闻的时效领先于电视新闻与报纸新闻。

2. 高度浓缩,更简练

广播新闻除实况传播外,广播消息一般每篇不超过 1 分钟,字数约200字左右,这样,15分钟的新闻节目一般就可以播出15至20条新闻稿。广播新闻的简练短小,一方面大大增加了信息容量,另一方面概括讲新闻事件的主要情节,突出了新闻事件的要点,也克服了广播信息传播稍纵即逝的缺点。

3. 覆盖面广,更具渗透力

因为电波传播不受空间的阻隔,渗透力强,加之广播与人造地球卫星的结合,其电波可以覆盖全球的角角落落。尤其是在我国,国土面积大,一些交通不便的偏远地区,更是主要依靠广播来了解新闻获得信息。同时,这也从另一个侧面决定了广播新闻通俗性的价值。

4. 声情并茂,更生动

广播是靠声音来传播声音符号的传真性,提高了新闻传播的准确性,而声音符号的情感性又强化了新闻的感染力;同时非语言符号的音调、音量、音速的变化,以及社会界、自然界的各种音响也十分逼真地再现了大千世界,生动、真切、感人。

(三) 电视新闻的特性

从传播技术的角度看,电视采用了音频技术与视频技术,因此传送的既有声音,又有图像。电视的技术长处决定了电视既有广播的长处,同时其本身还具备多种信息符号传播的独特优势。电视新闻具有自身独有的特点。

1. 现场转播,更真实

电视的画面、声音等传播元素所结构出的新闻信息和新闻现场所发生的事实基本完全一致,电视新闻能原原本本、一模一样地将事实的形态、情景、气氛、声音等如实地、不加转述地传播给受众。尤其是现场直播的电视新闻,把现场的声音、图像直接传播给观众,减少了"编码"与"译码"两个层次。而对新闻事实的转述层次越少,有效信息量就越大,可信度也越高;反之,则信息量小,可信度低。这种眼见为实、完整再现的现场的真实性使得电视成为最具说服力的新闻媒介。

2. 受众参与,更具互动性

电视新闻更强调新闻传播的动态性质,更能体现出媒体的互动性。视听兼备,声画并茂的新闻镜头仿佛把观众带到了新闻事件的现场,使其产生身临其境之感并产生共鸣。同时,为了增强参与性,电视新闻常常增加了受众在新闻事件现场接受电视台记者采访或者参加节目摄制过程等内容,以事件现场人员的切身感受来感染接受新闻信息的受众。

3. 接受轻松,更具接近性

电视新闻画面具有直观性的特色,观众接受画面具有相当的感性的色彩,再加上声音和字幕的配合,电视新闻信息呈现出全息性的特征。在所有的新闻媒介中,电视是发挥接近性这一新闻价值最淋漓尽致的媒介。同时,信息接受是由受众在家庭氛围中进行的,面对面的轻松交流方式也使电视新闻更加通俗化和平民化。

三、广播电视新闻的种类

一般来讲,运用电子传播媒介通过无线电波或导线播送音响、图像节目,统称广播。只播送声音的,称为声音广播,日常简称广播;播送声音与图像的,称为电视广播,日常简称电视。广义的广播,包括了声音广播与图像广播;狭义的广播,专指声音广播。按照技术传输方式,广播、电视又可分为无线广播与有线广播、无线电视与有线电视。

媒体本身的复杂性决定了广播电视新闻的分类常常考虑到其传播符号、报道形式及方法等多种因素。广播电视新闻可以有多种分类:

从报纸新闻体裁的传统分类的角度看,广播新闻界习惯把广播新闻体裁分为广播消息、广播通讯、广播特写、广播访问记、广播评论等;而电视新闻由于受报纸新闻与广播新闻的影响,同时又受电影纪录片的影响,习惯把电视新闻体裁分为消息类电视新闻、专题类电视新闻(新闻专题片、新闻纪录片)、评论类电视新闻、连续(系列)报道类电视新闻等。

从媒体传播综合特点的角度看,广播新闻可分口播广播新闻与音响广播新闻两大类。前者主要以广播新闻稿为主,是由电台播音员、节目主持人或记者口头播出的广播新闻,又可分广播消息、广播通讯、广播特写、广播访问记、广播评论、广播调查报告;后者是指新闻事实实况音响、现场目击采访、口述报道、录音资料和新闻稿组合在一起的广播新闻。由于播出手段不同,音响广播新闻又可分现场报道与录音报道两种。

电视新闻的消息类电视新闻是电视新闻节目中最常用的基础的新闻,大量为动态新闻,一事一报,简洁明快,也有综合新闻与经验新闻,按表现形式可分为图像消息、口播消息和现场报道消息。专题类电视新闻也称新闻性电视专题,是对于一个重大新闻事件或当前一种社会现象所进行的电视报道,它可以采用活动图像加画外音报道的方式,也可以采用现场报道的方式。评论类电视新闻,或称电视新闻评论,则是运用电视传播手段所作出的新闻评论,包括电视评论片和本台评论与记者述评。连续报道是借助电视媒体的多种传播符号与手段,对不断发展变化的同一新闻事件或新闻主题进行多阶段、多侧面的追踪、补充报道。系列报道是借助电视媒体的多种传播符号与手段,对同一新闻人物或新闻单位,或事件,从不同的角度或侧面,分别予以报道,以组合成全方位透视的优势。

目前列入中国广播电视新闻奖的种类有短消息、长消息、连续(系列)报道、评论、专题、现场直播等,可以作为分类参考。其中,对广播新闻和电视新闻的篇幅有相应的规定。

短消息:要求1分30秒内。

长消息:要求1分30秒至4分钟。

连续(系列)报道:要求3集以上,每集不超过5分钟。

评论:广播新闻评论,要求8分钟以内;电视新闻评论,要求15分钟以内。

专题:广播专题,要求15分钟以内;电视专题,要求20分钟以内。

现场直播:时间不限。

以上分类,可参照本节例文加深理解。

四、广播电视新闻写作

从普遍意义上讲,广播电视新闻写作与本章第2、3节中的消息、通讯、特写的写作没有本质区别,都要符合新闻写作的基本要求,在这里就不分别讲述。但如前所分析,由于媒体的差异,广播电视新闻写作也有其一系列特殊的要求。

(一)广播新闻写作的特殊要求

1. 发挥音响优势,突出新鲜特色

广播以声音为表达手段,在写作中,无论主题、选材还是结构,都应充分发挥声音的优势。首先注意选择带音响的内容新鲜的题材,综合运用现场音响或者新闻人物的语言将具有现场感的新闻直接播送给听众。如可以现场采制新奇的音响效果来引起听众倾听;用悬念、问题,引起听众倾听;用描述有趣的情节、生动的场面,引起听众倾听;用亲切的话语、美好的感情渲染,引起听众倾听。

2. 规避音响劣势,构思顺畅结构

根据声音转瞬即逝的特点,广播新闻的结构一般采用单线索,以免造成听众因理不出头绪,而听觉混乱。简明顺畅的结构,连贯紧密的上下文,衔接转换自然的层次,更符合受众的听知规律。如叙述是广播新闻写作最基本的表达方式,叙述的方式有顺叙、倒叙、插叙,广播新闻多采用顺叙法,如果需要采用倒叙和插叙的时候,必须理清线索,让人听得清晰明白;进一步讲,广播新闻的句子结构也要顺畅,尽量不用倒装句和被动句,因为这两种句式不适合听觉习惯,在广播传播中容易产生理解混乱或产生疑义、歧义。

3. 亲切自然,贴近听众

广播新闻的主要表达手段是有声语言,语言总会带有一定感情色彩。因为有声语言比文字更易感染人,所以,广播新闻写作,比较报刊新闻更需贴近听众。如一般在广播新闻导语前,往往有亲切的呼语,也称"提醒语",节目主持人先用呼语并"自报家门":"亲爱的听众朋友,您好!我是××,今天由我来主持,向您报告……消息。"然后才是真正的新闻导语。呼语的使用不仅吸引了听众的注意力,强化收听效果,而且拉近了与听众的距离,使人感到亲切自然。

4. 文字简短、口语化,通俗易懂

口头表达的快速性和收听的被动性,要求广播新闻从篇幅到语言句子都要简洁短小。因为与阅读报刊新闻不同,报刊文章的语言长些、复杂些都可以,读者可以反复阅读,慢慢理解。而听众听广播时,稍有不慎也许就会忽略了内容或不理解内容,加之,广播受众广泛,不同年龄、不同文化层次的人,可能同时收听同一个节目,这就要求广播的内容和语言,能被尽可能多的听众听懂,因此,通俗易懂、明白晓畅尤为重要。同时,广播新闻口语传播中,句子短或尽量不要使用长且复杂的句子,播音员才能有语气停顿,听众的收听效果才好。而合理重复,少用代词或少用文言词、单音节词和行业术语,尽量避免使用同音异义的词,也可以使广播新闻取得更好的传播效果。

5. 音律协调,语言和谐

与书面语言相比较,口头表达的语言更要注重音律之美。音节协调,声调和谐,会使受众听上去悦耳惬意,加深印象。同时,汉语中音和律对语言表达意义重大,相同的语言,重音不同、节律不同,含义就会发生变化,同音不同义、同义不同音的词句也很多,在写作中也应重视,以免造成误解。

(二)电视新闻写作的特殊要求

电视是以图像、声音和一定的文字为传播工具的。电视新闻中,文字写作的作用也是通过主持人口头传播营造出声音形象的。不同的声画组合便会产生不同的传播效果,因而,与其他媒体新闻相比,电视新闻写作有着自身的要求:

1. 把握声画关系,追求最佳传播效果

声音和画面是电视新闻传播密不可分的两个组成部分,声、画都具有不可替代的作用,二者的默契配合,达到了一种 $1+1>2$ 的系统效果,体现了电视传播视听兼备的效果和魅力。但若二者相互处于游离状态,或互为干扰,互为"噪音",那么其传播效果甚至会大大低于单通道的传播效果。

一般来讲,不同的声画组合效果对文字的写作要求不一样,所以电视新闻文字稿的写作也是变化多样。有的比较简单,如给新闻播音员撰写的播音稿只要考虑稿件内容和播音员的播音风格即可;而有的就比较复杂,如有同期声采访、现场音响,有的时候还有音乐的电视新闻对文字稿配合能力的要求就大大提高了。无论何种组合形式,声音和画面的组合必有着形式上或逻辑上的关联,互为补充,相映成趣。如荆州电视台获2010年广播电视新闻奖的电视消息《一堆木头与一连串车祸》:

【导语】

今天下午4点多钟,在荆州荆监一级公路江北段,一辆满载木头的货车突然冲出公路,一头栽进路边的树林,木头撒落在公路上,天色渐暗,这些木头成为一个个路障,非常危险。

【正文】

记者赶到事发现场看到,来往车辆只能从一条狭缝中驶过。那辆运送木头的肇事货车挡风玻璃破碎,前轮也被撞掉,草丛里还留有血迹。受伤的肇事司机已被送往医院救治。记者意识到这些散落在路上的木头就是危险的路障,如不及时清理,很容易发生二次事故,赶紧拨打了110报警。

接警的110值班民警说出事地在郊外,让记者找辖区派出所。但记者联系当地的窑湾派出所,却被告知:道路故障必须找交警处理。记者随即拨打122报警,没料想值班交警还是要记者找辖区派出所。无奈之下,记者只好在离木头50米处设立警示标志,打开采访车的警示灯提醒司机减速缓行。可就在这时候,事故还是发生了。

【同期声】 事故货车司机:吓死了吓死了(记者:没看到木头是吧)事故货车司机:哪里看得到?下雨,哪里看得见?眼睛看到了来不及刹车。这边(又)有车。

【正文】

货车挡板被撞坏,油箱受损,幸好人没受伤。在接到记者报警一个小时后,窑湾派出所民警来到现场,他们一边联系交警来清障,一边和记者一起,将散落在路中间的木头抬到路边。不料想,又一起车祸发生了。

【现场同期声】

【同期声】　事故面包车司机:没看到,走到眼前才看得到。看到时已经来不及了。

【正文】

面包车车门被撞凹了进去,车上一名乘客的眼角被玻璃碎片划伤,鲜血直流。

【现场同期声】　记者对受伤乘客:坚持一下,您坚持一下。

【正文】

这边事故还在处理,那边又有车祸发生,一辆摩托车撞到木头上,司机直接飞出了好几米,当即不省人事。

【同期声】　医生:这里压着了,脚脚脚,往前推,往前推。帮忙把血止一下。家属,家属!赶紧上来!

【正文】

在现场先后发生了四起车祸后,交警终于赶到了现场。由于漆黑一片,木头散落范围较大,交警随即又调来2辆警车挡在公路两头,着手清理木头。

由于夜暗,视线太差,从黑暗中冲来的又一辆摩托车,接连撞上了好几根木头,车上三人当即倒地。

【同期声】　伤者:哪个知道这里有树呢?

【正文】

为了避免更多的车祸发生,交警喊来了工人搬运木头。直到晚上9点钟,现场的木头才被完全清除,道路通行得以恢复。这起连环撞车祸共计五辆车受损,6人受伤。

【编后】

发生在眼前的一连串车祸,让我们现场采访的记者心惊胆战,同时也有些自责和纠结。他们说也许多设几个醒目的警示标志,也许不先忙于拍摄采访,而是将精力放在对来往的车辆进行提醒上,这五起事故说不定能减少一些。在这起连环交通事故中,110、辖区派出所、交警的值班民警相互推诿,反应迟缓,很让人恼火!要说,像这样的工作作风和服务态度在许多职能部门都存在着,我们平常已见怪不怪了。只是,平常这样的不作为、慢作为带来的最多只是办事效率低下,惹办事的一肚子气而已。可人命关天的事故就这样发生在漫不经心的拖沓和推诿中,相关部门看了作何感想,还可以无动于衷吗?真的希望这血淋淋的镜头能够唤起他们警醒,让类似一堆木头引发一连串车祸,让人民群众生命财产遭受重大损失的事情不要再发生了!

(2010年10月26日首播)

这条电视新闻采用了声画同步的方法,画面上的人就是新闻重要信息的发源体,解说词说的正是画面中的事物,充分体现了电视纪实的本性,能够加强传播内容的真实感和可信度。观众在收看电视新闻时,既能观其形又能闻其声,纪实的感染力由此而生。

电视新闻报道首先要求记者必须在新闻事件现场实地拍摄图像与录下声音,然而许多突发事件是难以预料的,在电视新闻采访中,有时有些事实的进程没有拍到,或者需要传达画面以外的观众想知道的另外一些和画面有关的信息,此时,相关的画面和语言的弥补,就显得非常重要。声音和画面各自按照自己的逻辑发展进行,但它们有一种内在的联系,声画有机地结合在一起,最后达到单一的画面或声音所不能完成的整体效果。如北京电视台的《"七一三"——申奥成功日万众欢腾时》:

> 最后一个画面:江总书记挥手致意、青年学生齐声欢呼。
>
> 所配的文字为"此时此刻,在北京的每一个角落,在广阔的中华大地,亿万颗心向世界敞开胸怀,亿万中国人的热望汇聚成一个共同的声音"。
>
> 同期声为:群众一:"中国万岁!中国万岁!"
>
> 群众二:"欢迎到北京来!"

2. 准确阐释画面,拓展信息容量

表面上看画面具有最真实的最具说服力的特点,实质上也有多义性的特征,传播的信息不可能完全真实而全面。例如,同样一个葡萄成熟挂满枝头的画面,可以用来表达丰收的景象,也可以反映由于行政命令,盲目发展葡萄种植,缺乏产销配套而是硕果满枝无人问津。从这个意义上说,电视新闻的文字稿写作是保证电视新闻真实性的重要因素。

　　同时,电视以电波所传送的声音与图像作为传播媒介,也给电视新闻带来表面性的弱点,电视新闻的图像部分易于反映事物的外貌与人物的形象,却难于表达事物的内涵、内在规律与本质属性以及人物的心理活动等,许多新闻背景材料,也难以用图像表达。如果没有相应的文字去加以深化,电视新闻容易流于表面化与浅薄化。为此,写作中应充分发挥文字的阐释补充作用,使文字写作对画面的含义进行解释或对新闻活动的背景,如事件产生的客观环境、主要新闻人物的简历、相关事件的联系等等加以介绍,以增加新闻的立体感和厚度。如2001年8月8日首播,获中国广播电视新闻奖一等奖的陕西电视台的作品《体细胞克隆山羊"阳阳"喜得龙凤胎》,本片通过真实生动地记录体细胞克隆山羊"阳阳"顺利产下龙凤胎的精彩瞬间和生产过程,向全世界率先证明了成年体细胞克隆山羊和普通山羊一样,具有正常的繁殖生育能力。这则短消息虽然只有1分29秒,记者却付出了在西北农林科技大学种羊场蹲守3天3夜的代价,终于拍摄到阳阳分娩的全过程。该片巧用阳阳分娩瞬间这一珍贵镜头,增强了作品的现场感。但仅是这些镜头还不足以说明新闻的价值,于是配发了如下文字,为消息注入了科技含量:

　　　　目前唯一存活的世界首批成年体细胞克隆山羊"阳阳",今天中午在西北农业科技大学种羊场顺利生下一对龙凤胎。这对龙凤胎被分别取名为"欢欢"和"庆庆"。
　　　　11点55分降生的哥哥"欢欢"是腿先出来的,因此接生费了一点工夫,但也只用了两分钟;20分钟后,即12点15分,妹妹"庆庆"降生,"庆庆"是头先出来,她的出生只用了短短的几秒钟。
　　　　降生不久的"庆庆"和"欢欢"表现了较强的生命力,降生十几分钟后他们就能够站立并吸食母乳。母亲"阳阳"也不断用舌头去舔小羊身上的胎液,充分体现出舐犊情深。"欢欢"和"庆庆"身高体重都属正常,与母亲"阳阳"的青灰毛色不同的是,这兄妹俩的毛色是纯白色。

今天刚做母亲的"阳阳"只有一岁多,是西北农林科技大学张涌教授所培育出的世界首批体细胞克隆山羊中的一只,当"阳阳"长到8个月时,与一只6岁大的胚胎克隆山羊自然交配受孕。在经过与普通山羊一样的5个月怀孕期后,阳阳今天顺利产下龙凤胎。这对龙凤胎也是世界上首批由体细胞克隆山羊和胚胎克隆山羊交配后产下的克隆山羊后代。

【同期】

王强华:这证明胚胎克隆山羊和体细胞克隆山羊同正常的羊一样具有繁殖生育能力。

目前,"阳阳"母子生命体征状况良好。

(三) 让事实自己说话

如果说仅用画面还有信息不确定的顾虑的话,那么,随着技术的发展,电视的现场录音技术的大大提高,电视新闻的现场直播能大大减少这类不确定性。电子新闻采集系统所具备的现场同步录音的功能使得电视语言更强调现场的真实性,同期声运用得愈来愈普遍。在电视新闻中,文字语言可以隐含于声音语言之后,取而代之的是大量运用的现场同期声。甚至很多节目达到了除必要的背景资料介绍以外,事件的发展过程、细节的刻画以及意义的阐释都通过新闻事件的当事人之口或者记者的现场报道表达出来。电视新闻更多的是说出来的,而不是写出来的。写作在电视新闻中越来越会以一种理念和思维方式的状态存在,而并不都最终落实在文字之上。如2009年中国广播电视新闻奖获奖作品《胡锦涛考察北京国庆期间安保、交通和旅游工作》的报道中,在对基本新闻事件进行解说后,放了一段胡锦涛对北京安保工作人员的讲话的同期声,表达了他对交通安保问题的重视。

[例文1] 广播短消息

高举国旗，呼唤救援

（出直升飞机声音压混）各位听众，我现在在阿勒泰机场，一架营救雪灾中受困群众的直升飞机刚刚降落，我看到7位牧民陆续被救援人员扶下飞机。

吉木乃县托普铁热克乡波拉提·别克说激动地说：(出录音)"今天直升飞机过去以后，我们的牧民没有不哭的人，偏僻的少数民族这么(被)关注嘛，党和国家没有忘记我们。"(录音止)

65岁的哈萨克族牧民恰克巴斯躺在担架上，流着眼泪说：(出录音压混)"要是没有党和政府，没有解放军，我就病死了，太感谢他们。"(录音止)

被救牧民阿依恒说，他和28户牧民在北沙窝冬窝角困了15天。1月22号，在乡亲们快要绝望的时候，突然听到了飞机声，所有的乡民都紧紧抱在一起，拼命向天空呼喊、招手，但是由于天气恶劣，机组人员没有发现他们。这时，阿依恒迅速抓起一面国旗，骑着马向山顶跑，阿依恒说：(出录音)"我们的牧场离边境很近，中心站每天都插有国旗，危机时刻，我想到了国旗。我就骑着马拿着国旗，跑到山顶上，才看到我们的。"(录音止)

雪海中的五星红旗引起了救援人员的注意。直升飞机驾驶员新疆军区陆航部队飞行大队长张晓中说：(出录音)"降雪很厚，风速特别大，找起来如大海捞针一般。有个牧民骑着马，拿着红旗一直朝我们招手，我们当时心里很感动，潸然泪下，我们就一路上加大马力，安全地把他们送回来了。"(录音止)

(新疆人民广播电台2010年1月22日首播，获中国广播电视新闻奖一等奖)

[例文2]　广播长消息

"你是代表,你有这个权利"
——农民女代表顾双燕对话温家宝总理

由内蒙古台记者郭杰、新娜采制

"总理在《政府工作报告》中说的都是大实话,我也想把我的大实话说给总理听。"

今天上午,温家宝总理在人民大会堂与出席十一届全国人大二次会议的内蒙古代表团共同审议《政府工作报告》。来自通辽市奈曼旗明仁苏木保安村的农民代表顾双燕发言时坦诚的开场白立刻引起了总理的兴趣。

"我就要给总理提几条小建议,供您参考。并不是说要求您怎样怎样。"

"不,你是代表,你有这个权利。"(笑声)

总理亲切的笑容,真诚的话语,让顾双燕彻底打消了顾虑。她把乡亲们托她捎的贴心话一股脑的说了出来。

"我希望国家再下大力度支持一下我们二三产业,也就是养殖业和商业,多支持我们点贷款就可以。金融界能把这个门槛弄得低一点。"

"这说明我们的工作做得还不够。"温家宝总理一边在笔记本上记录一边回答。

"我不用发言稿了,干脆直接和您说吧!"

"第一,家电下乡是不是给农民消费券比较好一点?农民可以拿着这个消费券购他自己需要的东西。"

"我们交流一下,我们搞家电下乡其实是两重考虑。一重是给农民实惠,另外一重是要给企业以支持。"

"我的第二个问题就是农民的养老保险。您在报告当中提到了给了(农民)10%的指标。"

"不是指标。"

"那是?"

"这应该是这次报告中的一大突破。它突破不在于10%的数字,而在于我们开始给农民建立的养老保险制度。现在农民也要有养老保险制度了。有了制度,就有了根本保证。"

"但是,我咋想呢。假如不是10%而是50%,是不是可以提前覆盖全国?"

"这就说,今年我拿不出那么多钱来。我也给你说我的苦处,你有3台拖拉机,我还有13亿人民。"温总理风趣而又实在的话语,引得会场一片笑声。

"哦,那我能理解、能理解。"

"这个10%是开始,以后一定要覆盖全国。"

"那我就知道了。"

"这个意见,你也提得很好。"

"最后一个问题,也是08年当中农民最困难的问题:粮食卖不出去,增产不增收。农民离卖粮点最远的达到六十公里,如果是(把粮食)送到指定地点还有运费、押车费,二千五到三千块钱左右。所以很多农民不得不选择在自己家门口卖粮。"

"我们当时推进粮食价格放开,政策是对的。但是我们应该考虑方便农民,还要有一定的商业网点。如果农民售粮跑很远、交押车费很多,实际挣的钱就会少了。"

"对。按照国家规定,国家国储粮的一级粮保护价是七毛八分钱,但是粮食公司却抬水压价。这样农民卖一吨粮就有200元的差价被公司赚走了。"

"双燕,你回去给农民宣传两条:一是粮食产多了,政府一定得收购上来,不能谷贱伤农。第二,当粮价下降时,玉米、小麦我们推出最低收购价。不能让农民吃亏。"

"总理您这次的报告我听得非常仔细,特别是农民这方面的事。我也将发挥好代表的作用,争取把更多群众的心声反映给您。大家让我给您捎一句话:您一定要保重身体!"

"谢谢!"

"因为农民需要你,全国人民也需要你。"

"谢谢!"(掌声)

(内蒙古人民广播电台 2009 年 3 月 10 日首播,获中国广播电视新闻奖一等奖)

[例文3] 广播评论

善待民工才能够缓解民工荒

春节以后,一场始料未及的"民工荒"波及浙江乃至我国沿海地区,并继续在各地发酵、漫延。企业招不到足够工人,部分生产线停开;一些老板开着小轿车,到车站"抢人"……农民工,似乎一下子变得紧俏起来。

温州中小型企业发展促进会会长周德文,每天都在为当地招工难发愁担忧:

【出录音】 在未来 2 到 3 年,温州用工缺口大致有 70 万,所以这是成了一个突出的矛盾,也是成了制约温州民营企业,中小企业健康发展一个重要的因素。【录音止】

企业招不到人的原因何在呢?原本岗位上的农民工又去了哪里呢?

在杭州劳动力市场,原来在杭州"阿普科技"开卡车的安徽人余飞刚刚辞职,想找个条件优厚的新工作。

【出录音】 我才拿 1800 块钱还吃自己,大家住在一起的高低铺,就是简铺,甚至我们现在用那么点电费都是自己出的。始终没给我加工资,像我们驾驶员,一个安全奖你都没有,所以说我才不干了嘛。【录音止】

来自四川南充的蔡熙也辞掉了城里的工作。

【出录音】 搞 10 个小时以上,星期天什么都没有,人就跟机器一样的。我们那个车间,烧气焊,搞得乌烟瘴气,连排气扇都没有。【录音止】

据浙江省社科院最新调查:最近5年,在浙江的农民工,绝大部分年收入只有1万多一点,并且大都每周工作6天,每天工作10小时。

数以亿计的农民工为中国经济发展作出了巨大贡献,可他们却得不到应有的回报。低廉的收入、狭小的蜗居;年年追薪年年欠;医疗和保障无处可寻;身份得不到认同,被看作是边缘人……

来自河南商丘的祝令坤,谈起打工的遭遇,心有不平。

【出录音】 我们跟杭州市民,干的是一样的工种,户口不一样,工资要差很多的,这一点太不公平了。【录音止】

来自山东枣庄的农民工陈文强,在杭州打工5年,眼下,就面临这样的难题,他不得不考虑辞掉城里的工作。

【出录音】 现在根本没有能力在这边落户嘛,工资只够你吃、喝,房子那么贵,连婚也结不起。将来小孩送回家去,当留守儿童喽,在杭州,没地方上学啊,就是有地方上,什么借读费啊,学费也出不起的。【录音止】

省社科院社会学所副所长杨建华教授认为,"民工荒"的背后,萌发着农民工尊严和维权意识的觉醒,昭示了中国廉价劳动力时代已经结束。

【出录音】 目前的用工荒、招工难,真正的慌,真正的难,还是我们农民工的社会权利荒,难就难在我们的农民工的合理的相应的社会权利没有得到基本的保障。所以对这次用工荒,对我们相应的地方政府,相应的企业都是一个警醒。我们如何来善待农民工?【录音止】

面对民工荒,不少企业已经意识到问题所在,纷纷采取措施,"留人留心"。萧山翔盛集团为30多位回族员工开设专门的回族餐厅;浙江德圣龙窗帘有限公司年终给老员工发放中层奖;义乌市一帆日用品有限公司趁着春节假期,专门对员工宿舍进行改造和翻新,配备新的家电;诸暨东伟集团联系学校,为民工子女集体报名入学入园。

在一些用工稳定的企业,工资稳步增长、配备夫妻房、开放娱乐室、帮民工解决子女入学等,已经成为企业"留人留心"的举措,成效明显。民工们过年回家,企业更是"迎来送往"。如果能够这般善待民工,何愁民工离弃企业而去?

中国的社会经济变革与发展,必然伴随着大量农民走向大大小小的城市。这些年来,二代农民工越来越多地走进城市,他们跟肩挑手提蛇皮袋的父辈相比,文化程度更高,维权意识更强,找工作越来越挑剔,对报酬和生活条件的要求越来越高。

此外,这批"新生代农民工"群体,很少愿意留在农村,更渴望融入城市,更加注重自身发展,更加渴望得到尊重。然而,想要成为"新城市人"的障碍实在是太多。一方面他们要面对僵化的户籍制度、城市高昂的房价和高生活成本;另一方面,他们又要接受自身缺乏必要的生产技能、缺少城市生活知识、在劳动力市场缺乏竞争力的事实。

毋庸讳言,农民工不尽如人意的生存状态,是造成"民工荒"的直接原因。现实表明,要缓解"民工荒",企业和社会必须告别劳动力低成本,不断提升农民工生存质量,实行制度创新,让农民工沉淀下来,成为城市的主人。浙江省社科院社会学所副所长杨建华教授说:

【出录音】 我们提出大力推进新型城市化,而新型的城市化首先要化人。你要农民工真正跨进城市,应该降低门槛,提供制度安排,让他们愿意或者留在这个城市工作就业、生活,融入到城市。如果真这样子,就不太会出现每年都会出现的招工难、用工荒。**【录音止】**

想要留得住人,留得久人,善待民工的同时,还要把重点放在民工身上,需要社会注重对他们可持续发展的培养,让农民工真正融入城市。浙江省劳动和社会保障研究院院长陈诗达说:

【出录音】 从未来经济发展方式转变、从工业化、城市化发展角度出发,我们共同来推动农民工职业技能开发行动。通过几年下来,使他们无论在教育文化、技能方面都有大的提高,很多农民工真正能够融入城市。**【录音止】**

(浙江之声2010年3月24日首播,获中国广播电视新闻奖一等奖)

第四节 网络新闻

一、网络新闻的概念

新闻的发展正伴随着现代传播技术的不断发展而不断步入新的发展阶段。多媒体技术与网络技术相结合而产生的网络传播，已经被视为继报刊、广播、电视之后的第四大传媒。近十年来，网络传播新闻已经成为新闻传播媒介不可忽视的力量。除去网络本身具备的传播新闻的功能外，传统新闻媒体的网络化，也已经成为当今网络新闻传播的一大趋势。网络新闻的出现也为新闻写作带来了全新的变化。可以说，网络媒介正引发着新闻信息传播乃至社会生活的深刻革命。

关于网络新闻的概念目前虽然有多种说法，但相对集中的看法是，网络新闻学是传统新闻学的一个分支，网络新闻是传统新闻和网络技术结合的产物。在网络新闻传播中，网络仅仅是传播的工具，是传播的介质，不是传播的中心。无论是网络媒体传播，或是传统媒体传播，信息或新闻永远是传播的中心。因此，网络新闻作为对新近发生的事实的报道的实质并未改变。网络新闻与传统新闻之间是继承关系，无论网络新闻与传统新闻有怎样的差异，它都不是空中楼阁，而是建立在传统新闻本质的基础之上的。网络新闻做的仍然是新闻。

二、网络新闻的特点

网络会有如此之快的发展速度，是因为它与传统媒体相比有其自身的优势。而这些媒体优势又会在特定的方面决定了其传播内容的特点。网络新闻与其他媒体新闻传播相比，具有显著的特点：

（一）互动性

在网络新闻面世之前，新闻报道都是传媒有组织地带有整体意志倾向的单向传播。尽管在传播流程图中离不开反馈的箭头，但传者与受者之间的分水岭是清晰的,与大众传媒发布的信息相比,受众的反馈信息根本不能等量齐观。而网络兼容了大众传播与人际传播的特征,每个人都既是信息的接受者又是信息的发布者,受众同时具有了发信人的地位,使传、受双方形成信息互动,个体的、富有个性的传播成为现实。于是,网络新闻传播也由传统的单向传播变为双向传播,以至于多向性的传播,显示出良好的交互性。新闻信息的接收者有着更大的主动性,读者不再是被动地接收信息,他不仅可以自由选择新闻的内容,而且可以更加主动地调阅自己所需要的内容,直接参与新闻报道,更加自由地发表自己的见解。信息反馈迅速、及时,编辑、记者、读者之间的交流,读者与读者之间的交流更为简捷、方便、快速。新闻受众的主体地位的突出,新闻受众文化素质的普遍提高,必然迫使新闻工作者重新调整自己的思维方式,重新调整自己的采写视野,重新调整新闻的价值标准,从而使新闻传播以最直接、最形象、最逼真的方式向最贴近受众需求的方向发展。

(二) 时效性

网络传播的数字化特征不仅便于新闻信息的复制和传送,更重要的是方便不同形式的信息之间的相互转换,使网络新闻的传播者和受众,都非常方便地在因特网上发布、传播和接收信息,宽频高速网可使信息在网上迅速传播。网络传播给新闻工作者带来了极大的便利,他们可以借助网络对采访对象进行采访,可以接通资料库直接查询相关内容,可以在远离办公地点的任何地方以极快的速度发回新闻或照片;而因特网制作、发布新闻的简便性也使其可以随时发布新闻,进行现场直播。新闻传播的实时性也决定了网络新闻的时效性胜过传统媒体,尤其以报道突发性事件见长。

(三) 超时空性

网络的出现根本突破了新闻传播地域的限制,在任何一台接入互联网的计算机上都可以自由畅通的与全世界的计算机交换信息。通过任何一台接入互联网的计算机都可以在相关的网站获得新闻,人与人之间信息交换的地理距离概念由于信息的自由高速的流通变得模糊,新闻传播中的地域界限也随之变得模糊了。

同时,在网络上,新闻传播几乎实现了全时化。海量的新闻信息以光速在四通八达的网路上流动,新闻始终保持着最新鲜的动态更新的状态。加之网络的互动性使每个人都可以成为新闻的发布者,日益扩大的网民成了无处不在的潜在的通讯员队伍,将发生在地球的各个角落的新闻及时地传播出来。从另一个角度讲,因特网具有过刊查询和资料检索功能,网络新闻资源都可以通过数据库长期保存,并被加以无限制的反复利用。利用方式也是多种多样的。例如,可以被再次发布,可以作为相关新闻链接,也可以通过分类检索加以利用。受众在网上可以查看新闻消息的相关链接,随时按日期查看任何一家网站的过刊,也可以很方便地输入关键词进行资料检索。

（四）跨媒体性

网络媒体集中了报纸、广播、电视等媒体的传播功能。记者除了可以用文字来进行新闻报道与写作外,一篇新闻报道可能会包含有文字、声音、图片乃至三维动画、影像等多媒体表现形式,从而将传统媒体的优势融会在一起,给受众以全方位的、多维的信息。受众在网络上可以从多角度多层次最大限度地了解一个新闻事实包含的信息,也在网上同时拥有读报纸、听广播、看电视的诸般乐趣。

网络新闻的跨媒体性还表现在采访与写作的多媒体特性。记者采访与写作、信息的传送,可采用包括由多媒体便携式电脑、数字照相机、数字摄像机组成的数字移动采访设备和移动通信设备。这些现代化的采访工具使网络记者在任何时间和任何地点都与编辑部保持着热线联系,随时发回采访中获得的最新消息并在编辑直接指挥下作现场报道,不仅充分使用网络传输手段,而且充分显示了传媒的高度融合。当然,网络新闻的多媒体报道并不是传统的几种传播手段的简单相加,而是不同传播方式的内在的相互渗透。

（五）层次化、超文本结构

互联网上的新闻是以层次化、网络化的形式加以组织编排的。由于单面网页容量的有限性,网络新闻资源就像其他任何信息资源一样,在同站发布网络新闻时,常常不是一次性的和盘托出,而是在不同的层次中逐渐展示出完整的内容。而信息之间的多元的、复杂的联系,则是通过超链接的方式实现的,这就决定了网络新闻写作和编辑也要适应与体现网络的这些特点从而实现新闻资源最大效用地循环再生。

网络新闻写作还从传统新闻写作的以线性文本结构为主逐步转变为以超文本结构为主文本的构成,不仅有文字,而且有声音、图片、动画甚至影视。在超文本结构中,新闻报道中的每一个关键人名、地名、时间,甚至每一个词语、每一个句子都可以以超链接的方式连接另一个文本文件、声音文件、图画文件、动画文件或影视文件。记者可以通过这种超文本结构,在力所能及的范围内,既有声有色、声情并茂、图文并茂,又全方位地、历史地、客观地报道新闻事件和现实生活。

三、网络新闻的种类

网络新闻的发展正在经历着一个从最初的非专业运作向专业运作的发展过渡。与传统媒体有所不同的是,网络媒体目前更多的是承担新闻的编辑与发布工作,采访相对较少。而网站登载的新闻,除了一部分是网站自己组织的,有相当数量的新闻是转发传统媒体或其他网站的新闻。因此,网站的新闻面临的稿源更加多样化,从某种意义上讲,网络新闻的采编是交融在一起的。目前,由于网络新闻发展和研究尚不完善,对网络新闻的分类也停留在探索阶段。

如果从网络新闻来源分析,目前的网络新闻主要有:自主采访性新闻、拷贝粘贴性新闻、加工整理性新闻、组织性新闻、解读性新闻等。其中,自主采访性新闻与传统新闻一样,通过记者采访、编辑加工而成;拷贝粘贴性新闻,主要使通过媒体之间的信息共享、信息交流,直接拷贝其他媒体的新闻;加工整理性新闻是通过对来自多种渠道的新闻进行加工整理,使其具有更好的质量与可读性;组织性新闻包括形式上的组织与内容上的组织,一方面对现成的新闻资源进行整合,一方面争取独创性;解读性新闻是对新闻事件或其中某些环节的来龙去脉、前因后果进行深度的剖析,释疑解惑。

目前,网络新闻报道的类型与传统的新闻类型基本一致,而且,主要以消息为主。同时,较常见的还有:实时文字报道、多媒体报道、新闻评论等。其中,实时报道类似于广播电视新闻的现场直播,但网络直播往往以实时文字报道的方式对一个正在发生的事件或一个事件的最新进展进行报道。一些重要会议、突发事件、人物专访、体育比赛、大型活动等等,都可以进行完全同步的直播,或是稍有时差的即时报道。多媒体报道,也称为"多媒体特写"(Multineolia Features),外出采访的记者同时配备,多媒体电脑、数码相机、摄像机等先进设备,专门为网络版采制第一手的多媒体报道,并以最快的速度上传、发布。网络新闻评论的参与主体呈多元化,这是由网络传播的互动性所决定的。

当然,随着网络传播的发展,也对新闻写作文体、新闻写作研究者和新闻工作者提出了更高的要求,可以想见,网络新闻还会涌现出更多的适合网络媒体特点的新文体。

四、网络新闻的写作

网络新闻写作模式在继承传统新闻写作的基本规律的基础上,为了适应与体现网络的特点和适应网络信息发布结构的需要又有一定的发展,比较突出的是利用超链接手段构建的超文本结构。于是,网络新闻作品常常呈多级化的构成状态。这种多级化的网络新闻主要由标题、内容提要、新闻正文、相关背景链接、相关文章或延伸性阅读五个基本部分构成。各部分分级呈现:

(一)第一级:标题

网络新闻的标题一般出现在网站新闻的目录页,对于能否吸引读者进入下一级阅读至关重要。因为采用超链接方式,网络新闻的标题与正文相分离,第一级中读者看不到的网络新闻正文时,只能通过标题文字做初步判断,然后再通过点击标题而进入正文。一般情况下,为了尽量加大第一屏的信息量,网络新闻的标题的表现形式尽量言短意赅。一条新闻的内容无论怎样重要,在网页上的表现形式都是一行链接。因此,标题的准确性,标题是否具有吸引力、新颖性和创造性,能否恰当体现内容的重要程度,则显得尤为重要。如网易2012年11月5号12:12主页上的新闻:

- 中国共产党十七届七中全会公报
- 范长龙许其亮增补为军委副主席
- 中央确认开除薄熙来刘志军党籍
- 新华社:十年来查处陈良宇等要案
- 统计局:群众对反腐满意度升至72.7%
- 北京延庆遇52年来最大降雪 中小学停课 专题
- 3名日本人因河北暴雪遇难 政府雪中送饭司机不敢接
- 奥巴马:再给我4年 拉票声音嘶哑 罗姆尼:你们希望改变吗
- 人民日报:官方已罕用"不明真相 别有用心"等词
- 美国首艘核航母企业号将解体 俄节日游行民众喊普京下台
- 少女1天吃10斤米(图) 中国"比萨斜塔"经历汶川地震无损
- 湖北亿元盗墓案侦破 主犯操控8省12市地下交易
- 广交会与会者与成交双下滑 16名中国留学生造假遭遣返
- 苏州"秋裤"大楼主人:我不缺钱 将再造四个东方之门
- 吉林铁轨现鳄鱼尸体(图) 50余男女民工混居地下室

标题的处理方法是在目录页面,只保留最能说明文章内容的正题为标题,而在具体的新闻内容的页面,则保留全部标题。有的网站为了突出要闻,将新闻标题用颜色或字体作突出处理,有的对特别重要的新闻还将第二级中这条新闻的导语或提要提至标题之下,以便读者能正确判断这条新闻的重要性,同时也方便读者浏览。如,在上例中,标题"北京延庆遇52年来最大降雪"之外,还增加了内容提要:中小学停课。

(二) 第二级:内容提要

网络新闻的内容提要相当于导语写作。在网络新闻中,由于网页结构的因素,导语的作用就显得尤为重要。据美国传播学者尼尔森研究发现,人们在网上阅读新闻的时候通常采用快速阅读的方式,统计表明大多数受众只通过阅读新闻简要内容掌握信息的要点。也就是说,只有让读者在浏览时能通过内容提要对新闻产生兴趣探究的兴趣,才有可能进一步深入阅读。因此,网络新闻的内容提要写作不仅要准确、鲜明、生动、概括、清楚明白,还必须符合人们在网上阅读的习惯,应该采用灵活多样的表达方式。

为了使读者在导语部分就尽可能多地知晓新闻的内容要点,大多数网络新闻采用概述要点的方法,将新闻事实中最重要、最新鲜、最能吸引人的内容放在最前面,浓缩了新闻中最有价值的部分,开门见山,同时也引起读者继续阅读的兴趣。如关于北京遭遇特大暴雨袭击的报道的内容提要:

> 2012年7月21日,北京遭遇特大暴雨。一天内,市气象台连发五个预警,暴雨级别最高上升到橙色。全市平均降雨量164毫米,为61年以来最大。北京房山区遭受山洪袭击成为重灾区,目前,暴雨造成77人遇难。[网友评论][滚动]

另外,内容提要还常引用新闻中重要人物具有权威性、代表性、影响力的话语作新闻提要;或利用人们的好奇心理,巧设悬念,吸引受众的注意力;或用疑问句开篇,把受众关心的问题明白地摆在面前,引起其兴趣;或运用对比方式,将事物之间的异同点或者同一事物的前后进行比较,引导受众正确地鉴别事物,理解和接受新闻所要表达的主题思想;或综合提炼要报道的重点,把相近的两三组稿件汇聚在一起,以一组相关新闻的形式做提要,集中展示。

(三) 第三级:主体

网络新闻的新闻主体位于内容提要的下一级,一般有两种形式:一种形式类似于第二节中所述消息的主体写作,是对导语中已概括的新闻要素作进一步的解释、补充与叙述,是发挥与表现新闻主题的关键部分;另一种形式在网络新闻中使用较普遍,往往是完整的一篇消息。

研究表明,受众接受在网上信息的接受方式分为两步:首先是搜寻内容,同时忽略细节内容,一旦发现所需要或感兴趣的信息,则会进入第二步的深入阅读阶段。而只阅读新闻简要内容的人是坚持读完全文的人的3倍。因此,网络新闻的主体写作就要根据受众的信息搜寻和深入阅读需要安排结构,要注意层次清楚、点面结合、生动活泼。目前,网络新闻主体部分的写作常采用以下方式:

1. 倒金字塔模式。方便读者搜寻、了解信息内容。其形式与特点可参照第二节中消息写作常见的结构形式。如:

北京遭遇60年来最强暴雨致3死6伤
局地变汪洋

2012年07月21日 21:26

据央视报道,北京市市政府秘书长周正宇表示,北京此次降雨为60年来(1951年以来)最大。

中新网7月21日电 综合消息,北京21日遭遇了进入主汛期以来首场暴雨袭击,暴雨时间长、强度大,为40年来最大。部分低洼地区和路段出现积水,交通被迫中断。截至20:30,首都机场全天取消航班347架次。另据报道,北京今日强降雨已导致3人死亡。北京消防部门21日晚接到报警,近百名小学生被山洪围困。消防部门紧急调动50人组成的攻坚组,出发前往救援。

21日10时起,北京迎来降雨,14时许,局部地区降雨量已达暴雨级别。北京市气象台14时发布的暴雨黄色预警称:预计门头沟、通州,以及城区大部分地区未来3小时雨强将超过30毫米/小时。14时20分,北京市气象台又发布雷电黄色预警:受雷雨云团影响,预计未来12小时内北京大部分地区有雷电天气。截至21日17时,全市平均雨量达57.6毫米,部分低洼地区和路段出现积水。

18时30分,北京市气象台发布自2005年建立天气预警制度以来的第一个暴雨橙色预警,预计持续降雨将超过20小时,气象专家表示随着雨情发展,不排除发布最高级别暴雨红色预警的可能。受暴雨影响,北京市区多座立交桥下积水,交通被迫中断。

北京首都国际机场今日发布公告称,受雷雨天气影响,首都机场部分航班出现延误或取消。另据北京首都国际机场官方微博消息,截至18:50,延误滞留一小时以上航班187架次,全天取消航班259架次。

据央视报道,14时左右,北京通州区张家湾镇枣林庄一个在建的厂房被大风刮倒了,造成2人死亡2人受伤。16时左右,又有1人被雷电击中死亡。而据新华网报道,截至18时许,房山区、门头沟区等局部地区降雨量已超过300毫米,同时伴随雷电大风。通州区张家湾镇一村庄受暴雨大风影响建筑物受损,造成2人死亡、6人受伤。

据中央气象台预计,21日傍晚到夜间,北京仍有暴雨或大暴雨天气,大部地区雨量有40至80毫米,其中城区及东部有50至100毫米,部分地区还将伴有雷电。到22日上午,除东部地区有小雨外,其他地区降雨将趋于结束。

针对这次暴雨天气,北京市气象局启动四级应急响应,各相关单位和部门已进入应急响应状态,加强应急值守和各项服务保障工作。至15时左右,天安门等城市核心区降雨量已转小,莲花桥等部分易积水路段出现短时积水后,被排水集团值班工人迅速排干,市区交通通行情况正常,降雨仍在持续中。

北京市防汛办表示,针对暴雨时下凹式立交桥常常积水的状况,北京市排水、交通、电力等部门联动,对城区90座下凹式立交桥实现视频监控,建立了"一桥一预案"的专项保障方案。根据桥体的规模、道路结构,制定个性化方案,确保暴雨中立交桥排水通畅,不积水。

北京市交管局针对近年来易积水路段逐一制定了疏导绕行方案,通过广播电台、电视台、室外屏和互联网及时发布交通信息,按照"降雨开始""出现积滞水""交通中断"三个层次预警。交管部门提醒民众,雨天出行注意收听、收看相关交通信息,提前选择好出行路线,并尽量乘坐公共交通,减少路面交通压力。

此外,从北京地铁公司了解到,由于北京全市今天普降大到暴雨,今天北京地铁机场线将延长末班车一小时。

数据显示,今年春季以来,北京市降水接近常年,但降水日数偏多,6月1日以来,南郊观象台出现18个降水日,比常年同期、近十年同期平均值和去年同期都偏多。入汛以来,降水主要集中在城区,比起常年同期,城区降水量偏多1至3成。

气象专家表示,时值七月下旬,正是我国北方地区的主汛期,是容易出现强降雨的时段,加上近来京城空气湿度较大,如果空中有冷空气活动,极易引发对流云团强烈发展,因此,这轮强降雨过程可谓"知时节",是比较正常的天气过程。

专家指出,北京这次降雨过程累积雨量和局地短时雨强都较大,可能会导致低洼地区及路段出现积水现象,影响交通出行。另外,强降雨有可能诱发山区出现山洪泥石流及崩塌灾害,有关部门应提前做好山区地质灾害、城市积水、短时雷雨大风的防御工作。

2. 并列式结构。尤其注重用有意义的小标题,并加上黑体字,起到醒目、突出、引导阅读的作用。目前许多网站在新闻主体经常使用这类结构。小标题遵循单一性和完整性的原则,把全文分成若干个部分,一部分一个内容,综合在一起基本上概括出了全文的重要内容。读者一看小标题就基本上知道了这篇文章的精髓。因而,若无时间阅读全文,通过小标题也能够提纲挈领,领会精神;如果读者只对某一部分感兴趣,则可以仔细阅读某一部分,否则,读者就得从头至尾地阅读消息。同时,加上小标题,不仅符合读者的阅读习惯,而且符合新闻短小精干的写作要求。采用加

上小标题的方法使长消息变得相对短起来,每个部分就像一篇篇单独的短消息,整个消息就是一篇篇短消息的集合体。如:

教育部强势发布监管令减负降费安全各地成效几何?

编者按: 开学在即,教育部在其网站公布一项通知,从幼儿园到高校在内的各级学校在即将开始的新学年,必须规范办学准则,严格管理工作。这一秋季开学"监管令"共有30条内容。"监管令"一经发布,"减负、降费、安全"等关键词再度成为网络热点话题。如何让社会关乎教育、关乎孩子的这些美好期盼落到实处,是教育主管部门、学校乃至全社会面临的挑战。

中央政策

教育部发30条开学监管令　严禁小学考试选拔学生

针对幼儿园,通知要求治理"小学化"倾向,原则是"快乐生活,健康成长"。不得在保教费外以开办实验班、特色班、兴趣班、课后培训班和亲子班等特色教育为名向幼儿家长另行收取费用,不得以任何名义向幼儿家长收取与入园挂钩的赞助费、捐资助学费、建园费、教育成本补偿费等费用,不得要求家长统一购买各种幼儿教材、读物和教辅材料。

教育部明确2012年秋季新学期开学30项重点工作

2012年秋季学期开学在即,教育部近日出台秋季学期开学30项重点工作,要求各地教育行政部门和各级学校必须规范办学准则,严格管理工作。

教育部30条开学"监管令"　各级学校须设收费公示栏

近日,国家教育部网站针对即将到来的新学期颁发了30条"监管令",对幼儿园到高校在内的各级学校的办学准则进行严格规范。记者看到,教育部除了对幼儿园和中小学择校乱收费的行为再次命令禁止外,更明确坚决制止"奥数"等各种学科竞赛、特长评级与学校录取相挂钩的行为,而设置或变相设置中小学重点班也被"叫停"。

教育部发文要求做好开学工作　严查乱办学等三乱

　　秋季开学在即,教育部昨天下发《关于做好 2012 年秋季开学工作的通知》(以下简称《通知》),再次提出严格规范办学行为,并要求各地教育部门和各级各类学校严查三乱,坚决治理和严肃查处违规乱办学、乱办班和乱收费等社会高度关注、群众反映强烈的突出问题。

教育部部署今年秋季开学　防社会人员入校园滋事

　　教育部今日在其官方网站发布关于做好 2012 年秋季开学工作的通知。通知要求,加强校园出入管理,防止社会人员进入校园滋事和干扰校园秩序,切实维护安全稳定。

关键词:减负

北京"小升初"改革拟今秋出台　确保奥数彻底失效

　　为确保奥数成绩在升学过程中彻底失效,市教委将推进"小升初"入学办法改革,昨日,市教委相关负责人表示,此改革办法拟在今年秋季出台,目前,已开始着手研究更为完善的入学政策。

北京:与升学挂钩的奥数培训叫停

　　继上周本市公布治理奥数成绩与升学挂钩四项措施后,昨天,市教委召开紧急部署会,明确提出:从即日起,叫停与升学挂钩的奥数竞赛培训。

人大附中等北京部分示范中学承诺不把"奥数"与升学挂钩

　　北京四中、中国人民大学附属中学、北京师范大学附属实验中学等北京近 30 所示范中学负责人,28 日与北京市教委签订责任书,承诺严格执行北京市教委的小升初入学政策,不直接或变相采取考试的方式选拔学生,不将奥数等各种竞赛成绩、奖励、证书作为入学依据,不举办以选拔生源为目的的任何形式奥数竞赛培训班。

北京严禁"奥数"与升学挂钩　经查实问责教委主任和校长

　　北京市副市长洪峰 21 日说,北京市政府责成市教委采取多项措施坚决治理奥数成绩与升学挂钩,同时对全市所有学校进行全面检查,集中查处与奥数竞赛和培训挂钩的入学行为。一经查实,将对相关责任校长和区县教委主任进行问责处理,绝不姑息。

关键词:降费

北京市发改委:9月严查幼儿园收费

9月1日起,北京幼儿园将执行新政策。市发改委日前下发通知,将开展专项检查,严防幼儿园收取赞助费。

湖南严禁幼儿园以开办特长班等为名额外收费

幼儿园入园难、入园贵,这是许多家长共同的苦恼。日前,我省物价、财政、教育三部门共同制定并印发了《湖南省幼儿园收费管理暂行实施办法》(简称《实施办法》),进一步规范幼儿园收费。今年秋季学期,《实施办法》就将正式执行,它将从哪些方面减轻幼儿家长负担?8月22日,省物价局教育收费管理处副处长吴玲向记者详细介绍了《实施办法》的相关规定。

教育部有关负责人就幼儿园收费问题答记者问

2011年,国家发展改革委、教育部、财政部共同制定印发了《幼儿园收费管理暂行办法》(发改价格〔2011〕3207号)。《办法》规定,公办幼儿园制定和调整保教费标准,由省级教育行政部门提出意见,经省级价格主管部门、财政部门审核后,三部门共同报省级人民政府审定。公办幼儿园制定和调整住宿费标准,由当地教育行政部门提出意见,报当地价格主管部门会同财政部门审批。

京三部门下发通知:公办幼儿园新学年取消赞助费

昨天,市发改委、市教委、市财政局联合下发《关于规范本市幼儿园收费有关问题的通知》。从今年9月1日起,公办幼儿园保教费进行调整,新入园幼儿按照规范后的收费项目和收费标准收费。有关部门同时要求,新学年幼儿园不得以开办兴趣班、亲子班等为名向幼儿家长另行收取费用,也不得以任何名义向幼儿家长收取赞助费、捐资助学费等。

关键词：安全

检查校车迎开学 确保乘车学生的安全

开学在即，该县有关部门对全县 224 辆校车进行安全检查，就乘车学生数、校车车况、逃生措施、学生乘车区间重新进行细致登记，并从新学期开始对全县 2.4 万乘车学生实行免费乘车，确保乘车学生的安全。

开学在即山东组织校园安全隐患排查

记者从山东省教育厅了解到，山东要求每所学校开学后必须进行一次安全教育活动，活动要突出实践性、实效性，重点强化预防溺水和交通安全教育，并将反邪教、反传销以及逃生演练等内容纳入其中。

北京市教委：开学第一课演练应急疏散

"7·21"特大自然灾害将不会影响本市中小学新学年开学。北京市教委昨天（8 日，下同）下发通知，要求中小学校利用开学第一课、新生入学教育及军训、中小学课间操等方式，开展安全教育、防灾自救和应急演练活动。

来源：新华教育

3. 排行榜式的结构。排行榜的特点在于按照一定的顺序将新闻内容的大意清楚地逐条列出，一段一个内容，一目了然。如：

北京市 2012 年最热门的五个公务员职位：

职位　报名人数
中关村管委会办公室副主任 98 人
市发改委价格综合处副处长 82 人
市总工会办公室副主任 62 人
朝阳区团区委副书记 55 人
市直机关工委研究室副主任 54 人

（四）第四级：背景

第四级往往是新闻的背景材料部分。网络新闻中交代背景的方式有两种：一种方式与传统新闻相同，是将新闻背景与新闻事实融会在一起,穿插在导语、主体或结尾中;另一种不同于其他媒体新闻,往往在正文中需要解释的部分加入下划线,用超链接的方式使与本新闻相关的几则背景资料成为新闻的有机构成部分,这是网络新闻较其他媒体的一个有利优势。通过链接可以形成一个网状交汇的、全方位的、超越时空的、立体的整体信息体系,从而拓展网络新闻的容量,对事实进行深度的挖掘和分析,对主题进行高度的深化。有时,这一部分也与第五级合并,在网络新闻报道的下方用"相关新闻"或"相关链接"同样也起到背景材料的作用,增加新闻的深度和厚度。

(五) 第五级:相关新闻

如上所述,相关新闻可以作为新闻背景材料的形式,但大多情况下,网络新闻总是在文章之后由新闻发布系统自动添加上相关的内容。这些内容可以包罗万象,历史的、现实的、中国的、外国的,纵向的、横向的,等等;也可以呈多种形式,文本的、图像的、有声的等等。如:有关北京特大暴雨的消息,就有诸多相关内容:

最新消息

- 今晨北京所有道路将恢复正常 07-22
- 视频:实拍快递人员暴雨中送快递 水已没腰 07-22 04:26
- 北京受暴雨影响路段今晨 6 时基本可通行 07-22 04:21
- 郭金龙部署抗洪抢险救灾工作 07-22 04:19
- 视频:实拍消防人员划船救援被暴雨围困者 07-22 04:16
- 视频:实拍北京石景山区积水严重致行车如舟 07-22 04:12
- 视频:实拍北京暴雨致行人车辆被困水中 07-22 04:03
- 视频:实拍北京暴雨小狗在水中游泳 07-22 03:58
- 视频:实拍北京北四环暴雨如注被狂风裹挟 07-22 03:50

- 视频:北京暴雨致男子溺水 送医后被证实已去世 07-22 03:41
- 老外在北京遭淹没道路上游泳 07-22 03:39
- 北京城区95处道路因积水中断 莲花桥下水深齐胸 07-22 03:39
- 北京市委书记部署抗洪抢险救灾 要求以人为本 07-22 03:39
- 暴雨致北京广渠门5车搁浅 被困男子获救仍死亡 07-22 03:39
- 北京通州遭疑似龙卷风袭击致2死3伤 07-22 03:39
- 北京遭遇有气象记录以来最大暴雨 07-22 03:39

相关新闻:
- 北京房山83家旅游单位因暴雨损失7.28亿
- 京港澳高速将给予被泡车主出行补助2000元
- 京港澳高速北京段被淹车辆车主每人将获赔2千元
- 北京回应暴雨中涉水受损车辆送修时间长
- 北京首发赔偿方案出台 受灾车主每人获赔2千

相关文章:
- 健康策划:水灾后防雨防病怎么做
- 车辆溺水自救 备钉锤侧砸窗最佳

相关专题:

专题:北京遭遇暴雨袭击

应当指出的是,网络新闻是一种全新的新闻表现形式,网络新闻的写作仍处于初步的探索阶段。随着互联网应用的更加普及和网络新闻影响的日益扩大,人们还会在实践中总结出网络新闻写作的新的、更多的规律性的东西。

五、网络新闻写作的基本要求

网络新闻首先要遵循新闻写作的一般要求,同时,网络新闻的写作又有从自身规律出发的相应要求:

（一）符合受众网上阅读习惯

网络新闻受众不是处于接收端被动地接受信息，而是上网主动搜寻自己需要的或感兴趣的信息。与传统印刷媒体的逐行扫描相比，受众对网络信息内容往往扫描速度更快，甚至呈"之"字形状态。因此，网络新闻的写作要符合人们在网上阅读的习惯，在表现形式上要更便于人们浏览，以便在尽可能短的时间内知晓新闻的内容要点，要尽可能地突出关键字和关键内容，使用有意义的小标题，甚至通过字体和颜色的变化来突出要点。

（二）广度与深度相结合

网络新闻受众不仅需要新闻的广度，也需要信息的深度。网络新闻受众的接受特点不仅仅在于获得的信息量，而且，对于那些自己感兴趣的话题，也可以细读深究，以便全方位、完整地、深刻地了解。加之网络受众大多受过良好的教育，具有一定的欣赏、鉴别、判断、分析能力，具有探究事件本质的原动力，因此，网络新闻写作应克服目前的只注意广度忽视深度的误区，加强新闻的深度报道。

（三）充分发挥网络新闻多媒体传播的综合优势

网络新闻写作中，写作的文本结构不再仅仅是线性文字的，而是超文本结构的。与网络新闻相关的背景资料、相关图片、音频和视频信息，可以通过各种链接形成全方位、立体式的整体性信息。从这个意义上讲，网络新闻写作不再是单纯的写作，而是写作、编辑、制作的完美结合，要充分发挥多媒体的表达优势，如用给稿件配发图片的方式，吸引读者的视线，并促使他们阅读正文；用在重要新闻文本后面提供交流手段，让受众自由发表意见和观点，并能充分使用链接拓展新闻的深度与广度等方法，从而提高网络媒体客观、真实、立体地报道新闻事件和反映现实生活的能力与质量。

[例文]

美国总统选前民调显示奥巴马罗姆尼不相上下

2012年11月05日 01:12

来源：新华网

新华网华盛顿11月4日电(记者王丰丰 孙浩)距离美国总统选举仅有两天之际，多项民调显示，总统奥巴马与共和党总统候选人罗姆尼在美国选民中的支持率不相上下。

根据全国广播公司和《华尔街日报》4日公布的民调数据，奥巴马在有投票意愿的美国选民中支持率为48%，而罗姆尼支持率为47%。这份民调于11月1日至3日开展，一共采访了1475名有投票意愿的选民，误差率为正负2.55个百分点。两人的支持率差距在误差率以内，可算不相上下。

这一结论与《华盛顿邮报》和美国广播公司联合开展的民调结果一致。根据这份4日公布的民调结果，奥巴马与罗姆尼在有投票意愿的选民中支持率同为48%。在独立派选民中，两人支持率今年首次打成平手，同为46%。此前，罗姆尼一直在独立派中小幅领先奥巴马。这一民调于10月30日至11月2日开展，采访了1809名有投票意愿的选民，误差率为正负3个百分点。

同样，《政治报》与乔治·华盛顿大学4日公布的联合民调显示，奥巴马与罗姆尼在有投票意愿的选民中支持率也是同为48%。这一民调于10月29日至11月1日开展，采访了1000名有投票意愿的选民，误差率为正负3.1个百分点。

美国选民将于6日投票决定谁将成为美国下一任总统。选战最后阶段，奥巴马与罗姆尼已将精力与资源集中到数个将决定选战结果的摇摆州，争取更多选民支持。尽管在全国支持率相当，一些专门针对摇摆州的民调显示，奥巴马在多个摇摆州拥有一定优势。

相关专题：

2012 美国大选

奥巴马选情：
- 奥巴马阵营展示胜券在握姿态 助手蓄须明志
- 民调显示奥巴马在关键摇摆州份稍稍占先
- 克林顿成奥巴马阵营"王牌"连日演讲声线沙哑
- 肯尼亚天主教徒祈求奥巴马成功连任

罗姆尼选情：
- 大选逼近 罗姆尼高强度选战冲刺
- 罗姆尼狠批奥巴马开空头支票 最后关头仍落后

美国大选：
- 美国大选进入最后冲刺 奥巴马民调暂领先罗姆尼1%
- 美大选火药味渐浓 奥巴马"投票报复论"引口水战
- 美国大选观察："复仇者"与"终结者"的最后对决

【思考与练习】

1. 一件新闻在不同的报纸上刊出时，会因报纸的定位不同而形成不同的风格。请就近日发生的一件新闻事件，比较、分析各大报纸及地方报纸刊出时的不同写作特点。

2. 请关注学校近期的新闻事件，写一则消息稿并争取发表在校园(或校级以上)媒体上。

3. 搜集同题材的消息与通讯并仔细比较分析，谈谈通讯与消息在确立主题、写作方法等方面的异同。

4. 实地采访，写作通讯、特写各一篇。

5. 简述网络新闻不同于其他媒体新闻的特点。

6. 简单介绍下你常用或最喜欢某一新闻门户网站的原因，并试着对比总结新浪、腾讯、网易、搜狐、凤凰等几大网络新闻门户网站新闻的差异化特点。

7. 根据以下材料，写一篇600字左右的消息。要求标题、导语能概括主题，引人注目。叙事完整，立意清楚。

青海玉树结古镇的道路两旁,林立的救灾帐篷慢慢变成崭新的商铺和住宅。市政道路正在抢修,大小车辆往来扬起的尘土让人窒息。一个青年人用长袖衬衫把自己包裹得严严实实,手捂着口鼻,单手骑着自行车疾驰过呛人的粉尘尾气,奔玉树孤儿学校而去。他就是跟随中国建筑工程总公司来玉树参加灾后重建的80后小伙儿——朱文峰。

每周三,朱文峰都要从灾后重建指挥部来到孤儿学校支教。这让他既感兴奋又觉满足。平时,赶时间完成援建本职工作后,大部分的业余时间就是给孩子们备课,这样的生活显得格外充实。朱文峰,因为一次偶然的机会,与当地孤儿学校结下了不解之缘,也开始了这支援建队伍的集体支教故事。

今年5月11日,"泉城义工"为玉树孤儿学校捐赠音乐器材和学习文具。作为义工的一员,朱文峰也参与其中,正是这次捐赠活动让他走进了这所特殊的学校,了解到学校的困难处境,看到了孩子们寻求改变的渴望,也触动了他心底的一根弦。

学校有学生400余人,全部是来自玉树藏族自治州各县的孤儿或单亲家庭孩子。除了有关政府部门的部分资金支持外,其余支出皆来自爱心捐赠。学校的境况在"4·14"地震后变得更糟,孤儿数量骤增,学校开支大幅增加;校舍倒塌,孩子的生活和学习变得更加困难;高寒缺氧的高原环境冲散了玉树弥漫的浪漫主义,有的志愿者不得不忍痛离开。

因毕业于师范院校,大学期间有过"小升初"的教学实习经验,朱文峰开始考虑能否在学校里支教。他的想法很快就得到了中建八局二公司玉树援建项目党支部的大力支持,一方面项目党支部领导积极与校方沟通,尽量扫除支教和援建间的障碍;另一方面千方百计为其支教创造条件。

终于,在学校开学的第二天,朱文峰战战兢兢地走进了六年级的课堂。

与大部分的援建人员一样,艰难地熬过高原反应期后,朱文峰逐渐适应了玉树特殊的气候环境,这也成了他参与支教的特殊优势。大学4年,靠着学校的奖学金和助学金,他艰难地度过了大学时光,由于懂得那种在困境中挣扎的滋味,义工帮助他人的善举对他有一种天然的吸引力,也成了他支教的精神动力。

"在课前,我还考虑汉藏语言障碍、班里孩子年龄差距大可能会造成课堂秩序混乱及宗教信仰等问题,然而课堂上这些似乎没成为问题。"朱文峰回想起他的第一堂课时,显得轻松而惬意。当他告诉孩子们他是来自中国建筑工程公司的援建者时,孩子们都会意地点点头。中建的叔叔阿姨来学校捐赠很多次了,端午节大粽子的香味仿佛还停留在昨天。

支教不仅要为学校"输血",更要"造血",这是解决问题的关键。"给他们讲大学生活的丰富多彩,讲北京、上海、济南的繁华都市生活,讲知识改变命运的道理,他们都会迫不及待地举手问这问那。"朱文峰说,他就像一个造血干细胞,给这群孩子更多的希望,让他们产生改变的信念,这也是他最想给予的。

在援建过程中有孩子们奔跑的身影和打闹声,这成了朱文峰生活中重要的一部分,成了他充满意义的生活方式。他说,这种生活方式带给他的乐趣,将是人生最值得回味和珍藏的宝贵记忆。

中建八局二公司玉树援建项目党支部开始筹备给学校更多的帮扶和援助,二公司党委得知此情况后,也积极倡议并组织员工捐款、捐书、捐物。从自发组织捐赠慰问活动,到大面积开展"彩虹工程"爱心助学帮扶活动,二公司玉树援建项目党支部与红旗小学、孤儿学校等积极组织企校共建,想方设法为这些灾区的孩子送去更多的温暖。

项目团支部号召更多的青年团员利用业余时间为这些孩子做些力所能及的事情,越来越多的中建援建青年跃跃欲试,加入到义工的队伍中。"在援建中快乐,在支教中幸福。援建和支教都是事业。这是大家共同的心声。"朱文峰说。

(素材来源:《中国青年报》2012 年 11 月 5 日《在援建中快乐 在支教中幸福》)

第八章
公关礼仪文体

第一节 演说辞

一、演说辞的概念和分类

演说辞也叫演讲稿,是在较为隆重的仪式上或某些场合中口头发表讲话的文稿。它是演讲的书面依据,是人们在社会活动中常用的一种应用文体。

演讲这种形式在日常工作和社会生活中经常被使用,是演讲者个人或以一定的社会角色的身份表达自己的观点、主张、见解与思想感情,介绍有关的情况和经验,宣传组织形象,使听众获得信息、产生信任并在思想感情上达成共鸣的重要途径。而演讲稿是对演讲内容和形式的书面的规范和提示,它体现着演讲的目的和手段、演讲的内容和形式。

广义的演讲辞包括所有在一定公众场合、以口头形式表达的公关礼仪文书形式,如致辞、祝词、讲话及一般意义上的演讲等类型。从内容上看,致辞、祝词主要基于礼仪的目的,用于迎往贺祝等交际活动中;讲话主要基于工作的需要,如开幕词、闭幕词、领导讲话、工作报告、总结报告等,其内容往往是有一定代表性的意见,具有一定的规定性,写法也较固定;而演讲则是演讲者为表达自己的见解和主张，针对特定的时间、环境、听众，借助于有声语言和态势语言，以议论抒情为主要表现形式的感情浓烈富有鼓动性和感染力的一种言语行为，具有自身的规律性。本节是以此类演讲为主，来探讨演讲辞的写作的。

从表达方式上划分，演讲辞有叙述型演讲辞、议论型演讲辞、抒情型演讲辞和说明型演讲辞等。但大多数演讲辞都是综合运用叙述、议论、抒情等多种表达方式的。

按照演讲的要求和内容性质可分为即席演讲、专题演讲和报告演讲三种。其中，"即席演讲"就是在某些会议、集会或某些活动的特定场所所发表的演说，其篇幅、内容取决于会议的性质、准备的程度和现场的各种制约；"专题演讲"就是在专门召开的"专题演讲会"或"演讲比赛"上所作的演讲，往往事先限定总题范围和演讲时间，所以其内容比较集中；"报告演讲"就是在专门召开的"事迹报告会"或"学术报告会"上所作的演讲，前者就是"个人先进事迹介绍"或"个人成长史"，后者就是"学术报告"或"学术讲座"，二者都具有通俗性。

二、演说辞的特点

（一）广泛性与实用性

演讲是一种社会活动，广泛地运用于各领域。大到政府机关、大型企业，小到班级、小组，任何行业任何组织都可以通过演讲的形式沟通思想，鼓舞人心。其接受对象也具有广泛的公众性。面对各种不同职业类型，不同文化层次，不同年龄、性别的社会公众都可以采取演说的宣传形式。同时，广泛性也决定了其实用性。一切演说都是为了实现特定目的的，都会就人们普遍关注的某种有意义的事物或问题，通过口头语言直接发表意见，以思想、感情、事例和理论来晓谕听众，打动听众，发挥应有的社会作用。

（二）目的性与针对性

演讲是直接面对受众的一种传播形式，一定要有的放矢，根据听众的不同特点来确定演讲的内容和表达方式。首先，选题要针对听众迫切需要回答和解决的论题，才能唤起听众的热情，引起听众的共鸣。第二,要针对听众群体的思想状况、职业状况、年龄、文化层次、心理状态以及兴奋点等。第三,语言要素及方式手段必须受前两点的制约,如,传递理性信息,就要尽量选用语言中具有理性色彩、中性色彩的词语、句式,以及记叙、说明、论证等表达方式;传递情感信息,应多选用语言中具有感情色彩、形象色彩的词语、句式,以及比喻、比拟、借代、夸张等多种修辞手法,描写、抒情等表达方式。

(三) 传声性与表演性

演讲首先是通过有声语言这一载体把演讲者的思想情感有顺序地表达出来的,需要尽量追求口语化,以利于演讲者调动声音技巧来表情达意。句子简短,句式富于变化,声调抑扬顿挫,语气自然,语言上口入耳,注意语音强弱、高低的变化等构成了演讲语言的基本特征。同时,演讲不光要讲,而且要"演",要以"演"带讲。在演讲活动中,不但要运用自然语言,而且还常常运用体态语言,以动作、表情、神态等来辅助有声语言表情达意,使"讲"如虎添翼,获得更好的表达效果。

(四) 双向性与情感性

一般的文章是作者通过书面文字向读者单方面输出信息,演讲则是演讲者在现场与听众的双向交流信息,或者说是演讲者与听众、听众与听众的三角信息交流。因而,必须注意受众动向,研究受众心理,倾听受众的意见呼声,特别注意对受众反馈信息的搜集、吸收,以增强交流的效果。必须注意临场的环境,顾及演讲时的时间环境、地点环境、人员情况及其他临场时可能出现的问题。有时,甚至演讲的内容,也可根据即时的情况,作一些灵活的调整。同时,"感人心者,莫先于情",在双向沟通的过程中,演讲充分展示着作为有声音的感染艺术,既以理服人,又以情动人。演讲者把火热的激情洋溢在讲词里,抒发在声调里,以激发听众情绪,赢得好感,感染人,打动人,鼓舞人。

(五) 规范性与礼仪性

为了交流顺利有效地进行,利于对方听清、读解和记忆,演讲要遵守公认的语言规范,即以国际国内公认或法定的语言及其具体语音、文字、词汇、语法标准作为基本语言标准。具体讲,就是以纯正的普通话为标准规范,不生造词语,自创语法,避免因为单纯地求新求奇而影响准确的语言表达。同时,演讲主要是靠良好的自身行为举止和良好的话语内涵与广大受众沟通,真诚友善,举止文雅,谈吐谦和得体是交流的前提;而强词夺理,蛮横无礼,或通过低级趣味来哗众取宠,则只能适得其反。

三、演讲辞的写作

演讲辞的写作灵活多变,不苛求固定的模式。一般情况下,演讲稿的基本结构包括标题、开头、主体、结尾四个部分。

(一) 标题

演讲稿的标题有两种,一是用"在……上的演说(演讲)"的形式结构标题,此类形式一般在演讲当时没有标题,往往是后人或在发表、选编时加的,如孙中山的《在东京中国留学生欢迎大会上的演说》、林肯的《在葛提斯堡国家烈士公墓落成典礼上的演说》等。

最常见的演讲辞的标题与一般文章的标题相同,往往与演讲内容紧密联系,是对全文内容的概括。或揭示主题,或提出问题,或划定范围等,多用形象性的、比较凝练含蓄的语句来写作标题。无论何种标题,都要求贴切、鲜明、精练、新颖、生动和醒目。一个恰当而富有表现力的标题,不仅能在演讲前造成悬念,引起听众的极大兴趣,使人急于了解正文内容,而且能在演讲结束后给人留下永久的记忆。如马丁·路德·金的《我有一个梦》、李大钊的《庶民的胜利》、郭沫若的《科学的春天》、张海迪的《是个流星,就要把光留给人间》等。

(二) 开头

开头之前可以有称谓,也可没有称谓。

演讲稿的开头部分是演讲人与听众建立情感的第一道桥梁,在演讲辞中占有重要的地位,发挥着建立与听者的共鸣基础、创造氛围、定下基调、打开局面、引入正题的作用。一方面,一个好的开头用几句话就可以缩短演讲者与听众之间的距离,使听众感到演讲者可亲、可敬、可信,为其接受演讲者的观点打下基础。另一方面,一个好的开头一开始就以新奇的内容、精彩的语言、别致的形式抓住听众,有效地控制场上的气氛,为整个演讲定下基调,使整个演讲有一个好的开端。不管哪种方式都要讲究开场白的艺术,做到新颖精巧、紧扣题意、先声夺人,引人入胜,收到良好的艺术效果。演讲稿的开头可以有多种写法,常见的有:

1. 直叙式开头

用简洁明快的语言落笔入题,开宗明义,开门见山地提出问题,直接揭示主题。在开头部分就让听众抓住要领,明确演讲中心内容,使听众的注意力马上集中起来,思维自然而然转向下文。如一篇竞选演讲的开头:

各位领导、同志们:

我竞选股份公司经理。

这次经深圳赴香港考察回来,特别是上个星期六下午听了陈总经理的动员后,感触很深。我们身为党和国家的干部,面对大改革大开放的挑战,应敢于抓住有利时机,以实际行动迅速地汇入商品经济的大潮流,为咱们古老盐业的全面振兴作出更大的贡献!因此,我竞选股份公司经理。下面,我着重说一说,关于古海盐业发展股份有限公司工作的设想。

2. 回忆式开头

或回忆往事,或交代身世,引出正题。一方面消除了听众的陌生感,缩短了与听众的心理距离;另一方面使演讲自然生动活泼,气氛轻松活跃。如某市新市长的就职演说的开头:

各位代表:

当我听到主持人宣布的选举结果后,激动了。因为我出生于一个贫苦的农家,15岁以前,吃不饱饭,也几乎读不起书。我深深地懂得群众的疾苦,也深深地懂得人民的伟大。代表们投给我的一张张票,集中起来,就是全市270万父老乡亲寄予我的重托。

3. 提问式开头

一开始就用设问的方式提出问题,造成悬念,激发听众思考,从而产生听讲的兴趣。问题的提出要根据听众的特点和演讲的内容主旨,不能毫无针对性地提问。如《由"富"所想到的一、二、三》的演讲开头:

> 当今中国最流行、最时髦的字眼是什么?我敢断言,大家肯定会异口同声地回答:"改革"、"富民"!说得对,说得好,好极了!特别是这个"富"字。长期以来我们对它又爱又怕。心头爱,嘴上怕,想富不敢富,敢富不会富,会富不能富……

4. 引用式开头

引用名言、警句、重要人物的言论或轶闻趣事作为开头,由此及彼地引出正题,既增强了演讲的说服力,起到领起演讲下文,启发人们思考的作用。如作家贾平凹在感谢四通公司赠送电脑打字机时的演讲开头:

> 今天,我高兴地接受了西安四通公司赠送的电脑打字机。作家靠的是笔,古人有"赠笔文章进"的说法,西安四通赠送的是一支神奇的笔,这是个大吉祥,我预感我还能写,能写出更好的文章。

5. 情境式开头

根据演讲的时间或当时的场景,在开头设计一种情境,烘托气氛,使听众与演讲者共处于演讲者所展示的天地之中,缩短了演讲者与听众的距离,使听众不由自主地跟着演讲者往前走。有时也可根据场景以幽默的形式开头,亦庄亦谐,使听众在轻松愉快的氛围中接受演讲的内容。如某公司总裁在该企业工会成立大会上讲话的开头:

> 各位先生、各位女士:
> 此时此刻,大家都怀着急不可耐的心情想观看下面精彩的文艺演出,不愿听我十分钟的发言。如果我的讲话不能给大家带来欢乐,我愿走上舞台,给大家跳一曲现代芭蕾……

6. 背景介绍式开头

开头先交代之所以要发表演讲的环境条件或历史背景以及各

种联系,让听众更好地了解演讲的内容,同时为进一步向听众揭示论题作准备。如二战期间罗斯福总统的演讲《1941 年 12 月 7 日——一个遗臭万年的日子》的开头:

> 昨天,1941 年 12 月 7 日——一个遗臭万年的日子——美利坚合众国遭到了日本帝国空军部队突然和蓄谋的进攻。

演讲辞的开头方式还很多,诸如抒发感情的开头、祝愿式开头、通过描述心情导入正题的开头、道具式、对比式、倒述式、即兴发挥式等等。在写作中提倡根据不同的目的、不同的场合、不同的听众灵活运用,创造出独具一格、新颖别致、不拘一格的开头。

(三) 主体

主体是演讲稿的重点部分,这一部分在内容上要紧扣主旨,逻辑严密,层层展开,给听众以深刻的印象。至于具体结构,则要根据内容而定,常见的结构方式有:

1. 时间顺序式

以时间为序,采取纵式结构安排层次。即按照时间顺序,记事明理、抒发感情。这种组织结构方式多用于记叙式演讲中,其主要特征是以人物的事迹、事件的深远意义来抒发感情,感染听众,使之受到启发和教育。

2. 逻辑顺序式

以事物的内在逻辑为顺序,其主要特征是以理论阐述和逻辑证明为主,观点态度明确,旗帜鲜明;论据充分;论证过程严密。逻辑顺序式结构有多种方式:

(1) 并列式。这是一种横式结构。一般把所要论述的观点、问题放在同一个层面上,分成若干部分,逐项展开论证。其优点是层次清楚、结构完整。

(2) 总分式。这是一种演绎的论述结构。一般先总论,然后再分别从不同侧面加以论证。其优点是中心突出、观点明确、逻辑清晰,通篇浑然一体。

(3) 分总式。这是一种归纳的论述结构。一般先分别从不同侧面、不同角度就一个主题加以论述,然后归纳总结出中心观点。

其优点是条分缕析、环环相扣,自然而然,令人信服。

(4)因果式。按照前因后果的逻辑关系来组织结构,围绕人物、事件的内在联系交代来龙去脉。其优点是详略得当、观点鲜明、材料充实。

(5)递进式。通常循着提出问题、分析问题和解决问题的思路布局。其优点是贴近人们的思维规律,循序渐进,逻辑严密。

上述各种议论方法各有优点,在实际演讲中也绝不仅局限于上述方式。在运用时应根据具体的演讲目的、听众对象、场合语境等因素加以灵活调配,使之相得益彰。不管怎样安排,都必须主题鲜明、注意节奏的快慢和衔接,语言准确、生动,给人以美感。

值得注意的是,主体部分除了安排结构外,还应注意形成演讲的高潮和波澜。因为主体部分篇幅相对较长,口语表达的信息有稍纵即逝的缺点,而且随着时间的推移,听众会逐渐分散注意力,这就要在适当的地方设置高潮,即在主体部分设计最扣人心弦和感人肺腑的地方,刺激听众情绪,吸引听众注意力。设计巧妙的高潮,往往或犹如鸣鼓能够强烈地震撼听众的心灵;或犹如闪电使听众茅塞顿开,大彻大悟;或犹如醇酒使听众回味无穷,给听众以深刻的启迪。高潮是与真挚浓烈的感情、慷慨激昂的语言、波澜起伏的结构联系在一起的。演讲稿的写作无论篇幅长短,往往都会设计一次或数次高潮,没有高潮的演讲就缺乏亮点,平铺直叙,单调乏味,调动不起听众的强烈兴趣。

(四)结尾

演讲稿的结尾起收束全篇的作用,既不能草草收场,也不能拖泥带水,画蛇添足。结尾的写法多种多样,可根据演讲内容和具体情境选择恰当的结尾方式。一般常见的有:总结式、鼓舞式、愿望式、哲理式、幽默式、含蓄式、咏叹式等等。无论采用何种结尾方式,都应言简意深,雄健有力,起到加深题旨,鼓起激情,耐人寻味,留给读者无穷的回味和不尽的思索的作用。一般情况下,最好在演讲高潮处收束,有如空谷传声,香味绵长,余音袅袅,给听众留下深刻的印象。

四、演讲辞的写作要求

（一）内容新颖、结构精巧

新颖独到的内容是演讲吸引听众的关键所在，独树一帜才会给人以鲜明印象。这主要取决于主题的提炼和材料的选择，作者必须善于挖掘、提炼，从而确定出别人想不到或选不到的内容来。以新鲜有趣的、生动活泼的事例使听众耳目一新；以新颖别致、深刻独到的见解使听众受到启迪。同时，结构和表达要精巧生动。这主要取决于结构内在的逻辑性，必须根据不同的内容、不同的听众和不同的场合，选择不同的结构，要注意运用提示性的语言，让听众了解演讲层次，使听众在听觉上理解主体部分的结构层次，感知到主体部分各层次间严密的逻辑性。并且在处理层次、详略、过渡照应和语言修辞时富于变化不苛守固定的模式，要根据听众的信息接受特点，确定节奏频率，做到张弛有序、波澜起伏、一波三折、扣人心弦。要在学习、借鉴的基础上推陈出新。

（二）通俗易懂、生动形象

口头语言的及时性、暂留性、临场性的特点决定了演讲辞应尽量通俗易懂、生动形象，避免由于理解障碍而影响接受效果。这就需要尽量使抽象的道理具体化，使概念的东西形象化，使生僻的东西通俗化，使书面的东西口语化，做到讲的人上口，听的人入耳。用朴素的语言，明晰、通畅地表达演讲的思想内容，而不刻意在形式上追求辞藻的华丽、文辞的华美，以至于弄巧成拙，失去感染力。同时，要用生动形象化的语言，运用比喻、比拟、夸张等修辞手法增强语言的形象色彩，化抽象为具体，化深奥为浅显，充分调动听众的形象思维，还可以适当运用幽默、风趣的语言，增强演讲稿的表现力。

（三）了解对象，有的放矢

演讲是与听众面对面的交流，因此，首先要适应特定的言语环境，明确言语活动赖以进行的时间和场合、地点等因素。诸如清楚了解会议或活动的性质、目的、时间和地点，以便确定演讲的主题和内容等；深入了解听众对象的一些情况，适应不同公众的思想状况、年龄特点、文化程度、职业状况等不同特点，以便确定演讲的内容以及表达的口气、态度和选择不同的表达方式等。只有充分了解听众，才能有的放矢，引起听众的共鸣。否则演讲者以自我为中心，就是说得天花乱坠，听众也会感到索然无味，无动于衷，演讲必然失去其价值与意义。

（四）行文变化，富有波澜

演讲辞写作没有固定的章法，为了达到良好的表达效果，可以综合一切文体的优势，诸如散文的选材，新闻的真实，论文的结构，戏剧的安排，小说的语言，相声的幽默，诗歌的激情等等；还可以自由运用一切表达方式，诸如记叙、议论、描写、抒情等等；调动一切修辞手法甚至声音节奏的跃动，使行文新奇变化，抓住听众的心，吸引听众的注意力，影响整个演讲的进程。在这个进程中，有起有伏，有张有弛，有强调，有反复，有比较，有照应；有绘声绘色的描述，有炽烈可感的情感，有耐人寻味的哲理，有朴实无华的事例，可谓环环相扣，高潮迭起。惟其如此才使演讲充满了魅力。

[例文]

人格是最高的学位

很多很多年前，有一位学大提琴的年轻人去向本世纪最伟大的大提琴家卡萨尔斯讨教：我怎样才能成为一名优秀的大提琴家？

卡萨尔斯面对雄心勃勃的年轻人，意味深长地回答："先成为优秀而大写的人，然后成为一名优秀和大写的音乐人，再然后就会成为一名优秀的大提琴家。"

听到这个故事的时候，我还年少，老人回答时所透露出的含义我还理解不多，然而随着采访中接触的人越来越多，这个回答就在我脑海中越印越深。

在采访北大教授季羡林的时候，我听到一个关于他的真实故事。有一个秋天，北大新学期开始了，一个外地来的学子背着大包小包走进了校园,实在太累了,就把包放在路边。这时正好一位老人走来,年轻学子就拜托老人替自己看一下包,而自己则轻装去办理手续。老人爽快地答应了。近一个小时过去,学子归来,老人还在尽职尽责地看守。谢过老人,两人分别!

几日后是北大的开学典礼,这位年轻的学子惊讶地发现,主席台上就座的北大副校长季羡林正是那一天替自己看行李的老人。

我不知道这位学子当时是一种怎样的心情,但在我听过这个故事之后却强烈地感觉到:人格才是最高的学位。

这之后我又在医院采访了世纪老人冰心。我问先生,您现在最关心的是什么?老人的回答简单而感人:是年老病人的状况。

当时的冰心已接近自己人生的终点,而这位在五四爆发那一天开始走上文学创作之路的老人心中对芸芸众生的关爱之情历经近八十年的岁月而仍然未老。这又该是怎样的一种传统!

冰心的身躯并不强壮,即使年轻时也少有飒爽英姿的模样,然而她这一生却用自己当笔,拿岁月当稿纸,写下了一篇关于爱是一种力量的文章,然后在离去之后给我留下了一个伟大的背影。

今天我们纪念五四,八十年前那场运动中的呐喊、呼号、血泪都已变成一种文字停留在典籍中,每当我们这些后人翻阅的时候,历史都是平静地看着我们,这个时候,我们觉得八十年前的事已经距今太久了。

然而,当你有机会和经过五四或受过五四影响的老人接触后,你就知道,历史和传统其实一直离我们很近。

世纪老人在陆续地离去,他们留下的爱国心和高深的学问却一直在我们心中不老。但在今天,我还想加上一条,这些世纪老人所独具的人格魅力是不是也该作为一种传统被我们向后延续?

前几天我在北大听到一个新故事,清新而感人。一批刚刚走进校园的年轻人,相约去看季羡林先生,走到门口,却开始犹豫,他们怕冒失地打扰了先生。最后决定,每人用竹子在季老家门口的土地上留下问候的话语,然后才满意地离去。

这该是怎样美丽的一幅画面!在季老家不远,是北大的博雅塔在未名湖中留下的投影,而在季老家门口的问候语中,是不是也有先生的人格魅力在学子心中留下的投影呢?只是在生活中,这样的人格投影在我们的心中还是太少。

听多了这样的故事,便常常觉得自己是只气球,仿佛飞得很高,仔细一看却是被浮云托着;外表看上去也还饱满,但肚子里却是空空。这样想着就有些担心啦,怎么能走更长的路呢?

于是,"渴望年老"四个字对于我就不再是幻想中的白发苍苍或身份证上改成六十岁,而是如何在自己还年轻的时候,便能吸取优秀老人身上所具有的种种优秀品质。

于是,我也更加知道了卡萨尔斯回答中所具有的深义。怎样才能成为一个优秀的主持人呢?心中有个声音在回答:先成为一个优秀的人,然后成为一个优秀的新闻人,再然后是自然地成为一名优秀的节目主持人。

我知道,这条路很长,但我将执著地前行。

(本文荣获"演讲与口才杯"全国新闻界"做文与做人"演讲比赛特等奖。演讲者系中央电视台节目主持人白岩松)

第二节 求 职 信

一、求职信的概念

就业的双向选择,是我国当今用人制度改革的必然趋势。越来越频繁的人才交流,不仅是个人所从事工作的变化,而且更意味着社会就业观念的变化。在这种情况下,对大学毕业生而言,走自我推销之路,是他们目前所面临的既迫切又现实的问题,也是他们迈向社会的重要的第一步。"择业"和"谋职"是一个复杂的问题。它既是在一定的价值原则下对就业的思考和决策;又是指借助于一套科学程序,通过自我介绍,说服用人单位,以最佳选择实现劳动就业的自我推销过程。在这一过程中,寄送求职信则是比较常用的一种方式。

求职信,也称自荐信。是指求职者通过书信的方式,向用人单位介绍自己的相关情况,表达求职愿望的书面材料。目前,求职活动已成为一种普遍的公关行为,除对个别人员的招聘或个别单位外,许多单位招聘人才,一般都不直接采取见面的形式。这样,自荐信就成了自我推销的开始,通过这种方式能够直接充分地体现求职者个人的特点和优势,建立和用人单位更好地沟通关系。因此,自荐信写得好坏,关系到能否顺利通过求职的第一关,是求职成功的基础。

二、求职信的写作

求职信有面向社会的一般性求职信和针对具体单位的求职信。目前,大学毕业生所写的求职信大多为前者,针对性较差,因而,成功率也不尽如人意,建议使用针对具体单位的求职信。

求职信写作的格式如下:

(一) 标题

一般写上"求职信"或"自荐信"三个字即可。

(二) 称谓

与一般公关书信体的写法一致,为了体现礼貌和尊重,称谓可以加上提称语。可直接写用人单位负责人的名字,如"尊敬的××先生";也可以用"××公司人事部负责人"、"××公司负责人"等方式称呼。

(三) 正文

求职信的正文包括开头、主体、结尾三个部分。

1. 开头。首先要向对方致以问候,然后作一简要的自我介绍并简要说明为什么要来应聘。

2. 主体。是正文的核心,在这一部分中主要有两方面的内容:

(1) 个人的一般情况介绍,包括姓名、出生年月、性别、自然条件、身体状况、学历及所毕业的学校、政治面貌、工作经验、主要技能及已经取得的成果等。

(2) 突出自己的专业、特长、爱好、优缺点等,对自己的知识水平、能力和价值做出恰当的评估,陈述自己的兴趣和动机,表明自己对所应聘职位的兴趣、态度及相应的优势条件,主要应根据用人单位的特点有针对性地介绍自己的能力。根据情况还可以提出自己应聘所要求的待遇。

以上两个内容可以分两部分写,也可以综合分析,夹叙夹议,以突出优势,增加说服力。

3. 结尾。可以再次表明自己对得到该职位的强烈兴趣,还可以适当展望或承诺自己的工作能够带来的效益,并感谢对方阅读并考虑你的应聘。

(四) 落款

包括求职者的署名、发信日期及详细的通讯地址、电话等联系内容。

(五) 附件

根据需要及用人单位要求,附上身份证、毕业证、学位证、奖励证书、相关成果等复印件及照片。

三、求职信写作要求

(一) 简明扼要,内容真实

写求职信,首先应聘的职位和目的要明确,要求既将自己的基本情况和值得推荐的理由写充分,又要实事求是,不作溢美之词,对优点和长处不要夸大、渲染,绝不能脱离实际自吹自擂,也不要故意隐瞒某些缺点和不足。有关情况既要写详细、清楚,又要避免不必要的重复或细节。

(二) 突出优势,有的放矢

无论对用人单位还是对求职者个体,在确定一种职业前,都要全面地分析,如专业特长、兴趣爱好、能力高低、性格气质等,再结合各种职业的客观特征,方可确定最佳人力资源组合。因而,写自荐信的过程,也是全面地、有针对性地、真真实实地分析自己,确定自己的优势的过程,更是为理想寻找最佳实现环境的过程。要区别求职信与履历表的分别,无须把所有个人专长全部都写在求职信上,那种毫无针对性,不区别不同职位的不同要求的求职信,说服力较低,也会降低成功的几率。

(三)真诚恳切,不卑不亢

写信是一种交际手段,也是一种自我表现的方式,掌握好自我介绍的量和度十分重要。写作时态度要诚恳、谦恭,语气要委婉,切不可用命令的口气强人所难,也不能一味谄谀,用词要恰当得体。可以说,礼节、礼貌和个人的品位、气质更能显示出人的知识和教养,是通往招聘单位的有效的"通行证"。

(四)字迹工整,形式规范

书信作为一种历史悠久的交际形式已经确立了自己的形式规范,求职信的写作首先要符合这些基本规范要求。为了体现亲切自然的效果,书法较好的求职者还可用手写体。如果是打印件,不必作过多修饰,但务必文法正确、字句通顺、清晰美观,绝对不能出现错别字。

[例文]

求 职 信

×××公司:

  本人希望申请贵公司在《云都日报》上广告招聘的法律顾问职位。本人现年31岁,中国人民政法大学法律系硕士毕业,后又在英国×××大学取得工商管理硕士学位。学成回国后在××律师事务所工作了三年,积累了一定的国内工作经验。目前本人打算在一家规模较大的涉外公司供职,以充分发挥自己在国际法律方面的优势,据了解贵公司在业务方面有意拓展国际市场,而且知人善任,因此,我衷心希望能为贵公司效力,请予考虑。

  附上本人简历及相关证书复印件。

  此致

敬礼

×××敬上
2012年6月6日

第三节　贺信、祝辞

一、贺信与祝辞的概念和特点

贺信与祝辞都属于公关礼仪文书的祝贺类文书,是在重大节日、喜庆仪式、隆重典礼或重大活动胜利时,用来表示庆贺道喜的应用文体。在喜庆之际,组织机构或个人向有关公众表示祝贺、感谢是塑造组织机构良好形象的一个重要方式。它不但在一般的社会交往中广泛使用,而且在国际交往中也经常用到。通过良好的祝愿,可以加深彼此间的了解和情感,协调彼此间的关系,增进相互间的合作。

贺信是对某一单位或个人在某一方面取得了成就或做出了突出贡献、召开了重要会议、举行盛大庆典活动、有纪念意义的节日等,表示庆贺、道喜、赞扬、表彰的信件。贺信可用于平级或不相隶属机关之间,也可用于上级向下属部门表示祝贺,或用于下属单位就某件喜庆事情(如重要会议的召开)向上级单位表示祝贺。

祝辞又称祝词、献词、献辞、致辞。常用于重大节日、重要会议、宴请招待等场合,是表示祝贺、祝愿、感谢,或者表示共勉的礼仪文体。从内容上划分,常见的有:节日祝辞,如新年献辞、元旦献辞等;事业祝辞,在一些有纪念意义或较为重大的事件或聚会上,对对方事业上的成功表示祝贺和称颂,对对方事业将来的发展予以衷心的祝愿,兼有贺的意思;祝寿辞,主要对象是老年人,在祝辞中既希望他幸福长寿,也赞颂他已取得的成绩、作出的贡献;祝酒辞,以酒作为交往中的一种媒介,以酒助兴,表达彼此良好的祝愿,常见于喜庆节日、接待宾客的宴会之上。

在实际运用中,贺信与祝辞有时较难区分。一般可根据祝贺的对象、内容、使用的环境等加以区分。通常,祝辞主要用于事情未果,表示祝愿、希望的意思;贺信一般是事情既果,表示庆贺、道喜的意思。祝辞一般在具体的庆贺场合使用,有的还通过口头致辞、现场宣读的形式表达;贺信一般要以书面文字的形式写出,以电报形式发出的称为贺电。对象在国内的,常用贺信;国际之间多用贺电,以表示庄重。贺电、贺信可直接寄给对方,也可同时在报刊、广播电视等媒体上公开发表。祝辞应酬交际性较强,一般在一定社交场合,根据特定需要,向对方表示祝愿和希望,而且短小简洁;贺信的内容更充实、丰富,可以涉及更多的方面和细节,针对性较强,相对而言,篇幅较祝辞长。

二、贺信的写作

贺信的格式通常包括:标题、称谓、正文、落款四部分。

(一) 标题

贺信的标题分为三种形式:一是直接写明"贺信"二字,也可在其前面加上祝贺者的名称。二是选用表示祝贺的词语作为标题。三是复合式的标题,即分正标题和副标题。正标题是贺词的中心思想,副标题是祝贺的对象,主要用于以文章形式表达的祝贺。如"努力成为推进科教兴国的生力军——祝贺全国青联八届一次会议和全国学联二十二次代表大会胜利闭幕"。

(二) 称谓

第一行顶格写被祝贺单位或个人的姓名或称谓。祝贺的对象是单位,写明单位名称;祝贺的对象个人的,写明个人的姓名、职务及尊称等。对会议的祝贺,只写会议的名称。

(三) 正文

正文是贺信的主体,一般包括开头、主体和结尾三部分。

1. 开头。大都开宗明义、开门见山地表示祝贺之意,说明祝贺的缘由。常用"值此……之际,特表示热烈祝贺"、"欣闻……,代表……向……表示祝贺"等。可适当结合当前形势,概述该事项的重大意义。这是下面行文的出发点,有重要作用,要求写得简洁、突出。

2. 主体。是贺词主要内容。一般先回顾、评价对方的优点、业绩,主要阐述这一成就将产生的巨大积极影响,提出希望和要求或表白自己的心迹、决心等,最后表示希望之词。

祝贺的对象不同,贺信主体的内容也有所区别,要根据不同的祝贺对象,实事求是地写出其意义、影响、作用来,对祝贺对象赞扬、鼓励的同时,往往提出新的要求和希望。如对重大节目的祝贺,应着重说明该节目的重大历史意义及今后的展望;对表彰取得突出成绩的,应着重分析取得成绩的主客观原因,以及该成绩的重要作用,以及今后的努力方向;对重要会议的贺信,则应说明该会议的重要性,还可以表达对会议的期望或要求。上级单位写给下级单位或所属职工的贺信,在祝贺其所取得的成绩的基础上,同时向对方提出希望和要求;平级或不相隶属机关之间的贺信往往一方面表示向对方祝贺,另一方面表示向对方学习,是对对方的一种鼓励;下级单位向领导机关发出的贺信通常用于对上级单位召开的某种重要会议表示祝贺,同时汇报自己的成绩,向上级单位表示自己进一步做好工作的决心。

3. 结尾。通常再次表示祝贺之意,或提出希望、要求,或发出倡议共勉。如"谨祝取得新的、更大的胜利","再次感谢你们,并向你们致以热烈的祝贺"等。

(四)落款

署名和日期,一般署在正文的右下方,也可以署在标题的下面。

无论何种贺信,写作内容都须集中,紧扣所祝贺的事情,从意义、影响、作用、功绩等不同角度,给予实事求是诚挚热情的评价和称赞,力求语言明快,准确精练;感情热烈恳切,字里行间要洋溢着喜庆、热烈的气氛,要给人以热情和鼓舞。同时要注意,对成绩和贡献的评价一定要恰如其分,过分的溢美之词,往往会适得其反。还应注意篇幅不宜过长。

三、祝辞的写作

祝辞一般由标题、称谓、正文、落款构成。

(一)标题

一般在标题中只写明"贺词"、"祝词"就可以了。也有的把祝贺人、事由和文种都写在标题上。还可以用复合标题,即由正标题、副标题、署名日期构成。正标题是祝词的中心,全文的灵魂,也可以说是全文的统帅。例如,1997年新年江泽民总书记的新年祝辞《为创造美好的未来而共同努力——对中国国际广播电台、中央电视台海外听众和观众的新年贺词》。

(二) 称谓

顶格书写被祝贺单位的名称或个人的姓名。若是写给个人的,还要加上相应的称呼。称呼之后加冒号。

(三) 正文

一般由开头、主体和结尾部分组成。

1. 开头。直接向被祝贺对象表示庆贺。可用"点睛"式的开头,即用一两句精粹的词语,把自己最美好的祝愿表示出来;有时也可以引用诗句或名言借以表达自己的心意,多用于祝寿词或特殊场合的祝贺词。另一种通常使用一定的惯用形式,常见的语句如"值此……到来之际,我谨代表……祝……,……","在……之际,向……各界人士致谢","一元复始,万象更新。我们向全国各族人民,向港澳台同胞和海外侨胞祝贺新年好"等。有时也可结合具体情况,讲明庆贺的缘由。

2. 主体。一般包括如下几层意思:一是表示祝贺之意;二是说明集会、聚会的原因;三是对过去的概括评价;四是对未来的希望。根据使用场合、目的的不同,分别有不同的内容。如祝寿词中首先要表达自己的祝贺心情,祝愿老年人幸福长寿,同时要突出讲对方的品德、功绩、贡献和声望,也可概述其经历,最后要表达自己良好的祝愿和殷切的希望。而祝酒辞的正文通常要首先表达致辞人的心情,说明祝贺欢迎的对象、原因,同时要点名访问的意义,聚会的目的,真诚的希望和祝愿等。

主体部分的写作要注意其针对性,要写明祝贺的事由,即说明祝贺的对象、内容、缘由等,有的还要论及被贺的人和事的意义。要紧紧围绕祝贺的对象、事由来写。这部分包括的内容虽然多,但实际上文字是极其简练的,许多意思都是一两句话带过。

3. 结尾。一般或祝愿,或承诺,或共勉,或发出倡议,提出要求、号召等。如"最后,祝愿大家身体健康,全家欢乐,新年进步",承诺:"我们一定会做得更好",共勉:"让我们在新的一年里,继续携手前行,共创美好未来"等。祝酒辞的最后还要写上"最后我提议"、"现在我提议"、"请允许我举杯"等,并写明为谁,为什么而干杯等表示祝愿的话,最后以"干杯"作为结尾。

(四)落款

写致贺单位名称或个人的姓名,然后署上年、月、日。

写作祝辞首先要注意语言的简练、生动、形象,语言要简短而概括,热烈而恰当,新鲜而有趣;第二,要有较强烈的感情色彩,感情真挚,遣词造句要充满褒扬、希望、鼓励、喜悦;第三,一定要了解环境特点,事先把握了环境,才能有针对性地准备祝辞,写得富有特色,生动活泼,不拘一格。

[例文1]

胡锦涛致天宫一号与神舟九号载人交会
对接任务总指挥部的贺电

天宫一号与神舟九号载人交会对接任务总指挥部:

喜闻神舟九号载人飞船发射成功,我谨向全体参研参试人员表示热烈的祝贺和诚挚的问候。天宫一号与神舟九号载人交会对接是我国载人航天工程的一个重大突破,希望同志们继续发扬载人航天精神,精心做好各项后续工作,奋力夺取首次载人交会对接任务的全面胜利,为推进我国载人航天事业发展再立新功!

中共中央总书记、国家主席　胡锦涛

2012 年 6 月 16 日

(根据央视直播录音整理)

[例文2]

中共中央国务院向伦敦奥运会
中国代表团致贺电

中国体育代表团：

在举世瞩目的第30届奥林匹克运动会上，中国体育代表团表现出色，收获了38枚金牌、27枚银牌、22枚铜牌，位居金牌榜和奖牌榜前列，谱写了我国竞技体育新的辉煌篇章，在世界面前展现出改革开放的中国各族人民的良好精神风貌。党中央、国务院向你们表示热烈的祝贺和诚挚的问候！

刚刚过去的17天里，中国体育代表团的运动健儿们在奥运赛场上频传捷报，雄壮的中华人民共和国国歌一次次奏响，鲜艳的中华人民共和国国旗一次次升起。你们大力弘扬中华体育精神和奥林匹克精神，胸怀祖国、牢记重托，不畏强手、奋力拼搏，展示出高超的运动技能和顽强的意志品质，为祖国和人民赢得了荣誉。你们同各国各地区体育同行相互切磋、深入交流，为促进国际奥林匹克运动发展、增进我国人民同各国各地区人民友谊发挥了积极作用。你们的优异表现，极大激发了全国各族人民的爱国热情，极大增强了海内外中华儿女的民族自信心和自豪感。

当前，全党全国各族人民正满怀信心地推进改革开放和社会主义现代化建设，努力以优异成绩迎接党的十八大胜利召开。希望你们立足新的起点，戒骄戒躁，再接再厉，总结经验，从零开始，不断提高运动竞技水平和体育道德水平，为推动我国体育事业科学发展、建设体育强国，为实现全面建成小康社会奋斗目标、开创中国特色社会主义事业新局面贡献更大力量！

祖国和人民期待着你们凯旋！

中共中央国务院
2012年8月12日
(新华社北京8月12日电)

[例文3]

致全国青联十一届全委会和
全国学联二十五大的贺信

青年朋友们：

值此中华全国青年联合会第十一届委员会全体会议和中华全国学生联合会第二十五次代表大会开幕之际，我代表党中央，向大会的召开表示热烈的祝贺，向全国各族青年和青年学生、向广大海外中华青年表示诚挚的问候！

这些年来，在党的坚强领导和共青团帮助指导下，各级青联和学联组织高举爱国主义和社会主义旗帜，紧紧围绕党和国家工作大局，充分发挥各自优势，在团结、组织、引导、服务青年和青年学生方面做了大量富有成效的工作。广大青年和青年学生意气风发投身改革开放和社会主义现代化建设，以炽热的爱国情怀和可贵的奉献精神，为推动科学发展、促进社会和谐作出了重要贡献。实践充分证明，广大青年和青年学生确实是堪当重任、大有希望的一代。

我们国家正处在全面建设小康社会、加快推进社会主义现代化的关键时期。希望广大青年和青年学生自觉担负起时代赋予的光荣使命，以坚定远大的理想励志前行，以孜孜不倦的精神求索新知，以高尚美好的情操培育品德，以锐意创新的激情投身实践，以艰苦扎实的奋斗成就人生，不断创造新的青春业绩，为实现中华民族伟大复兴而奋发努力。

希望青联和学联组织顺应形势发展，贴近青年实际，拓展工作领域，创新活动方式，不断增强工作的感召力和影响力，进一步把广大青年和青年学生团结在党和政府周围。

我们党历来把事业发展的希望寄托于青年。各级党委和政府务必高度重视青年和青年工作，采取更加有力的措施，为广大青年和青年学生健康成长、干事创业提供有利条件，更好发挥他们在全面建设小康社会、坚持和发展中国特色社会主义中的重要作用。

最后,祝大会取得圆满成功!

中共中央总书记、国家主席胡锦涛

2010 年 8 月 23 日

(新华网 8 月 24 日电)

第四节 请柬、聘书

一、请柬

(一)请柬的概念及特点

柬帖,在我国古已有之。"柬",本为"简",即竹简;"帖"是写在帛上的文字。自魏晋以来就专指用于社会交际、礼仪往来的短小信笺。在现代社会中,柬帖作为一种迅速、简便、庄重、典雅的传递信息、表情达意的形式,被普遍使用。其中请柬最为广泛。在社会交往中,举行一些较重大的活动,如开幕式、闭幕式、重要宴请、庄重的聚会、各种喜庆活动、重要会议等等,都需要邀请有关人士出席,为了表示郑重,往往用柬帖的形式进行邀请,这就是请柬。

发请柬的目的一方面是通告对方有关事宜,另一方面也为了表示对被邀请者的尊敬、礼貌和热情,同时也扩大了活动的影响。所以,一般在遇有重大的事情或隆重的场合时,使用请柬而不用一般的信函和通告。请柬有时也作为被邀请者入场或报到的凭证。如某省组织的银行和企业大型项目推介会向有关人士发的请柬,在入场时,即被作为入场券使用。

与一般的邀请信相比,请柬在礼仪上更庄重一些,文字也更加精练;请柬虽有书信的属性,但和一般书信仍有区别,一般书信大多是因不便直接交谈而采用的交流方式。而请柬则不同,也许近在咫尺,为了表示郑重也要发出请柬;也不同于一般的通知仅起知照到作用,请柬主要表现为具有邀请性质,在举办重大活动时,发出请柬,既表明了邀请者的盛情,也表明了邀请对象的身份;同时,请柬在款式和装帧设计上非常讲究艺术性、制作精美、追求美观、精致、大方。还具有书写规范、内容具体、书写工整、措辞得体的特点。

(二) 请柬的种类

根据公关活动的实际情况,请柬从内容到形式都有许多种类型,常见的有:

1. 告知式请柬。主要目的在于将邀请参加有关活动的信息通知有关人士,此类请柬最为常见。一般用于召开较正式的会议、各种展览活动、社会团体的年会或联谊等活动时的邀请。

2. 庆祝式请柬。社会组织利用自己的各种庆典,举办宴会、庆功会等活动,并广泛邀请有关人士参加,主要目的在于扩大组织的影响,感谢各有关组织或个人对其的支持和帮助,沟通关系,树立良好的组织形象。

3. 广告式请柬。此类请柬的最大特点是没有一一对应的具体邀请对象,往往刊登在大众传播媒体上,或利用投递等广告传播方式,向较大范围的社会公众发出邀请。主要用于各种产品展示会、新产品推介会、客户企业联谊会等,目的在于树立企业良好形象,建立与社会公众的良好关系,并为其产品或服务作广告。

(三) 请柬的格式与写法

请柬分封面和内笺两部分。一般活动可购买现成的请柬填写,而大型隆重的活动往往特制请柬,在请柬的封面或标题周围以图案装饰,有的还印上发出邀请单位的 CIS 标志,或特别设计的纪念徽标。一些有特殊意义的请柬,常常被人们当作纪念品珍藏起来。

1. 封面

写"请柬"二字及活动名称,也可写"请帖"或"邀请书"。书写方式可横写,也可竖写,长标题还可将"活动内容"和"请柬"二字,按一定款式分行书写。不少请柬常在标题上饰以图案,在款式和装帧的设计上很注意艺术性,以示庄重和喜庆的气氛。

2. 内笺

(1) 称谓。即被邀方名称。有两种写法。一是与普通书信中的称呼相似,顶格写在正文前一行处;二是写在正文后,结语前,常常先说明活动的内容、时间、地点,然后在"恭请"与"光临"之间留下空白,填上姓名,目前许多正规请柬比较趋于这种形式。称谓一般都用全称,名称前可用提称语,后面常以尊辞或职位缀之,不用简称。

(2)正文。交代有关邀请内容及举行活动的时间、地点。行文要热情、友好、礼貌,因篇幅短小,表情达意受到一定限制,措词更要明晰、顺畅,语言更要简洁、通俗、典雅、得体。还要仔细核对时间、地点、邀请对象,绝不能出错。

(3)结尾。请柬的结尾,已经形成套语,这些套语显得正式、隆重,必不可少。常用一些文言的敬语,如:"敬请莅临指导"、"恭候光临"、"敬请参加"、"届时恭请光临"、"敬候光临"、"若蒙光临,不胜荣幸"、"久违提训,期盼光临"等。

(4)落款。写在正文右下方,署明邀请方名称和发柬时间。

二、聘书

(一)聘书的概念及特点

聘书,又叫聘请书,是聘请有关人员担任某种职务或从事某项工作而使用的文书。在人才流动日益活跃的现代社会,人员的聘用非常普遍,诸如一个单位在工作、学习、研究活动中,缺少一些必要的人员而聘请外单位的人员担任本单位的某个职务或承担某项工作,以及用聘任制补充或代替任命制时,都会使用到聘书这一文体形式。

用聘书的形式聘请人员,一方面从形式上体现了聘请本身的郑重性,增强了应聘者的荣誉感和责任心;另一方面从本质上确定了双方的信任、尊重、守约的关系。聘书在当今社会中发挥着互通有无,调剂力量,加强协作,优化人力资源配置的纽带作用。

在实际运用中,聘书可分为聘请任职的聘书和聘请从事某项工作的聘书。

(二)聘书的写作

为了表示郑重,聘书一般用柬帖的形式。封面写"聘书"或

"聘请书"。内笺一般由标题、称谓、正文、结尾、落款组成。

1. 标题。写"聘书",或"聘请书"。

2. 姓名称谓。可在开头顶格写上被聘请者的姓名,也可在正文之后,如"此致×××"。姓名后要加上"先生"、"女士"或职务、职称等称谓。

3. 正文。简要写明聘请的缘由、目的;将要请他担任的职务、承担的任务以及任用时间,有时还要注明酬金等等。有一种直陈式的聘书,开头就写"兹聘请×××担任××职务",不写任务、任期,也不写待遇、职务或做什么工作。

4. 结尾。写上敬语,一般写"此致敬礼",或写"此聘"。

5. 落款。聘请单位全称,加盖公章,以及发文时间。

(三) 聘书的写作要求

写作聘书只是聘请工作的最后一个环节,因而必须以聘请单位与被聘人双方充分协商讨论为基础,若单方面地发出聘请,甚至一厢情愿,则显得草率,冲淡了聘请工作的郑重性。同时,聘书是对应聘者进行的邀请,在表述中态度要热忱,切不可盛气凌人。

聘书在一定意义上,是双方的一种合作契约,相关内容一定要交代清楚。如对聘请的缘由、目的,被聘请人将要担当的职务、工作任务、报酬等,都要表述清楚。

文字要简洁、准确。字迹要工整、清晰、大方、美观,以示礼貌。

[例文1]

请　　柬

××教授:

今年教师节,恰逢我院成立五周年纪念日。五年来,承蒙您的多方支持,真诚合作,我院科研、教学等各项工作日益发展。为聊表谢意,畅叙友谊,并共商我院发展之大计,拟定于9月10

日上午 8 时 30 分,在学校思源宾馆东华厅举行茶话会。恭请拨冗光临。

×× 大学人文学院(盖章)
2012 年 9 月 5 日

[例文 2]

聘　　书

为提高教学质量,我校成立教学督导组,特聘请×××教授为督导员,参与全校教学检查指导工作。

此聘

×× 大学(盖章)
2012 年 6 月 7 日

第五节　欢迎词、欢送词

一、欢迎词、欢送词的概念

在公关社交活动中,为了增进双方友谊,洽谈有关事宜,发展对外关系,人们之间的交往日益频繁。在各种活动中,如组织的庆典、会议、宴请、展览、项目洽谈等活动,迎来送往也已成为公关交际的必不可少的一个环节。在这些迎来送往的特定场合中,需要通过致辞来表达感情,交流信息,活跃气氛,宣传组织形象。欢迎词、欢送词也就成为重要的礼仪文体。

顾名思义,欢迎词和欢送词是主人对贵宾的到来表示欢迎,对贵宾的离去表示欢送的礼仪性致辞。欢迎词用于迎接宾客的仪式上,主人对宾客表示热情欢迎的讲话。"有朋自远方来,不亦乐乎？"中华民族是个好客的民族，我国素有礼仪之邦的美称。因而，欢迎词的使用范围很广，不论是从事国事活动还是各种会议的召开，机关、部门、企业的参观、交流欢迎会，或新员工报到、新同学到校等等，都可以竭尽礼仪，用欢迎词来表达主人的心意和情感，从而增强双方的了解和友谊。欢送词是在欢送宾客的告别仪式上，主人为客人送行或长住一方送别辞行一方，并对其离去表示真诚的惜别深情和衷心祝愿时发表的讲话。

二、欢迎词的写作

欢迎词的写法千差万别，通常由标题、称呼、主体和结语四部分组成：

（一）标题

欢迎词的标题有三种写法：一是直接写上"欢迎词"三字；二是在"欢迎词"前边加上欢迎会的名称，如"在团省委欢迎日本青年友好代表团大会上的欢迎词"；三是再加上致词人的姓名或职务，如"周恩来在欢迎尼克松及夫人的宴会上的欢迎词"。报刊刊登时常用后两种标题形式。在致词时欢迎词的标题并不直接宣读。

（二）称呼

欢迎词有特定的情境，常常是在交际场合中对着所有在场的人宣读，因此，应顶格写上被欢迎的宾客的名字，对有些重要的客人要加上职务或头衔，通常都要再加上表示尊敬、亲切的语词，如"尊敬的"、"亲爱的"、"敬爱的"等。称对方姓名要用全名，不能用省称、代称，更不能叫小名和绰号。在主要宾客的名下，还要用泛称如"女士们"、"先生们"、"同志们"、"朋友们"等等，以表示对所有到场者的尊重。

（三）正文

欢迎词的正文的写法较灵活，需根据欢迎对象、具体场合而行文。一般包括如下内容：一是有感情地对来宾表示欢迎。如果欢迎对象比较广泛，且又需要分别表示欢迎时，则可分成若干段来写。二是简要评价。可写宾客来访的意义、作用，也可叙述彼此之间的交往、友谊、合作经历、取得的成就等,亦可向到场的其他人介绍宾客的成就、品行以及对自己的帮助等。如果是作为代表致辞,一般还应在正文开头写明致词人代表谁向来宾表示欢迎。

(四)结语

可再一次表示欢迎,也可对今后的往来提出展望和期待。

三、欢送词的写作

欢送词的格式与欢迎词基本相同,通常由开头、称呼、主体和结语四部分组成:

(一)标题

欢送词的标题与欢迎词的类似。通常是直接写上"欢送词"三字,也可在"欢送词"前面加上致词人姓名、职务和欢送缘由等限定性词语,如"×××在×××会上的欢送词"。在报刊上刊登的欢送词均用后一种标题形式。与欢迎词一样,致词时,致词人一般不念标题。

(二)称呼

欢送词的称呼,与欢迎词的称呼类似,也要注意礼仪,讲究礼仪,要体现出礼貌上的尊敬,其具体写法可参照欢迎词。如人名要用全名,不宜省略,要在前边加上敬词,后边加上头衔或尊称。外事活动中,往往还加上"阁下"、"殿下"等等敬词。称呼中既要突出主要人物,又要用泛称将所有在场者包括进来,以示尊重。

(三)正文

欢送词的正文一般分为开头、主体、结尾三部分。

1. 开头。先要向宾客表示欢送、留恋、惜别之情。

2. 主体。回顾欢聚的美好时光,叙写结下的友谊,取得的友好合作成就等;积极肯定双方建立、维护或发展友好关系的意义、影响;赞颂彼此为之做出的努力,尤其注重强调对方的贡献;表明对发展友好关系所持有的原则立场和良好愿望;还可以委婉地表达照顾不周的歉意。

3. 结尾。再一次表示真诚的欢送、感谢或殷切的祝愿与希望,传达希望宾客再访的愿望等。

四、欢迎词、欢送词的写作要求

（一）感情真挚,彬彬有礼

迎送致词是建立在双方相互信任、真诚以对、互相尊重的基础上的,因此,应该在字里行间反映出一片真情实意。感情来源于真诚,感情要自然流露,要不卑不亢,切忌媚俗和虚假之言;恰到好处地运用客套话,切忌过分滥用溢美之词。同时,一定要注重必要的社交礼仪,恰切、礼貌,要创设礼貌待人、亲切典雅的气氛,切忌语言粗俗、唐突失礼,既要在称谓等方面尊重对方,还要尊重对方的风俗习惯等。这样既能创造出一种融洽的交往气氛,还能恰到好处地展示自己良好的公关形象。

（二）简洁精练,朗朗上口

迎送致词的场合大都在聚会、宴请等仪式上进行,有较强的时限性。因此,要求文字要精练简洁,篇幅要短小精悍,语气要热情、友好、温和、礼貌。切忌冗长繁琐、拖泥带水。所要表达的内容是点到为止,不用作过多论证。同时,迎送致词一般是在特定的场合而且用口语来表达的,因此,要使用朗朗上口的语言传情达意,选择适合口语表达的音量、音高、音速和音变等变化需要的语言,直接作用于听众心理、情感,使人听之入耳。

（三）明确对象,语气委婉

迎送致词,都要面对具体的对象,一定要根据不同的对象确定不同的内容。如可根据与客人亲、疏、远、近等关系以及未来关系发展的趋向等,决定内容的取舍,表达的不同方式。重大的宾客,最好能先了解对方的观念、制度以及风俗习惯,避免其忌讳的内容。同时,在致词时一般都只讲相关事物的原则和基本点,不涉及或直接涉及双方有争议的观点和看法,如果有必要在致辞中阐明各自的见解的话,则须谨慎措辞,既要委婉含蓄地表达自己的立场,又要避免在一开始就针锋相对,一定要注意技巧和方法,委婉地用一些相应的同义词或模糊语婉转曲折地表达出来,以便以积极的姿态表示出继续进行合作与交流的友好态度。

[例文1]

周恩来总理在欢迎尼克松及夫人宴会上的欢迎词

总统先生,尼克松夫人,

  女士们,先生们,

  同志们,朋友们:

  首先,我高兴地代表毛泽东主席和中国政府向尼克松总统和夫人,以及其他的美国客人们表示欢迎。

  同时,我也想利用这个机会代表中国人民向远在大洋彼岸的美国人民致以亲切的问候。

  尼克松总统应中国政府的邀请,前来我国访问,使两国领导人有机会直接会晤,谋求两国关系正常化,并就共同关心的问题交换意见,这是符合中美两国人民愿望的积极行动,这在中美两国关系史上是一个创举。

  美国人民是伟大的人民。中国人民是伟大的人民。我们两国人民一向是友好的。由于大家都知道的原因,两国人民之间的来往中断了20多年。现在,经过中美双方的共同努力,友好来往的大门终于打开了。目前,促使两国关系正常化,争取和缓紧张局势,已成为中美两国人民强烈的愿望。人民,只有人民,才是创造世界历史的动力。我们相信,我们两国人民这种共同愿望,总有一天是要实现的。

  中美两国的社会制度根本不同,在中美两国政府之间存在着巨大的分歧。但是,这种分歧不应当妨碍中美两国在互相尊重主权和领土完整、互不侵犯、互不干涉内政、平等互利和和平共处五项原则的基础上建立正常的国家关系,更不应该导致战争。中国政府早在1955年就公开声明,中国人民不要同美国打仗,中国政府愿意坐下来同美国政府谈判,这是我们一贯奉行的方针。我们注意到尼克松总统在来华前的讲话中也谈道,"我们必须做的事情是寻找某种办法使我们可以有分歧而又不成为战争中的敌人"。我们希望,通过双方坦率地交换意见,弄清楚彼此之间的分歧,努力寻找共同点,使我们两国的关系能够有一个新的开始。

[例文2]

周恩来总理在尼克松答谢宴会上的欢送词

总统先生,尼克松夫人,
　　女士们,先生们,
　　同志们,朋友们:
　　首先,我愿以所有在座的中国同事们和我本人的名义,感谢尼克松总统和夫人邀请我们参加今晚的宴会。
　　总统先生一行明天就要离开北京,前往中国南方参观访问。在过去几天里,总统先生会见了毛泽东主席,我们双方举行了多次会谈,就中美两国关系正常化和共同关心的问题交换了意见。我们双方之间有着巨大的原则分歧,经过认真、坦率的讨论,使彼此的立场和主张有了更清楚的了解,这对双方都是有益的。
　　时代在前进,世界在变化。我们深信,人民的力量是强大的,不管历史的发展会有什么曲折反复,世界的总的趋势肯定是走向光明,而不是走向黑暗。
　　增进中美两国人民之间的了解和友谊,促进中美两国关系的正常化,这是中美两国人民的共同愿望。中国政府和中国人民将坚持不渝地为实现这一目标而努力。现在,我提议:
　　为伟大的美国人民,
　　为伟大的中国人民,
　　为中美两国人民的友谊,
　　为尼克松总统和夫人的健康,
　　为在座的其他美国客人的健康,
　　干杯!

第六节 祭 悼 文

一、讣告

(一) 讣告的概念

讣告是报告某人去世消息的一种文书,又称为讣文、讣闻。一般在死者去世后和遗体告别仪式前这段时间写出,用来将死亡的消息和有关善后事宜告知死者的亲友、同事等,以便有关人员及时做出必要的安排和准备。我国民间传统的报丧习俗是讣告由死者的亲属或者朋友亲自送达,目前,除农村一部分地区还沿袭这种风俗外,大多数情况下都使用讣告报丧。讣告一般是由死者生前的工作单位或死者的亲属或专门成立的治丧委员会发出。一般只发布一个讣告,某些特殊情况下可以根据治丧活动的进展情况发布数次讣告,分别公告治丧活动的不同内容。

(二) 讣告的分类

讣告的基本形式一般分为四种,即公告式讣告、通告式讣告、新闻报道式讣告、普通式讣告。

1. 公告式讣告。党和国家高级领导人逝世后的讣告往往以"公告"或"告人民书"的形式发出。通常在报纸、电视等大众传播媒体上发布,同时还要公布治丧委员会名单。

2. 通告式讣告。是以"通告"的文种形式发出的。使用比较灵活,由于倡导丧事从简,不开追悼会,因而,在通告式讣告中具体而简约地记叙死者生前的经历、功绩,写明报丧单位对生者提出的希望和努力的要求,作为对死者的缅怀和悼念。

3. 新闻报道式讣告。是以新闻媒介为载体,以新闻消息的形式向社会大众报丧。有时虽然不写明"讣告"二字,但实质上起到了报丧的作用。这种讣告多用于在社会上有一定知名度的逝世者。

4. 普通式讣告。是用得最多的一种讣告形式。普通人逝世均采用普通式讣告,目的是通知相关人员,主要用张贴的形式,白纸黑字工整书写,以示肃穆庄重。也可邮递传送。

(三) 讣告的写作

讣告实际上就是报丧用的通知,因而其核心内容是写清死者姓名、职务、名望,去世时间、地点、原因,以及送葬的时间和方式等。由于上述分类不同,具体写作中内容有所补充,但基本结构相同。

讣告的结构一般由标题、正文、结尾和落款四部分构成。

1. 标题

讣告的标题一般只写"讣告",个别的也可以在"讣告"前加上死者治丧委员会的名称,如"×××治丧委员会讣告"。新闻报道式讣告的标题,一般用概述式,如"全国人大副委员长×××在京逝世";公告式讣告的标题一般用发布单位+"讣告"或"公告"二字构成,如:"中国共产党中央委员会、中华人民共和国全国人民代表大会常务委员会公告"等。

2. 正文

标题之下,另起一行空两格开始书写正文。正文一般有三层意思:首先写明发布丧事的单位,死者的姓名,由于何病于何年、何月、何日、何时、几分在何地逝世,终年多少岁;其次具体而简约地按时间的顺序记叙死者生前的经历、功绩,简介死者生平,写明对死者的评价,也就是通常所言的"盖棺定论",还可以简要地提出对生者的要求;最后写有关善后的事宜,通知告别仪式、吊唁的时间、地点等。

3. 结尾:

写明敬词、颂词,如"×××永垂不朽"、"×××安息吧"。

4. 落款

在讣告正文后写上发文单位或人员名称,如"×××治丧委员会",和具体日期。

(四) 讣告的写作要求

1. 讣告的语言要庄重、严肃,在字里行间应体现出对死者不幸逝世的悲伤、怀念和哀悼之情。

2. 介绍死者的生平要准确,一般来讲,写讣告应以死者的档案记录的经历、简历为依据进行写作,不得凭记忆、想象写作,力求客观、公正。但往往偏重于正面肯定,不提过失。

3. 篇幅力求短小、简练、精当,只把死者主要的经历概括出来就可以了,不必将其每一人生历程都列出。

二、唁电

(一)唁电的概念及特点

唁电是一种对死者表示哀悼和对死者单位及其亲属表示吊唁、慰问的应用文体。为了迅速及时,往往以电报的形式发出,故称唁电。唁电也是国家外事活动中经常应用的文体。它是一国的国家领导人在另一国或国际组织的领导人逝世后代表本国政府和个人向对方所发的慰问电报。一般在接到讣告后,有关单位或个人随即通过唁电表示对逝者的悼念,并向逝者家属表示亲切问候、安慰,有的还要对逝者加以评价和赞颂。重要人物的唁电除直接发给去世者家属或单位外,一般还要通过大众传播媒介公开传播。

(二)唁电的写作

唁电的写作格式与一般书信基本相似,但篇幅相对较短。一般由以下几个部分组成:

1. 标题

在第一行正中写上"唁电"两字,也可写成"×××电唁×××逝世"或"致×××的唁电"等。

2. 称呼

第二行顶格写收电者名称,一般都是死者家属的姓名或死者所在组织、单位。致电对象如果是家属,还须在姓名后加上诸如"女士"、"先生"、"夫人"等称呼,后加冒号。

3. 正文

正文一般包括三方面的内容。首先写惊悉某人去世噩耗后的悲痛心情;第二,以沉痛的心情追述逝世者生前的品德、业绩,并突出缅怀与思念之情,还可表达致电者继承逝者遗志的决心和行动;第三,向逝者所在单位及家属表示亲切的慰问。

唁电与讣告、悼词在主要内容上尤其是对逝者的生平的追述等内容有许多相似之处,但不需要像讣告、悼词那样详细具体,篇幅也要短得多。

4. 结尾

结尾另起一行空两格写"特电慰问"、"肃此电达"等结束语。

5. 落款

在正文结束右下方签署发电单位名称或个人姓名,并在其下方标注日期。

(三) 唁电的写作要求

唁电的主要目的是表示哀悼安慰之情,又是以电报的形式发出,因而篇幅一定要短小精悍。应保证及时写作,及时发出。

应根据不同的对象确定唁电内容和语体。唁电中追述死者功绩并予以赞扬,应公允客观。

三、悼词

(一) 悼词的概念与分类

悼词是对死者进行评价、表示哀悼和纪念死者的文章。从广义上讲,凡是向死者表示哀悼、缅怀与敬意的文章或言词,都叫悼词。狭义的悼词专指在追悼会上对死者表示敬意与哀思的宣读式的专用哀悼文体。无论何种形式,其写作目的都是通过对死者生平业绩的追述、评价和总结,来表达怀念死者的心情,并使生者化悲痛为力量,从死者的功德和人生价值中汲取经验作为人生的借鉴。

悼词主要有两类,即在追悼会上宣读的悼词和书面悼词。后者其实就是由死者的熟人、朋友写的回忆文章,往往发表于书刊报纸等传媒上,内容广泛,形式多变,灵活自由,不拘一格,可以是记叙式、议论式和抒情式等表达形式,以抒情散文甚至诗词的形式出现,具有较强的文学性。在本节中,我们侧重讲追悼会上宣读的悼词。

(二) 悼词的写作

宣读式悼词因受追悼会的时间、地点等条件的限制,其形式相对较少变化。结构一般由标题、开头语、正文和结束语四部分构成。

1. 标题

标题可以写为"悼词",也可以写为"沉痛悼念×××同志","在×××同志追悼会上的悼词"或"悼×××同志"等。标题只标注于文稿之上,宣读时不直接读出来。有些重要的悼词还要刊载于报刊,发表时一般标题写为《×××在追悼×××同志大会上的讲话》等。

2. 开头语

一般用悼念性的语言作为开头语,如"我们怀着十分沉痛的心情,悼念×××同志","我们以沉痛的心情悼念×××同志",在姓名前可加上对死者的尊称、死者的职务、名望等定语。

3. 正文

悼词的正文一般主要包括三方面的内容:一是死者的简介。简述身份、职务、职称、去世原因、时间、地点、享年等。二是集中追述死者的经历、业绩,重点突出其对人民和对社会的贡献,颂扬死者的优秀品质,同时给予总结性评价,一般不宜写死者生前的某些缺点错误。三是对参加追悼者的要求,表明应该怎样纪念死者,同时对死者家属表示慰问。

正文部分是悼词的中心部分,容量较大,结构安排也可视具体情况而定,最常见的写法是以叙述为主,兼有议论。安排结构时可以是以时间先后为序的纵式结构,把死者的生平划为几个大阶段分别加以评说;也可以根据所做贡献的不同方面来布局的横式结构。

4. 结束语

结束语一般再次表示对死者的沉痛悼念之意。常用"×××同志永垂不朽"、"×××同志安息吧","×××同志精神永存"或"×××同志永远活在我们心中"等作结。对享年较高的死者,有的也用"×××同志千古"作结束语。

(三) 悼词的写作要求

1. 简洁明了,客观公允

悼词是以述说死者生平事迹为主的,其内容比讣告具体详细得多,它要介绍死者的生平,要对死者作出较为具体的评价,但又应以概括死者的某些崇高品质和突出贡献为中心。应避免毫无重点的流水账;同时,对死者的评价要客观公正,避免过分的溢美之词。评价要仔细斟酌,反复推敲,客观公允。

2. 字斟句酌,哀而不伤

悼词是表示对死者深切的哀悼之情,语气比较沉痛。同时,一定要把握语言的度,既要充分表达对死者的追思,又要给人以安慰和鼓励,尤其要突出死者高尚的思想境界和有意义的人生,以激励后人。

[例文1]

中国共产党中央委员会
中华人民共和国全国人民代表大会常务委员会
中华人民共和国国务院
公告

中国共产党中央委员会、中华人民共和国全国人民代表大会常务委员会、中华人民共和国国务院以极其沉痛的心情宣布:我国爱国主义、民主主义、国际主义和共产主义伟大战士、杰出的国际政治活动家、卓越的国家领导人、中华人民共和国名誉主席、中华人民共和国全国人民代表大会常务委员会副委员长宋庆龄同志因患慢性淋巴细胞白血病,于1981年5月29日20时18分在北京逝世,享年88岁。

宋庆龄同志的逝世,是我们国家和全国人民的巨大损失。决定为宋庆龄同志举行国葬,以表达我国各族人民的沉痛悼念。

宋庆龄同志治丧委员会已成立。

我国爱国主义、民主主义、国际主义和共产主义的伟大战士、卓越的国家领导人宋庆龄同志永垂不朽!

1981年5月29日

[例文2]

讣 告

　　××市高新技术开发区管委会主任×××同志因患肝癌，经长期治疗无效，于2012年5月27日5时在××逝世，终年65岁。

　　×××同志1979年参加工作，1981年加入中国共产党，历任市长秘书、市委办公室主任、市经贸局副局长、市高新技术开发区管委会主任等职。

　　×××同志的追悼会于2012年5月30日上午9时在市殡仪馆举行。

×××同志治丧委员会
2012年5月28日

[例文3]

致许广平女士的唁电

上海文化界救国联合会转许广平女士鉴：

　　鲁迅先生逝世，噩耗传来，全国震惊。本党与苏维埃政府及全苏区人民，尤为我中华民族失去最伟大的文学家、热忱追求光明的导师、献身于抗日救国的非凡领袖、共产主义苏维埃运动之亲爱的战友，而同声哀悼。谨以至诚电唁。深信全国人民及优秀文学家必能赓续鲁迅先生之事业，与一切侵略者、压迫势力作殊死的斗争，以达到中国民族及其被压迫的阶级之民族和社会的彻底解放。

　　肃此电达

中国共产党中央委员会苏维埃人民政府
1936年10月22日

[例文4]

在沈雁冰同志追悼会上致的悼词

胡耀邦

1981年3月27日5时55分,中国文坛陨落了一颗巨星。我国现代进步文化的先驱、伟大的革命文学家和中国共产党最早的党员之一沈雁冰(茅盾)同志和我们永别了。

我们怀着十分沉痛的心情,深切悼念这位为中国革命事业、中国新兴的革命文学事业奋斗了一生的卓越的无产阶级文化战士!

沈雁冰同志是在国内外享有崇高声望的革命作家、文化活动家和社会活动家。他同鲁迅、郭沫若一起,为我国革命文艺和文化运动奠定了基础。从1916年开始从事文学活动以来,在漫长的六十余年中,他始终不懈地以满腔热情歌颂人民、歌颂革命、鞭挞旧中国黑暗势力,创作了《子夜》、《蚀》、《虹》、《春蚕》、《林家铺子》、《霜叶红似二月花》、《清明前后》等大量杰出的文学作品。这些作品刻画了中国民主革命的艰苦历程,绘制了规模宏大的历史画卷,为我国文学宝库创造了珍贵的财富,提高了现实主义文学创作的水平,在文学史上留下了不可磨灭的功绩。他的许多作品被翻译为多种外文,在各国读者中广泛传播。新中国成立,他长期从事文化事业和文学艺术的组织领导工作,写了大量的文学评论,特别是一贯以极大精力帮助青年文学工作者的成长,为社会文化事业作出了重大的贡献。

沈雁冰同志1896年7月4日出生于浙江省桐乡县乌镇。1913年他在北京大学读书时,就开始接触进步的新思想。在1917年十月社会主义革命影响下,他积极参加了"五四"运动和中国早期共产主义运动。1920年,他同郑振铎、叶圣陶等同志一起,组织了"文学研究会",积极提倡为人生的现实主义文学。他接办和改革了《小说月报》,使这个月报成为倡导现实主义文学的重要阵地,对我国新文学运动产生了巨大的影响。1930年,他同鲁迅一起参加组织了中国左翼作家联盟,为发展革命文艺,团结和壮大革命文艺队伍,反击国民党文化"围剿",作出了卓越的贡献。抗日战争爆发后,他在周恩来同志的领导下,广泛团结国民党统治区的进步文化人士从事抗战救亡工作,并亲自主编了《文艺阵地》杂志,推动抗战文化的发展,在抗日战争的艰苦年代,他到过延安,在鲁迅艺术学院讲过学。抗战胜利后,他不顾国民党的压迫,在坚持民主反对独裁,坚持和平反对内战的运动中,有力地支持了人民的解放战争。

全国解放前夕,他不顾艰险,间道来到北平,积极参加了中国人民政治协商会议和筹备第一次全国文代大会。他当选为中国文学艺术界联合会副主席、中华全国文学工作者协会(作家协会的前身)主席。新中国成立后,他担任第一任文化部长,并当选为历届全国人民代表大会代表,历届政协全国委员会常务委员和政协第四届、第五届全国委员会副主席。几十年来他勤勤恳恳、殚思竭虑,为建设社会主义文化,促进中外文化交流,支援各国人民的进步文化事业和保卫世界的和平的斗争,献出了全部心血。晚年,他经受了十年浩劫的严重考验,始终与党和人民站在一起。粉碎"四人帮"后,对党的三中全会制定的路线、方针、政策,他衷心的拥护。他在最后几年里不顾衰病,努力写作回忆录,虽然没有全部完成,仍然为现代我国文学史和政治社会文化史留下了十分宝贵的史料。可以说,直到生命的最后时刻,他始终没有放下自己手中的笔为人民服务。

沈雁冰同志从青年时代起,追求共产主义的伟大理想,早在1921年,他在上海先后参加共产主义小组和中国共产党,是党的最早的一批党员之一,并曾积极参加党的筹备工作和早期工作,1926年以左派国民党员的身份参加国民党的第二次代表大会,以后在汉口主编左派喉舌《民国日报》,1928年以后,他同党虽失去了组织上的联系,仍然一直在党的领导下从事革命文化工作。他曾于1931年和1940年两次要求恢复党的组织生活,第一次没有得到党的"左"倾领导的答复,第二次党中央认为他留在党外对人民更有利。在他病危之际,为了表达他对党的无限忠诚和热爱,表达他对伟大的共产主义事业坚贞的崇高的信念,他仍再一次向党中央申请追认他为中国共产党党员。中共中央根据沈雁冰同志的请求和他的一生的表现,决定恢复他的中国共产党党籍,党龄从1921年算起。

沈雁冰同志的逝世,使我国失去了一位伟大的革命文学家和无产阶级文化战士,这是全国人民的一个不可弥补的损失。我们要学习沈雁冰同志一生坚持真理和进步,追求共产主义,刻苦致力于文学艺术的钻研和创造,密切联系群众和爱护青年,坚决拥护党的领导的高贵品质。他的大量精神劳动成果,曾帮助促进一代又一代青年思想感情革命化;今后,他的作品强大的艺术生命力,还将长久地教育和鼓舞我国青年,为伟大的社会主义事业战斗,并促使社会主义文艺新人不断涌现。

在当前新的历史转折时期,为逐步把我国建设成为具有高度物质文明和高度精神文明的现代社会主义强国,我们将把对沈雁冰同志的沉痛的哀思变为推动我们工作的动力,紧密团结在党中央周围,坚持四项基本原则和坚决地贯彻三中全会的方针,培养和造就宏大的社会主义文艺队伍,提高整个中华民族的科学文化水平,使鲁迅、郭沫若、沈雁冰等同志用毕生心血培育的伟大革命文化事业,永远在祖国大地上繁荣昌盛!

【思考与练习】

1. 在学校开展的军训活动中将举行一次以"青春·军旗·祖国"为主题的演讲比赛,请你写一篇演讲稿。

2. ××学校人文学院的团员代表大会即将召开,请你以该校电信学院团委的名义写一封贺信表示祝贺。

3. 中大国际贸易公司将举行开张三周年庆祝酒会,请你代拟一份请柬。

4. 宏大网络公司刊发招聘广告,招聘一名网络编辑,请写一封求职信,并请代该公司拟写一份聘书。

5. ××大学大学生演讲协会将聘请王泠教授担任指导教师,请你代拟聘书一份。

6. 全国"挑战杯"大学生科技创新活动大奖赛将在××大学举行,在开幕式上,该校校长将致欢迎词。请你代该校校长办公室代拟一份欢迎词。

7. 请为你所熟悉的一位已故名人写一篇悼词。

后 记

本书于 2004 年 6 月初版以来，全国各地许多高校都选用它作应用写作课程的教材，在八年多的时间内已印刷十余次，并评上了普通高等教育"十一五"国家级规划教材。

2012 年 4 月 16 日，中共中央办公厅与国务院办公厅联合发布了《党政机关公文处理工作条例》，对公文写作与处理作出了新的规定。根据这一文件的精神，本书在此次出第二版时，第二章公文文体进行了较大的改动。另外，我们在做第二版修订时，更换了各种文体的例文，修改补充了练习，力求做到体例完整、例文新颖、与时俱进、注重实践，有较强的可教性，能适应高等学校所有专业作文化素质教材使用。

本书由张耀辉任主编，杨琳、陆琳任副主编。参编的有上海交通大学、西安交通大学、华东师范大学、合肥工业大学、华东政法大学等高校的有关教师。各章撰稿的分工是张耀辉（上海交通大学）：第一章，第二章；陆琳（合肥工业大学）：第三章，第四章；倪平（华东政法大学）：第五章；谢福铨（华东师范大学）：第六章；杨琳（西安交通大学）：第七章，第八章。

本书的编写与出版，自始至终得到了北京大学出版社综合编辑室主任杨书澜老师以及魏冬峰、闵艳芸等同志的关怀与支持，在此谨表感谢！

由于编者水平有限，本书第二版一定还会有许多不足之处，热忱欢迎广大读者批评指正。

编写者

2012 年 11 月 6 日

部分书目

书名	编著者
《大学新语文》	夏中义
《实用写作》	张耀辉
《影视艺术鉴赏》	吴贻弓 李亦中
《中国古代小说名著鉴赏》	焦垣生 张 蓉
《台港文学名家名作鉴赏》	尉天骄
《中西文化比较》	徐行言
《唐诗宋词鉴赏》	王步高
《音乐鉴赏》	钱仁康 胡企平
《美术鉴赏》	陈洛加
《艺术鉴赏》	凌继尧